周 祥—著

泉流問源

中国钱币学与货币史论集

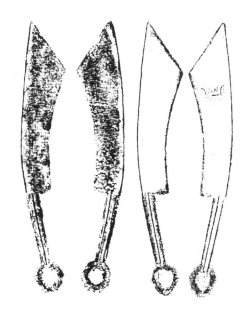

文物出版社

图书在版编目（CIP）数据

泉流问源 / 周祥著 . -- 北京：文物出版社，
2022.9
ISBN 978-7-5010-7761-8

Ⅰ . ①泉… Ⅱ . ①周… Ⅲ . ①古钱 (考古) —中国—
文集 Ⅳ . ① K875.64-53

中国版本图书馆 CIP 数据核字（2022）第 143486 号

泉流问源

著　　者：周　祥

责任编辑：许海意
封面设计：王文娴
责任印制：王　芳

出版发行：文物出版社
社　　址：北京市东城区东直门内北小街 2 号楼
邮政编码：100007
网　　址：http://www.wenwu.com
经　　销：新华书店
印　　刷：宝蕾元仁浩（天津）印刷有限公司
开　　本：710mm×1000mm　1/16
印　　张：25
版　　次：2022 年 9 月第 1 版
印　　次：2022 年 9 月第 1 次印刷
书　　号：ISBN 978-7-5010-7761-8
定　　价：180.00 元

自 序

时间不管不顾地一直向前走去。虽然我们无法让时间为自己停滞不前，但我们可以在匆忙的瞬间留下些什么。所以，在自己一不小心快60岁的时候，便想着收集一下以前在若干瞬间里写过的论文，编辑成集，给自己庆贺一下，也算对自己过往学术活动的一个回顾与归纳。

我从事的是有关中国历代货币的整理、鉴定和研究工作，所以，本文集所收的主要内容，也就分为这么几个部分：一是中国古代货币研究，二是近现代机制币研究，三是纸币研究，四是丝路货币研究，五是对钱币界前辈的纪念。

第一部分涉及先秦和汉代的货币研究。先秦货币研究主要探讨了货币的产生，以及圆足布和刀币的相关问题；汉代货币主要讨论了汉武帝时候的白金三品，郡国五铢、赤仄五铢、上林三官五铢的铸造和区分，汉代货币铸造权发展的问题。在这些论文中，《圆足布研究》和《郡国五铢、赤仄五铢和上林三官五铢钱管见》曾获得上海市钱币学会优秀学术成果一等奖，《齐明刀相关问题研究》获得了中国钱币学会优秀学术成果金泉奖。

第二部分主要论述的是近代以来机制货币的问题，涉及铜元和银元的铸造。上海博物馆是全中国甚至世界范围内中国近代机制货币最重要的收藏机构，无论数量还是质量，都是其他机构无可比拟的。当然，有关中国历代古代货币，上海博物馆的收藏也是首屈一指，有半壁江山之美誉。我从1985年开始从事中国历代货币的整理、鉴定与研究，就浸润徜徉于此，得益于此，收获亦于此，心里面也总有一种感恩的情愫，并告诫自己要不断努力。这部分论文中，《湖北本省银元考》曾获得上海市钱币学会优秀学术成果二等奖。

2002年开始，我将中国纸币研究作为自己的学术研究重点，一方面是为了完成《上海博物馆藏品研究大系》的课题（2004年出版的《上海博物馆藏品研究大系·中国古代纸钞》一书，获得了中国钱币学会优秀学术成果金泉奖），另一方面也是为了满足自己能对整个中国货币发展过程全面把握的好奇心。原先也没打算花很多的时间，结果却不由得自己，花了近二十年，也只是了解了中国纸币发展的一点皮毛。这一部分除了收录有两篇宋元纸币研究的论文外，大多数是有关近代银行纸币的研究。在这个里面逐渐形成了两个专题，一个是有关抗战胜利台湾回归中国后、由台湾银行发行的台币；另一个是中国实业银行发行的纸币。

随着中国"一带一路"倡议的实施，有关丝绸之路贸易和货币的研究近几年以来成了学术界的一个热点。由于受条件的限制，以及我学术研究的主攻方向不在于此，所以也只能算是"蹭"了那么一下，打了一个擦边球，写了三篇文章，成为我这本书的一个部分，放在这里，请教大家。

我们每个人的成长，总是或多或少地受到他人的影响。在专业研究方面，我们除了受惠于近代以来许多大收藏家，也基于先贤学者的探索。他们为我们今天的学术活动开展和延续奠定了基础。我感谢、感恩这些前辈。所以，在之前，或因公或受邀，先后为汪庆正先生、施嘉干先生、罗伯昭先生、吴筹中先生、王荫嘉先生等撰写了回顾和纪念文章。虽然这些收藏大家和学术大咖已经离开我们了，但他们对学术的执著追求，以及保存中国文化的勇敢精神，一直激励着我将学术研究进行到底。因此，将纪念他们的文章作为本书的最后一部分。

编辑入书的文章，基本上保持了原文的面貌，只是在有些地方增删或修改了几个字、几句话或几幅图片；或有的因为重复，在内容上做了些调整。并会在各篇文章后面附录原文的出处，以便对照。

在编辑本书之余，掐指算来，从事中国历代货币的研究已有三十八年了。因为没有其他能耐，不想被世间杂事纷扰，便"躲进小楼成一统，管他冬夏与春秋"；因为只是喜欢，并居然和工作合二为一了，故而"为伊弄得人憔悴，衣带渐宽终不悔"。在这三十八年的时间里，自己始终甘于坐冷板凳，沉下心来，安安静静地享受着那份孤寂和独处的愉悦。因为没有杂念，没有奢求，不会计较得失，就是想把一件事做好，活得平淡而单纯，所以每天都过得很开心。如果说有什么收获，也就是在时间列车上顺手写了一些文章，出版了·些专著，留下了属于自己的痕迹。

做钱币研究并不是我的初衷，一开始我就是一张白纸。一张白纸，可以画出最新最美的涂鸦来。因此，在我专业起步和成长的过程中，得到了很多师友和同事的帮助，其中特别地要感谢张绶先生、汪庆正先生、戴志强先生、孙仲汇先生和朱卓鹏先生，以及我的夫人陈晴女士。如果没有他们提携、帮助和陪伴，我在这时间列车上也就可能一无所获。非常感谢文物出版社，在出这本论文集的过程中给予了大力支持，使我有机会在自己六十岁时看到这样一本论文集。

时间将继续前行。既然我们不能使时间停滞，那就继续随时间一同前行，直至生命结束。

是为序。

2022 年 1 月

目　录

重读三年卫盉·亢鼎铭文

——兼论中国货币的产生

关于中国最早的货币，史学界一般以《史记·平准书》记载为依据："农工商交易之路通，而龟贝金钱刀布之币兴焉。所从来久远，自高辛氏之前尚矣，靡得而记云。……虞夏之币，金为三品，或黄，或白，或赤；或钱，或布，或刀，或龟贝。及至秦，中一国之币为二等，黄金以溢名，为上币；铜钱曰半两，重如其文，为下币。而珠玉、龟贝、银锡之属为器饰宝藏，不为币。"《史记》认为，海贝是中国最早的货币，这种认识也成了学术界的普遍共识。所以，在考古界，大凡墓葬或遗址中有海贝出土，海贝也就自然而然地被当作一种货币。由于新石器时代晚期的齐家文化发现有海贝，有人便提出中国货币最早出现于此。至于商周时期考古出土的海贝和青铜器铭文所记载的贝，那就理所当然地被看作货币了，这种观点在许多专著和文章中都可以看得到。但细究文献及实物，我们认为，关于中国最早货币的问题其实尚有继续讨论的空间。在青铜器铭文中直接涉及贝参与商品交换的铭文，目前唯见于西周时期的三年卫盉铭和亢鼎铭。本文拟通过对这两篇西周青铜器铭文的重新诠释，略陈陋见，抛砖引玉，以求教于大方之家。

三年卫盉，1975年2月陕西岐山县董家村出土，是西周恭王时期的青铜器，大致处于西周中期。盖内铸有132字铭文（图1）：

图1

> 佳（唯）三年三月既生霸（魄）壬寅，王禹旂于豐。矩白（伯）庶人取堇（瑾）章（璋）于裘衛，才八十朋，氒（厥）賈，其舍（舍）田十田；矩或（又）取赤虎（琥）兩（兩）、麀（靯）兩（兩），麀（靯）賁（黂）韐一，才廿朋，其舍（舍）田三田。裘衛廼（乃）彘告于

白（伯）邑父、燚（荣）白（伯）、定白（伯）、琼白（伯）、單白（伯），
白（伯）邑父、燚（荣）白（伯）、定白（伯）、琼白（伯）、單白（伯）迺
（乃）令參（三）有嗣（司）：嗣（司）土敝（微）邑、嗣（司）馬單旟（旗）、
嗣（司）工邑人服（服），眔（逮）受田：燹（齒）趛，衛小子觻，逆者甘
（其）卿（饗）。衛用乍（作）朕（朕）文考惠孟寶般（盤），衛其萬年永
寶用。

其大意是：在恭王三年三月壬寅这一天，周王在丰地举行"禼旂"仪式。
矩伯庶人从裘卫那里取得了瑾璋，价值是八十朋贝，作为交换，矩伯给了裘
卫"田十田"。矩伯又从裘卫那里拿了赤琥两件、麀萆（载）两件和萆（贲）
鞈一件，价值是二十朋贝，矩伯给了裘卫"田三田"。于是，裘卫将这件事
告诉了伯邑父、荣伯、定伯、琼伯和单伯等。伯邑父、荣伯、定伯、琼伯和
单伯命令司徒微邑、司马单旗和司空邑人服等三有司参与了受田事宜。燹趛
和卫小子觻迎接了三有司，并以宴会相款待。裘卫因此铸造了文考惠孟宣宝
盘，并祈世代相传。

这篇铭文已经多位学者释读，其意大致相仿，解读的角度也多从西周土地
制度出发。而我们认为，这篇铭文还可以从商品交换的角度来进行解读。

所谓"矩白（伯）庶人取菫（瑾）章（璋）于裘衛，才八十朋，乎（厥）
贾，其舍（舍）田十田；矩或（又）取赤虎（琥）网（两）、麀萆（载）网
（两）、萆（贲）鞈一，才廿朋，其舍（舍）田三田。""才"，指价值。"八十
朋"，这里指贝八十朋，在青铜器铭文中屡见王赐贝若干朋的记载，则贝以
"朋"为计数单位无疑。"贾"，旧多释读为"贮"，学界有很多种解释，其中以
李学勤的释读为准确，"贾"在此作为动词，具交换的意思；[1]"舍"，即舍予。

从这段文字可知，矩伯和裘卫之间进行了两次交换，交换物瑾璋和"田十
田"、两件赤琥、两件麀萆（载）、一件萆（贲）鞈和"田三田"之间的价值确
定是通过贝来完成的，用公式表示如下：

瑾璋的价值＝贝八十朋

贝八十朋＝"田十田"的价值

瑾璋的价值＝"田十田"的价值

两件赤琥、两件麀萆（载）、一件萆（贲）鞈的价值＝贝二十朋

贝二十朋＝"田三田"的价值

---

[1]   李学勤：《鲁方彝与西周商贾》，《史学月刊》1985年第1期。

两件赤琥、两件麀奉（韨）、一件奉（賁）韐的价值＝“田三田”的价值

上面两次交换的公式反映了物件价值之间的一种等量关系，即A=B，B=C，所以，A=C。在这里，可以明显看出裘卫之所以接受矩伯的“田十田”，是因为瑾璋的价值和“田十田”的价值在当时都等同于贝八十朋。同样的道理，裘卫之所以接受矩伯的“田三田”，是因为两件赤琥、两件麀奉（韨）、一件奉（賁）韐的价值与“田三田”的价值都等同于贝二十朋。由此，可以看出贝在其中显然充当的只是价值尺度的作用，但在学术界却因此认为贝在当时已经是货币了。

按照政治经济学的理论来讲，价值尺度和流通手段是货币的两个最基本的职能。价值尺度是货币用来衡量和表现商品价值的一种职能，而流通手段则是货币充当商品交换媒介的职能。只有当价值尺度和流通手段相统一地表现在某一种商品之上，这种商品才能被当作货币来使用，才能被称之为货币。从这段铭文中可以看出，在矩伯与裘卫的两次交换中，贝所担负的只是价值尺度的职能，最终实现的是瑾璋与“田十田”，两件赤琥、两件麀奉（韨）、一件奉（賁）韐与“田三田”之间的直接交换，看不出贝在其中发挥着商品交换的中介作用，即贝在其中的流通作用。换句话说，矩伯两次拿裘卫的东西分别值“八十朋”和“廿朋”，而非矩伯直接以八十朋贝和二十朋贝支付裘卫，或用八十朋贝和二十朋贝分别购买“田十田”“田三田”归还给裘卫。在此铭文中我们还看不到贝在当时的真正意义的货币地位，仅仅看到贝具有货币价值尺度的一种职能。所以，以此铭文认定贝已经是当时的货币，证据是不够充分的。当然，矩伯和裘卫的两次交换虽然还不属于通过一般等价物或货币进行的间接交换，但比一般意义上的物物交换则已经前进了一步，至少反映出当时的人们已经具有等量等值交换的意识和思想了。

除了西周中期三年卫盉铭文之外，涉及商品交换的另一件青铜器便是西周早期的亢鼎。亢鼎是西周早期青铜器，1998年上海博物馆购之于香港古玩肆。器壁铭文49字（图2）：

乙未，公大（太）僳（保）買大珷玗（于）美亞，才（財）五十朋。公令（命）亢歸（歸）美亞貝五十朋，㠯（以）[illegible]（鬱）[illegible]（拳）、[illegible]（[illegible]）[illegible]（鑪）、牛一。亞賓亢[illegible]（騂）金二勻（鈞）。亢對亞宣，用乍（作）父己，夫冊。

图2

“大珏”，马承源认为当读作经典中之大球：“如郑笺所解有据，此乃有相当长度的玉珽。”[1]黄锡全认为“珏”这个字可读为“珠”，大珏即大珍珠。𩰪，黄锡全释读为“鬱”的本字。[2]李学勤认为是正确的，并认为这个字应该理解为从“鬱”从“矛”声，即是《左传》僖公四年管仲说的“苞茅”的“茅”。[3]𦍗，黄锡全认为可能是从“并”，似可释读为“瓶”。[4]李学勤认为释为“并”是对的，但应读为“屏”，“茅屏”为一个词，就是《左传》《国语》讲的“屏摄”，也就是“茅蕝”。[5]董珊认为𦍗是《说文》“拳”字表意初文，可能读为古文献所见郁草的专用量词“贯”。[6]也有人提出该字或当释为表示对或双义的“纯”，“茅𦍗”就是“茅纯”。[7]𩰫，黄锡全以为可能就是坛子，亦即壇或罎。[8]李学勤认为这个字以“鬯”为义符，即《说文》训“小觯”的“觛”，“鬯觛”是盛鬯用的小觯。茅屏、鬯觛、牛这三件赐品，都是关于祭祀的。[9]章水根从之，但认为“鬯觛”即鬯一觛。[10]董珊以为“鬯𩰫”可读为“鬯觯”。[11]不管怎么说,“拳”“𩰫”在这里都是作为量词出现的。亢鼎这篇铭文被认为是具体记录了西周早期用贝币交换玉器的过程，反映了西周早期从实物交换转变到贝朋兼用实物市场的存在，而这个市场的存在，可能还会更早。[12]

因为对“公令（命）亢歸（歸）美亞貝五十朋，㠯（以）𩰪（鬱）𦍗（拳）、鬯（鬯）𩰫（罎）、牛一”中“㠯（以）”字理解的不同，所以，这篇铭文可以做

[1] 马承源：《亢鼎铭文——西周早期用贝币交易玉器的记录》，《上海博物馆集刊》第八期，上海书画出版社，2000年，第120页。

[2] 黄锡全：《西周货币史料的重要发现——亢鼎铭文的再研究》，《中国钱币论文集》第四辑，中国金融出版社，2002年，第52、55页。

[3] 李学勤：《亢鼎赐品试说》，《中国古代文明研究》，华东师范大学出版社，2005年，第87页。

[4] 黄锡全：《西周货币史料的重要发现——亢鼎铭文的再研究》，《中国钱币论文集》第四辑，中国金融出版社，2002年，第55页。

[5] 李学勤：《亢鼎赐品试说》，《中国古代文明研究》，华东师范大学出版社，2005年，第87页。

[6] 董珊：《任鼎新探——兼说亢鼎》，载陕西师范大学、宝鸡青铜器博物馆《黄盛璋先生八秩华诞纪念文集》，中国教育文化出版社，2005年，第163页。

[7] 陈洁、祖双喜：《亢鼎铭文与西周土地所有制》，《中国历史文物》2005年第1期。

[8] 黄锡全：《西周货币史料的重要发现——亢鼎铭文的再研究》，《中国钱币论文集》第四辑，中国金融出版社，2002年，第56页。

[9] 李学勤：《亢鼎赐品试说》，《中国古代文明研究》，华东师范大学出版社，2005年，第87页。

[10] 章水根：《亢鼎中的“郁”》，臧克和主编：《中国文字研究》第21辑，大象出版社，2008年，第43页。

[11] 董珊：《任鼎新探——兼说亢鼎》，陕西师范大学、宝鸡青铜器博物馆《黄盛璋先生八秩华诞纪念文集》，中国教育文化出版社，2005年，第163页。

[12] 马承源：《亢鼎铭文——西周早期用贝币交易玉器的记录》，《上海博物馆集刊》第八期，上海书画出版社，2000年，第120页。

两种直译。

如果将"弓（以）"字理解为"与"或"遗（赠送）"之意，这篇铭文的直译是："乙未这一天，公太保向美亞买了价值五十朋的大珏，公命令亢归还美亞贝五十朋，还送给鬱莘、㠱罐和一头牛。美亞很感谢亢，送给了亢骍、金二鈞。亢赞美亚，并铸造了这件纪念父己的青铜器。"

如果将"弓（以）"字解释为"用"，这篇铭文的直译则是："乙未这一天，公太保向美亞买了价值五十朋的大珏，公命令亢用价值贝五十朋的鬱莘、㠱罐和一头牛归还美亞。美亞很感谢亢，送给了亢骍、金二鈞。亢赞美亚，并铸造了这件纪念父己的青铜器。"

第一种直译是说，公太保买了美亞价值五十朋的大珏，命令亢归还美亞五十朋贝外，又给了美亞鬱莘、㠱罐和一头牛。马承源、黄锡全和李学勤等诸先生都认为贝是一种货币，所以，鬱莘、㠱罐和一头牛是公太保送给美亞的或是公太保给美亞的赐品。[1]陈佩芬认为鬱莘、㠱罐和一头牛是附加给美亞的。[2]暂且不论贝是否是货币，作为一种交易，我们仔细想一下，公太保买了美亞价值五十朋的大珏后，除了归还美亞五十朋贝外，还多给了美亞鬱莘、㠱罐和一头牛，在整个交易过程中显然是吃亏的一方，这个交易对公太保来说不是等价交换，是不公平的，因为公太保等于是用多于五十朋价值的东西在与美亞换大珏。如果公太保不仅买了美亞价值五十朋的大珏，还拿了美亞或美亞给了公太保其他东西，公太保命令亢归还美亞五十朋贝，并送美亞鬱莘、㠱罐和一头牛，那这个公太保与美亞的交易是存在的，也表明贝在当时确实被作为货币而使用，起到了货币流通手段的作用，但此铭文中并没有表达出这一点来。所以，这说明在亢鼎铭文中"弓（以）"字不能理解为"与"（给予），而应解释为"用"，亢鼎铭文应该按照第二种直译来理解。公太保向美亞买了价值五十朋的大珏，公命令亢归还美亞价值贝五十朋的鬱莘、㠱罐和一头牛，说明大珏与鬱莘、㠱罐和一头牛是等价的，它们的价值都相当于贝五十朋，公和美亞之间的交易是一种等价交易。如是，贝在其中起到的作用，也同《三年卫盉铭》中的贝一样，只是起到价值尺度的作用，在这次买卖中并没有被当作交换媒介物来使用，当然也不能被认定是作为货币来使用的了。

三年卫盉铭到亢鼎铭所反映的西周早、中期商品交换的情况表明，从西周

[1]　见马承源：《亢鼎铭文——西周早期用贝币交易玉器的记录》，《上海博物馆集刊》第八期，上海书画出版社，2000年，第120页；黄锡全：《西周货币史料的重要发现——亢鼎铭文的再研究》，《中国钱币论文集》第四辑，中国金融出版社，2002年，第49页；李学勤：《亢鼎赐品试说》，《中国古代文明研究》，华东师范大学出版社，2005年，第87页。

[2]　陈佩芬：《夏商周青铜器研究·西周篇》，上海古籍出版社，2014年，第10、11页。

早期开始商品交换已经不再以简单的以物易物为唯一形式，而是开始出现通过价值尺度的衡量来进行交换的更公平的比较高级的形式了。在这种形式的商品交换中，贝虽然起到了价值尺度的作用，但还没有承担起货币流通的职能，还不能被认为其就是一种货币了，从而反映出当时商品经济发展的状况。

贝在商周时期的青铜器铭文中大多见到的是被当作赏赐品的记载，反映出贝在当时赏赐品中的重要地位。从被赏赐的对象来看，都是对王室有功的人员。从这些记载中可以看到，西周中期被赏赐的次数发生变化，逐渐地减少，表明西周在其中期开始逐渐脱离商代重贝的赏赐制度而建立了自己以舆服车马为主的赏赐制度，[1]这也表明贝在赏赐品中的作用从西周中期开始逐渐下降。

考古资料显示，贝早在我国的新石器时代晚期就开始出现于墓葬之中。作为一种随葬品，显现的特征是，新石器时代晚期出土比较少见，商代比较集中出土于殷墟贵族墓地，西周时期出土则比较普遍，这种现象是否与商周时期贝在赏赐品中的重要性和赏赐制度的变化有关，还需要进一步探讨。除了一部分海贝外，商周时期墓葬或遗址中出土的海贝，大量的都有被加工过的痕迹。从贝出土的位置来看，大多在死者的口、手中及周边、棺椁内外，尽管与后世铜钱的出土位置有相类似的地方，但也不能成为我们将之确定为货币的依据，应该主要的还是当时一种信仰和丧葬礼仪的反映。

除了海贝外，在新石器晚期以后到春秋战国时期的墓葬或遗址中，我们还发现有许多海贝的仿制品，有蚌、陶、石、骨、铜、银、金等质地，此外，还发现有鎏金铜贝，在山西曲沃晋国铸造遗址中其至还发现有铸造铜贝的作坊遗址。这些仿制品的功用应该与海贝基本属性相同，属于一种装饰品，当然，不排除有显示身份地位的含义。其实，当时海贝在不同墓葬中出土数量的不同也含有这种意义。

对于夏商周时期，我们多引用《诗经·小雅·北山》"溥天之下，莫非王土；率土之滨，莫非王臣"，来说明当时的土地、人和事物都是属于国王的，明确其社会属性。其实，这从一个侧面也反映了当时的商品经济还没有得到充分发展的社会状况。在这样的一个状况下，商品交换恐怕很难产生对货币的需求。这个状况的变化，从目前所掌握的第一手资料来看，应该始于西周中晚期。换句话说，在西周中晚期开始，因为社会发生了根本性的变化，商品经济的发展为货币的产生创造了条件。在现存的西周中晚期青铜器铭文中，不仅有反映当时土地交换的记载，而且出现了商人阶层和用于商品交换的"市"。

---

[1]　吴红松：《西周金文赏赐物品及其相关问题研究》，安徽大学博士论文，来源于中国知网；景红艳：《西周赏赐制度研究》，陕西师范大学博士论文，来源于中国知网；杨婧雯：《物品赏赐与西周权力流转》，华东师范大学硕士论文，来源于中国知网。

一　西周土地交换的发生

土地国有制度，更确切地说，土地为国王所有的制度，在西周时期是一项基本国策。土地转移基本上是通过分封、赏赐的形式实现的——这种转移并没有使土地的基本属性发生变化。但在西周进入中期之后，则出现了土地转让的现象，土地国有的属性开始发生变革，意味着西周中期以后周王对土地的控制权开始变弱、旁落。

恭王时的五祀卫鼎铭（图3）：

> 佳（唯）正月初吉庚戌，衛启（以）邦君厲告于丼（邢）白（伯）、白（伯）邑父、定白（伯）、㻌白（伯）、白（伯）俗父，曰厲曰："余執龏（恭）王卹（恤）工（功），于邵（昭）大（太）室東逆燚（营）二川。"曰："余舍（捨）女（汝）田五田。"正迺（乃）噫（訊）厲曰："女（汝）賈田不（否）？"厲迺（乃）許，曰："余害（審）賈田五田。"丼（邢）白（伯）、白（伯）邑父、定白（伯）、㻌白（伯）、白（伯）俗父迺（乃）顜（講）。吏（使）厲誓。迺（乃）令參（三）有嗣（司）：嗣（司）土邑人赾、嗣（司）馬頌人邦、嗣（司）工隆（隋）矩、内史友寺芻，帥履（履）裒衛厲田三（四）田。……

大意是：正月初吉庚戌这一天，卫将厉告到邢伯、伯邑父、定伯、㻌伯和伯俗父那里，对厉说，我为恭王办事，在昭太室东北处有片经过两条河的土

图3

地，我想以"田五田"和你交换。邢伯、伯邑父、定伯、琼伯和伯俗父讯问厉是否肯交换，厉说要审视一下交换的"田五田"。邢伯、伯邑父、定伯、琼伯和伯俗父从中调解，让厉发誓答应。于是，在三有司参与下，裘卫给了厉"田三（四）田"。

恭王时的九年卫鼎铭（图4）：

> 佳（唯）九年正月既死霸（魄）庚辰，王才（在）周駒宮，各（格）廟，眢（眉）敽（敖）者膚卓吏（事）視于王。王大嵞（致）。矩取眚（省）車：軓莱（雕）圅（鞃）、虎冟（帾）、希（豙）韘（幃）、畫轉、金（鞭）、帀（席）、鞁、帛（白）嘉乘、金厩（鑣）鈘（鋞）。舍（捨）矩姜帛三兩。迺（乃）舍裘衛林晉（孤）里。叔乓（厥）佳（唯）顏（顏）林，我舍顏（顏）陳大馬兩，舍（捨）顏（顏）姁（似）虘吝（咎），舍（捨）顏（顏）有闁（司）夒（壽）商圉（貈、貉）裘、盇冟（帾）。矩迺（乃）罙（暨）韭（祭）粦（鄰）令夒（壽）商罙（暨）亯（億）曰："顠（講）。"潃（履）付裘衛林晉（孤）里。

大意是：在九年正月既死霸庚辰这一天，矩在取得了用軓莱（雕）圅（鞃）、虎冟（帾）、希（豙）韘（幃）、畫轉、（鞭）、帀（席）、鞁、帛（白）嘉乘、金厩（鑣）鈘（鋞）等装饰的马车，在裘卫又给了矩的妻子帛三两后，才给了裘卫林晉（孤）里这片土地。但林晉（孤）里这片土地中含有颜家的树林。于是，裘卫又给了颜家两乘大马车，给了颜夫人虘吝（咎），给了颜家管事的翢（貈、貉）裘、盇冟（帾）。这才最后获得了林晉（孤）里这片土地。

图4

恭王时的佣生簋铭（图5）：

> 佳（唯）正月初吉癸子（巳），王
> 才（在）成周，格白（伯）取良馬乘
> 于甸（佣）生，㐱（厥）賈三十田，
> 則（則）析。格白（伯）履毆妊彶遹
> 㐱（厥）從格白（伯）庋（按）彶佃
> （甸）：殷㐱（厥）紉（絕）雪谷、杜木、
> 邍（原）谷、旅菜，涉東門，㐱（厥）
> 書史戭武，立盲（盲）成壆，壨（鑄）
> 保（寶）殷（簋），用典格白（伯）田，
> 甘（其）邁（萬）年子＝（子子）孫＝
> （孫孫）永寶用，冊。"

图5

佣生簋，过去又称格伯簋，铭文内容大意是：正月初吉癸巳这一天，格伯拿四匹好马给了佣生，交换"三十田"，并立字为凭。格伯带了人去勘查了"三十田"的界限，让书史记录下来，还立牌标识。格伯铸造了宝簋，以记载此事。

从五祀卫鼎、九年卫鼎、佣生簋以及三年卫盉的铭文内容来看，反映出当时土地交换的基本形式有两种：一种是用土地换土地；另一种是用财物换土地。不管是哪一种交换形式，均已证明田里不鬻的土地制度已经发生了根本性的改变。此外，西周恭王时期的曶鼎、厉王时期的鬲比鼎及散氏盘等器铭文内容，则涉及用土地赔偿的事件，其实也是一种土地转让的形式，它们都表明当时土地私有化已经开始。土地作为当时一项重要的基本生产资料出现私有化，表明当时社会正经历着一场深刻的革命。而这场私有化的革命对于商品经济的产生和发展来说是极其重要的。从这些青铜器的断代来说，西周土地制度发生变化应该是从恭王开始的。

二 商人的出现

恭王鲁方彝铭（图6）：

> 佳（唯）八年十又二月初吉丁亥，齊生魯（魯）肇賈休多贏，佳（唯）
> 朕（朕）文考乙公永啟余魯（魯），用乍（作）朕）朕（朕）文考乙公寶隣

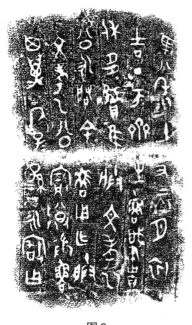

图6

（尊）彝，鲁（鲁）甘（其）万年，子＝（子子）孙＝（孙孙）永宝用。

对这篇铭文，李学勤曾做了非常详细的考释，认为齐生鲁是齐乙公得的儿子，"贾"为名词，即商贾。"齐生鲁（鲁）肇贾休多赢"，是说齐生鲁从事商业，获得多利。[1] 由此可理解鲁方彝铭文的大意是：八年十二月初吉丁亥这一天，齐生鲁从事商业，获得多利，我的父亲乙公的教诲一直使我受益，所以铸造铜器，纪念我的父亲乙公，并祈福。

宣王时的颂鼎铭（图7）载：

……王曰：颂，令（命）女（汝）官嗣（司）成周贾二十家，监嗣（司）新窟（造），贾用宫御。……

其大意是：王对颂说，命令你管理成周二十家商人，并监管新造（职官名），确定宫廷用器的价格。

图7

---

[1]　李学勤：《鲁方彝与西周商贾》，《史学月刊》1985年第1期。

随着土地制度的变化，社会变革的发生，新的阶层孕育产生。西周中期开始出现了专门从事商品贸易的商人，西周晚期时则已经出现了商人群体，从事商业活动的人已不在少数，表明当时的商品经济日益发达。而发达的商品经济，为货币的产生创造了有利且必要的社会条件。

三　交易市场的出现

西周中后期社会发生的变革，也影响着商品经济的发展。随着商品经济的发展，西周晚期开始出现了用于专门交换的"市"。西周宣王时期的兮甲盘铭直接反映了这一点：

宣王时的兮甲盘铭（图8）：

佳（唯）五年三月既死霸庚寅，王初各（格）伐厰（厰、玁）㺄（狁）于鬲盧，兮田（甲）從王，折首執譏（訊），休亡敃（愍），王易（錫）兮田（甲）馬三（四）匹、駒車，王令田（甲）政龠（司）成周三（四）方賣（積），至于南淮＝尸（淮夷，淮夷）舊我員（帛）畮人，母（毋）敢（敢）不出其員（帛）、其賣（積）、其進人，其賈，母（毋）敢（敢）不即歕（次）即岺（市），敢（敢）不用令（命），則（則）即井（刑）肅（殛）伐，其佳（唯）我者（諸）厌（侯）、百生（姓），氒（厥）賈，母（毋）不即岺（市），母（毋）敢（敢）或入縊（蠻）安（宄）賈，則（則）亦井（刑）。兮白（伯）吉父乍（作）般（盤），其黌（眉）耇（壽）萬年無疆（疆），子＝（子子）孫＝（孫孫）永寶用。

图8

兮甲盘铭大意是：五年三月既死霸庚寅这一天，王在鬲盧攻打玁狁，兮甲跟随周王参加了此次战争，并获得战功，周王赏赐给了兮甲四匹马和驹车，并命令兮甲管理征收成周四方诸邦和南淮夷委积的事务。至于南淮夷，乃是向我们缴纳贡赋的人，不敢不缴他们的丝帛、储备的物品和服劳役的人，他们的商人，不敢不到"次"（管理机构）、不到

"市"去交易，敢不服从命令，就要受到刑罚和征伐。如我们的诸侯百姓，还有商人，不到市去交易，或为避免征税而到蛮夷去交易，则也要受到刑罚。兮伯吉父铸造此盘，希望能长寿，子子孙孙永远受到惠顾。

兮甲盘铭告诉我们，周王要周族和南淮夷的商人都要到指定设置的市场上去交易，这种市场还设有专有的管理机构，形成了有明确制度的官市，表明西周晚期商业随着社会的变迁开始发达了起来，反映出商品经济已发展到了一定的程度，为货币的产生创造了良好的环境和条件。

货币，是商品经济发展到一定历史阶段的产物。所以，从现存的青铜器铭文来看，我们认为，随着土地私有化的发展，使得西周中晚期商品经济得到了长足的发展，特别是"市"和商人及商人群体的出现，揭示出西周晚期商品经济的发展已经达到了一定的阶段，为货币产生打开了大门，并已近在咫尺。

（本文在收集青铜器铭文过程中得到了韦心滢女士的帮助，谨致感谢）

（原载《中国钱币》2019年第4期）

圆足布研究

　　圆足布是先秦货币中一种重要的布币，以前的钱币学家对此作了不少研究。本文想就圆足布的属国、铸地、铸作时间以及与其他货币的关系等问题重新展开讨论，以求抛砖引玉。

一　圆足布的属国、铸地与铸作时间

　　圆足布形制是圆首、圆肩、圆裆、圆足，其钱文仅发现两种：一是"蔺"（图1、图2），一是"离石"（图3、图4），分大小两等。

　　蔺和离石在战国时期是两座重要的城邑。有关"蔺"，史书中不乏记载。《史记·魏世家》：武侯十五年（前372年）"败赵北蔺"；《史记·赵世家》：成侯三年（前372年）"魏败我蔺"；《史记·六国年表》：秦惠王二十五年（前313年）"樗里子击蔺阳，虏赵将"，赵武灵王十三年（前313年）"秦拔我蔺，虏我赵庄"。由此可知，战国时期"蔺"又称"北蔺"或"蔺阳"。蔺地在很长一段时间里，受到魏和秦的攻击，并曾被秦占领过。《史记·赵世家》："（肃侯二十二年）赵疵与秦战，败，秦杀疵河西，取我蔺、离石。"尽管如此，蔺地在战国时期主要还是属赵。蔺地最后被秦攻破，史书并没有确切的记载。《战国

图1　　　　　　　　　　　　　　　　图2

图3　　　　　　　　　　　　　　　　　　　　图4

策·西周策》："苏厉谓周君曰：'败韩、魏，杀犀武，攻赵，取蔺、离石、祁者，皆白起。'"有人认为杀犀武是伊阙之战，取蔺、离石在后，显然是指赵惠文王士十七年"秦拔我两城"之事，所以，蔺、离石最后入秦，当在公元前282年。[1]这种推测，应当说是有一定道理的。于鬯的《战国策年表》也认为蔺地属秦是在公元前282年，但同时也指出秦将白起在这年所拔的两城是蔺和祁，而不是蔺和离石，这是相当正确的。

　　离石，与蔺地相距不远，秦国攻击蔺地，离石首当其冲，所以，曾经历过与蔺一起被秦攻占的命运。离石最后属秦的确切年代，要比蔺地好定，不仅《战国策·西周策》中记载了秦将白起攻取蔺和离石两城之事，《史记·周本纪》也有同样的记载，周郝王三十四年（前281年），苏厉对周君说："秦破韩、魏，扑师武，北取赵蔺、离石者，皆白起也。"《史记·六国年表》和《赵世家》都记载有，惠文王十八年（前281年）"秦拔我石城"，《资治通鉴·周纪四》胡注云"石城"就是"离石"之城邑。于鬯的《战国策年表》载，赵惠文王十八年"秦拔离石"；云梦睡虎地秦简《编年记》载，秦昭王二十六年（前281年）攻"离石"。因此，离石之地属秦，当在公元前281年，并不是在公元前282年，与蔺地属秦先后相差一年的时间。换句话说，蔺和离石在战国晚期基本上属秦，之前则归赵。

---

［1］　马飞海总主编、汪庆正主编：《中国历代货币大系·先秦货币》，"总论"，上海人民出版社，1988年，第19页。

由此，有人便提出，"蔺"和"离石"铭的圆足布是两地入秦以后的铸币。[1]可是，当我们分析研究圆足部文字风格和出土地点时，得出的结论与此相反。从已有考古资料来看，1959年河北蔚县[2]、1966年河北张家口[3]、1980年山西山阴县[4]、1986年河北灵寿[5]以及1987年山西繁峙县[6]等地都曾出土过"蔺"或"离石"圆足布，而这些圆足布的出土地点在战国时期多属于赵国。而且，圆足布的文字具有明显的三晋风格。因此，我们说，圆足布应属于赵国铸币。这样，圆足布似铸于公元前4世纪。有人就曾依据圆足布的重量与三晋其他货币重量的比较，也提出了这样的观点。[7]然而，事情并没有这样的简单。

1986年秋，河北灵寿九号遗址中发现了一定规模的铸币遗迹。这个遗迹分为铸币和制范两部分。在铸币场所中不但发现了三座熔铜炉坑，而且出土了大量的钱范，其中就有许多"蔺"字圆足布范。出土的"蔺"字圆足布范有陶范和石范两种，大多数是遭废弃的碎块，完整的几块石范均为面文范，已经多次铸币，范面已有裂纹，每个范面均刻有两枚"蔺"字布币型腔，铜液由浇注口流入布币型腔。石范由青石板磨刻而成，侧边有合范准线二道。石范呈长方形，大小不一。此外尚有十四件陶范，尺寸和石范基本相似，也在范面刻两枚币型。背范均为泥质灰陶范，背文有"一""二""十"三种。[8]从考古学来说，在河北灵寿故城址发现大量的"蔺"字圆足布币范和铸币作坊遗迹，表明这里应该是"蔺"字圆足布的铸地。

战国时期布币钱文一般反映的是该币铸地的地名，这是我们对战国各种布币钱文进行研究后得出的结论，也可以说已经是钱币学界的共识。"蔺"字圆足布是赵国的货币，其钱范照理应在赵国蔺地发现才是，而现在却在河北灵寿故城址内发现，这就很值得研究了。《史记·货殖列传》："中山地薄人众，犹有沙丘纣淫地余民，民俗懁急，仰机利而食。丈夫相聚游戏，悲歌忼慨，起则相随椎剽，休则掘冢作巧奸冶，多美物，为倡优。""奸冶"即私铸。这段史料说明了在战国时期，中山国已经出现了私铸的现象。但是，从现有资料来看，河

［1］　朱活：《布币续探》，《古钱新探》，齐鲁书社，1984年，第76页。
［2］　朱活：《布币续探》，《古钱新探》，齐鲁书社，1984年，第78页。
［3］　朱活：《布币续探》，《古钱新探》，齐鲁书社，1984年，第78页。
［4］　山西省钱币学会编：《中国山西历代货币》，山西人民出版社，1989年，第48页。
［5］　陈应祺：《中山国灵寿城址出土货币概论》，《河北金融》1988年增4"钱币专辑1"。
［6］　山西省钱币学会编：《中国山西历代货币》，山西人民出版社，1989年，第48页。
［7］　马飞海总主编、汪庆正主编：《中国历代货币大系·先秦货币》，"总论"，上海人民出版社，1988年，第20页。
［8］　陈应祺：《中山国灵寿城址出土货币概论》，《河北金融》1988年增4"钱币专辑1"。

北灵寿故城址九号遗址发现的铸币遗迹看上去并不是一般的民间作坊。这个遗迹不仅发现有成堆的圆足布范，更重要的是这个遗迹分制范和铸币两部分，而且有三座熔铜炉坑，具有相当的规模，不会是一般的民间作坊所能为的，更何况这一遗迹距中山国官营手工业作坊不远。我们认为，九号遗址内出现的铸币遗迹当与赵国占领中山国有关。《史记·赵世家》："（赵惠文王三年，前296年）灭中山，迁其王于肤施，起灵寿，北地方从，代道大通。"从发现的数量来说，圆足布的铸行时间似不会很长。

圆足布铸于战国晚期，但其重量与其他战国晚期的布币重量上下相差并不明显。一般大型圆足布重15克左右，小型的重8克左右，其他小型布币的重量通常在6克左右。我们估计圆足布实行的货币单位可能与三晋地区实行的以釿为单位的货币制度不同，极有可能采用的是铢两衡制，因为在战国时期，至迟在战国晚期，采取铢两制度的国家已经不只是秦国，其他国家如赵国也同样采用过。1979年内蒙古准格尔旗布尔陶亥公社西沟发现了一大批文物，其中出土的金牌和虎头银节约上的刻划文字有"一斤五两四朱少半""一斤二两廿朱少半""二两五朱""二两十四朱"等。[1]据研究，这些金牌和虎头银节约的时代大致在战国中期和晚期，"金牌上的刻字作风和衡制受秦的影响较大。银节约则可能是三晋地区赵国王室所造"。[2]1977年河北易县燕下都辛庄头墓出土了一批战国文物，其中发现有纪重铭文的金饰件8件（也有说20件）。石永士认为金饰件是燕国所造[3]，黄盛璋认为这些金饰件是赵国少府所造[4]。

"蔺"字圆足布币范在河北灵寿故城址的发现，表明在战国时期布币钱文不一定反映的就是该布币的铸地。并且，从文字上去分析，现存的圆足布钱文"蔺"不尽相同，亦可反映了战国时期一种货币的铸地不止一处的现象。

二　圆足布与三孔布的关系

圆足布与三孔布的基本形制相同，所不同的是，三孔布的首部和两足部各有一孔洞，且钱文除标明铸地名之外，背文还标明货币所采用的衡制。前已论述，圆足布铸于战国晚期，那么三孔布又铸于什么时候？与圆足布关系又怎样呢？

目前钱币学界关于三孔布的铸行年代，主要有两种意见：一主张铸于战国

---

[1]　伊克昭盟文物工作站、内蒙古文物工作队：《西沟畔匈奴墓》，《文物》1980年第7期。

[2]　田广金、郭素新：《西沟畔匈奴墓反映的诸问题》，《文物》1980年第7期。

[3]　石永士：《燕国的衡制》，《中国考古学会第二次年会论文集》，文物出版社，1982年，第172页。

[4]　黄盛璋：《新出土战国金银器铭文研究（三题）》，《古文字研究》第十二辑，中华书局，1985年，第337页。

晚期，认为是赵国的货币；一主张铸于公元前4世纪，是中山国的货币。关于前一种意见，裴锡圭《战国货币考（十二篇）》指出："已经考证出来的三孔布上的地名，几乎都在赵国的东半部，常见于赵国的尖足布或方足布上的西半部的地名，如晋阳、榆次、祁等，在三孔布上都看不到。看来这种布币很可能是在赵的太原地区被秦攻取以后才铸行的"，"三孔布铸造年代的上限大概不会早于秦庄襄王时代（前249～前247年）"。[1] 也有人认为，三孔布的整个铸造年代应为公元前244年至公元前222年之间。[2] 不管怎样，他们确定的三孔布铸行上限都没有超过公元前249年。根据《史记·赵世家》和《秦始皇本纪》的记载，赵国被秦灭亡应算在公元前228年，公元前222年被灭的乃是赵公子嘉自立为代王的赵国余部。如三孔布为赵币说，赵国铸行三孔布的时间实际上应为公元前249～前228年，前后不过近20年左右的时间。就是在这20年左右的时间里，三孔布钱文所反映的这些赵国城邑也不是早在公元前228年前一下子属于秦国的，而是有先有后的。这样，三孔布的铸行时间也许会更短。假如我们仅仅从三孔布发现的数量上考虑，发现数量不多，似乎并无不妥。但从发现的三孔布的钱文来看，反映的铸地近30处之多，这说明当时三孔布的铸地是相当多的，在如此短的时间里一下子有这么多城邑铸造三孔布，这一现象似乎使人难以接受。因此，我们还是比较倾向于后一种意见，即主张铸于公元前4世纪，是中山国的货币。

有关中山国的记载，散见于《世本》、《史记》中《赵世家》《魏世家》《六国年表》以及《战国策》等史籍之中。1974年河北平山县三汲公社发现了6座战国时期中山国的墓葬，其中出土的铜器铭文是我们研究中山国史的珍贵史料。[3]

平山出土的铜器铭文表明，战国时期中山国大致经历了文、武、桓、成、王䰇、嗣子䍔、尚等七世。文公约终于公元前414年，《史记·赵世家》：献侯十年（前414年）"中山武公初立"。《世本》："中山武公居顾。"《史记·赵世家》："（烈侯元年，前408年）魏文侯伐中山，使太子击之。"说明此时中山国被灭。《史记·乐毅传》："中山复国。"《世本》："桓公徙灵寿。"从公元前378年复国开始，中山国逐渐强大。《战国策·齐策五》载，苏秦对齐闵王说："昔者，中山悉起而迎燕、赵，南战于长子，败赵氏，北战于中山，克燕军，杀其将，夫中山，千乘之国也，而敌万乘之国二……"长子属赵在公元前370年至公元前

［1］　裴锡圭：《战国货币考（十二篇）》，《北京大学学报》1978年第2期。

［2］　张驰：《三孔布考辨》，《中国钱币学会第三次年会论文》（油印稿）。

［3］　河北省文物管理处：《河北平山县战国时期中山国墓葬发掘简报》，《文物》1979年第1期。

358年间[1]。《战国策·中山策》:"犀首立五王,而中山后持。""中山与燕、赵为王,齐闭关不通中山之使。"可知,中山国称王之时是公元前323年。到了中山国王𡐤时代,中山国参加了齐伐燕的战役,中山相邦司马赒"亲率三军之众,以征不义之邦,奋桴振铎,辟启封疆,方数百里,列城数十,克敌大邦"。[2]在燕昭王即位之后,中山国还一度占领着燕国大片领土。由于中山国的日渐强盛,赵武灵王急欲报旧日之怨,不得不派人先到中山国侦视一番。《战国策·中山策》载,公元前307年,"主父欲伐中山,使李疵观之";公元前306年,赵武灵王还亲自"略中山地,至宁葭"。[3]直至公元前305年,赵国才开始大规模发动对中山国的战争,中山王𡐤在位14年(前332~前309年)[4]。这时,中山国由姦螽当政。

从战国时期武公复国、徙都灵寿开始,中山国进入了一个全盛的时期,所谓"千乘之国"能敌"万乘之国",这个时期当在公元前370~前306年,大约有65年的时间。这一时期,中山国的社会经济得到了迅速发展。考古资料显示,早在春秋战国之际,中山国地区已经流通晋国的耸肩尖足空首布和狄人的尖首刀币。战国时期,则普遍使用燕国的明刀币和赵国的尖足布、方足布、圆首刀币等。可以说,和其他诸侯国一样,货币经济在中山国当时已经得到了确立。以前,学者曾一度将一种钱文为"成白"的刀币系于赵国货币之列。1983年在河北平山县三汲公社上三汲村中山国故都灵寿铜作坊西北部发现了一块石质的"成白"刀币残范,据考定为战国时期中山国的。[5]这说明在公元前296年被赵灭掉以前,中山国确实曾自铸过货币。

从三孔布钱文所反映的城邑名来看,公元前4世纪时有相当一部分在中山国境内。而且战国时期,中山国地处燕赵之间且深入赵国,燕、赵两国当时都曾铸行过刀币或布币,中山国是不会不受到影响的。

总之,我们认为三孔布为公元前4世纪中山国铸币说是可取的。但遗憾的是,在战国时期的中山国故地至今没有发现过三孔布币及其铸造痕迹。

既然三孔布铸行于公元前4世纪,圆足布铸行于战国晚期,表明了三孔布的产生时代要早于圆足布。那么,从货币形制演变角度考虑,圆足布极有可能是受三孔布影响、在中山国故地赵国铸行的一种货币形式。当然,真实情况是否这样,有待进一步研究。就货币重量而言,圆足布大小型重量与三孔布的大

---

[1]　马飞海总主编、汪庆正主编:《中国历代货币大系·先秦货币》,"总论",上海人民出版社,1988年,第22页。

[2]　河北省文物管理处:《河北平山县战国时期中山国墓葬发掘简报》,《文物》1979年第1期。

[3]　《史记·赵世家》。

[4]　李学勤、李零:《平山三器与中山国史的若干问题》,《考古学报》1979年第2期。

[5]　陈应祺:《战国中山国"成帛"刀币考》,《中国钱币》1984年第3期。

小型重量基本上是一致的。圆足布与三孔布都分大、小两型；三孔布实行铢两衡制。

三 圆足布与尖足布的关系

郑家相《中国古代货币发展史》一书指出："圆肩圆足布之铸，其时较晚。在汾水中游，如晋阳及阴兹等地，因感尖足之刺肤，改其制为类方足，又感方足之仍刺肤，改其制为类圆足，货币形制以便利为条件，至是已有渐趋圆形之势，而圆肩圆足布于以产生。"

就已发现尖足布的钱文来说，大多反映的是战国时期赵国的城邑，燕国虽然也曾铸行过尖足布，但目前还不知道它的钱文如何。所以，我们基本上可以说，尖足布是战国时期赵国的货币。

尖足布中有一种钱文为"甘丹"的。这种"甘丹"布无论是传世的还是考古发现的，唯见大型者。"甘丹"钱文不仅在耸肩尖足空首布中有，而且还发现于战国时期的刀币之中。一般认为，尖足布"甘丹"即邯郸，在今天河北邯郸西南、战国时期赵国的都城。《竹书纪年》和《史记·赵世家》都记载有邯郸为赵都的年代，说明"甘丹"尖足布的铸行上限当不会早于此时。《史记·赵世家》载，敬侯元年（前386年），"赵始都邯郸"。

从形制上分析，尖足布显然是由耸肩尖足空首布发展而来，表明尖足布的铸行年代应当晚于耸肩尖足空首布。耸肩尖足空首布中的一种小型布出现于战国早期。

战国时期三晋地区的布币都以"釿"为货币单位。尖足布有大、小两型，大型者重量多在10～13克之间，小型者则多在6克左右，与魏国釿布中的一釿布和半釿布相比较，明显是已经减重的货币。按照金属铸币的发展规律，尖足布的铸行年代不可能早于魏釿布。魏釿布产生于战国早期，尖足布的铸行年代大致在战国中期以后。根据我们前面的研究，圆足布铸行于战国晚期。这样，在铸行年代上，圆足布的确要晚于尖足布，但这并不意味着圆足布一定是由尖足布发展演变而来的。

按照郑家相的观点，圆足布的产生大致经历了这样一个过程：尖足布→类方足布→类圆足布→圆足布。如果真是这样，按照金属货币发展的规律，圆足布的重量应该较尖足布、类方足布、类圆足布为轻。而事实上并不是如此，圆足布无论大小型重量都比大小型尖足布的重量来得重，显然，郑家相的观点有失偏颇。彭信威1965年版的《中国货币史》指出："一般圆足布首是不应有竖纹的，而晋阳、兹氏和大阴的布首有两道竖纹，而且两肩和两足的圆味也和其他圆足布不同，这使人疑心圆足布是从尖足布蜕化出来的，大概同上面几种方足布一样，还是尖足布地区受到圆足布的影响。"如此，类圆足布应该与圆足布在时代上是相近的。从重量上估计类圆足布的铸行年代要晚于尖足布的年代，那么，圆足布的铸行年代也就不会很早，这为我们推定圆足布铸行于战国晚期提供了一个佐证。

四　圆足布的铸造技术

以前，人们对于圆足布的铸造技术一般都不言及，或仅仅根据其他布币的铸造技术加以推测。1986年河北灵寿出土的圆足布范，[1] 为我们研究圆足布的铸造技术提供了可信的第一手资料。

河北灵寿出土的圆足布范有陶范和石范两种，出土的石范均为面文范，每个范面均刻有两枚圆足布型腔，铜液由浇铸口流入布币型腔。这点与1958年在内蒙古包头市窝吐尔壕出土的安阳布范相同。[2] 所不同的是，安阳布石范背面均刻有菱形方格纹，供合范缚扎使用，而圆足布范在侧边刻有合范准线二道，估计很可能当时弥合面范与背范合拢的开缝口使用的是泥土。并且，安阳布范的背范与面范一样，都是石范，而圆足布背范却是泥质灰陶范，这在以前从未发现过，是一个值得注意的现象。面范和背范都采用石范，容易造成钱范透气性和压溃性等方面的困难，可是，面范采用石范，背范使用陶范，就很好地解决了这个问题。所以，从铸造技术上来看，圆足布范的水平显然要高于安阳布范，它不仅解决了一范多用的问题，而且很好地解决了范体受热发生断裂或变形的技术，是货币铸造工艺上的一大进步。

五　结语

通过对圆足布比较全面的研究，我们可以得出如下结论：

第一，圆足布是战国时期赵国占领中山国之后铸行的一种货币形式，与赵国其他货币不同，它可能采用了铢两衡制；

第二，圆足布可能并不是由尖足布发展而来，而是受到了三孔布的影响；

第三，从铸造技术上，圆足布采用陶石范合用，代表了三晋地区、至少是赵国铸币的水平。

（原载《上海博物物集刊》第6期，上海古籍出版社，1992年）

---

[1]　陈应祺：《中山国灵寿城址出土货币概论》，《河北金融》1988年增4"钱币专辑1"。
[2]　李逸友：《内蒙古自治区抱头市窝吐尔壕发现安阳布范》，《文物》1959年第4期。

圆足布再研究

关于圆足布，以前的学者很少有做专题性研究的。1992年，笔者曾在《上海博物馆集刊》第六期上发表过一篇名为《圆足布研究》的论文。在该论文中，笔者根据史书记载和河北灵寿中山故址中出土圆足布钱范的资料，对相关问题进行了探讨，提出了自己的一些看法。几年过去了，在看了新发表的考古材料和论文后，感到有关圆足布的问题似乎还有进一步探讨的余地。

根据现在掌握的考古材料，1959年河北蔚县[1]、1966年河北张家口[2]、1980年山西阴县[3]、1986年河北灵寿[4]、1988年山西繁峙县[5]、1993年6月内蒙古呼和浩特市托克托县五申乡[6]、1993年内蒙古凉城县[7]、1997年10月及近年先后两次在内蒙古清水县[8]等地，都曾发现有圆足布。这些圆足布的出土地点在战国时期多属于赵国，所以，基本上可以肯定圆足布应是战国时期赵国的货币。

圆足布钱文目前所见仅有两种："蔺""离石"。蔺、离石，是战国时期两座重要的城邑。蔺，又称"北蔺"或"蔺阳"。在拙文《圆足布研究》中，笔者依据史书的记载，对蔺和离石两座城邑在战国时期的属国问题进行了考证，认为这两座城邑在公元前282年和公元前281年前属于赵国，以后被秦所占领。因此，圆足布如果确实分别属于蔺、离石城邑所铸，则应铸行于公元前281年之前，或者退一步说，铸于公元前4世纪。汪庆正在《中国历代货币大系·先秦货币》的总论中，曾依据单位货币的平均重量，推断出圆足布的铸作年代"很可能相当于魏国盛行釿布的时期，即公元前4世纪"。[9]近年，有的学者也根据货

[1]　朱活：《布钱续探》，《古钱新探》，齐鲁书社，1984年，第78页。

[2]　朱活：《布钱续探》，《古钱新探》，齐鲁书社，1984年，第78页。

[3]　山西钱币学会编：《中国山西历代货币》，山西人民出版社，1989年，第48页。

[4]　陈应祺：《中国国灵寿城址出土货币概论》，《河北金融》1988年增4"钱币专辑1"。

[5]　朱华：《三晋货币》，山西人民出版社，1994年，第153页。

[6]　茹耀光：《内蒙古托克托县首次发现圆足布》，《内蒙古金融研究》1997年钱币增刊。

[7]　李耀中：《一枚特大型离石布》，《内蒙古金融研究》钱币增刊1994年第4期。

[8]　胡汉光：《呼和浩特市清水河县出土的战国钱币》，《内蒙古金融研究》1997年钱币增刊；胡汉光：《呼和浩特市清水河县再次出土窖藏战国货币》，《内蒙古金融研究》1998年钱币增刊。

[9]　马飞海总主编、汪庆正主编：《中国历代货币大系·先秦货币》，"总论"，上海人民出版社，1988年，第20页。

币重量进一步提出"圆足布有可能铸于公元前406年以前",并可能与魏国釿布同时铸于魏文侯在位公元前445～前396年的这一时期。[1] 在谈论圆足布铸行年代时,他们都述及了魏釿布、三孔布和尖足布的重量和铸行时间的问题。

釿布是战国时期魏国铸行的一种钱币,目前已知其币值可以分为三等:二釿、一釿和半釿。釿布的钱文有倒书与顺书两种。倒书的钱文所涉及的城邑名有安邑、𠬝、晋阳、陕(旧释虞)、𡊮(或释垂)、卢氏、共、文安、高等,顺书的钱文所涉及的釿布城邑名有:梁、𣪏、阴晋、蒲反、鄈氏、山阴、安阴等。从重量上看,钱文倒书与顺书的釿布之间差别并不是很多,似可得出它们铸于同一时期的结论,这也表明魏国的货币制度相对是比较稳定。在安邑釿布中,钱文有倒书和顺书两种,顺书的安邑釿布背铸有"安"字或阴刻有一"夸"字,可能与倒书之安邑釿布的铸造年代存在着先后关系。安邑为魏国的早期都城,《史记·魏世家》载晋悼公十一年(前562年)"徙治安邑",《史记·秦本记》载"魏自魏绛徙此,武侯二年(前394年)城之",《史记·魏世家》又载魏惠王三十一年(前339年)"……安邑近秦,于是徙治大梁",。从史书记载来看可知,安邑为魏国都城的时间是公元前562～前339年。春秋时期,魏国属晋,而当时晋流通的是耸肩尖足空首布,所以,魏釿布的铸作时间当不会早于此,安邑釿布的铸作时间一定是在进入战国时期之后。汪庆正认为,安邑釿布的始铸年代上限不会早于魏武侯二年城安邑之时(前394年)。[2]《史记·魏世家》载,魏文侯二十二年(前403年)"魏、赵、韩列为诸侯",魏釿布的铸造时间最早不会超过此时。一般认为,梁釿布是梁惠王三十二年(前339年)从安邑迁治大梁之后所铸行的一种釿布。[3] 目前所见四种梁釿布的钱文都是顺书,并且出现了与顺书之安邑釿布背刻"夸"字相同的字,反映出它们的铸作时间应该是相近的,由此说明钱文倒书和顺书的釿布在具体铸造时间上的确有差异。方足布中有钱文为"梁邑"的大、小两种方足布,表明釿布的铸作时间最晚应在"梁邑"方足布出现之前。方足布流通于战国晚期。汪庆正将釿布的铸造与使用时间推断在公元前4世纪的观点是非常正确的。

有关三孔布的研究,学者主要从两个方面入手:一是根据三孔布的钱文,二是根据三孔布的重量。正因为如此,研究的结论往往也不尽相同。目前对于

[1]　黄锡全:《圆足布新议》,《钱币博览》2000年第3期。
[2]　马飞海总主编、汪庆正主编:《中国历代货币大系·先秦货币》,"总论",上海人民出版社,1988年,第18页。
[3]　马飞海总主编、汪庆正主编:《中国历代货币大系·先秦货币》,"总论",上海人民出版社,1988年,第18页。

三孔布主要有两种观点：一种观点认为三孔布是战国晚期赵国铸行的货币[1]；另一种观点则以为三孔布是公元前4世纪中山国铸行的货币[2]。

　　三孔布已发现的钱文有30多种。在这30多种钱文中，被考证属于战国时期中山国城邑的占大多数，被考释为属赵国、属魏国和属燕国城邑的占少数。如果将这些考释不论正确与否归纳起来，三孔布则分别属于战国时期的四个诸侯国。为了解释这一现象，近年有的学者大胆地提出了三孔布铸行于魏国占领中山国时期即公元前406～前378年的新观点。[3]这个观点是否能这样理解：即三孔布是由魏国铸造、在中山国推行使用的货币，而不是由中山国自己铸行的。换句话说，三孔布属于魏。

　　我们仔细地研读了提出这一观点的论述，觉得有几点说不过去：1. 无论文字、制作还是形制而言，三孔布应是战国时期一国的铸币；2. 三孔布如果是魏国所造，货币重量单位应与魏国一样，采用"釿"，而查考魏国度量衡制，战国时期的魏国并没有实行过铢两衡制；3. 魏借道攻灭中山之径，史书没有记载。但不管怎么样，这种"借道"应是短暂的，且所借之道依然属于赵国。既然三孔布为魏国在中山国地区铸行的货币，其钱文所反映的城邑应属于中山故地，如钱文中出现魏和赵国的城邑名，只能表明三孔布非魏国一国所铸行的货币。

　　中山国原称鲜虞，春秋时期属于白狄的一支，曾与肥、鼓、仇由氏结为部落联盟，在白狄民族中最是强盛。在当时鲜虞活动的区域里发现的春秋至战国早期墓葬均保持了北方民族的特色，具有北方游牧民族的特性。[4]在中山国灵寿故城址发现的春秋晚期至战国早期墓葬中出土的尖首刀，标志着这一时期鲜虞货币经济已经发展到相当高的阶段。尖首刀是仿制于北方游牧民族日常使用的青铜刀而来的一种货币样式，根据考古器物类型学的原理，通过对尖首刀分型分式和发展演变过程的考察，鲜虞（北狄）尖首刀具有明显的特征，即刀首刃部都呈平直斜坡状。经过三年战争，魏于公元前406年攻灭了中山国，并对中山国进行了长达近三十年的统治。这种统治应该说对中山国进一步融合于华夏起到了一定的推进作用，尤其是魏文化的传入，对中山国的影响是非常明显的，这在考古材料中可以体现出来。[5]但这一考古现象，并没有在存世货币上表现出来。从整个战国时期中山国灵寿故城址中出土的货币来看，除了大量的已

[1]　裘锡圭：《战国货币考（十二篇）》，《北京大学学报》1978年第2期（该文后收入其专著《古文字论集》，中华书局，1992年）。

[2]　汪庆正：《三孔布为战国中山国货币考》，《中国钱币论文集》第二辑，中国金融出版社，1992年，第69页。

[3]　黄锡全：《三孔布奥秘试探》，《安徽钱币》2000年第2期。

[4]　河北省考古研究所：《譻墓——战国中山国国王之墓》，文物出版社，1996年，第543页。

[5]　河北省考古研究所：《譻墓——战国中山国国王之墓》，文物出版社，1996年，第546页。

经被考证认为是中山国铸行的、钱文"成白"的圆首刀外,其余的就是明刀、圆首刀、圆足布以及方足布。[1]。换句话说,在公元前296年中山国被赵国灭掉之前,魏国所推行的釿布在当地没有被发现。这是一个值得思考与研究的问题。我们认为,尽管魏国在公元前406年至公元前378年中山国复国,对中山国进行了统治,但中山国地区相对于魏国来说,毕竟是处于燕和赵两国包围之中的一块飞地,魏国对中山国的影响或许仅在礼乐制度等方面,而在度量衡制和货币铸行上却是相当薄弱的。相反,燕、赵两国在经济上的影响力要远远超过魏国。

对于战国时期中山国的疆域,目前还无法确知。从《战国策》《史记》《韩非子》《吕氏春秋》等文献记载中,我们看到,中山国当时的实际活动范围或许要比目前人们所认识的要广大得多。中山国活动范围里曾经存在过的一些城邑名,在今天看来,有的可能已经再也无法考证,属于一种"失去记忆的地名";城邑名重复的现象在战国时期屡见不鲜,这些都增加了对三孔布钱文考释的难度,由此导致了对三孔布钱文所反映城邑名属国的不一致性,引发出这些城邑名有的属赵、有的属魏的现象,造成了对三孔布属国认识的差异,影响了铸造年代的推定。

三孔布是公元前4世纪中山国的铸币,无论是三孔布本身的重量、可考的大多数钱文所反映的当时城邑名的地望,还是战国时期中山国历史发展的历程、考古发现的资料等诸方面,都表明了这一点。三孔布的货币重量单位采用铢两衡制,显然是受到了战国中期赵、燕两国影响的结果。[2]

就货币形制而言,尖足布是继耸肩尖足空首布之后发展起来的一种货币,表明尖足布的铸行年代不可能比耸肩尖足空首布早。目前见到的耸肩尖足空首布可分出弧裆、平裆两型。考古资料显示,弧裆的耸肩尖足空首布的出现早于平裆的耸肩尖足空首布。山西侯马发现的耸肩尖足空首布铸造遗址表明,弧裆型耸肩尖足空首布至迟铸于春秋晚期,平裆型耸肩尖足空首布则铸于战国早期。所以,尖足布开始铸作的年代应为战国中期以后。如果单从重量上考虑,尖足布不及魏国的釿布,按金属铸币的发展规律,铸作的时间要晚于釿布。

考古材料,至今未能表明战国时期的蔺、离石城邑是否铸造过圆足布。目前所发现的圆足布地区,都处于与公元前296年被赵国所灭的中山国的相邻地区,就是所发现的钱范及铸造遗迹也不在蔺或离石两座城邑的附近。因此,有理

---

[1]　陈应祺:《中山国灵寿城址出土货币研究》,《中国钱币》1995年第2期。

[2]　伊克昭盟文物工作站、内蒙古文物工作队:《西沟畔匈奴墓》,《文物》1980年第7期;石永士:《燕国的衡制》,载《中国考古学会第二次年会论文集》,文物出版社,1982年,第172页;田广金、郭素新《西沟畔匈奴墓反映的诸问题》,《文物》1980年第7期;黄盛璋:《新出土战国金银器铭文研究(三题)》,《古文字研究》第十二辑,中华书局,1985年,第337页。

由认为，圆足布的铸造地在当时有可能并不一定在钱文所反映的城邑之中，而应在出土圆足布的地区。换句话说，圆足布有可能是其他城邑所代铸的一种货币。1990年2月，内蒙古自治区博物馆收藏了一件发现于1989年内蒙古乌兰察布盟凉城县的战国时期方足布铁钱范，这件铁钱范可以同时铸造两枚方足布。[1]令人感兴趣的是，这件铁钱范可以同时铸造的两枚方足布的钱文还是不一样的，分别为"安阳"和"邥"（图1）。据考证，此"安阳"是赵国的东安阳，而"邥"应释"弍"，读代，也属赵。[2]在战国时期，代与东安阳是赵国两座不同的城邑，以两座不同的城邑名作为钱文的两枚钱币同时出现于同一件钱范上，虽然可以印证笔者先前曾提出过"在战国时期布币钱文不一定反映的就是该布币的铸地"的观点。[3]但从发现的先秦铸钱范情况来研判，这件铁范仍不禁让人生疑。

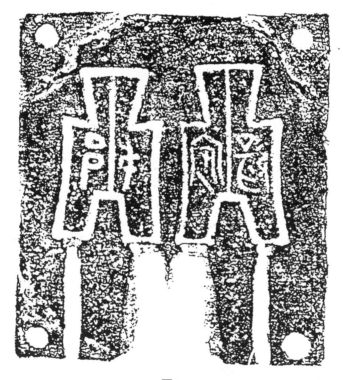

图1

[1] 张文芳：《战国"安阳""邥"布币铁范新发现及相关问题探源》，《内蒙古金融研究·钱币专刊》1996年第1期。
[2] 黄锡全：《内蒙古凉城新出"安阳""邥"布铁范及有关问题补议》，《内蒙古金融研究·钱币专刊》1996年第3期。
[3] 周祥：《圆足布研究》，《上海博物馆集刊》第六辑，上海古籍出版社，1992年，第252页。

　　研究圆足布，除了注意钱文外，还要注意它的形制。圆足布的形制是：圆首、圆足、弧裆，正面铸有城邑名，背面在中心纪数字的两侧各有一条斜直纹。就圆首、圆足、弧裆及正面钱文书体而言，我们自然会联想到基本形制与其一致、只是在首和两足间各有一孔的三孔布。如果再观察圆足布的背面，我们又不得不将之与尖足布联系起来。换句话说，圆足布既有三孔布的形制特征，也具备了尖足布的形制特点，很显然，圆足布无论与三孔布的关系如何，都脱离不了受尖足布影响的干系。也就是说，圆足布的铸作时间不可能早于尖足布。尖足布的铸造时间学术界一般认为在战国中期，即公元前4世纪。

　　圆足布可分为大、小两型。我们仔细观察和分析了《中国历代货币大系·先秦货币》中有关圆足布的图版后，发现圆足布中的大型又可以分出两式：

　　I式：一般长在74毫米（流铜不算）、重在14克以上，制作规整，最重者达18克（图2）；II式：一般长在70毫米（流铜不算）、重在12克以下，从制作上看，有规整者，也有不规整者，最轻的与小型圆足布中较重者差不多（图3）。

　　从以上两式所反映的重量来说，I式的重量明显地要重于II式，II式的重量与大尖足布的重量相当，而I式的重量却要比大型尖足布重，与三孔布的大型者相当，况且一枚小型圆足布的重量也与小型三孔布重量差不多，所以，圆足布的衡制有可能和三孔布一样，采用了铢两衡制。圆足布I式的铸作时间可能与II式存在着先后的关系，当然，也不排斥II式圆足布

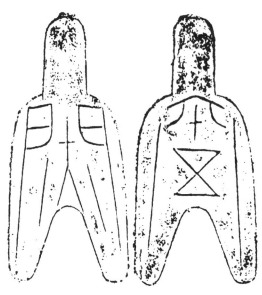

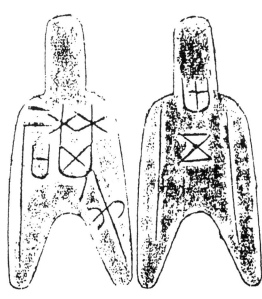

图2

为仿铸之可能。

无论是考古发现的还是传世的，圆足布的数量在战国时期铸造的所有布币中，除三孔布外，可以说是比较少的一种，表明圆足布的铸造和使用不会很普遍。

1986年河北中山国灵寿故城址九号遗址的铸币作坊遗迹中发现有陶、石两种质地的"蔺"字圆足布钱范（图4），大多数是被废弃于坑内的碎范块，完整的几块石范出于瓮内。与"蔺"字圆足布钱范同时出土的还有"蔺"字圆足布、燕国弧背明刀及其钱范。[1]《史记·货殖列传》载："中山地薄人众，犹有沙丘纣淫地余民，民俗懁急，仰机制而食。丈夫相聚游戏，悲歌忼慨，起则相随椎剽，休则掘冢作巧奸冶，多美物，为倡优。"据此，九号遗址所发现的圆足布铸造遗址是中山国人仿造赵国圆足布的场所。[2]如果的确是这样，那么，圆足布的铸造时间应该是在公元

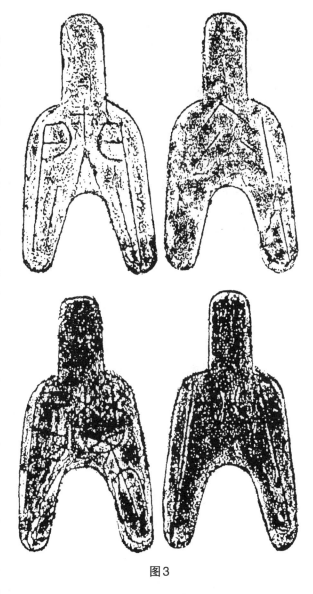

图3

前296年赵国灭亡中山国之前。但是，从考古学角度来说，灵寿出土的圆足布铸造遗迹尽管是在中山国故地，并不一定说明它就是中山国时期的铸造遗迹，也有可能是其他时期的圆足布铸造遗迹。

同样，1992年河南新郑大吴楼铸铜遗址的南部出土"蔺"字圆足布面、背

［1］　陈应祺：《中山国灵寿城址出土货币研究》，《中国钱币》1995年第2期。

［2］　陈应祺：《中山国灵寿城址出土货币研究》，《中国钱币》1995年第2期。

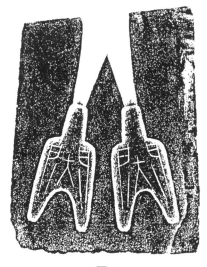

图4

陶范32件，"离石"大圆足布陶面残范1件。1993年5月，河南新郑城关乡小高庄村西东周遗址中出土完整或可复原的"蔺""离石"大圆足布面、背陶范184件，无文大圆足布背陶范1件（图5）。但是，河南新郑两次与这些钱范同出的陶器均为战国晚期典型器物，更重要的是，钱范所出土的地层也属战国晚期，[1]这就为我们推断圆足布的铸造年代提供了切实的依据，即圆足布是战国晚期赵国铸造的一种货币。

从考古现象上来说，河北中山灵寿故城址和河南新郑的圆足布铸造遗迹，可以被认为是圆足布的铸造地之一。河北中山灵寿故城址的圆足布铸造遗迹，是战国晚期赵国攻占中山国之后圆足布的原铸地，还是当时的仿铸地，有待于进一步的研究。而河南新郑郑韩故城出土的圆足布铸造遗址，则应该是圆足布的仿铸地。

图5

（原载《钱币博览》2001年第3期）

---

[1]　河南省文物考古研究所：《河南新郑新发现的战国钱范》，《华夏考古》1994年第4期。

试论尖首刀

尖首刀是先秦货币中出现较早的一种货币样式。对于尖首刀的研究，很长时间以来，先贤们作了不少有益的探讨，也形成了许多不同的意见。近年来，随着考古资料的不断丰富，人们对尖首刀的研究更趋深入，主要代表有：石永士、王素芳的《尖首刀的初步研究》[1]《燕国货币的发现与研究》[2]，陈寿祺《中三国灵寿城址出土货币研究》[3]，张驰的论文《尖首刀若干问题初探》[4]和著作《中国刀币汇考》[5]，黄锡全的《从尖首刀面文"郍""鼓"等谈到尖首刀的国别、年代及有关问题》[6]《尖首刀铭文释地》[7]和《尖首刀的发现和研究》[8]。应当说，这些论著从考古学、器物类型学、古文字学和历史学等角度对尖首刀所做的探讨，对我们进一步认识尖首刀是大有裨益的。

目前所发现的尖首刀钱文，据不完全统计，数量达一二百种，对于这些钱文的阐释，具有一定的难度，它们仅仅是一些并不具有实质性意义的字符呢，还是表示铸造尖首刀的古国名、城邑名，有待做更深入细致的研究。

除了《中国历代货币大系·先秦货币》[9]和《上海博物馆藏钱币·先秦钱币》[10]中著录的尖首刀外，上海博物馆还收藏有一批未曾发表过的尖首刀材料。这批尖首刀钱面都有单字铭文，首刃呈直线斜坡状，以钱币刀柄的情况来区分，可以分为两大类：一类是刀柄两面都有两条直线，一类是一面有双直线、一面仅有单直线（表1）。

---

[1] 石永士、王素芳的《尖首刀的初步研究》，《考古与文物》1987年第1期。

[2] 石永士、王素芳：《燕国货币的发现与研究》，载中国钱币学会编《中国钱币论文集》第二辑，中国金融出版社，1992年，第38页。

[3] 陈寿祺《中三国灵寿城址出土货币研究》，《中国钱币》1995年第2期。

[4] 张驰：《尖首刀若干问题初探》，《中国钱币》1993年第2期。

[5] 张驰：《中国刀币汇考》，河北人民出版社，1997年，第46~58页。

[6] 黄锡全：《从尖首刀面文"郍""鼓"等谈到尖首刀的国别、年代及有关问题》，《中国钱币》1998年第2期。

[7] 黄锡全：《尖首刀铭文释地》，载《纪念徐中舒先生诞辰一百周年学术讨论会论文集》，巴蜀书社，1998年，第163页。

[8] 黄锡全：《尖首刀的发现和研究》，载广州文物考古研究所编《广州文物考古集》，文物出版社，1998年，第142页。

[9] 马飞海总主编、汪庆正主编，上海人民出版社，1988年。

[10] 上海博物馆青铜研究部编，上海书画出版社，1994年。

表1　上海博物馆未发表的尖首刀信息

编号	刀首宽（毫米）	刀身长（毫米）	刀柄长（毫米）	全长（毫米）	重量（克）	附注
1	22	92	65	157	138	刀柄两面都有两条直线
2	21	96	64	158	148	刀柄两面都有两条直线
3	27	95	65	160	144	刀柄两面都有两条直线
4	25	110	61	171	128	刀柄两面都有两条直线
5	23	101	53	154	112	刀柄一面有双直线，一面仅有单直线
6	24	104	61	165	124	刀柄一面有双直线，一面仅有单直线
7	25	100	64	164	124	刀柄一面有双直线，一面仅有单直线
8	255	103	63	166	146	刀柄一面有双直线，一面仅有单直线
9	255	105	61	166	126	刀柄一面有双直线，一面仅有单直线
10	26	111	60	171	110	刀柄一面有双直线，一面仅有单直线

我们将已经获得的尖首刀进行了分型和分式，得出尖首刀应分为甲、乙、丙三型十二式：

甲型

I式：长180毫米，素面，弧背，刀首及刀身看上去一样宽，首刃呈斜坡状，刀柄两面有两条直线，刀环较大，呈横向椭圆形，具有一种原始性。上海博物馆有收藏（图1）。

II式：主要发现于河北平山、灵寿、藁城。一般长在170毫米左右，弧背，大型，钱面有单字铭文也有素面，刀首及刀身较宽，首刃呈直线斜坡状，刀柄两面上的直线有三种情况：两面都是单直线；一面是双直线，一面是单直线；两面都是双直线（图2）。

III式：主要发现于河北平山、灵寿、怀来、藁城和山西盂县。面有单字或双字铭文，刀首及刃身不及II式宽，弧背，首刃呈直线斜坡状。刀柄两面有两种情况：两面都有双直线；一面有双直线，一面有单直线，其中以第一种情况为普遍。一般长度都在165毫米以上（图3）。

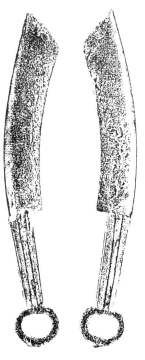

图1　甲型I式

IV式：主要发现于河北平山，形体较小，一般长度在160毫米以内，面文有单字和双字之分。弧背，首刃呈直线斜坡状，刀柄两面也有两种情况：两面都有双直线；一面有双直线，一面有单直线。从发表的资料来看，制作不及前III式精（图4）。

乙型

I式：1985年北京延庆军都山山戎墓葬中有出土，[1]天津博物馆和上海博物馆也有收藏。弧背，刀首及刀身宽，刀刃呈大弧线状，首部锐角尖长，刀柄两面上的线条都是双直线（图5）。

II式：主要发现于河北迁西、遵化，弧背，刀首及刀刃不及I式宽，

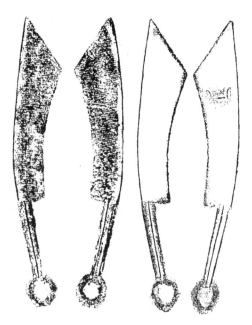

图2　甲型II式

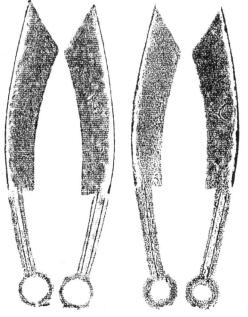

图3　甲型III式

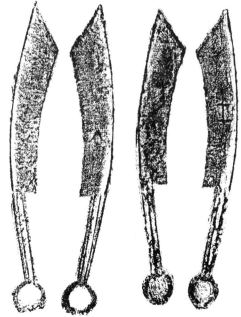

图4　甲型IV式

［1］　北京市文物研究所山戎文化考古队：《北京延庆军都山东周山戎部落墓地发掘纪略》，《文物》1989年第8期。

刀刃呈弧线状，首部锐角较Ⅰ式尖短，刀柄两面上的线条都为双直线，面有铭文（图6）。

　　Ⅲ式：出土面较广，以河北燕下都为代表。弧背较直，刀首及刀刃较窄，刀刃呈平缓弧线状，刀柄两面有两种情况：都有两条直线，一面双直线，一面为单直线，刀面有铭文，位置不十分固定（图7）。

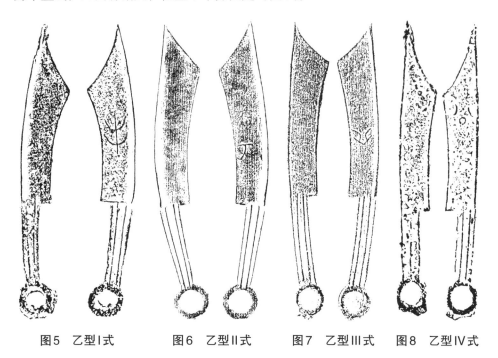

图5　乙型Ⅰ式　　　　图6　乙型Ⅱ式　　　　图7　乙型Ⅲ式　　图8　乙型Ⅳ式

　　Ⅳ式：传出今河北张家口及辽东一带，中国历史博物馆、上海博物馆和天津博物馆收藏较多。弧背较直，刀刃呈大弧线状，首部锐角尖长，彭信威先生称其为"针首刀"。[1]刀柄面上线条一面为双直线，一面为单直线。刀身面有铭文（图8）。

丙型

　　Ⅰ式：主要发现于河北平山。细长，弧背但较直，刀刃呈直线斜坡状，面有铭文和素面之分。刀柄一面有单直线，一面则没有线条（图9）。

　　Ⅱ式：天津博物馆收藏。[2]面有二字或四字铭文，刀刃呈斜坡状，刀柄两面都有一直线，最大长度在124毫米。据说近年在山西、内蒙古、陕西交接处有出土（图10）。

[1]　彭信威：《中国货币史》，上海人民出版社，1965年，第42页。

[2]　天津市历史博物馆编：《天津市历史博物馆藏中国历代货币》，天津杨柳青画社，1990年，第441~443页。

　　III式：发现于山西定襄。[1] 刀刃呈直线斜坡状，首部锐角尖长，刀柄有的无直纹，有的正背各有一道直纹。公布的四枚材料中，最长不超过124毫米，最重也仅4.4克（图11）。

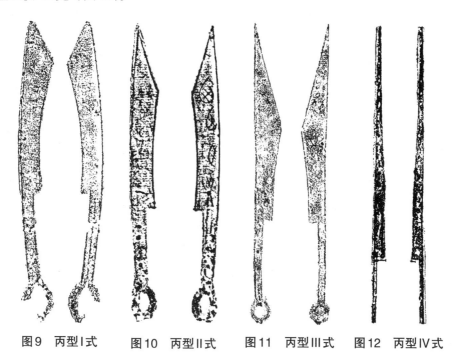

　　图9　丙型I式　　　图10　丙型II式　　　图11　丙型III式　　　图12　丙型IV式

　　IV式；形体特别细长，直背，因刀尖至刀柄处呈一尖长三角形，才使刀身和刀柄间有分隔感。长度在110毫米左右。上海博物馆也收藏有这样尖首刀（表2），这种尖首刀相当轻薄（图12）。

表2　上海博物馆收藏的丙型IV式尖首刀

编号	刀身最宽处（毫米）	刀身长（毫米）	刀柄长（毫米）	全长（毫米）	重量（克）	附注
1	3	60	44	104	8	残，环下流铜长7毫米
2	5	78	19	97	10	残，缺刀环
3	4	49	35	84	13	残
4	4	47	34	80	10	残

[1]　唐晋源：《山西定襄出土异形刀币》，《中国钱币》1997年第2期。

根据河北平山出土墓葬年代和地层关系，[1]我们不难判断出，甲型I式是所有型式中产生时间最早的一种；甲型II式产生的时间较I式为晚，大致在春秋中期；甲型III式出土于河北平山春秋晚期的墓葬中；甲型IV式出土于战国早期早段的墓葬中。

根据1985年8月北京延庆军都山东周山戎部落墓地出土的墓葬年代[2]推测，乙型I式尖首刀的铸作时代至迟铸于春秋晚期。乙型II式与III式的铸作时间在战国早期。由乙型III式直接演化而来的弧背明刀，根据燕下都出土的地层，最早在战国中期。乙型IV式铸行于战国时期。

丙型I式出土于河北平山战国早期晚段的墓葬中，[3]是丙型尖首刀中产生最早的。丙型II、III、IV式因没有明确的出土地层，目前还无法推断其具体的铸行年代，但较之乙型I式，铸作时间较晚，恐怕铸期也不会很长。根据这型尖首刀的刀首刃部变化，丙型尖首刀应与甲型尖首刀的关系更密切些。

有的学者将山东境内发现的所谓"截首刀"或"剪首刀"归属于尖首刀，这种"尖首刀"从残存的下半部分来看，应该归在乙型II式或III式之中。

通过对尖首刀的分型分式与铸行年代的分析，基本上可以理出甲型、乙型和丙型尖首刀的主要演变过程，用图13表示：

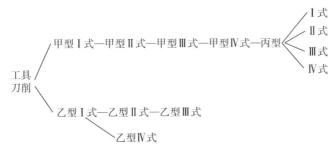

图13

尖首刀是谁铸行的？这个问题一直为学术界研究的重点。目前主要的观点有：1. 燕国；2. 燕国主铸，鲜虞、中山仿铸；3. 由燕、狄、戎和齐分别铸造；4. 狄铸。这四种观点是我们进一步研究尖首刀的基础。

我们在对尖首刀进行分型分式和整个产生演变过程的研究中发现，从形制特征上看，甲、乙两型尖首刀的区别主要体现于尖首刀刀首的刃部上，一种呈直线状，一种呈弧线状。

---

[1] 陈寿祺《中山国灵寿城址出土货币研究》，《中国钱币》1995年第2期。

[2] 北京市文物研究所山戎文化考古队：《北京延庆军都山东周山戎部落墓地发掘纪略》，《文物》1989年第8期。

[3] 陈寿祺《中山国灵寿城址出土货币研究》，《中国钱币》1995年第2期。

从目前所掌握的考古材料来看，尖首刀主要发现于今天河北的乐亭、抚宁、迁西、青龙、遵化、承德、兴隆、滦平、怀来、张家口、易县、满城、保定、新成、客城、唐县、平山、沧县、灵寿、石家庄、藁城、安国、章丘；北京的延庆、天津的宝坻；辽宁的凌源、喀左；山西的定襄、盂县以及山东的淄博、青州、临朐、寿光、胶县、即墨、招远等地（图14：先秦尖首刀出土地示意图）。山东出土的尖首刀的形制与经常发现于河北易县燕下都的乙型III相同，如果将出土于山东的尖首刀认为是齐、燕经济交流的结果，那么，尖首刀的出土地点大多集中于太行山东西两侧和燕山南北地区又说明了什么呢？

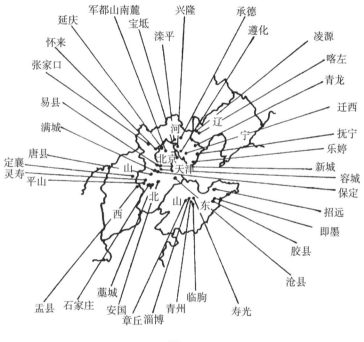

图14

历史上，习惯于将对中原诸夏构成威胁的北方游牧和半游牧民族统称为戎。戎的活动范围相当广大，由今天的长城沿线向东、向北，其东部前沿一直达到燕山南北和西辽河流域。戎作为北方民族的一般称呼，广泛使用到春秋中叶。春秋中叶以后，史书记载中有关北方民族的称呼，更多的则是狄。《春秋》中第一次提到狄是在庄公三十二年（前662年）。其实，狄早在《国语·郑语》中就出现过了，可能那时狄还没有像戎那样对中原诸夏构成最大威胁，还只是北方游牧或半游牧民族中的一个较小的部落群体。春秋中叶之后，狄开始形成了统一的部落联盟，逐渐强盛。由于狄处于成周雒邑之北，故又被称之为"北狄"。《春秋》庄公三十二年（前662年）载"冬，狄伐邢"，说明当时北狄已经东下太行了。

春秋时期的北狄有三大支派：长狄、赤狄和白狄。

长狄分布于齐、鲁、宋、卫之间，公元前607年被齐、卫所灭。

赤狄是北狄的首领，由皋落氏、潞氏、留吁氏、甲氏、铎辰氏和廧咎如氏六个部落组成，主要分布于今天的山西长治地区。从公元前662年开始，到公元前627年白狄之名出现于史籍之中，这一时期是以赤狄为首的北狄部落联盟的强盛时期。公元前627年开始，白狄、长狄从北狄联盟中逐渐分化独立出来，标志着赤狄势力的衰退。公元前594年晋国首先灭掉潞氏，接着又次第攻灭了赤狄其他各部。

白狄的名称，从公元前627年开始出现于史籍记载之中。白狄原来分布于秦、晋之北，今天的陕西一带。公元前6世纪中叶，因受秦国的压迫和晋国的和戎政策的诱惑，东迁到了今天山西北部盂县以东至河北石家庄附近地区。《左传》襄公十八年（前555年），出现了白狄活动于太行山以东的最早记录。东迁后的白狄主要由肥氏、鼓氏、仇由氏和鲜虞四个部落组成。春秋晚期，白狄之名已不再见到，而以鲜虞包举白狄诸部，反映了此时的肥氏、鼓氏、仇由氏三部名义上自立，实际上受鲜虞所控制。公元前530年晋灭肥氏，公元前520年灭鼓氏，公元前489年赵鞅灭仇由氏。鲜虞是白狄中最强大的一支，《左传》定公四年（前507年）中山之名出现，杜预注中山为鲜虞，说明鲜虞在这时已经建立了自己的国家，国号中山。《左传》哀公三年（前492年）"齐卫围戚，求援于中山"，表明此时的中山已具相当实力了。这时期的中山国，历史上一般称之为"早期鲜虞中山国"。

公元前589年晋悼公采取魏绛的和戎政策，起到了分化北方民族的作用。这一时期赤狄衰落，山戎与白狄代之以兴。山戎主要活动于燕山南北地区，并不断南侵燕国。一说山戎原属于狄系部族，由于受当地土著文化的影响，其文化面貌发生了变异而形成的。[1]如果是这样，山戎与狄文化之间有着渊源的关系。

在北狄活动于太行山东西两侧之前，在今天的河北、山西两省的中部和北部活跃着一支被称之为"北戎"的北方民族，但这个民族在公元前7世纪中叶以后就不再见于史书记载了，这个现象与北狄兴起的时间几乎相近，这绝不是偶然的巧合。有一种说法认为，北戎即山戎。[2]也有一种说法认为，北戎"亦属于狄的系统"。[3]这两种不同的说法反映了这样一个历史现象，即当北狄活动于太行山两侧时，北戎的一部分被狄化了，一部分却被山戎化了，说明春秋时期山戎的活动范围是很大的。

所以，当我们回过头来观察一下北狄、山戎的活动范围时，就可以发现尖首

---

[1]　郭素新、田广金：《源远流长的北方民族青铜文化》，《中国青铜器全集·北方民族》，文物出版社，1995年，第2页。

[2]　王锺翰：《中国民族史》第二编第三章，中国社会科学出版社，1994年，第137页。

[3]　田继周：《先秦民族史》第五章，四川民族出版社，1996年，第397页。

刀的出土地区与北狄、山戎的活动区域十分契合。这种情况表明尖首刀不单单属于北狄，同时也应属于山戎，是戎狄系统文化的反映。结合北狄和山戎的活动区域以及各型式尖首刀出土的地点，我们认为，刀首刃部呈平直状的尖首刀主要铸行于北狄活动地区，刀首刃部呈弧线状的尖首刀主要铸行于山戎活动范围之中。

刀币源自于实用工具青铜刀削，刀币的产生当与游牧、渔猎民族的经济生活有关，这在学术界是大家的共识。通过对北京延庆军都山山戎墓葬中出土的铜刀及尖首刀以及甲型尖首刀的发展情况分析，我们认为，尖首刀的形制发展与北方民族青铜刀的演变是密切相关的。北方游牧民族所使用的青铜刀在春秋时期以后开始流行环首刀，[1] 与目前所见到的尖首刀的最早铸行年代一致。从我们对尖首刀所分型式中可以看出，基本形制相同而差异于刀首的两种尖首刀是同源的，它们都源于生产工具青铜刀。但根据已知考古材料，从铸作年代上看，甲型尖首刀的出现要早于乙型。但是，通过对尖首刀的分型分式，我们认为，在乙型I式尖首刀之前，或许还存在着一种形式，这一形式与甲型尖首刀之间的关系目前还无法明确。因此，甲型与乙型尖首刀的关系有两种可能，即山戎地区流通刀币有可能是受北狄民族的影响，如果是这样，应该理解为戎、狄民族间相互交往和彼此吸收对方文化因素的结果。然而，也不排斥甲型和乙型尖首刀相互之间独自发展的可能。

尖首刀发展到战国时期，分别为中山国和燕国所继承。遗憾的是，中山国铸行的尖首刀在战国中期之后便销声匿迹了，相反出现了一种"成白"钱文却被称之为"圆首刀"的刀币。[2] 这种刀币的形制也是仿制于生产工具青铜刀，战国时期的中山国王𰯼墓中出土的工具刀可以为证（图15）[3]。燕国却在尖首刀的基础上，于战国中期开始铸行了一种被称之为"明刀"（或称为"燕刀"）的刀币，这种刀币与尖首刀的形制接近，只是在钱面上铸有一"明"字。

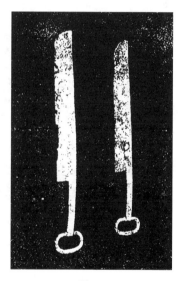

图15

（原载《中国钱币》2003 年第 2 期）

[1] 田广金、郭素新：《鄂尔多斯式青铜器》，文物出版社，1986年，第35页。
[2] 陈应祺：《战国中山国"成帛"刀币考》，《中国钱币论文集》，中国金融出版社，1985年，第153页。
[3] 河北省考古研究所：《𰯼墓——战国中山国国王之墓》，文物出版社，1996年，图版八七。

齐明刀相关问题研究

　　齐明刀一般是指一种币面明字写作"ʃ"（或称作"方折明字"）的刀币，以前称之为"博山刀"，又有人称之为"齐莒刀""齐匽刀"。[1] 博山刀之名是因其清代嘉庆年间首次发现于山东博山县而得。这种博山刀的背面上往往有铭文"莒冶×"或"莒××"，1979年山东莒县故城也曾出土过带有"莒冶×"铭文的刀币范（图1）。[2] 但在目前已被确认为齐明刀的刀币中，这种带有"莒冶×"铭文的刀币只是其中的一小部分，更多的是没有"莒"字的或素背或带有其他字符的刀币（图2），[3] 它们的铸币范不仅在莒县故城被大量发现（图3），[4] 1990

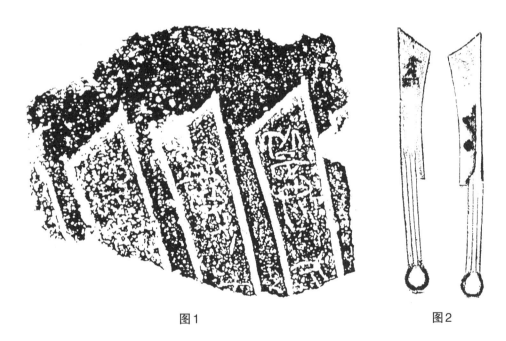

图1　　　　　　　　　　　　　　　　　　　　图2

[1]　黄锡全：《先秦货币通论》第五章第五节，紫禁城出版社，2001年，第253页。

[2]　山东省钱币学会编：《齐币图释》，齐鲁书社，1996年，第496页。

[3]　目前以山东省钱币学会编的《齐币图释》一书所收录的齐明刀图版最为丰富（见该书第326～397图版），从中可获此信息。另外，莒县故城出土的铸币范也可证明，参见注释。

[4]　苏兆庆：《山东莒县出土刀币陶范》，《考古》1994年第5期。陶范图版又见山东省钱币学会编《齐币图释》，齐鲁书社，1996年，第497～526页。

年4月山东平度即墨故城中也有出土（图4）[1]。所以，将这种刀币定名为"博山刀""莒刀""莒匽刀"，都不及"齐明刀"更具科学性，这一观点也为目前学术界所普遍接受。但也有人提出，齐明刀广义上是指古齐国境内出土的明刀币，

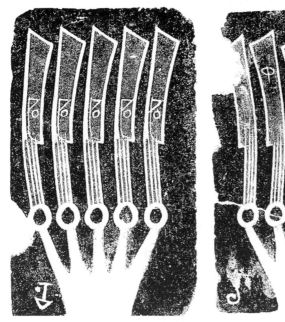
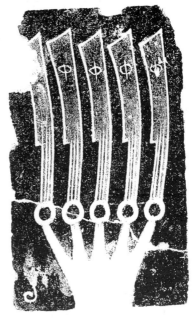

图3-1（面）　　　　　　　　　　　　图3-2（背）

图4

---

[1]　杨树民：《山东平度市发现齐"夕"刀钱范》，《中国钱币》1991年第3期。

狭义上是指博山刀。[1]我们认为，这种提法容易造成一种概念上的模糊，因为齐国境内出土的明刀有两类：一类是燕明刀，一类是齐明刀。这两类明刀从定名上讲，本身就表示着它们铸地甚至属国的不同；从出土情况来说，又表达出它

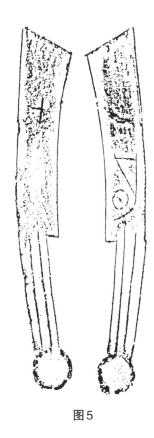

图5

们在燕、齐两地相互流通。山东临淄曾出土过燕明刀币范，[2]表明燕明刀也曾在齐地铸造过。因此，将齐境出土的明刀从广义、狭义两个层面上分析理解，显然是不合适的。

现在被认为是齐明刀的币面"明"字写法基本上可以分为A、B两种：

这两种写法见于莒县故城二城垣北侧的铸币遗址中出土的齐明刀钱范。[3]从平度即墨故城出土的残范[4]推测，其刀币面文明字的写法似也如此。其特点是"明"字方折、狭长。

此外，明刀币中有一种"明"写如C：

有的学者将有C种写法的明刀币（图5）也归到了齐明刀之列[5]。这种明刀，1988年秋山东青州[6]、1993年山东淄博市[7]均有出土，石家庄文物管理所也收藏有这样的一枚"明"字刀币[8]。这种"C"写法的明刀币，目前还缺乏足够的证据证明其一定是齐明刀的一种。

目前被认为是齐明刀的刀币，按照形制可以分为甲、乙两型：

甲型：弧背，刀首与刀身宽度基本一致，明字

［1］ 李学勤：《重论博山刀》，《中国钱币论文集》第三辑，中国金融出版社，1998年，第83页。

［2］ 陈旭：《山东临淄出土燕明刀范》，《中国钱币》2001年第2期。

［3］ 苏兆庆：《山东莒县出土币陶范》，《考古》1994年第5期。陶范图版又见山东省钱币学会编《齐币图释》第497~526页（齐鲁书社，1996年）。

［4］ 杨树民：《山东平度市发现齐"明"刀钱范》，《中国钱币》1991年第3期。

［5］ 张弛：《中国刀币汇考》下编，河北人民出版社，1997年，图431；黄锡全：《先秦货币通论》，紫禁城出版社，2001年，第262页。

［6］ 丁昌五、程纪中：《山东青州发现一批截首刀和博山刀》，《中国钱币》1990年第3期。

［7］ 陈旭：《淄博发现铅"明"字刀币》，《中国钱币》1996年第2期。

［8］ 张弛：《中国刀币汇考》下编，河北人民出版社，1997年，图274。此外，河北灵寿县东城南村在1979年冬出土的战国钱币中也曾发现有"明"字写法相近的刀币，见《考古学集刊》第2集，中国社会科学出版社，1980年，第83页。

写法如A，河北沧县[1]、天津宝坻和静海县[2]出土（图6）。

　　乙型：弧背，刀首宽于刀身，明字的写法如A、B，山东青州[3]、济南、青岛、牟平、肥城[4]、昌邑[5]等地出土。1979～1990年山东莒县故城二城垣北侧[6]和1990年4月平度即墨故城[7]出土的铸币范钱型也与此相同。依据大小，乙型齐明刀又可作I式（图7）、II式（图8）。

　　从上面的分型中，我们还看不出甲、乙两型之间形制上有嬗变或相互影响的关系。如果以莒县故城和平度即墨故城出土的齐明刀铸币范来推断，真正的齐明

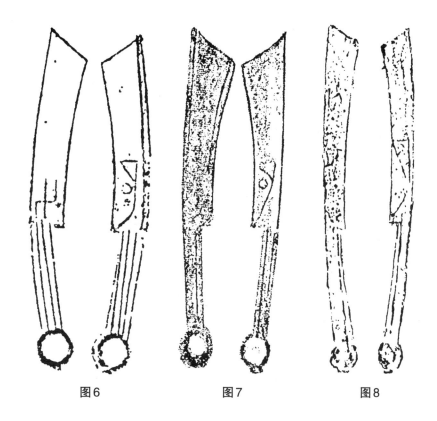

图6　　　　　　　　图7　　　　　　　　图8

---

[1]　天津市文物管理处：《河北沧县肖家楼出土的刀币》，《考古》1973年第1期。

[2]　韩嘉谷：《天津地区出土的刀币》，载《中国考古学会第五次年会论文集》，文物出版社，1988年，第178页。

[3]　丁昌五、程纪中：《山东青州发现一批截首刀和博山刀》，《中国钱币》1990年第3期。

[4]　山东省钱币学会编：《齐币图释·考释》第五章第二节，齐鲁书社，1996年，第102～103页。

[5]　姜龙启：《山东昌邑发现"𧰼"字刀币》，《文物》1985年第6期。

[6]　苏兆庆：《山东莒县出土刀币陶范》，《考古》1994年第5期。陶范图版又见山东省钱币学会编《齐币图释》第497～526页（齐鲁书社，1996年）。

[7]　杨树民：《山东平度市发现齐"𧰼"刀钱范》，《中国钱币》1991年第3期。

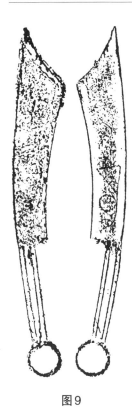

图9

刀应该是指乙型。这样，问题就摆在了我们面前，甲型齐明刀是谁铸行的。也就是说，齐明刀除了在莒、即墨故城两地铸造外，是否有燕仿铸的现象存在。这是一个颇值得深思的，并有待于考古新发现来证实。《齐币图释》的作者认为："齐地所出的齐明刀，恐怕不一定全为莒地所铸，特别是沧县肖家楼出土的大宗齐明刀，应当别论。"并通过金属成分分析，认为"肖家楼所出，必为齐地其他地方所铸，不是莒地齐人所铸。"[1]单从钱文"明"字考虑，甲、乙两型似应铸于同一时期。

有一种形制如尖首刀、面文"明"字的写法归类于B的明刀币，[2]目前仅见（图9），铸作的时间似应与甲、乙两型相去不远。

一般所见的齐明刀背文多为单字，《泉币》《古钱大辞典》《中国历代货币大系·先秦货币》和天津市历史博物馆《中国历代货币》以及1988年山东青州[3]、1995年河南洛阳新安县[4]发现的齐明刀报道中，都著录或记述有二字、三字和四字的齐明刀。这些多字的齐明刀铭文涉及的铸地有：莒[5]、平阳[6]（旧释安阳[7]）、箅（柜）[8]、笥[9]、齐、成白、㺇陵[10]等七种。从目前发现的铸币范情况来看，仅见有带"莒"字的齐明刀范，1979年曾在山东莒县故城在农民平地时出土一件"莒"字残刀币范，1995年5月和1996年6月两次对莒县故城铸币作坊遗址正式考古发掘，发现过刻铭"莒冶丙""莒冶安"的刀币范，2000年5月在莒县故城城垣南侧曾采集到一件"莒冶"刀币铸范，[11]但始终不见

[1]　山东省钱币学会编：《齐币图释·考释》，第五章第四节，齐鲁书社，1996年，第109页。

[2]　张弛：《中国刀币汇考》上篇，第四章第二节，河北人民出版社，1997年，第97页。

[3]　丁昌五、程纪中：《山东青州发现一批截首刀和博山刀》，《中国钱币》1990年第3期。

[4]　《洛阳新安县发现博山刀》，《中国钱币》1996年第2期。

[5]　裘锡圭：《战国货币考》，《北京大学学报》1978年第2期；汪庆正：《日本银行及上海博物馆所收藏博山刀考略》，《中国钱币》1988年第3期。

[6]　裘锡圭、李家浩：《战国平阳刀币考》，《中国钱币》1988年第2期。

[7]　王毓铨：《我国古代货币的起源和发展》科学出版社，1957年，第54页。

[8]　李家浩：《战国箅刀新考》，《中国钱币论文集》第三辑，中国金融出版社，1998年，第94页。

[9]　黄锡全：《先秦货币通论》第五章第五节，紫禁城出版社，2001年，第268页。

[10]　黄锡全：《先秦货币通论》第五章第五节，紫禁城出版社，2001年，第268页。天津市历史博物馆：《中国历代货币》释读背文为"㺇陵疆货"，天津杨柳青画社，1990年，第239页。

[11]　孙敬明：《莒城铸币作坊及相关问题》，中国先秦货币学术研讨会论文打印稿。

有这种"莒冶×"齐明刀钱币实物的同时出土，也不见有带其他地名的齐明刀铸范问世。现在古文字学界和钱币学界都视这带有七种地名的齐明刀为真品，并有很多的考证文章将它们作为齐明刀发展序列中的一环。[1] 而事实上，今天我们有必要对这有七种地名的齐明刀来一个重新认识。

《中国历代货币大系·先秦货币》中著录了上海博物馆所收藏的带有"莒"字（《大系》图3784、3790、3791、3792、3793、3794）（图10～15）和"籣"（《大系》图3788）（图16）的齐明刀。对这些齐明刀，上海古籍出版社1991年版的《简明钱币辞典》中也有收录。现在冷静地考虑一下，并仔细地观察上海博物馆收藏的这些齐明刀，我们认为，钱币实物是真的，但上面的文字却是有疑问的。这些齐明刀上的文字大多有明显的后刻痕迹，具体做法可能是在素背的齐明刀上用刀先刻上文字，然后再剔除文字周围的底章，这样一来，导致钱背整个底章中间有凹陷。有的则为了显示文字并使其突出，将刀背整个底章去

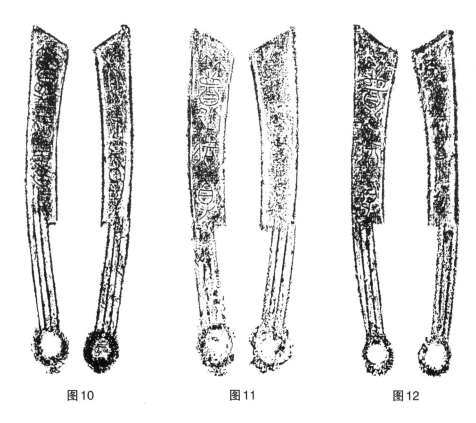

图10　　　　　　　　图11　　　　　　　　图12

---

[1]　张弛：《中国刀币汇考》上篇第二章第二节，河北人民出版社，1997年，第65页；黄锡全：《先秦货币通论》第五章第五节，紫禁城出版社，2001年，第261页。

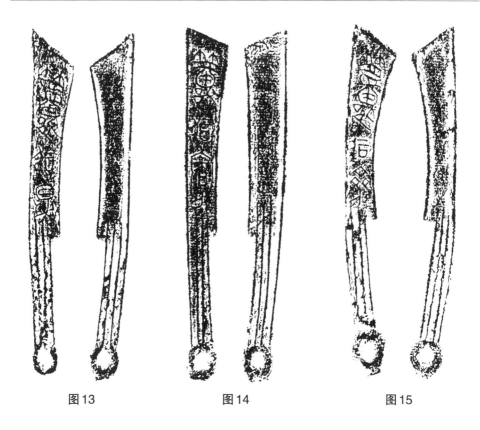

图13　　　　　　　图14　　　　　　　图15

除一层，造成了钱币异常的轻薄。细观文字，也显得生硬和不自然。就是铜锈，有的刀面与刀背的铜锈存在明显的不同，一看就知道钱面的铜锈是真的，而钱背的铜锈则不然。《大系》图3785看上去类阴起文的"莒冶×"齐明刀（图17），假如仅仅看铜锈，似乎没有什么问题，可如果仔细观察钱面的文字，上面的三字在放大镜下看有着很清楚的剥落痕迹，表明它们不是随钱币本身一起铸造出来的，而可能是后人用铜屑之类的东西堆砌粘贴上去后形成的，没有刀刻范铸造的特征。这些刀币的最大特点就在于钱面的文字与整个铸造相脱离。由此联想到其他钱文多字的齐明刀，因没有见到实物，无法说清或断定其真伪的性质，但在作为资料运用时应更加慎重。

有关齐明刀的属国和铸作年代，在学术界大致有这样几个观点：

（1）齐明刀是燕昭王攻占齐国时（前284～前279年）在齐地所铸行的一种货币；[1]

[1]　郑家相：《中国古代货币发展史》，三联书店，1958年，第165页；王献唐：《中国古代货币通考》，上册，齐鲁书社，1979年，第188页；彭信威：《中国货币史》，上海人民出版社，1965年，第45页；周卫荣：《再论"齐"明刀》，《中国钱币》1996年第2期。

（2）齐明刀是齐国仿燕明刀铸行的一种货币，开始出现于春秋晚期；[1]

（3）面文为"齐化""成白"的齐明刀铸作年代要早于面文带"莒"的齐明刀，前者是由燕国商人铸行的，后者是燕军占领齐境时的铸币；[2]

（4）齐明刀是莒地在燕占领齐境时仿燕明刀铸行的一种的货币；[3]

（5）齐明刀是齐威王、闵王时期齐地商人私铸的一种特殊货币；[4]

（6）齐明刀是出现于战国中期上段初年、即公元前385年前后齐地商人仿铸燕国尖首刀和明刀而铸的一种货币；[5]

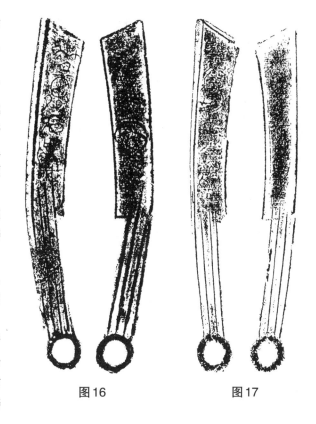

图16　　　　图17

（7）齐明刀是燕国占领齐境时齐国铸的一种货币，但不全是铸于这一时期；[6]

（8）齐明刀可分四型，按照形制发展与演变、史书中有关莒国历史记载，齐明刀最早出现于战国中期前段（约前390年前后），最晚在战国晚期（约齐襄王复国前后）。[7]

综上各家观点，基本上可以归纳为三种意见：

［1］ 石永士、王素方：《燕国货币的发现与研究》，《中国钱币论文集》第二辑，中国金融出版社，1992年，第60页。

［2］ 朱活：《莒币管窥——略谈莒国货币的几个有关问题》，《古钱新探》，齐鲁书社，1984年，第146页。

［3］ 汪庆正：《日本银行及上海博物馆所藏博山刀考略》，《中国钱币》1985年第3期。

［4］ 张光明、贺传芬：《齐明刀考古发现与研究》，《中国钱币论文集》第三辑，中国金融出版社，1998年，第47页。

［5］ 张驰：《中国刀币汇考》第五章第二节，河北人民出版社，1997年，第126页。

［6］ 李学勤：《重论博山刀》，《中国钱币论文集》第三辑，中国金融出版社，1998年，第83页。

［7］ 黄锡全：《先秦货币通论》第五章第五节，紫禁城出版社，2001年，第273页。

（1）齐明刀是燕昭王攻占齐国时燕国所铸行的货币；

（2）齐明刀是燕昭王攻占齐国时齐国所铸行的一种货币；

（3）齐明刀是齐国仿燕明刀铸行的货币，出现的时间或不在燕昭王攻占齐国之时。

第一种意见和第二种意见在齐明刀的铸造时间上是一致的，分歧在于齐明刀的属国是燕还是齐；第一种意见与第三种意见在齐明刀的属国问题上是一致的，争论的焦点在于齐明刀铸作的时间先后上；第二种意见与第三种意见无论在齐明刀的属国问题上还是在铸造时间上都是相左的。

有关燕昭王攻占齐国七十余城的故事，《史记》《战国策》等史籍中都有记载。《史记·燕召公世家》："（燕昭王）二十八年，燕国殷富，士卒乐轶轻战，于是遂以乐毅为上将军，与秦、楚、三晋合谋以伐齐。齐兵败，泯王出亡于外。燕兵独追北，入至临淄，尽取珠宝，烧其宫室宗庙。齐城之不下者，独唯聊、莒、即墨，其余皆属燕，六岁。"《战国策·燕二》："昌国君乐毅为燕昭王合五国之兵而攻齐，下七十余城，尽郡县之以属燕。三城未下而燕昭王死，惠王即位，用齐人反间，疑乐毅而使骑劫代之将。"燕国最终没有攻克的齐国城邑唯莒、即墨两城。

近年，上海博物馆从香港文物市场购得的一件燕王职壶。这件壶的铭文不仅解决了燕昭王是谁的历史悬案，而且记述了燕昭王二十八年攻占齐国的历史事件，印证了史籍之记载。铭文云："唯燕王职沿阼承祀乓几三十，东创敊国。命日壬午，克邦隳城，灭水齐之杀。"[1]黄锡全释读为："唯燕王职践阼承祀，择期三十，东会盟国，命日壬午，克邦毁城，灭水齐之杀。"[2]

从目前掌握的材料来看，齐明刀是燕国攻占齐国时由燕国铸造之说[3]比较难以成立。这是因为：（1）燕明刀与齐明刀面文"明"字的书法特征不同，表露出它们有可能为不同地区不同国家所铸造的货币；（2）齐明刀面文与燕明刀一样采用"明"字，只能说齐明刀与燕明刀有关联，可能受到了燕国货币的影响，并不能肯定是燕国所为；（3）更为重要的是，现在所发现的齐明刀铸币范的地点恰恰是在燕昭王未攻下的莒和即墨两城邑中，而不在其他地方，燕人是不可能进入莒或即墨两城铸钱的。

燕明刀按形制分有两种：一种是圆折（弧背），一种是磬折。若按钱文"明"字的不同写法来划分，又可以将燕明刀分为三种。所以，燕明刀的型式是：

[1]　周亚：《郾王职壶铭文初释》，《上海博物馆集刊》第八期，上海书画出版社，2000年，第144页。

[2]　黄锡全：《西周货币史料的重要发现——亢鼎铭文的再研究》，中国先秦货币学术研讨会论文打印稿。

[3]　周卫荣：《再论"齐"明刀》，《中国钱币》1996年第2期。

I 型

弧背。可分两式：

I 式："明"字较大，写法不甚规整，背文多为单字符号（图18）；

II 式："明"字字体比较规整，背文有单字符号也有以"左""右""δ"（或释"中"）为字头的字组（图19）；

II 型

背磬折，"明"字呈目形，字体比较规整，背文多以"左""右""δ"和"外虐"等为字头的字组（图20）。

1986年秋，考古工作者在河北灵寿故城对城内九号遗址发掘中，发现了一处具有一定规模的铸币作坊遗迹。在这处遗迹中出土了数量较多的燕明刀 I 型 II 式铸币范，同时出土的还有"蔺"字圆足布范。[1] 根据河南新郑郑韩故城址出

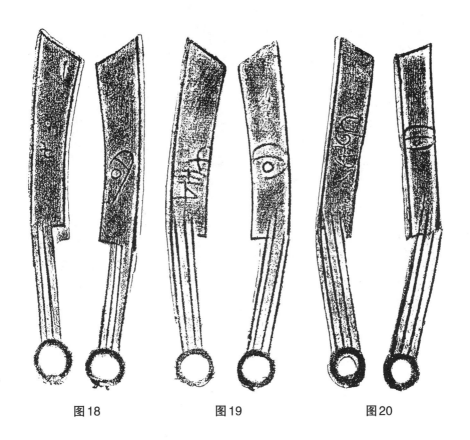

图18   图19   图20

---

[1] 陈应祺：《中山国灵寿城址出土货币研究》，《中国钱币》1995年第2期。

土的"蔺""离石"圆足布范所处的地层[1]和我们的研究，圆足布是战国晚期赵
国铸行的一种货币，具体的铸作年代在赵国灭中山国（前296年）之后，[2]这表
明燕国I型II式明刀在公元前296年后在河北灵寿故城中被仿铸。仿铸现象的存
在，意味着被仿铸对象在此以前或起码在当时已经得以铸造。

　　2000年7月，在山东临淄齐故城北出土了数十块燕明刀币范（图21）。[3]从
这些燕明刀币范所显示出来的钱型及"明"字的写法，可以知道它们是燕明刀
I型II式的铸范。燕明刀在齐故城北出土，我们认为当与燕昭王攻打齐国的历史
故事有关，说明了燕明刀I型II式公元前284～前279年仍在铸造。

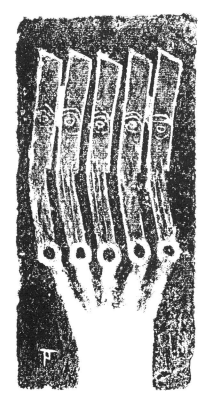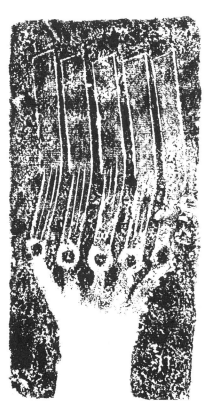

图21

[1]　蔡全法、马俊才：《新郑郑韩故城出土的战国钱范、有关遗迹及反映的铸钱工艺》，《中国钱币论
　　　文集》第三辑，中国金融出版社，1998年，第143页。
[2]　周祥：《圆足布研究》，《上海博物馆集刊》第六辑，上海古籍出版社，1992年，第252页。
[3]　陈旭：《山东临淄出土燕明刀范》，《中国钱币》2001年第2期。

从燕明刀的型式中，我们可以看出，燕明刀Ⅰ型Ⅰ式明显地是由尖首刀发展演变而来的，而尖首刀在战国早期依然被铸行。对于燕明刀的铸造年代，汪庆正在《中国历代货币大系·先秦货币》总论中认为，"明"字应释读作"易"，"易"既是地名，也是国名。并指出："'易'刀如在文公迁易后即开铸，则当在公元前361年至公元前333年这段时间内所铸。如在燕易王接位称王时开铸，则当铸于公元前323年。"[1] 由此可以推断，燕明刀Ⅰ型Ⅰ式的铸造时间当在战国中期，Ⅰ型Ⅱ式起码在公元前279年前已经铸行，而Ⅱ型则最早也在公元前279年之后。

1960年4月，河北沧县肖家楼出土了10339枚刀币。[2] 已发表图片资料显示，这些刀币可以分为燕明刀Ⅰ型Ⅰ式和齐明刀甲型两种。天津宝坻歇马台也曾出土过一批齐明刀甲型，同时出土的还有尖首刀和燕明刀的Ⅰ型Ⅰ式、Ⅱ式。[3] 这些考古材料只是反映了齐明刀甲型曾与燕明刀的Ⅰ型在一定的时期内共同使用过，并不能作为推断齐明刀具体铸造年代的依据。

图22

1965年2月，江苏涟水县三里墩的一座墓葬中出土了约300枚刀币（图22）和五铢钱。原报告根据出土的随葬品和五铢钱，将墓葬的年代定在西汉时期。[4] 但事隔二十年后，有人提出这是一座战国时期的墓葬。[5] 李学勤则更是认为，墓葬的年代约在战国中、晚期。[6] 其实，汉墓中出土先秦货币的情况并不少见，如1986年1月安徽合肥西角刘郢胡大墩汉墓的封土中曾采集到一枚蚁鼻钱[7]；辽阳三道壕西汉村落遗址中曾出土"一刀"圜钱[8]；辽宁省建昌县1980年文物普查时，在汉代后城子城址发现明刀、半两和五铢钱；[9]1975年5月安徽天长县汉墓中出土一枚蚁鼻钱[10]。更何况三里墩汉墓出土的五铢钱是出在该墓的内部，不是在扰土层或墓葬外。从考古学角度而言，墓葬的年代只能根据该墓中出土随葬品中最晚

[1]　上海人民出版社，1988年，第30页。

[2]　天津市文物管理处：《河北沧县肖家楼出土的刀币》，《考古》1973年第1期。

[3]　韩嘉谷：《天津地区出土的刀币》，《中国考古学会第五次年会论文集》，文物出版社，1988年，第178页。

[4]　南京博物院：《江苏涟水三里墩西汉墓》，《考古》1973年第2期。

[5]　王恩田：《对三里墩出土齐小刀币铸行年代的讨论》，《中国钱币》1993年第3期。

[6]　李学勤：《重论博山刀》，《中国钱币论文集》第三辑，中国金融出版社，1998年，第83页。

[7]　胡欣民：《合肥西郊刘郢胡大墩汉墓》，载《文物研究》第4期，黄山书社，1988年。

[8]　东北博物馆：《辽阳三道壕西汉村落遗址》，《考古学报》1957年第1期。

[9]　冯永谦、邓宝学：《建昌县文物普查的重要发现》，《辽东文物》1980年第1期。

[10]　安徽省文物工作队：《安徽天长县汉墓的发掘》，《考古》1979年第4期。

器物所处的年代来判断，而不是根据比此器物时代早的伴随物所处的年代来定的。所以，涟水三里墩西汉墓出土的近300枚刀币形制如燕明刀，有的甚至认为是齐明刀，[1] 都不足以对齐明刀铸作年代的论定产生任何影响。

根据史书的记载，历史上的莒国在战国时期曾两度被灭，一是在楚简王元年（前413年），另一次是在齐威王之时。如果莒国自行铸造过货币的话，则应在公元前413年之前，而不在此之后。事实上，天津宝坻歇马台出土的齐明刀甲型与燕明刀的I型I式、II式共出，表明齐明刀的铸作时间不会超过战国中期。那么，是否有可能齐明刀是齐威王灭莒后莒地铸造的一种地方货币呢？首先，在战国时期，齐国铸行有自己的货币，并至迟在齐威王时期开始。齐国各地铸造的齐刀币有可能会出现钱文上的不同，但在具体形制上应该是一致的。换句话说，即使战国中期莒地自铸货币，也应当与齐国中央政府规定的货币形制一样。其次，如果说齐明刀是莒地的一种地方性货币，在平度即墨故城出土齐明刀币铸范的现象又该作何诠释呢？

所以，根据已发表的材料，不仅莒地出土有齐明刀币范，而且平度即墨故城同样也有齐明刀币范的出土，与史书记载燕昭王二十八年（前284年）开始攻打齐国，最终莒、即墨两城没有攻克的历史是相一致的，这绝非是一种偶然的巧合，正说明齐明刀的铸作时间只能在此时，即公元前284～前279年。

一般认为，齐明刀是受到燕明刀的影响。[2] 其实，未必如此。从莒县故城和平度即墨故城出土的钱范、以及现存齐明刀乙型实物所反映的信息来判断，齐明刀在形制上可能更多的是受齐国自铸刀币的影响，而面文采用"明"字，只是为在特定历史条件下便于与燕进行商贸活动。这也从另一个角度证明了我们对齐明刀铸作时间的推定。

（原载中国钱币学会编《中国钱币论文集》第4辑，中国金融出版社，2002年）

---

[1]　黄锡全：《先秦货币通论》第五章第五节，紫禁城出版社，2001年，第263页。
[2]　有关齐明刀研究的文章大多主张此说。

先秦吴越货币若干问题探讨

2004年5月，中国钱币学会、江苏省钱币学会和常州市钱币学会在江苏溧阳召开"吴越与早期货币学术研讨会"，对吴越货币问题进行了专题讨论。当时我仅提交了《吴越早期货币的几点认识》的发言稿，深感言犹未尽。今再次就先秦吴越贝、玉、布帛、青铜称量货币和青铜铸币等问题固陈陋见，以求教于方家。

一 天然贝

一般认为，天然贝在先秦时期已经开始被作为实物货币了，从新石器时代到春秋战国的文化遗存中，都曾发现过天然贝，但有关天然贝在物物交换中使用的直接记载，我们今天能看到的文献资料是西周早中期的青铜器三年卫盉和亢鼎的铭文。这两篇铭文反映出天然贝在当时商品交易的活动中只是起到了价值尺度的作用，并没有承担起流通手段的作用。所以，天然贝还不是货币。

根据目前已知的考古资料，吴越地区出土贝的报道有三例：一是1982年3月江苏丹徒磨盘墩春秋初叶土墩墓中出土178枚大小不一天然贝[1]；二是1984年江苏丹徒北山顶春秋墓中与马器、辔饰同出10余枚骨贝[2]；三是1994年11月至1995年4月江苏苏州真山九号墩春秋中晚期墓出土天然贝总计4000多枚，其中墓室东部一只漆箱内出土完整天然贝1100多枚[3]。根据这些考古资料，有人认为西周时期的吴国可能以海贝作为货币了。[4]但从出土有天然贝和骨贝的墓葬等级来看，它们都不是普通身份和地位的人所能拥有的，这些墓主人都应该起码是当时的贵族，尤其是苏州真山墓，墓主人的身份更高。从出土天然贝的情况来看，作为一个墓葬，天然贝发现的数量的确不少，但作为春秋时期吴越整个地区来说，出土天然贝的现象并不很普遍，而一种发现并不具有普遍性的实物要在一个地区担当起货币的职能，是很难想象的。至少到目前为止，我们还缺少

[1] 南京博物院、丹徒县文管会：《江苏丹徒磨盘墩周墓发掘报告》，《考古》1985年第11期。
[2] 江苏省丹徒考古队：《江苏丹徒北山顶春秋墓发掘报告》，《东南文化》1988年第4期。
[3] 朱伟峰：《苏州真山九号墩吴国国君墓出土贝币》，《中国钱币》1996年第4期。
[4] 黄锡全：《先秦货币通论》第八章第二节，紫金城出版社，2001年，第392页。

足够的依据将吴越地区出土的天然贝与货币联系起来。所以，吴越地区使用天然贝作为实物货币的推断，是值得推敲的。

二　玉

玉在先秦时期是否曾经被当作货币使用过，历来说法不一。有许多文章根据《管子·国蓄》"……先王为其途之远，其至之难，故托用于其重，以珠玉为上币，以黄金为中币，刀布为下币"、《史记·平准书》"及至秦……珠玉、龟贝、银锡之属为器饰宝藏，不为币"，认为玉或珠玉曾承担过货币的职能。

先秦时期的玉器一般可以分为礼玉和饰玉两大类。所谓礼玉，是指古代用于祭祀天地和祖先的玉器，如圭、璋、璧、琮等。《周礼·春官》："以玉作六器以礼天地四方。……以苍璧礼天，以黄琮礼地，以青圭礼東方，以赤璋礼南方，以白琥礼西方，以玄璜礼北方。"礼玉是一种礼器。所谓饰玉，则是指日常生活中用于装饰的玉器，如管、珠等。商周时期的青铜器铭文中有赏赐玉的记载，但赏赐行为并不等于说玉就是货币或可以充当货币，它只是反映的是对有功人员的一种物质奖励。西周恭王时期的三年卫盉铭文载有："矩白（伯）庶人取堇（瑾）章（璋）于裘衛，才八十朋，毕（厥）賈，其舍（舍）田十田；矩或（又）取赤虎（琥）两（兩）、麋素（鞁）两（兩），泰（賁）鞈一，才廿朋，囟（其）舍（舍）田三田。"这里也只是说堇璋的价值是八十朋，赤琥两、麋贲两、贲鞈一的价值是二十朋，八十朋和二十朋分别是堇璋与赤琥两、麋贲两、贲鞈一的价值体现，并不是说这些玉器和服饰在商品交换中可以当作八十朋或二十朋的面额的货币使用了。同样，史书上说和氏璧能换得十五座城市，也只是说它的价值。凡此种种，都不能说明玉在先秦时期确实曾充当过货币。时至今日，我们还缺乏证明玉在先秦时期被作为货币使用过的直接论据。

同样，从吴越地区出土玉器的情况来看，不是所有墓葬中都有玉器出土的。出土玉器的墓葬的墓主人都具有一定的地位和身份，他们之间的区别在于玉器质量、数量、品种和内容上的不同，体现出拥有玉器的墓主人在身份和地位上的高低。玉器并不是任何人都拥有的，这就决定了珠玉只能为处于社会较高阶层的少数人所有，而不具有普遍的社会意义。这样，玉器就难以在当时吴越地区的商品交换中充当货币。

除了本地产之外，吴越的玉主要依靠外界输入，本身的价值就很高。加上人工加工及其难易程度上的差异，每一件玉器的品质、大小上的不同，决定了其在价值上也是不等同的。这些玉器没有一个统一的标准尺度来衡量其价值，而只能就物论物。如果它被加入商品交换活动，那么与物物交换的情形是不会有什么两样的。

所以，这里牵涉到一个很重要的问题，即如何理解古文献记载中的"币"字的含义。"币"字在先秦时期，并没有货币的意义，而是指礼物，是指那种常用作祭祀或馈赠用的丝织品"缯帛"，也可用来通指车、马、皮、帛、玉器等礼物。"币"字具有货币意义是在西汉以后。《管子·国蓄》载："……先王为其途之远，其至之难，故托用于其重，以珠玉为上币，以黄金为中币，刀布为下币。三币握之，则非有补于煖也。食之，则非有补于饱也。先王以守财物，以御民事而平天下也。"这里的"币"，可以理解为货币之币，但《管子》是一部托名管仲的文集，既不是他本人也不是某一个人在一个时间里写就成的。这本书的成书年代在学术界众说纷纭，存在着不同的意见。在这些意见中，已经有许多学者主张其成书的年代应该偏晚，而我们比较倾向于叶世昌和赵靖的观点，即此书应该是西汉以后逐渐形成的。[1]通观《管子》中的货币思想，我们不难发现，它确实和我们所看到的西汉货币思想是相当接近的。

三　布帛

布帛在先秦时期曾经充当过实物货币，这一见解在学术界似乎已成为一种共识。吴越地区是否与其他地区一样，也曾将布帛作为过实物货币使用，是还有待于探讨的一个问题。

但值得纠正的是，在论及吴越地区货币时，人们通常会引用《吴越春秋·句践归国外传》和《句践伐吴外传》中的记载作为吴越地区在当时曾使用过布帛实物货币的依据：

> 越王曰："吴王好服之离体，吾欲采葛，使女工织细布献之，以求吴王之心，于子何如？"群臣曰："善。"乃使国中男女入山采葛，以作黄丝之布。欲献之，未及遣使，吴王闻越王尽心自守，食不重味，衣不重彩，虽有五台之游，未尝一日登玩。"吾欲因而赐之以书，增之以封。东至于句甬，西至于檇李，南至于姑末，北至于平原，纵横八百余里。"越王乃使大夫种索葛布十万、甘蜜九党、文笥七枚、狐皮五双、晋竹十廋，以复封礼。吴王得之，曰："以越僻狄之国无珍，今举其贡货而以复礼，此越小心念功，不忘吴之效也。夫越本兴国千里，吾虽封之，未尽其国。"……吴王得葛布之献，乃复增越之封，赐羽毛之饰、机杖、诸侯之服。（《吴越春秋·句践归国外传第八》）
>
> 王曰："邦国南则距楚，西则薄晋，北则望齐，春秋奉币、玉帛、子女

———————
[1]　张家骧主编：《中国货币思想史》上卷，湖北人民出版社，2001年，第99页。

以贡献焉，未尝敢绝，求以报吴。愿以此战。"（《吴越春秋·句践伐吴外传》。"春秋奉币"，《国语·吴语》作"春秋皮币"）

从以上两段记载中，我们看到当时越国的葛布仅仅是被作为一种贡品献给吴王，而不是作为实物货币使用的。其实，除《吴越春秋》外，《国语》《史记》和《越绝书》等文献记载中，也没有发现足以反映出先秦时期的吴越地区已经使用布帛作为货币的痕迹。

有人提出，吴国应以布帛为币，当然它的性质也不同于中原诸国布帛只作为金属货币的辅助之币，而是以布帛为其货币本位，并且可能有一种织成贝形图案的锦币。它既不妨碍与别国的经济支付、馈赠和交换，又符合本国的风俗、物产等实际情况。[1] 假设吴国在当时确实使用过布帛实物货币，没有实物传世，我们又怎么知道它用的是"一种织成贝形图案的锦币"呢？即使当时确实用布帛进行商品交换，也只能说明当时还处于一种物物交换的发展阶段。

四　青铜称量货币

吴越地区在先秦时期是否使用过青铜称量货币，一直是学术界所关注的一个重要问题。《国语·吴语》载有文种对吴王夫差说的话："寡君之师徒不足以辱君矣，愿以金玉、子女赂君之辱，……若以越国之罪为不可赦也，将焚宗庙，系妻孥，沈金玉于江，有带甲五千人将以致死，乃必有隅。"有人据此认为引文中的"金"当释为青铜，表明吴越在当时也已经使用青铜称量货币了。可是，这里的"金"理解为黄金也未尝不可。况且，即使将"金"释为青铜，根据这一记载，也未必可以证明青铜在当时就一定充当了称量货币。

在先秦时期吴越地区的浙江永嘉、海盐、临海、仙居、绍兴、舟山和江苏的苏州、武进、金坛、句容、丹阳、溧水、昆山以及安徽的望江，都发现了大小不同、重量不等的青铜块（见《吴越地区出土青铜块一览表》）。从报道的情况来看，这些青铜块大多被放置在几何印纹陶陶罐中，有的青铜块则出土于墓葬和遗址之中，这些发现的青铜块基本上都具有被凿开打碎的痕迹。浙江永嘉县西岸村、临海县涌泉长甸上山冯村和昆山市兵希镇盛庄村出土青铜块的同时，伴有其他青铜器件；浙江仙居发现的一个几何印纹陶陶罐中不仅存放有19块铜块，还有18件小件青铜器具、2枚楚国布币和16枚蚁鼻钱。这些考古发现，对探讨吴越地区的货币，具有重要的意义。

---

[1]　周公太：《再论吴国货币形态》，《苏州钱币》1987年总3期。

吴越地区出土青铜块一览表

	出土地点	出土时间	出土情况	属性	资料来源
浙江	海盐县长川坝	1976年	硬质陶罐内有几十块青铜块，均经冶炼浇铸成饼后打碎，呈不规则型。其中3块的重量分别为276、249、184克	窖藏	周荣先：《浙江海盐发现吴国青铜块》，《中国钱币》1985年第4期
	绍兴		印纹陶罐中有块状铜块，每小块宽、长20～40毫米不等	馆藏	方杰主编：《越国文化》，上海社会科学院出版社，1998年
	海盐县东厨舍村	1977年	印纹陶罐中盛放铜块	窖藏	陈浩：《越国货币形态再探》，《中国钱币》2002年第2期
	长兴县洪桥	1980年	印纹陶罐中所盛青铜块大于5千克，大者250克，小的很小	窖藏	
	临海县涌泉长甸上山冯村	1983年	出土青铜块21.4千克	窖藏	
	临海县涌泉长甸上山冯村	1985年	青铜块与青铜器具伴出	窖藏	
	仙居县横溪上田村	1988年	印纹陶罐内盛放有青铜器具18件、青铜块19块，以及楚国布币2枚、蚁鼻钱16枚	窖藏	金祖明、王子芳：《仙居发现窖藏青铜器》，《中国文物报》1988年8月12日
	永嘉县西岸村	1963年	青铜块50余千克，大者0.8千克，小者为铜豆状，伴出少量锡块和残损青铜器具	窖藏	徐定水：《浙江永嘉出土的一批青铜器简报》，《文物》1980年第8期
	宁波市北仑区沙溪村	1989年	单独出土一青铜块长近70毫米、宽60毫米，重635克	窖藏	转引盛观熙：《再论浙江出土的青铜块和戈形器》，吴越与早期货币学术研讨会材料
	桐乡市安兴砖瓦厂	1990年	一批青铜块，重约25千克	土墩墓	
	宁波北仑区柴桥镇沙溪村	1993年8月	一块青铜块，重105千克	遗址	
	绍兴市禹陵乡江口岭村	1995年	一米字纹陶罐中盛放有52块青铜块，重6千克	窖藏	
	舟山	1949年以后	青铜块		
江苏	金坛县城东公社	1976年	青铜块230块，重70千克	西周墓葬	镇江市博物馆、金坛县文化馆：《江苏金坛鳖墩西周墓》，《考古》1978年第3期

续表

	出土地点	出土时间	出土情况	属性	资料来源
江苏	金坛县城东乡	1980年	一罐青铜块，其中一块重114克	窖藏	戴志强、周卫荣：《中国早期的称量货币：青铜——长江下游地区出土青铜块的科学验证》，《中国钱币》1995年第2期
	金坛县涑渎乡	1989年	一罐青铜块，其中四块的重量分别是264、210、280、78克	窖藏	
	金坛县罗村乡	1991年	出土青铜块，文物部门征集到数十块，计65.65千克		
	金坛县城东公社	1976年	青铜块150余千克	窖藏	刘兴：《吴文化青铜器初探》，《文博通讯》1981年第4期；徐永年：《对吴国称量货币青铜块的探讨》，《中国钱币》1983年第3期
	句容县城东公社	1975年	青铜块150千克	土墩墓	
	句容县茅山公社	1973年	青铜块10块，重7.5千克	窖藏	
	丹阳县坤城公社	1976年	青铜块	遗址	
	溧水县乌山公社		青铜块	遗址	
	昆山市兵希镇盛庄村	1984年	二次出土青铜块100余块，重量从十几克到几百克不等，同时伴有农具、兵器和工具残件出土。	窖藏	周卫荣：《试论中国青铜货币的起源》，《中国钱币论文集》第三辑，中国金融出版社，1998年
安徽	望江		青铜块		陈浩：《越国货币形态再探》，《中国钱币》2002年第2期

有人提出，目前在吴国地区发现的一些青铜块并非是吴国的称量货币，因为它不具备货币的特征。[1] 也有人认为，青铜块既是冶铸青铜器的原料，又是一种称量货币。[2]

从发现的情况来看，这些出土的青铜块都是被人为敲碎的，大小不一、重量不同，同时出土的青铜块之间不能拼凑成一块完整的形状，除了在遗址中发现的青铜块外，在窖藏和墓葬中出土的青铜块显然被当作有价值的东西收藏，这是完全可以肯定的。从发现的地域来说，青铜块被窖藏在这么多的地点，显示出青铜块作为一种有价值的东西被广泛接受。既然如此，表明青铜块虽然更多地被充当铸造青铜器的材料，但也不排除其具有在商品流通领域中偶然被充

---

[1] 周公太：《再论吴国货币形态》，《苏州钱币》1987年总第3期。
[2] 陈浩：《越国货币形态再探》，《中国钱币》2002年第2期。

当商品交换媒介物的可能。

至于青铜器具在当时是否也充当了商品交换的一般等价物，是一个值得研究的问题。20世纪80年代的时候，有人提出："在西周，有些完整的青铜彝器，尤其是小型彝器，本身就可当作'称量金属货币'被用来交换。"[1]也有人进一步提出："在金属称量货币时期，青铜不管铸成何种形式，斧、铲、刀、环和各种器物，以及铜块，都可按重量进行交换。"[2]这种观点值得推敲，因为无论是什么样的器物，其本身的价值都在青铜块（饼）之上。在西周时期乃至以后，并不是所有人都拥有青铜器的，拥有青铜器是社会地位的一种表现，尤其是称得上彝器的青铜小型器具，更是敬天祭地的礼器。完整的青铜器件如果被加入商品交换领域，所完成的交换只能属于物物交换。有可能与青铜块一样被充当商品交换媒介物使用的是青铜器残件，但也无从考证。

1994年，在江苏宜兴市市郊溪隐村一座春秋战国时期墓葬中发现了一套8枚的铜环权，有人认为这是吴越青铜称量货币的称量工具。[3]这套铜环权是一种称量工具是没有疑问的，但并不一定是专门用于货币的称量工具。

五　青铜铸币

1986年7月到1995年12月，浙江绍兴地区先后多次出土仿制于青铜兵器戈的青铜器件。[4]对这样的仿戈青铜器，有专家进行了非常深入的研究，认为这是战国中期之前越国的青铜铸币。[5]也有专家提出这种仿戈青铜器疑为越国民间私铸之物。[6]

越国在公元前333年左右成为楚国的附庸，事实上已经灭亡了。《史记·越王勾践世家》载："（越王无疆时）越释齐而伐楚。楚威王兴兵而伐之，大败越，杀无疆，尽收吴地至浙江，北破齐于徐州。而越以此散，诸族子争立，或为王，或为君，滨于江南海上，服朝于楚。"如果绍兴发现的这些仿戈青铜器是越国所铸造，则应在此之前。而从出土的情况来看，这些仿戈青铜器出土地域狭隘，如果作为货币，流通区域过小，没有意义。从形制上来说，这些仿戈青铜器大

［1］　罗西章：《从周原出土文物试论西周货币》，《中国钱币》1985年第2期。

［2］　马飞海总主编、汪庆正主编：《中国历代货币大系·先秦货币》，"总论"，上海人民出版社，1988年，第11页。

［3］　潘荣祥、黄兴南：《宜兴出土吴越货币称量工具——铜环泉》，《中国钱币》1996年第2期。

［4］　边光华：《绍兴发现越国青铜铸币——戈币》，《中国钱币》1996年第4期。

［5］　陈浩：《试论越国的仿戈青铜铸币》，《中国钱币》1996年第4期。

［6］　盛观熙：《再论浙江出土的青铜块和戈形器》，《江苏钱币》2004年第2期。

致出现于战国时期，具体在战国以后的哪一段时间，也无法明确确定，因为与这种仿戈青铜器形制相同的青铜兵器戈一直沿用到西汉。换句话说，这种仿戈青铜器铸造的时间从战国一直到西汉，不只是在战国时期，更何况这些仿戈青铜器又没有明确的地层关系。从发现实物的状态来说，这些仿戈青铜器都不仅不具有流通和使用的痕迹，而且大小上也不呈现出一定的规律性变化，无法确定其各自的价值尺度及其相互关系。所以，将绍兴发现的仿戈青铜器定性为越国的青铜铸币，至少在目前还较难让人接受。

六　思考与结论

由研究先秦时期吴越地区货币问题，使我们想到了另外一个问题，即在思考先秦货币产生与流通时，要特别注意当时该地区的商品经济、商业活动达到的水平和程度，这种水平和程度是否足以使得该地区产生和使用所谓的实物货币、称量货币和铸币。中原地区的货币经济发展模式不是完全可以套用于吴越及其他地区的。直到今天，各地的经济发展水平依然呈现出其不平衡性，更何况当时呢？事实上，当时吴越地区的经济还处于一种自然经济的水平，商品经济发展并不充分，这种状况起码一直延续到楚灭越之时，这是由当地的政治、经济、自然环境及其他因素所决定的，由此也可以使得我们能够理解有关吴越史籍中为什么几乎没有商品交换和货币使用记载的原因。所以，在先秦时期的吴越地区，货币经济的发展是比较落后的，其当时很可能处在以青铜块偶然充当商品交换媒介物的物物交换阶段上。

（原载《上海文博》2013年第2期）

白金三品诸问题探讨

1995年，我曾经写过一篇有关白金三品的文章，发表在上海市钱币学会主办的《钱币博览》上。在这篇文章中，主要谈到了陕西、江苏、安徽发现的白金三品的真伪问题。虽然几年过去了，对白金三品的问题，仍有不少争论，有更深入探讨的必要。

本文拟就白金三品的形制、成分、纹饰、重量和文字等问题继续展开讨论，以求教于方家。

一 白金三品的形制

有关白金三品的形制，《史记·平准书》和《汉书·食货志》都有着相同的记载："又造银锡为白金。以为天用莫如龙，地用莫如马，人用莫如龟，故白金三品：其一曰重八两，圜之，其文龙，名曰'白选'，直三千；二曰以重差小，方之，其文马，直五百；三曰复小，撱之，其文龟，直三百。"从记载中，由此可知，白金三品分为三等，各自的形制不同：直三千、文龙者为圜形；直五百、文马者为方形；直三百、文龟者为椭圆形。《史记索隐》对白金三品作注解时引用了《钱谱》的三条记述："其文为龙、隐起，肉好皆圜，文又作云霞之象"；"肉好皆方，隐起马形。肉好之下又是连珠文也"；"肉圆好方，为隐起龟甲文"。《史记·孝武本纪》："其后，天子苑有白鹿，以其皮为币，以发瑞应，造白金焉。"《正义》在为此作注解时，同样引用了南朝顾烜的《钱谱》："白金第一，其形圆如钱，肉好圆，文为一龙。白银第二，其形方小长，肉好亦小长，好上下文为二马。白银第三，其形似龟，肉好小，是文为龟甲也。"由《索隐》《正义》所引，我们进一步获知这样一些信息，即白金三品都是有"好"的，好者，穿也，此其一；其二，文龙者为圆穿，文马和文龟者为方穿。《索隐》《正义》所引述的《钱谱》乃南朝顾烜之作，其中保存的有关白金三品的资料，是对白金三品较早的描述，比后人所说当更为可信，但不知什么缘故，在今天许多研究白金三品的文章中却被忽视了。

在20世纪90年代，陕西、安徽和江苏等地先后发现了汉代的白金三品（图1～3）。根据发表的材料和图像，这些被认为是白金三品的器物，假如与《索隐》

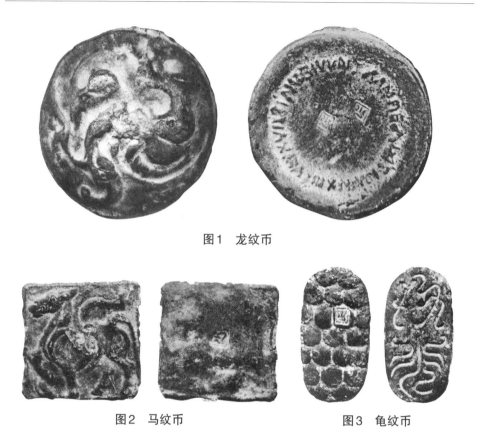

图1　龙纹币

图2　马纹币　　　　　　　　　图3　龟纹币

《正义》所引《钱谱》的记载相比较，我们不难发现它们之间存在着明显的不合，即它们都没有穿孔。有人曾以汉武帝时所铸造的铜钱形制和黄金与白金三品的流通推断，白金三品似当为平背有狭面廓、无穿孔之银锡合金铸币，[1] 这种推断缺乏足够依据。

二　白金三品的成分

白金三品始铸于汉武帝元狩四年（前119年），废止于元鼎二年（前115年）。铸造白金三品，可以说是汉武帝进行货币制度改革的一个成果。在汉武帝铸造白金三品之前，汉代一直实行黄金与铜钱兼行的制度。由于连年战争和天灾人祸，汉武帝时在经济领域面临着国家财政严重困难和富商大贾拥有大量财富的社会经济矛盾。为了解决这个矛盾，汉武帝采取了"更钱造币"的政

---

[1]　王裕巽：《"白金三品"试析》，《考古与文物》1994年第5期。

策，推行黄金、白金、赤铜三种金属货币并行的货币制度，以"摧浮淫并兼之徒"，[1] 将富商大贾拥有的大量财富转移到国家手中。

《史记·平准书》与《汉书·食货志》中对白金三品有着相同的记载。这些记载表明，所谓的白金是银锡的合金，即白金三品的质地都是银锡合金。《史记正义》："白金三品，武帝所铸也。如淳曰：'杂铸银锡为包也。'"[2] 之所以铸造白金三品，是因为当时"少府多银锡"，[3] 这在史书中是很明确的，但目前这些新发现的"白金三品"都是铅质的。1973年陕西扶风姜源发现的两件外文铅饼（现称为白金三品之一的龙纹币），经检测，均为铅质，内含少量的锡和微量其他元素；[4] 1976年10月甘肃灵台发现的274件外文铅饼，经检测，其成分也以铅为主；[5] 1965年3月在西安汉城故址中出土的13件外文铅饼，经检测也是铅质的，其中有4件甚至没含有锡的元素成分。[6] 这些检测的结果表明，这些被认为是白金三品之一的东西与史书记载在质地上是大相径庭的。有人提出，当时的银锡合金是以颜色称之为白金的，而不是指所含的元素成分。在当时所谓的银锡合金实际含铅量很高，[7] 不知何据。彭信威《中国货币史》论述白金三品贬值时认为："白金是银锡合金，而当时并没有规定成色，所以锡的成分是允许任意伸缩的，对于盗铸者是一种极大的引诱。这和早于武帝几百年的里底亚所发行的淡金（金银合金）币是一样的性质。"[8] 在这里，彭信威首先肯定的是白金三品是银与锡的合金；其次认为，白金的成分变化只发生在银、锡之间，只牵涉到银多银少的问题，并不能成为目前所发现的"白金三品"质地断定的依据。然而，金属冶炼的知识告诉我们，银和锡是成不了合金的，银和铅倒是可以成为合金。倘若目前发现的所谓"白金三品"实物是当时铸造的话，其应该含有比较高的银的成分，而事实并不是这样。

三　白金三品的重量

对于白金三品的重量，《史记》和《汉书》只是明确记载了"白选"一种，重八两，其他或"以重差小"，或"复小"，重量记载不很清楚。尽管这样，至

---

[1]　《史记·平准书》。

[2]　《史记·孝武本纪》。

[3]　《史记·平准书》。

[4]　罗西章：《扶风姜源发现汉代外国铭文铅饼》，《考古》1976年第4期。

[5]　灵台县博物馆：《甘肃灵台发现外国铭文铅饼》，《考古》1977年第6期。

[6]　考古研究所资料室：《西安汉城故址出土一批带铭文的铅饼》，《考古》1977年第6期。

[7]　张立英：《谈对"白金三品"的认识》，《考古与文物》1994年第5期。

[8]　上海人民出版社，1965年，第166页。

少透露出白金三品是以重量多少分币值或形状大小等级的。

《索隐》注"以重差小"曰："谓以八两差为三品，此重六两，下小隋重四两也。云'以重差小'者，谓半两为重，故差小重六两，而其形方也。"如果按照《索隐》的注解，白金三品的重量分别是汉代的八两、六两和四两，根据《中国历代度量衡考》第三篇第三章[1]所载西汉权衡重量推测，分别相当于今天122.24克、91.68克和61.12克。而目前所发现的被认为是"白金三品"之一的方形马纹币重分别是29.5克、22克、21克、20克、17.5克、17.5克和22克，平均21.36克；被认为是"白金三品"之一的椭圆形龟纹币重量分别是20.6克、15克、14.5克，平均16.7克。至于圆形的所谓龙纹币，中国历史博物馆收藏的四件重量分别为104克、112克、117克、109克；[2]1965年西安市西北汉城故址内西查寨大队出土的13件重量分别为260克、140克、142.4克、132克、138.2克、138.5克、140.5克、119.6克、138.5克、126.9克、144克、125克、140.9克和141克[3]，完整者的平均重量为139.6克[4]；1973年春陕西扶风县姜塬大队发现的2件重量分别为120克、127克；[5]1976年10月甘肃灵台发现的274件重量为110～118克。[6]上海博物馆收藏的2件重量分别为107.4克、122.5克。总的来说，这些圆形的所谓龙纹币重量为104～144克。这样，从重量上看，如果说圆形的所谓龙纹币的重量还与汉代八两之重相当的话，那么，币值不同的方形马纹币和椭圆形龟纹币的重量反映出一个值得思考的问题，它们重量在汉代的一两之重上下，并没有达到汉代六两或四两的重量。

有学者根据《史记会注考证》卷三十中井积德的解释，从币值大小上推测白金三品各自的重量为：龙纹币重八两，直三千；马纹币直五百，重应为龙纹币的六分之一；龟纹币直三百，重应为龙纹币的十分之一。[7]这种因币值而推定重量的观点有其合理性的一面，但当时是否如此，尚有讨论的余地，因为史书上明确记载白金三品是"以重差小"，并不是"以值差小"。有人认为，史书所记载的"以重差小""复小"，并不是指白金三品重量上存在差别，马币和龟币是"为便于币值的差找而制"。[8]如此，白金三品在重量上是没有区别的，这恐怕与事实不符。

---

[1]　丘光明编著，科学出版社，1992年，第398页。

[2]　作铭：《外国字铭文的汉代（？）铜饼》，《考古》1961年第5期。

[3]　考古研究所资料室：《西安汉城故址出土一批带铭文的铅饼》，《考古》1977年第6期。

[4]　安志敏：《金版与金饼——楚、汉金币及其有关问题》，《考古学报》1973年第2期。

[5]　罗西章：《扶风姜塬发现汉代外国铭文铅饼》，《考古》1976年第4期。

[6]　灵台县博物馆：《甘肃灵台发现外国铭文铅饼》，《考古》1977年第6期。

[7]　王裕巽：《"白金三品"试析》，《考古与文物》1994年第5期。

[8]　张立英：《谈对"白金三品"的认识》，《考古与文物》1994年第5期。

四　白金三品的纹饰

就发现的实物而言，无论是所谓的龙纹币还是马纹币、龟纹币，正面都铸造有纹饰。对这三种纹饰的解读，事关其意义。

在上面我们曾引用了《史记》《汉书》对白金三品的记载及注解，从这些记载和注解中，不难看出：第一等的白金币饰有龙纹；第二等的白金币饰有马纹，同时还装饰有连珠纹；第三等的白金币则饰有龟纹。如果是这样，目前所见到的马纹币实物上并没有连珠纹。

马的状态基本上有三种：卧状、立状和奔状。至于马纹币上采用何种姿态，史书没有明确的记载，而且也没有记载是有翼马还是无翼马。所以，今天研究白金三品的纹饰是有相当难度的。目前所见到的3枚马纹币实物的图样基本上是相同的，以前我们认为这是一种有翼马的造型，现在看来是不正确的，汉代有翼马与马纹币上的马的装饰是不一样的。

无论是玉器、雕塑还是画像砖、画像石，或者其他可查找的相关资料，马纹币上的马的造型至少与汉代马的同类造型存在着明显的区别。一是马首。汉代马耳在作奔状时前倾直立，而马纹币上的马耳却是向后的。二是马背。汉代马背不装饰有任何东西，马纹币的马背上却存在着似飘带样的东西；三是马尾。马纹币上的马尾是垂地而落，显得较长，而汉代的马尾一般都显得较短，作奔状时马尾向外撇，呈卧状的"乙"字形。除此之外，马嘴部分的刻画，马纹币上的马也与汉代的马不同。

先前我能够见到的龟纹币的拓图仅有两张，一张是1994年第5期《考古与文物》上登载的，另一张是朋友给的。后来通过陕西省钱币学会编辑的有关白金三品学术研讨会的钱币研究文集，见到的龟纹币图样比较多些，但这本研究文集中有许多可能是同一件器物的拓片，所以有重复。

在汉代，表现龟和龟纹比较清晰的是印章上的龟纽。汉代早期、中期和晚期的龟纹是不完全相同的。像龟纹币上的龟纹，在印章中一般出现于汉代的早期，最迟不会晚于武帝时候。印章龟纽看上去呈现出六边形而带有一定的圆势，结构规范，鳞片错落有致；而龟纹币上的龟纹排列过于整齐和呆板，很少有错落。

总之，马纹币与龟纹币上的纹饰和汉代马纹、龟纹之间存在着一定的差距。这些差距的存在，反映出它们在铸造时代上应有所不同。

五　白金三品的文字

1. 戳记

在被认为是汉代白金三品器物的背面都有戳记，其中龙纹币有两个，马纹和龟纹币各有一个。有人认为，这些戳记上的文字应该释读为"少"字，从字形上观察似乎没有太大的疑问，但进一步解释这"少"是指汉代的少府，则不免使人困惑。因为汉代有少府这一机构，但并不见史书有将其简称"少"的记载，即使持有"少"指代"少府"观点的学者所举印章铭文之例也唯见"少府"全称。我们不能因为要证明这些东西是西汉武帝时的白金三品，而随意解释"少"字。戳记"少"本身具有多种含义。这是其一。

其二，从戳记"少"字所具有的时代特征来看，它更具有东汉以后的风格。从这个意义上来说，目前发现的所谓白金三品的时代延续就不仅局限于西汉。也就是说，他们也有可能是西汉以后的器物。

2. 圆形铅饼背面的铭文

在圆形铅饼即所谓白金三品之一龙纹币的背面铸造有一周铭文，对这铭文的意义，目前还没有一个说法。根据出土的材料，可以确定这是一种不晚于汉代的器物。显然，这种器物上铭文的时代也不可能迟于汉代。

有人认为，圆形铅饼背面的文字不是文字，而是刻符，犹如中国古代器物上的刻划符号，但问题是为什么要在器物的背面铸造这些刻符。这些所谓的刻符在此连接起来，似乎已经不是简单意义的刻符了，而是组成为一组文字了，表达着一种完整的意义。所以，将圆形铅饼背面的铭文解释为刻符，恐怕不是那么确切。

有人提出，这种铭文是草体希腊文拼写的帕提亚（安息）钱币铭文。[1]假设这种器物的确是汉武帝时所铸造的白金三品之一，那么，在此背面之上出现草体希腊文，作何解释呢？有人认为这是模仿安息国银币的结果。[2]《史记·大宛列传》载："（安息）以银为钱，钱如其王面，王死辄更钱，效王面焉。"无论是考古出土还是传世的安息国银币，证实了这一记载。如果这种所谓的龙纹币是模仿安息国的货币，应该与安息国的货币相差无多，除正面外，至少背面还应该有图像，文字采用汉文；如果说龙纹币是模仿安息国货币的样式，那么，方形马纹币和椭圆形龟纹币至少也同样背面有草体希腊文字和图像才是，但事实上却并非如此。所以，将白金三品或其中一种系于仿制西域某古国货币的观点，比较让人难以接受。

对于具有草体希腊文字的铅饼来自何方、由谁铸造、性质怎样等诸多问题，今天还没有一个令人信服的观点可以使大家接受。有专家认为："从这种铅饼流行的年代及产生的历史背景来看，它们很可能是贵霜大月氏人在三辅及西邻

---

[1]　由德国学者O.Maenchen-Helfen提出，并认为是安息货币铭文（林梅村：《贵霜大月氏人流寓中国考》，载《西域文明——考古、民族、语言和宗教新论》，东方出版社，1995年，第44页）。

[2]　党顺民：《外文铅饼新探》，《考古与文物》1994年第5期。

地区频繁活动留下的遗物。"[1] 对于其属国，当然也有其他一些观点。[2] 现在我们能够见到的草体希腊文字的铅饼上的文字起码有两种不同的组合。到目前为止，我们还没有直接有力的证据证明这种圆形铅饼是铸用于流通的货币。

3. 所谓龟形币背面的文字

对于所谓龟形币背面的文字起码有两种释读，一种释读为"功光"，另一种则释"垂光"，并以后者影响为大。这两种释读，从古文字角度来说，或许并没有不可之处，但如照其释读的意义，反映出应划归到吉语的范畴。在中国历代法定流通货币中，钱文还没有见到用吉语的现象。所以，从这个层面上来说，所谓龟形币也不能算作是流通货币。

综合以上分析研究，目前所见到的白金三品与史书记载及相关资料对比，尚有许多不太吻和之处。将背面具有草体希腊文字的铅饼、背面铭文释读为吉语的龟形物及方块马纹物断定为汉武帝时铸造的白金三品，还有待于进一步的求证。

（原载《钱币博览》2003 年第 3、4 期）

---

[1] 林梅村：《贵霜大月氏人流寓中国考》，载《西域文明——考古、民族、语言和宗教新论》，东方出版社，1995 年，第 44 页。

[2] 大秦国说（蔡季襄：《汉西域大秦国裹蹑金考》，《泉币》第 19 期）、天竺国说（王裕巽、徐蔚一：《千古饼钱迷今朝辩分晓》，《钱币世界》1990 年第 5 期）、汉柿子金饼说（松阴：《汉柿子金饼》，《钱币世界》1990 年第 1 期）、龟兹、于阗国说（杨继贤、于廷明：《陕甘出土发现的外国铭文铅饼新探》，转引《党顺民：《外文铅饼新探》，《考古与文物》1994 年第 5 期》）等。

郡国五铢、赤仄五铢和上林三官五铢钱管见

在中国钱币研究史上，五铢钱的分期断代历来是人们所重视的问题之一，前人为此做出了很大的努力。近年来，随着考古资料的不断出新和研究方法的改进，有关五铢钱的探讨再次掀起高潮，并取得了一些令人瞩目的进展。本文拟对汉武帝所铸之郡国五铢、赤仄五铢和上林三官五铢钱的相关问题，发表自己的一孔之见，以期得到前辈和专家学者的指正。

一　由满城汉墓出土五铢钱提出的问题

对郡国五铢、赤仄五铢和上林三官五铢钱，前人亦曾有所探讨。郑家相《五铢之研究》[1]一文中有过详细的细述。但可能受历史的限制，论述显得比较模糊。

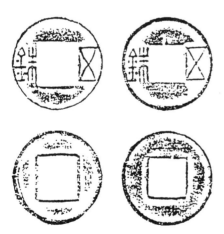

图1　河北满城汉墓出土五铢钱（《满城汉墓发掘报告》所分Ⅰ型）

1968年，考古工作者发掘了河北满城西汉中山靖王刘胜及其妻子窦绾的两座墓葬。刘胜墓出土钱币2317枚，除1枚为半两钱外，其他钱币都是五铢钱，据《满城汉墓发掘报告》[2]，刘胜墓出土的五铢钱可以分为三型：

Ⅰ型，"五"字交叉两笔斜直，或微有弧曲。"铢"字的"金"字头作带翼的箭镞形，或作三角形；"朱"字头方折，下笔微圆折，个别亦作方折。在钱的正面往往铸有记号，如作穿上横和、穿下横郭、穿上半星、四角决文等（图1）。

Ⅱ型，"五"字交叉两笔缓曲，上下两

---

[1]　《泉币》第二期至第廿二期。

[2]　中国社会科学院考古研究所、河北省文物管理处编：《满城汉墓发掘报告》，文物出版社，1980年，第208页。

横往往较长，"铢"字写法基本上同I型。钱面记号基本同I型（图2）。

III型，"五"字交叉两笔弯曲较II型为甚，有的左右几成平行状。"铢"字和前两型无大变化。记号钱比例较两型为小，类同I型（图3）。

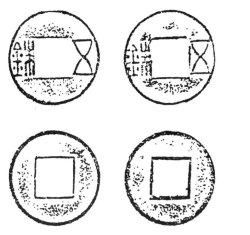

图2　河北满城汉墓出土五铢钱
（《满城汉墓发掘报告》所分II型）

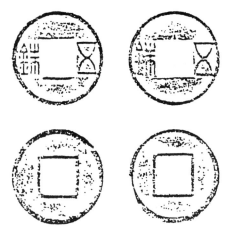

图3　河北满城汉墓出土五铢钱
（《满城汉墓发掘报告》所分III型）

1990年10月，陕西省钱币学会"秦汉钱币研讨会"上，河北省博物馆的同志不仅更多地发表了河北满城汉墓出土五铢钱的拓片资料，而且对满城汉墓刘胜、窦绾墓出土的五铢钱做了更细致的分型。于1991年第2期《中国钱币》发表论文《满城汉墓钱币新探》对刘胜墓中室、后室及窦绾墓出土的五铢钱重新做了分型（图4～7）。

我们应当感谢《满城汉墓发掘报告》和《满城汉墓钱币新探》的作者为我们研究汉武帝时铸造的郡国五铢、赤仄五铢和上林三官五铢钱提供的有关资料和分型分析。对于满城汉墓出土的五铢钱，目前大致存在着三种观点：一种观点认为，满城汉墓所出五铢钱包括郡国五铢、赤仄五铢

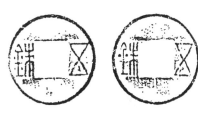

图4　河北满城汉墓出土五铢钱
（《满城汉墓钱币新探》所分I型）

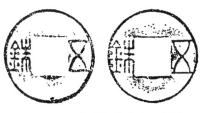

图5　河北满城汉墓出土五铢钱
（《满城汉墓钱币新探》所分II型）

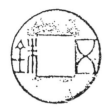

图6　河北满城汉墓出土五铢钱

（《满城汉墓钱币新探》所分Ⅲ型）

图7　河北满城汉墓出土五铢钱

（《满城汉墓钱币新探》所分Ⅳ型）

和上林三官五铢钱三种[1]；一种观点认为，仅包括郡国五铢、赤仄五铢两种[2]；另一种观点则觉得满城汉墓出土五铢钱包括郡国五铢和上林三官五铢钱两种[3]。可以这么说，这三种观点是依据文献和墓葬年代而得出结论的，这三种观点都有一定的道理。而第二种观点似乎更让人能接受些。因为刘胜的生卒年代，史书记载是比较明确的，刘胜卒于汉武帝元鼎四年（前113年），其墓葬年代当不会晚于此。所以，墓中所出五铢钱之铸造年代也应在此之前。汉武帝元狩五年（前118年）开铸郡国五铢、元鼎二年（前115年）始铸赤仄五铢、元鼎四年（前113年）方铸上林三官五铢，这为史书所记载。因此，满城汉墓五铢钱中按照道理应包括郡国五铢、赤仄五铢两种，而不应有上林三官五铢。然而，问题又并不那么简单，因为按铸造年代推算应该如此，具体是否真有这三种实物存在，又是另外一回事了。这样，也就有必要对郡国五铢、赤仄五铢和上林三官五铢钱，结合满城汉墓和其他考古资料，重新进行探讨。

二　上林三官五铢

上林三官五铢钱铸于元鼎四年（前113年）。《史记·平准书》："其后二年，赤侧钱贱，民巧法用之，不便，又废。于是悉禁郡国无铸钱，专令上林三官铸。钱既多，而令天下非三官钱不得行，诸郡国所前铸钱皆废销之，输其铜三官。"《汉书·食货志》关于上林三官五铢钱的铸行记载，也大致如此。上林三官五铢钱是西汉将货币铸行权集中于中央的开始。

[1]　关道雄：《中山王刘胜墓五铢钱——郡国、赤仄、三官五铢诸问题》，《中国钱币》1990年第3期。

[2]　蒋若是：《郡国、赤仄与三官五铢之考古学验证》，《文物》1989年第4期；《探寻"赤仄"与"赤仄"鉴定》，《陕西金融》1989年增刊《钱币专辑》(12)；《就赤仄五铢问题答客难》，《中国钱币》1992年第2期。

[3]　李建丽、赵卫平、陈丽凤：《满城汉墓钱币新探》，《中国钱币》1991年第2期；吴荣曾：《两汉五铢钱研究中的几个问题》，《中国钱币论文集》第二辑，中国金融出版社，1992年，第135页。

考察什么是上林三官五铢钱，首先应该搞清的是上林三官铸钱遗址的地理位置。以前曾有人将1979年9月在陕西省澄城县坡头村发现的铸钱遗址，说成是上林三官铸钱的工场，[1]现在看来与事实是不符的。对此，陕西省钱币学会的同志做了大量的调查和研究工作，根据目前所拥有的资料，提出了上林三官铸钱工场就建立在陕西西安汉长安城直城门和章城门外的潏河以西、沣河以东地区，即今西安市未央区的高低堡、柏梁村、北沙口、窝头寨、孟家村、焦家村、金家村和康家寨一带，这些地区相当于西汉上林苑和建章宫区域。[2]应当说，这是相当正确的。

西汉上林苑和建章宫故址中出土的钱范可能存在着铸作时代上的差异，但它们几乎有一个共同点，那就是钱范钱型穿上有一横划（图8）。我们从纪年的西汉五铢钱范（图9~16）中，也不难发现有这个共同点。这就给我们一个启示：上林三官五铢钱的形制应当如此。从上引《史记》的记载中，应当注意到

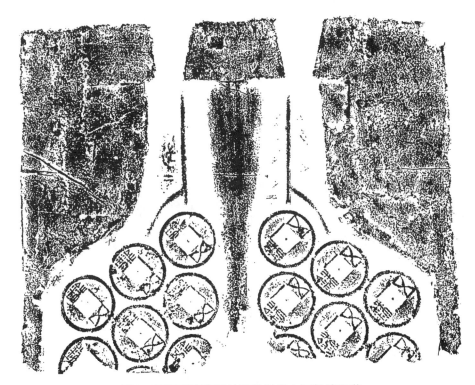

图8　两汉建章宫遗址铸钱区出土五铢钱陶范

［1］　陈尊祥：《汉武帝上林三官五铢铜钱范的考证》，《中国钱币》1983年创刊号。
［2］　吴镇烽：《澄城县坡头村西汉铸钱遗址之我见》，《陕西金融》1989年增刊《钱币专辑》(12)。

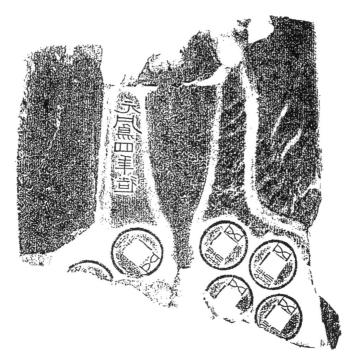

图9　西汉昭帝元凤四年五铢钱陶范

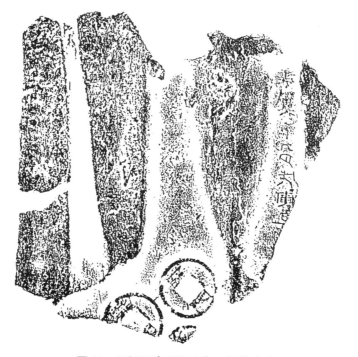

图10　西汉昭帝元凤六年五铢钱陶范

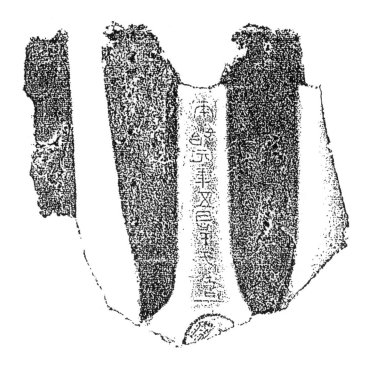

图11　西汉宣帝本始元年五铢钱陶范

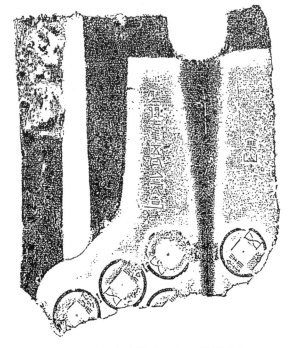

图12　西汉宣帝地节二年五铢钱陶范

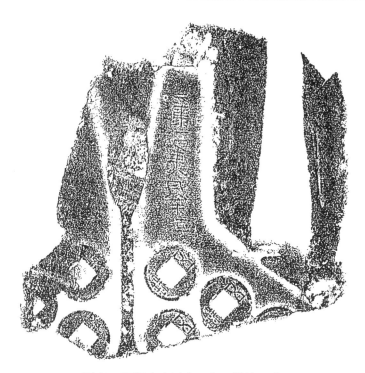

图13　西汉宣帝元康二年五铢钱陶范

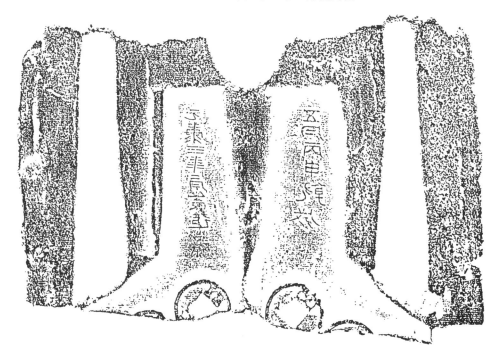

图14　西汉宣帝元康三年五铢钱陶范

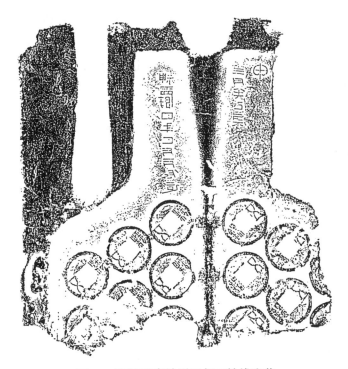

图15　西汉宣帝神爵四年五铢钱陶范

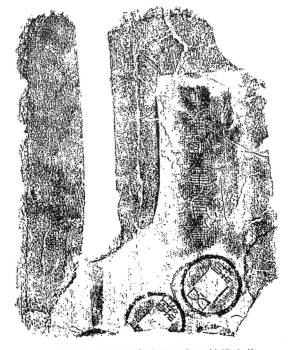

图16　西汉元帝建昭五年五铢钱陶范

"专令上林三官铸"钱和"令天下非三官钱不得行"的表述，以及《史记·平准书》所载上林三官五铢钱铸行后，"民之铸钱益少，计其费不能相当，唯真工大奸乃盗为之"，说明上林三官五铢钱具有整齐划一的大小、重量、钱文书体和精美制作。而实际上，从已发现的穿上有一横划的有纪年钱范和无纪年钱范，也印证了这一点。

尽管现存有纪年的上林三官五铢钱范时代最早仅到西汉昭、宣二帝之时，但由此可以推至西汉武帝时的上林三官五铢钱范的五铢钱型特征，距离昭宣帝时的上林三官铸钱相去不远。换句话说，西汉武帝元鼎四年（前113年）所确立的上林三官五铢钱制一直贯穿到西汉晚期王莽篡位之前。正因为如此，《汉书·食货志》才出现了这样的记载："自孝武元狩五年三官初铸五铢钱，至平帝元始中，成钱二百八十亿万余云。"要指出的是，这里的"元狩五年"恐怕记载有误，或为"元鼎五年"（前112年）。这样的解释，与前引《史记·平准书》之"于是悉禁郡国无铸钱，专令上林三官铸。钱既多，而令天下非三官钱不得行"的记载，从时间上推算，是相互吻合的。

当然，我们说，钱面穿上有一横划的五铢钱，并不一定都是上林三官五铢钱，这从河北满城汉墓有I、II、III型五铢钱中已可看出。钱面穿上有一横划固然是上林三官五铢钱的标识性特征，但钱文书体规整端丽，制作精整，也是不可忽视的特点。

日本学者关道雄根据对满城汉墓铸行赤仄五铢的分型分析，提出在汉武帝铸行赤仄五铢之后、上林三官五铢钱之前，曾出现过一种精制的五铢钱，即初铸三官五铢钱作为过渡。[1] 上林三官五铢钱是否经历过这么一种过渡，查遍有关史书，始终不见有这方面的记载。上林三官五铢铸于元鼎四年（前113年），在这之前出现一些与上林三官五铢钱的钱文、形制、制作等特征类似的五铢钱，也在情理之中。

三 赤仄五铢

应当说，虽然赤仄五铢在整个五铢钱行用历史中只是昙花一现，但留给人们无尽的思索。《史记·平准书》："郡国多奸铸钱，钱多轻，而公卿请令京师铸钟官赤侧，一当五，赋官用非侧不得行。"《索隐》："钟官掌铸赤侧之钱，韦昭云'侧，边也'，故晋灼云'以赤铜为郭。今钱见有赤侧者'。"《集解》："《汉书音义》曰：'俗所谓紫绀钱也。'"《汉书·食货志》："郡国铸钱，民多奸铸，

---

[1] 关道雄：《中山王刘胜墓五铢钱——郡国、赤仄、三官五铢诸问题》，《中国钱币》1990年第3期。

钱多轻，而公卿请令京师铸官赤仄，一当五，赋官用非赤仄不得行。"在货币史和钱币学界，许多专家学者依据这些史书的记载，却得出了不同的观点。

什么是赤仄钱？目前多数意见认为，这是一种经过特殊加工的五铢钱，赤仄是一种加工工艺。[1]也有人从钱式上考虑，认为赤仄钱是指"钱径标准统一，文字书体统一，背郭、面郭宽而且深，钱体俊美整齐划一的标准五铢钱"。[2]当然，也有人认为赤仄钱就是那种以赤铜为边郭的五铢钱[3]，或是以赤铜为质、精磨之后郭边尽赤的五铢钱[4]。

1979年9月，陕西省澄城县业善公社东白龙大队坡头村，发现了一座西汉时期的铸钱遗址。[5]据发掘简报称，这个铸钱遗址不仅发现了四座陶窑，而且出土了铜钱范、陶范、铁坩埚、铁卡钳、铁拐脖、古风管、铁钳、铁铲、铜五铢钱、干泥坯圆筒、沙石磨石、陶质窑垫、陶罐和木炭块等200余件物品。铜钱范有41件，其中大铜钱范有39件，带柄长415毫米、宽135毫米、厚8毫米；正面中部有凹槽，也叫主槽，上宽下窄，长380毫米、口宽35毫米、深5毫米。铜范背面两个手錾中间有编号数字。小铜范两件，带柄长340毫米、宽132毫米、厚6毫米。背面两个手錾中间没有编号数字。柄槽旁刻有铭文。从钱范钱型观察，钱型穿上都有一横画。有人曾对澄城县坡头村出土的小铜范所刻铭文进行了考释，认为当读作"辰刊"两字（图17），表示纪年。史载汉武帝统一钱币之年是元鼎四年（前113年），恰是戊辰年，历史

图17 陕西澄城县坡头村遗址出土铜钱范

[1] 戴志强等：《满城汉墓出土五铢钱的成分检测及有关问题的思索》，《中国钱币》1991年第2期；刘森：《赤侧五铢钱考》，《中国钱币》1991年第2期；彭信威：《中国货币史》，上海人民出版社，1965年，第114页。

[2] 党顺民：《从出土背范探寻"赤侧"五铢钱》，《陕西金融》1991年增刊《钱币专辑》（15）。

[3] 钱剑夫：《秦汉货币史稿》，湖北人民出版社，1986年，第45页。

[4] 蒋若是：《西汉五铢钱型集证》，《陕西金融》1991年增刊《钱币专辑》（15）。

[5] 陕西省文管会、澄城县文化馆联合发掘队：《陕西坡头村西汉铸钱遗址发掘简报》，《考古》1982年第1期。

上用"辰"字纪年有先例。澄城县坡头村铸钱遗址是西汉上林三官五铢钱的铸地。[1]也有人提出了不同的意见,认为小铜范上的铭文当读为"长利",而非"辰刊",应属吉语,不能据此认为铜钱范是元鼎四年上林三官五铢钱的铸范。坡头村在汉太初元年前属左内史范围,应是郡国铸钱时期左内史铸钱遗址,年代当在汉武帝元狩五年至元鼎元年初。[2]应当说,以上两种对陕西澄城县坡头村铸钱遗址不同的看法,有助于我们对此遗址的认识。我们认为,根据考古资料以及前节中对上林三官五铢钱的讨论,可以肯定的是,坡头村铸钱遗址确实不是上林三官五铢钱的铸地。

图18　陕西澄城县坡头村遗址出土陶钱范

　　《史记·平准书》和《汉书·食货志》有着差不多同样的记载,元狩五年(前118年)"乃更请郡国铸五铢钱,周郭其质,令不可磨取鋊焉"。这表明郡国五铢钱面背都是有外郭的,不是平背。陕西澄城县坡头村铸钱遗址不仅发现了大小铜钱范,而且还发现了用作背范的陶钱范。[3]这种陶钱范形状像条砖,所以又叫范砖。砖长355毫米、宽158毫米、厚68毫米(图18)。范砖的一头剁角,在光滑的砖棱中部刻成半椎体的槽口,直径为35毫米。将铜范、陶范和铁卡钳配套安装起来,成为一套完整的铸钱范。陕西省钱币学会的同志曾特意派人去澄城县文管所调查,确认这种陶背范上面不像其他铜背范或陶背范那样,刻有钱币的背型。[4]从发掘报告和《秦汉钱范》一书所发表的照片、拓片资料,亦证实了这一考古现象。由此,说明陕西澄城县坡头村铸钱遗址所铸出来的钱币都是一种平背的五铢钱,与史书所记郡国五铢"周郭其质"的特征存在着明显的差异。显然,这个铸钱遗址不应是郡国五铢钱的铸钱遗址。

[1]　陈尊祥:《汉武帝上林三官五铢铜钱范的考证》,《中国钱币》1983年创刊号。
[2]　吴镇烽:《澄城县坡头村西汉铸钱遗址之我见》,《陕西金融》1989年增刊《钱币专辑》(12)。
[3]　蒋若是:《西汉五铢钱型集证》,《陕西金融》1991年增刊《钱币专辑》(15)。
[4]　陕西省钱币学会:《关于坡头村出土五铢钱背范的调查报告》,《陕西金融》1989年增刊《钱币专辑》(12)。

1986年11月，在陕西澄城县坡头村铸钱遗址附近的大荔县汉村乡上尧头村，曾发现过形制、钱文与坡头村出土铜范不同的两块五铢钱铜范（图19），背面上下手錾之间也有编号数字。[1] 从大荔县所出铜钱范的地点来看，那里似不属铸钱遗址，铜范可能是从其他铸钱遗址流传过去的。

《史记》《汉书》载，赤仄五铢的铸地是在京师。这是毫无疑问的。《汉书·地理志》告诉我们，澄城县在西汉时称征县，武帝建元六年（前135年）属左内史，太初元年（前104年）属左冯翊，与京兆尹、右扶风同是京师的一部分。赤仄五铢既是钟官所铸，并专用于"赋官"，就应该具有一定的规模。根据目前所掌握的考古资料得知，在西汉京师之地发现具有一定规模的铸钱遗址只有两个：一个是上面提到的西汉建章宫和上林苑遗址内发现的铸钱工场，一个便是澄城县坡头村发现的铸钱遗址。两个铸钱遗址所出钱范的钱型形制不尽相同，它们面穿上都有一横画，而前者钱背有内外郭，后者为平背。已然确定建章宫和上林苑遗址内的铸钱工场是上林三官五铢钱的铸地，那么，澄城县坡头村铸钱遗址应是赤仄五铢钱的铸地。

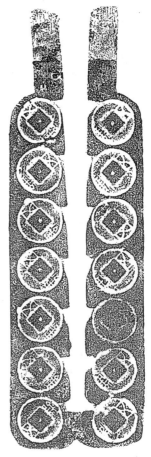

像坡头村铸钱遗址发现的钱范那样，不仅钱范钱型整齐规范，而且在范背铸上编号数字，应当说，除了大荔县发现的两块铜范外，是绝无仅有的一个

图19　陕西大荔县汉村乡上尧头村出土铜钱范

考古发现。这一发现表明，坡头村铸钱遗址是有限量的，受到一定的控制。如此，不同于其他官铸五铢钱，用这种钱范铸出的五铢钱数量也是受到约束的。这在西汉五铢钱铸行过程中，除了赤仄五铢，都不具备这种可能性。这也说明了坡头村铸钱遗址是赤仄五铢铸地的可能性。

传世及出土的许多平背五铢中，钱面穿上有一横画者很少见，而这种与陕西澄城县坡头村遗址出土钱范钱型一致的五铢钱，仅在西汉建章宫铸钱遗址中有少量发现（图20）。[2] 由此表明，这种钱面穿上有一横画的平背五铢钱在铸行

［1］　崔景贤：《大荔县发现西汉五铢钱范》，《陕西金融》1987年增刊《钱币专辑》（7）。

［2］　党顺民：《从西汉建章宫遗址及其附近出土钱范探讨五铢钱的演变》，《陕西金融》1989年增刊《钱币专辑》（12）。

图20　西汉建章宫铸钱遗址出土五铢钱

不久就被比较全面彻底地销毁了。这在西汉五铢钱铸行过程中，除了赤仄五铢之外，郡国五铢和上林三官五铢也是不具备这种可能性的。这从另一方面也反映了陕西澄城县坡头村铸钱遗址是赤仄五铢钱的铸地。

赤仄五铢钱的铸行时间自元鼎二年（前115年）至元鼎四年（前113年），大致只有两年的时间。也有人认为赤仄五铢始铸于元鼎三年（前114年）。[1] 赤仄钱的铸行，是因为郡国五铢质量的逐渐低劣和民间盗铸现象的严重。赤仄钱是一种专门用于赋官的五铢钱。《史记·平准书》载："赋官用非赤仄不得行。"为了推行赤仄钱，汉政府采取了比较严厉的惩罚措施。《汉书·高惠高后文功臣表》："元鼎三年，（侯仲）坐为太常，收赤仄钱，不收，完为城旦。""元鼎三年，［嗣］侯皋柔坐为汝南太守知民不用赤仄钱为赋，国除。"

铸行赤仄五铢的目的，一方面是为了遏制郡国五铢质量下降，一方面也是为了增加财政收入。所以，当时规定一枚赤仄五铢可以调换五枚郡国五铢，而一枚赤仄五铢钱的重量却与一枚足重的郡国五铢钱相当。因此，赤仄五铢实际上是一种虚价的货币，很快引起了"民巧法用之"，最后沦为了"不便，又废"[2]的结局。

河北满城汉墓所出五铢钱，从墓主人刘胜的生卒年代推定，当铸于元鼎四年之前。从元狩五年（前118年）始铸五铢钱到元鼎四年之前，西汉一共铸行过两种五铢钱，一种是郡国五铢，一种是赤仄五铢。通过对陕西澄城县坡头村铸钱遗址所出铜钱范和陶钱范的分析研究，我们得知，所谓赤仄五铢应具备这样一些特征：钱文规整端丽，前面穿上有一横画，平背，制作精良。可是，纵观河北满城汉墓所出五铢钱，它们都不具有这些特征，这说明满城汉墓出土的五铢钱应该不包括赤仄五铢。

三　郡国五铢

《史记·平准书》："有司言三铢钱轻，易奸诈，乃更请诸郡国铸五铢钱，周郭其下，令不可磨取铅焉。"郡国五铢是西汉武帝建立五铢钱制之初允许郡国铸造的一种五铢钱。

---

［1］　蒋若是：《郡国、赤仄与三官五铢之考古学验证》，《文物》1989年第4期。
［2］　《史记·平准书》。

郡国五铢既然是各郡国所铸造，除了钱币形制及重量被要求符合国家标准外，钱文书体、钱币纹饰的形式和多少却不受中央政府约束。河北满城汉墓出土的五铢钱，无论是分三型还是分四型，都表明该墓出土五铢钱的不一致性，虽然这些五铢钱有可能都是刘胜在任时所铸。基于前面我们对上林三官五铢、赤仄五铢的讨论可以认为，河北满城汉墓所出五铢钱都属于郡国五铢。

从河北满城汉墓出土五铢钱的钱文书体、钱币纹饰和铸造工艺来看郡国五铢，可以得出郡国五铢钱所具有的特征：

钱文书体的随意性。河北满城汉墓出土的五铢钱有的秀美，有的粗劣，五字和铢字存在明显差异，它不像上林三官五铢和赤仄五铢的钱文那样，规整端丽，如出一人之手。

钱币纹饰的多样性。钱币上的各种记号、符号和纹饰复杂，没有统一的规范，有的钱币上可同时出现两种或两种以上记号纹饰。上林三官五铢和赤仄五铢则与之不同，钱币表面除穿上有一横画外，无任何其他记号或纹饰，显得简洁大方。

铸造水平不一。河北满城汉墓出土的五铢钱尽管总体上来说还算精整，但仍可以看出五铢钱之间铸作工艺水平上存在的差异，没有上林三官五铢和赤仄五铢来得严谨和有水平。河北满城汉墓五铢钱尚且如此，那各郡国所铸五铢钱的铸作水平肯定也是参差不齐。

1982年，江苏省铜山县龟山西汉墓出土8枚五铢钱，形式一致，钱文"五"字交叉两笔缓曲，上下两横稍长，钱面有床上横郭记号，与河北满城汉墓出土五铢钱Ⅱ型风格相同。钱径25毫米，重3.5克。该墓第六墓室出土西汉楚襄王刘注的龟纽银印。[1] 刘注，嗣位于武帝元朔元年（前128年），死于元鼎二年（前115年）。这座墓出土的五铢钱铸造年代下限当在汉武帝元鼎二年，属郡国五铢。同时，也说明穿上有一横画的五铢钱出现时间要早于上林三官五铢和赤仄五铢。确立钱面穿上有横画的五铢钱是否属于上林三官五铢，还要注意其他因素的分析和可比性。

郡国五铢自元狩五年（前118年）开始铸造，到元鼎四年（前113年）被废止，总共铸行有六年的时间。由于汉政府采取放任自铸的货币政策，凡是具有铸造能力的郡国都铸有自己的五铢钱，以致郡国五铢钱范和铸造遗址目前发现并不少见，由此可见，郡国五铢钱的铸造量是巨大的。

---

[1] 南京博物院、铜山县文化馆：《铜山龟山二号西汉崖洞墓》，《考古学报》1985年第1期。《中国书法报》曾报道刘注龟纽银印出土情况。参见吴荣曾：《两汉五铢钱研究中的几个问题》，载《中国钱币论文集》第二辑，中国金融出版社，1992年，第135页。

四　汉武帝时期货币铸造权的变化

郡国五铢、赤仄五铢到上林三官五铢这一发展过程，反映了汉武帝时期货币铸行权的变化。

汉初的货币政策基本上实行的是"使民放铸"，即民间根据中央政府规定的钱式和重量自行铸造流通货币。汉文帝时铸"四铢半两"，可以说是这种政策比较成功的范例。尽管如此，这种成功也仅仅表现出一定的阶段性。汉武帝元狩五年（前118年）"更请郡国铸五铢钱"，采取的货币政策不再是民铸形式，而是官铸形式。具体地说，就是将民间自由铸钱改为由郡国一级的地方政府铸钱，中央政府只是规定钱式和重量。虽然这种货币政策较"使民放铸"前进了一步，但郡国所铸钱币缺乏统一性，所以，依然成为民间盗铸的温床，最终在元鼎二年（前113年）时出现了"郡国铸钱，民多奸铸，钱多轻"的局面。

元鼎二年（前115年），"公卿请令京师铸官赤仄，一当五，赋官用非赤仄不行"。这时，中央政府也没有将货币铸行权集中于自身。赤仄钱是中央政府自己铸造的一种五铢钱，其作用极其有限，只是被用来赋官，成为一种专用货币，而不是流通货币。郡国仍然可以铸钱。这样，由于赤仄钱是一种超值钱币，成为民间和地方郡国仿铸的热点。因此，行用没多久，赤仄五铢便告终结。《汉书·食货志》："其后二年，赤仄钱贱，民巧法用之，不便，又废。"这时期仍以郡国铸钱为主。

汉代将货币铸行权集中于中央，是从铸上林三官五铢钱开始的。《汉书·食货志》："于是悉禁郡国毋铸钱，专令上林三官铸。钱既多，而令天下非三官钱不得行，诸郡国前所铸钱皆废销之，输入其铜三官。"上林三官五铢钱铸于汉武帝元鼎四年，这时地方政府再也没有货币铸行权了，并且以前所铸钱币遭到废止，上林三官五铢钱成为全国唯一流通的法定货币。上林三官五铢钱的铸行，在很大程度上缓解了官铸与民间盗铸之间的矛盾，使汉代货币经济步入了稳定发展的历史时期。汉武帝元鼎四年确立的货币政策不仅在西汉一直得以遵循，而且直接影响着以后历代政权，成为一种基本的货币制度。所以，上林三官五铢钱的铸行，具有重大的历史意义。

五　对《洛阳烧沟汉墓》五铢分型分期的看法

1953年，在河南洛阳烧沟发现了225座汉代墓葬，其中162座墓出土有钱币，时代可以上溯到西汉早期，下推到东汉时期。《洛阳烧沟汉墓》这本书对所出钱币依据墓葬年代进行了分型分期，特别是对五铢钱的分型分期，对以后产生了重大影响，成为人们研究五铢钱断代的依据之一。

《洛阳烧沟汉墓》将洛阳烧沟汉墓出土的五铢钱分为五型（图21），并根据货币发展情况和钱币文字字体变化，推出了这五型五铢钱的绝对年代。从这五型中，我们大致可以对五铢钱的发展脉络有一比较清楚的认识，所以，《洛阳烧沟汉墓》的贡献是巨大的，这是老一辈文博专家们留给后人的一份宝贵财富。

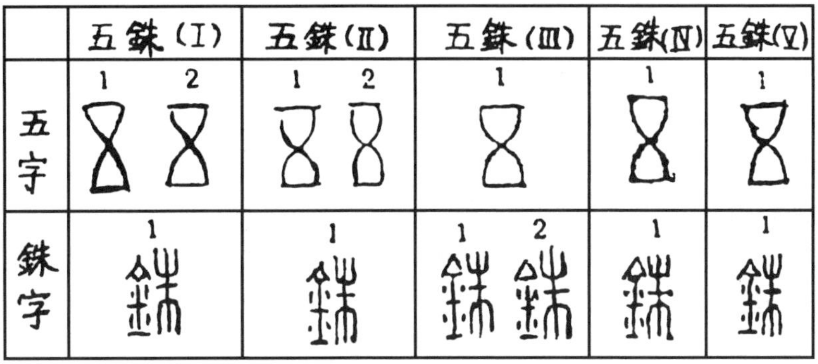

五铢（Ⅰ）		五铢（Ⅱ）		五铢（Ⅲ）		五铢（Ⅳ）	五铢（Ⅴ）
五字							
铢字							

图21　河南洛阳烧沟汉墓五珠出体演变图（《洛阳烧沟汉墓》）

然而，就《洛阳烧沟汉墓》所分五铢钱之第一、二型而言，结合河北满城汉墓出土的五铢钱，我们认为，应有修正之必要。

《洛阳烧沟汉墓》认为：1.“五”字：“第一型的中间两笔是直的，其中已有一部分略带弯曲。第二型的两笔是屈曲的，它和上下两横相接的地方是垂直的。还有一种写法，即屈曲程度更厉害，‘五’字如两个相对的炮弹形。”2.“铢”字：“第一型的‘铢’字的金字头如一带翼箭镞；第二型也是如此，但比第一型略小”，“第一型、第二型的金字头四点较短”；“第一、二型的朱字头都是方折的；第二型以后则变成圆折，在第二型里面也有一小部分方折的”，所以，“根据有纪年钱范推测，第一型里面‘五’字稍曲的都应是昭帝的。武帝的钱范虽未发现，但从出土的先后来说，‘五’字不曲的应该是武帝时的。”“第二型的‘五’字都是弯曲的，纪年范中最早出现屈曲的‘五’，是在汉宣帝元康二年，从此以后一直到元帝建昭五年，‘五’都是屈曲的。第二型的郭径2.5、郭宽1.5毫米，这和宣帝、元帝年代范上的尺寸一样，可以证明第二型的是宣帝、元帝时的。”根据《满城汉墓发掘报告》和《满城汉墓钱币新探》所发表的五铢钱资料，我们认为，不仅洛阳烧沟汉墓中第一型五铢钱，就是洛阳烧沟汉墓中的第二型五铢钱，在河北满城汉墓所出的五铢钱中都已经包含了。河北满城汉墓的墓主人是西汉中山靖王刘胜及其妻窦绾，刘胜卒于汉武帝元鼎四年（前113年），由此可知，洛阳烧沟汉墓中的第一、二型五铢钱出现的时间下限当不会晚于此。所以，《洛阳烧沟汉墓》中有关五铢钱的论述是有偏差的。当然，随着考古资料的不断发现和丰富，人们对五铢钱的认识一定会越来越清晰。

六 结论

通过以上对郡国五铢、赤仄五铢和上林三官五铢钱的论述，我们对它们之间的区别有了比较明确的认识，尤其是河北满城汉墓出土的五铢钱和其他一些考古资料，为我们的认识提供了相当有价值的论据。

根据有纪年钱范推测，上林三官五铢应该具有的特征是：钱面床上有一横画，钱背有内外郭，钱文规范端丽而制作精整。

陕西澄城县坡头村所发现的铸钱遗址，就是《史记》《汉书》所记载的赤仄五铢的铸地。赤仄五铢是一种面穿上有一横画，钱文规整端丽，加工精细的平背五铢钱。

由于郡国五铢是由郡国一级地方政府所铸，中央政府仅仅是规定钱式和重量，所以，郡国五铢之间的差异较大，具有钱文随意性、纹饰多样性和铸作水平不一等特征。

河北满城汉墓所出土的五铢钱都是郡国五铢，其中既没有上林三官五铢，也没有赤仄五铢。河北满城汉墓五铢钱的出土，修正了《洛阳烧沟汉墓》五铢钱的分型分期，并为我们进一步认识五铢钱发展，提供了实物资料。

从郡国五铢、赤仄五铢到上林三官五铢钱，我们可以看到汉武帝时期货币铸行权的发展与变化。这一发展与变化呈现出了这样一种轨迹，即由任民放铸到将货币铸行权归为郡国一级的地方政府。在铸行赤仄五铢时，中央与地方同时铸行货币。最后专铸上林三官五铢，废除郡国五铢和赤仄五铢，将货币铸行权集中于中央政府，民间和地方政府不再拥有这一特权。因此，上林三官五铢钱的铸行，标志着西汉国家掌握货币铸行权制度的确立。

（原载《上海博物馆集刊》第 7 期，上海古籍出版社，1996 年）

上海博物馆藏铜元珍品鉴赏

    铜元，又称铜板、铜角子，从光绪二十六年（1900年）开始铸造，一直到民国三十八年（1949年），在中国经济生活中行用了近半个世纪，对中国货币制度的发展产生了重要的影响。

    明代以后，对外贸易扩大，外国机制银元和铜元因计数计值方便，开始在沿海地区得到了使用。清代，铜元的使用更加广泛。但清代一方面承袭明代的制钱制度，另一方面又推行银两制度，在货币流通上，制钱（铜钱）和银两（白银）同时并用。这种货币制度随着1840年鸦片战争以后外国金融势力的不断侵入，弊病逐渐显露了出来。铜价昂贵，官方铜钱铸造亏本，而私铸劣钱盛行；由于平色标准的不一，银两使用需换算造成不便，使得外国银元乘虚而入，造成大量白银流失，旧有的货币制度面临崩溃，促使清政府寻求一种可以替代的新型货币制度。同治四年（1865年），左宗棠曾设想过用机器铸造制钱。光绪十四年（1886年）前，福建、浙江、直隶先后对原机器改造后铸造制钱（方孔圆钱）。光绪十五年（1889年），两广总督张之洞经过两年的筹划，引进西方铸币技术，机制方孔圆钱。以后，吉林、湖北、江南、奉天等省也机制方孔圆钱，但时间都不很长。清政府试图希望通过机制方孔圆钱，达到挽救制钱制度的目的。可是，由于成本太高，亏空严重，机制方孔圆钱成了昙花一现。无论是翻砂铸钱还是机制铜钱，都无法使既有的制钱制度得以延续。

    光绪二十三年（1897年）的时候，御史陈其璋提出了"仿照外洋，添造大小铜元，以补制钱之不足"的建议。光绪二十四年（1898年）七月，道员罗长褀、河南试用知县黄景棠、督理农工商总局大臣端方与吴懋鼎、总理衙门章京刘庆汾分别上奏，更是提出了新铸铜元的式样和标准。光绪二十五年（1899年），总理衙门章京刘庆汾再次上奏，对新铸铜元的标准提出了更加具体的建议。虽然铸造铜元的建议曾遭到总理各国事务大臣奕劻等人的反对，但得到了地方的积极响应，最后还是被清政府采纳了。光绪二十六年（1900年）六月，广东率先铸造"正面镌光绪元宝四字，内加清文广宝二字，周围镌广东省造，并分镌每百箇（个）换一元字样；背面中镌龙纹，周围镌西文，译曰广东一仙"的铜元，[1]

---

[1]　中国人民银行总行参事室金融史料组编：《中国近代货币史资料》第一辑下册，中华书局，1964年，第873页。

并投入流通。紧接着，福建、江苏等省也纷纷引进机器，设立铸造机构，仿照广东铜元式样，均在铜元正面上缘或左右分列省名及地名，开始机制铜元。造币总厂所造"光绪元宝"铜元则在正面左右分列"户部"二字。光绪三十一年（1905年），户部造币总厂及各省开始铸造以"大清铜币"为钱名的铜元。造币总厂所造"大清铜币"均在正面左右分列"户部"字样和干支纪年文字，后期则去掉"户部"字样，仅有干支纪年文字，而各地造币均在正面中央铸一阴文省名的简称（也有少数为阳文）以示区别。背面统一为蟠龙图，又称"大清龙"。此时，全国有十七个省设局二十多处机制铜元，成为清代铜元发展的全盛时期，铜元逐渐成为主要的小额流通货币。

原来铸造制钱要亏本，而机制铜元却能获得丰厚的利润，这样就导致了全国各省纷纷继续购置机器，加大铜元的铸造量，结果超过了市场对铜元的需求量，铜元价值一落千丈。梁启超在宣统二年（1910年）所撰的《各省滥发铜元小史》一文中感慨道："夫以今之铜元行使绝无限制，则与辅币之性质恰相反。既非辅币，则民之用之也，只能从其实价，则每百枚值银四钱四分八厘也。今枚银一元换百八十枚，以银元所含纯银量计之，则每百枚约值银五钱七分也。今其下落之量犹未极也，苟犹滥铸不已，必将有每元换二百二十枚之一日。"[1]从光绪三十一年（1905年）后，铜元处于一种滥铸的时期。其实，对这种情况的发生，户部尚书鹿传霖在当时已经感到了问题的严重性，上奏提出了限制各省设厂铸铜元的建议。光绪三十二年（1906年）二月初四，财政处奕劻会通户部更是提出了统一铜元的办法："窃以铜币之行，各省争相鼓铸，流弊日滋，谋所以整顿者，自以由户部收回为正办。"光绪三十三年（1907年）五月初八考查铜币大臣陈璧则进一步建议整顿银铜元的铸造。但尽管这样，总也挽救不了铜元贬值的颓势，铜元在清末竟然出现了被打折使用的情形。

进入民国，虽然政府采取了一定的措施企图改善铜元铸造与流通，但事实上状况却更加混乱。一方面清代的铜元继续得到使用和铸造，另一方面货币铸行权依然分为中央和地方两级所有，中央铸造的铜元和带有省名的地方铸造的铜元同时行用，出现了"各省仍滥铸旧模铜元，并未遵照定例，且以铸造双铜元为渔利，以造币为筹款之方，铜币质量，益趋恶劣，故兑换价格，益日跌落。其后各省私铸当五十文、当一百文、当二百文各种劣质铜币，而尤以四川铸造者更劣"的局面，[2]各地商业、银钱业团体抗议滥铸和私运铜元的呼声日益高涨。此外，在民国时期，由于政治的原因和外来的侵略，导致了铜元流通呈明

---

[1] 中国人民银行总行参事室金融史料组编：《中国近代货币史资料》第一辑下册，中华书局，1964年，第913页。

[2] 中国人民银行总行参事室编：《中华民国货币史资料》第二辑，上海人民出版社，1986年，第737页。

显的区域性特点。这种区域性明显的特点对货币铸造和流通来说，不啻是一个沉重的打击和严重的障碍。1935年，国民政府开始实行法币政策，取消了地方货币铸造和发行的权利，这在一定程度上是有利于货币流通的。但这个时期因为主要推行纸币，作为辅币的铜元却又逐渐地被另一种金属货币——镍币所取代，这样，铜元在货币流通中的比重事实上面临下降，致使不再是货币使用中小额通货的主角，铜元在中国货币中的地位岌岌可危，最终被退出了货币流通领域。

中国铜元从产生到衰亡，经历了辉煌、混乱和衰败的历程，这个历程同时也反映了中国近现代货币制度发展与变化的坎坷历程，是中国货币发展的一个缩影。在中国铜元的发展过程中，由于各种各样的原因，使得有些铜元流传至今，成了趋之若鹜的珍品，并被称之为名誉品，上海博物馆就收藏有较多的这样珍品。

一 安徽方孔光绪十文铜元

据史料记载，安徽省于光绪二十八年（1902年）四月在当时的省城安庆东门内的鹭鸶桥银元局开始铸造铜元，光绪二十九年扩充东厂，三十年又添建西厂。从光绪二十八年四月到光绪三十二年四月，共铸当二十、当十、当五三种铜元，折合当十铜元519361334枚，获利漕平银791237.2346两。其中，光绪二十八年（1902年）开铸时仅造一种当十，光绪三十年（1904年）正月经安徽巡抚诚勋奏请，才加铸当五、当二十两种。安徽方孔光绪十文铜元是传世安徽清代铜元中具有方孔形式的唯见品，存世数量也少之又少，被推断为安徽铸造铜元时的一种试铸品。

安徽方孔光绪十文（图1）为红铜质，正中间为方孔，正面环方孔镌"光绪元宝"四字及珠圈纹，上缘镌"安徽省造"，下缘镌"每元当制钱十文"，左右两侧为满文"宝皖"；背面主图为"立龙"，上缘为英文"AN-HUI"，下缘是表面额的英文"TEN CASH"，左右两侧各有一梅花星。从文字来看，安徽方孔光绪十文铜元的版式与安徽飞龙十文铜元相似，除了背图不同和有无方孔，表明其铸造的时间应与后者相当。因安徽飞龙十文铜元被大量铸造，所以，安徽方孔光绪十文铜元应在光绪二十八年（1902年）四月安徽开始铸造之时。

值得一说的是，传世另见一种安徽方孔光绪十文铜元，在背面英文"A"字左侧有因利用有裂缝的钢模打制而造

图1

成的线条。一般来说，正规的造币厂在发现钢模有裂缝后就会对其废弃而不再使用。从多次拍卖的情况来看，这种多了线条的安徽方孔光绪十文铜元应该是后铸品。

二　江南光绪甲辰二十文铜元

图2

江南光绪甲辰二十文铜元（图2），黄铜质，正面中央为满文"宝宁"，外环"光绪元宝"和珠圈纹，上缘镌"江南省造"，下缘镌"每元当制钱二十文"，左右两侧为干支纪年"甲辰"；背面主图是外环铢券纹的"飞龙"，上缘为英文"KIANG-NAN"，下缘为表面额的英文"TWENTY CASH"，左右两侧各饰有一梅花星纹。根据前文可知，这种铜元铸造于光绪三十年（1904年），目前仅见两枚，上海博物馆收藏的一枚由钱币收藏家孙鼎捐赠。

据光绪三十三年（1907年）五月初八考查铜币大臣陈璧《考查各省铜元铸造清形》的奏折："查江宁造币分厂自光绪二十三年（1897年）十一月奏设在省城回龙街原建东西两厂，东厂铸造银元，西厂铸造制钱，次年因制钱亏本停铸。二十七年（1901年）秋间苏州藩司拨款就制钱机器代铸铜币，继江宁司局亦仿照办理。二十八年复因银元利薄，东厂亦改铸铜币，归江宁藩司代销。二十九年又建中厂，共三厂，名曰老厂，革除代铸名目，三厂所铸均归江宁藩司销售。复奏于扬州添一分局，又议就上海制造局辅铸，三十一年奏明归并沪、扬两局机器另建一厂，因扬局机器先到，暂借金陵机器局安设，冬间建厂工竣名曰新厂，规模比前为大。"[1]在光绪三十年（1904年）前，江南省有五处铸造铜元的场所，江南光绪甲辰二十文铜元应该不会在这五处都有铸造。

《民国四年宁厂报告书》云："（光绪二十九年十二月）东西两厂，每日加工，可得一百万枚。所出铜元，拨除交管钱局行销外，尚须分拨镇江道、淮运司、淮徐海等处领兑，每虞不敷，即将来新厂开工，亦难免缺乏。应请于每日百万'当十'铜元中掺铸'当二十'而成，则每日可多得盈余约合'当十'铜

[1]　中国人民银行总行参事室金融史料组编：《中国近代货币史资料》第一辑，中华书局，1964年，第893页。

元九万余。江督是之……（光绪三十年）二月十八日开工铸造，二十一日委邓矩为会办。定整顿章程。"[1] 由此可知，江南光绪甲辰二十文铜元为江南省东、西两厂于光绪三十年（1904年）二月开始铸造，但由于掺铸属私自铸造行为，所以铸造时间不长，这可从此币流传数量上得到印证。

三　户部丙午"淮"字二十文铜元

户部丙午"淮"字二十文铜元（图3），红铜质，正面中央镌一阳文"淮"字，外环"大清铜币"四字和珠圈纹，上缘镌满文铸造时间，满文的两侧则为具体的铸造时间"丙午"，下缘镌"每元当制钱二十文"，左右两侧镌"户部"两字；背面中央主图为

图3

环珠圈纹的"大清龙"，上缘镌"光绪年造"四字，下缘镌英文"TAI-CHING-TI-KUO COPPER COIN"。户部丙午"淮"字二十文铜元铸造于光绪三十二年（1906年）。

光绪三十年（1904年）四月，江苏省开始在淮安府清江浦购地建厂，光绪三十一年（1905年）正月开始铸造铜元，到光绪三十二年（1906年）七月底停铸为止，共铸当十铜元740 085 585枚。从文献记载情况来看，江苏淮安造币厂没有正式铸造过用于流通的二十文铜元，所以，户部丙午"淮"字二十文铜元应为试铸币。

户部丙午"淮"字二十文铜元目前还未见到有其他机构收藏的报道，上海博物馆所收藏的一枚为著名收藏家孙鼎先生捐赠。

四　奉天中花光绪十文铜元

传世清代奉天省铸造的光绪铜元正面中央大多镌满文"宝奉"，并用干支纪年，背面龙纹也仅见"坐龙"一种，唯独奉天中花光绪十文铜元与众不同。

奉天中花光绪十文铜元，正面中央铸有一六瓣花星，外环镌"光绪元宝"四字和一周珠圈纹，上缘镌"奉天省造"，下缘镌"当制钱十文"，左右

---

[1]　转引邱思达：《中国近代铸币图说》，中国书店，1991年，第71页。

图4

两侧镌满文"宝奉"两字；背面上缘都镌英文"FUN-TIEN PROVINCE"，下缘镌表面额的英文"TEN CASH"；中间主图分为两种，一为"坐龙"，一为"立龙"，从而形成两种版式。上海博物馆收藏的一枚为背面主图是"立龙"的一种（图4）。

光绪二十二年（1896年），盛京将军依克唐阿为解决奉天地区钱币短缺的问题，奏准设立奉天机器局，开始铸造银币。光绪二十五年（1899年），盛京将军增祺开始扩建奉天机器局，机制方孔圆钱。光绪二十九年（1903年）七月，开始铸造有干支纪年的铜元。一般认为，奉天中花光绪十文铜元为当时的试铸品。但值得注意的是，光绪二十八年（1902年）奉天当局为整顿货币流通，曾令工厂招募员工，修配机器，恢复铸造银、铜元，并将银元局与机器局分设，冠以奉天制造银元总局之名，仍隶属盛京将军府。[1] 所以，奉天中花光绪十文铜元是否有可能为这时所铸造，值得研究。

五　四川光绪当三十铜元

清代的四川铜元按照铸造机构和币名的不同，可以分为四川官局光绪铜元、四川省造光绪铜元、户部"川"字大清铜币和戊申"川"字一文四种，面额从一文、二文到当五、当十、当二十、当三十。

四川光绪当三十铜元，质地有红铜和黄铜两种，目前所见有两种版别，正面图案、文字一样，中央为一花星，外环"光绪元宝"和一周珠圈纹，上缘镌"四川省造"四字，下缘镌"当三十"，左右两侧则镌满文"宝川"，一种背面中央主图为"立龙"，上缘镌英文"SEZ CHUEN"，下缘镌英文币值"30 CASH"，左右两侧各铸一四瓣花星（图5）；另一种背面中央为主图"飞龙"，外环珠圈纹，上缘镌英

图5

[1]　王生龙主编：《沈阳造币厂图志》，中国金融出版社，1996年，第24页。

文 "SEZ CHUEN",下缘镌
英文币值 "30 CASH",左右
两侧各铸一梅花星（图6）。
无论何种质地和版别,四川
光绪当三十铜元存世都极为
罕见。

图6

　　光绪二十二年,四川在
省城东门莲池街成都机器
局设立银元局,并于光绪
二十九年七月在银元局内开始铸造铜元。光绪三十年由川督锡良奏准立案,
设铜元局,也铸造铜元。光绪三十一年（1905年）,银、铜元两局合并为四
川银铜元总局。光绪三十二年（1906年）,清政府将全国十七省二十余处厂
局裁撤归并为九处,统归户部管辖。四川原银铜元总局改为四川户部造币
分厂,下仍设银元股和铜元股。同年,又将四川户部造币分厂改为度支部
造币蜀厂。据考查铜币大臣陈璧《考查各省铜元铸造情形》奏折可知,从
光绪二十九年七月至光绪三十二年年底止,四川共铸造当二十、当十、当
五三种折合当十铜元275512944枚,共销27499936枚,存积5011508枚。

　　根据有关资料的记载,四川在光绪年间曾三次对铜元版式进行改版,一
次是在光绪二十九年铸 "大清铜币";一次是在光绪三十年,仿湖北铜元样
式,正面上缘镌 "四川省造" 四字,下缘镌 "当五" "当十" 或 "当二十" 字
样;另一次是在光绪三十二年六七月间,依户部所颁铜元式样,正面中央镌
"川" 字。光绪三十年,四川省所铸铜元面额有当五、当十、当二十三种,但
在三十一年后仅铸当十和当二十两种。由此,我们可以推断,四川省造当三十
铜元的铸造时间应在光绪三十年至光绪三十一年之间,并且没有正式铸造流
通,应属样币。

　　四川省造当三十 "立龙" 和 "飞龙" 两种版别,上海博物馆都有收藏,一
枚为著名收藏家李伟先捐赠,一枚为著名钱币收藏家罗伯昭捐赠。

六　广西光绪十文铜元

　　光绪三十一年（1905年）一月,广西巡抚李经义奏准设立广西造币厂,开
始建厂筹办工作。但由于正逢清政府整顿币制,裁撤、归并全国已有造币厂,
光绪三十二年尚未建成的广西造币厂被撤销,并入广东造币厂。按照道理,广
西没有开铸过铜元,不应该有铜元传世才对,可事实并不是这样。

　　广西光绪十文铜元（图7）,质地为红铜,正面中央镌满文 "宝桂",外环

图7

"光绪元宝"四字和一周珠圈纹，上缘镌"广西省造"，下缘镌"每元当制钱十文"，左右两侧各饰一梅花星纹；背面主图为飞龙，环饰一周珠圈纹，上缘镌英文"KWANG-HIS"，下缘镌表面额的英文"TEN CASH"，左右两侧各饰一梅花星。广西光绪十文铜元是目前唯一见到的一种广西清代铜元。

一般以为，传世的广西光绪十文铜元不是广西造币厂的作品，有可能是广东造币厂的代铸品。但是否会是光绪三十一年筹建到光绪三十二年被裁撤期间，广西造币厂自己的试铸品呢？

广西光绪十文铜元存世相当少见，上海博物馆所收藏的一枚是由上海某机关移送的。

七　江西辛亥大汉铜币

图8

江西辛亥大汉铜币为红铜质（图8），正面中央镌一阴文"赣"字，外环镌"大汉铜币"及珠圈纹一周，上缘镌"江西省造"四字，下缘镌"当制钱十文"，左右两侧镌干支纪年"辛亥"两字；背面主图为衬以细密网格纹的十八星宿，中央为一小太极图案。从干支纪年来看，这枚铜元应铸于宣统三年（1910年）。在铜元中使用十八星宿图案的，除了江西辛亥大汉铜币外，还见于民国元年铸造的中华民国开国纪年币背图旗帜上，表明十八星宿当与辛亥革命有关，十八星宿代表了当时的十八个省。所以，可以肯定江西辛亥大汉铜币应为辛亥革命爆发时革命党人的作品。存世数量和辛亥革命爆发与民国元年在时间上的间隔，反映了这枚铜元的铸造时间相当短促。

如果将江西辛亥大汉铜币与在光绪三十二年十月被裁撤的江西铜币厂所铸造的"赣"字大清铜币相比较，不难发现它们源于同一版式，说明江西辛亥大汉铜币同样由江西铜币厂所铸造。

江西辛亥大汉铜币存世仅有5枚，上海博物馆收藏的一枚是由1964年9月著名钱币收藏家李伟先捐赠的。

八 袁世凯像大面共和纪念十文铜元

民国元年（1912年）3月，袁世凯成为中华民国临时大总统。民国政府财政部决定铸造纪念币。目前我们能见到的民国元年铜元纪念币有中华民国开国纪念铜元、中华民国共和纪念铜元和袁世凯像共和纪念铜元三种，面额都只有十文一种。

袁世凯像共和纪念铜元从质地上来说有红铜、银和铅三种，根据正面像的形态则可分为小面型和大面型两大版别，除小面型红铜有流通币外，大面型并没有铸行过，并且存世以枚计，应该属于样币。上海博物馆收藏的袁世凯像共和纪念十文铜元不仅有大面型（图9）、小面型（图10），还有小面型的银质（图11）和铅质（图12）的铜元样币，均为著名钱币收藏家李伟先于1964年9月捐赠。

图9　　　　　　　　　　　　图10

图11　　　　　　　　　　　　图12

袁世凯像大面共和纪念十文铜元正面是穿元帅服的袁世凯半身像，背面中间镌面额"十文"，外饰嘉禾，上缘镌国名"中华民国"，下缘镌"共和纪念"字样。过去一般都认为其为天津造币厂所铸，现在看来，这种观点应该予以修正。

有关袁世凯像大面共和纪念十文铜元，法国人邬德华曾在1933年10月出版的《中国杂志》上，对袁世凯共和十文这枚铜币有着非常清楚的注解："根据古斯比·罗斯博士（Dr. Guisepe Ros）在《中华民国的货币》（Coins of the Republic of China，*Journal N.C.B.R.A.S.* 1917）一文中指出袁世凯像共和纪念十文铜元是武昌造币厂所铸造的，有两个版式，一个脸较大，一个脸较小。大脸是雕刻师王少贤所雕，小脸是雕刻师朱子芳所雕。后来王少贤所雕的模子没有采用，而朱子芳所雕模子的铸量也非常稀少。王少贤雕的钢模没有被采用，是因为袁世凯像胸前的勋章比例不对。据邬德华之原文中"这两枚硬币是武昌造币厂所制，原本准备发行，但于时任副总统的黎氏赴北京后就被搁置"来判断，袁世凯像共和纪念十文铜元币是在民国二年（1913年）十月至十一月间由武昌造币厂所制。[1]

九　民国十九年哈尔滨兵舰壹分铜元

民国十九年哈尔滨兵舰壹分铜元（图13），质地红铜，存世仅为两枚，上海博物馆收藏的一枚为著名钱币收藏家李伟先于1964年9月捐赠。正面中央铸国民党党徽，外饰连弧线形双框，上缘镌"中华民国十九年"，下缘镌面额"壹分"，面额两侧各有一五角星；背面主图为一艘水上兵舰，上缘镌"哈尔滨"三字。

图13

据《简明钱币辞典》和《沈阳造币厂图志》，大致在1929年前后，哈尔滨银行公会鉴于当地辅币缺乏情况日益严重，报请东三省特别区长官公署铸造哈尔滨大洋和铜币，未获批准。在报请的同时，哈尔滨银行公会委托工厂试铸了"民国十八年哈尔滨一分"。所以，这枚铜元属于铜质样币性质。币模现存沈阳造币厂。

（原载《中国收藏》2005年4月号，发表时题目为《九大珍品赏玩》）

---

[1]　郑仁杰：《袁世凯和徐世昌十文人像币是否为天津造币厂所铸》，《中国钱币》2000年第4期；刘皓：《对"袁世凯与徐世昌人像十文铜元"一文的几点补正》，《中国钱币》2002年第4期。

湖北本省银元考

湖北本省银元，是因其背面加镌有"本省"两字而得名，一般以为一套仅有大小三种，面额分别为库平七钱二分、库平一钱四分四厘、库平七分二厘。正面中央珠圈纹内为满汉文"光绪元宝"四字，珠圈纹外上端镌有"湖北省造"字样，下端镌有面额，左右两侧各镌有一六瓣花星；背面中央为坐龙纹，上端镌有英文 HU–PEH PROVINCE，下端镌有英文面额，左右两侧镌有"本省"两字。

湖北本省银元是光绪十九年十月由湖广总督张之洞和湖北巡抚谭继洵奏请设立的湖北银元局铸造的，一般都认为它是湖北于光绪二十一年（1895年）铸造的湖北初铸银元[1]，但也有人提出它是湖北省为满足湖北市面需要，控制外流，限于本省流通而于光绪三十一年（1905年）至三十四年（1908年）铸造的一种银元[2]。现在看来，这两种观点都是不对的。

有关湖北本省银元的铸造与发行，许多文献都没有记载。在编撰《中国古代纸钞》"湖北官钱局纸币"部分时，我们发现光绪二十三年湖北官钱局发行的九八制钱票一串文背面、由湖广总督和湖北巡抚签署的光绪二十二年四月初二告谕中，却直接载有相关记载。[3]该告谕云：

> 照得本部堂、院前经奏明，于湖北武昌省城设立银元局，开铸银元，通行各省。嗣因湖北省制钱缺乏，将银元酌价，准其完纳丁漕、关税、盐课、厘金。旋经查明，各省皆有银元，既准完纳本省公款，必须加铸本省字样，方免混淆滋弊，节经示谕在案。本部堂、院慨念钱法日坏，亟图补救之方，现饬司局于省垣设立官钱局，权衡出入。查湖北省每年应收丁漕、厘税为数甚巨，而制钱之少，城乡一律，民间百计购钱

[1] 施嘉幹：《中国近代铸币汇考》，新华顾问工程事务所，1949年6月；耿爱德：《中国币图说汇考》，纽约，1966年；台北鸿禧美术馆：《中国近代金、银币选集》，鸿禧艺术文教基金会，1990年；张通宝：《湖北近代货币史稿》，湖北人民出版社，1994年等。

[2] 孙仲汇等：《简明钱币辞典》，上海古籍出版社，1991年，第508页。

[3] 周祥：《中国古代纸钞》，上海人民出版社，2004年，第317页。

竭蹶，输纳情形亦属最苦，故调剂钱法之穷，必自公款始。银元所以代制钱，自应有划一之钱价，方便行使。兹议定每新铸之本省银元一元准作制钱一千文。该商民等照此价赴局购取，即照此价赴关卡州县完纳，无丝毫增减，以昭大信。一面增购机器，添铸对开、五开、十开、二十开小银元，亦加铸本省字样，其价照一千文，以次递减，亦如制钱之可以零星便用。并刊银元官票，加盖本省藩司印信，与善后局所发加盖司印、每张一千之钱票相辅而行，以期转输不竭。为此，示仰军民人等知悉，尔等须知制钱虽一时短少，而新铸本省银元及银元印票、官钱印票，实与制钱无异。三项充足流转，民间自富商大贾以至乡曲编氓，凡持此项银元及各印票赴官呈缴者，赋税可以早完，厘金可以速纳。如有照章缴银之款，即照银元定价之制钱一千文核计市价高下，折算平色，取携既便，略无阻滞，则钱不足而自足，通行既久，钱价无有不平也。本部、堂院更风闻民间于丁漕、厘税各项完纳制钱，官吏司事不免有多方挑剔，甚至索取规费之弊，深堪痛恨，今既有此本省银元及银元印票，定为一千之价，又有每张一千之官钱印票，务令随到随收，断不准再有苛求。仍严札各关卡州县，如敢藉词不收或稍有留难需索，准该商民等赴辕呈控，一经查实，立即严参重办。此举乃整顿圜法，体恤商民之要政，法在必行，断不容吏胥人等弊混梗阻。各宜懔遵毋违，特示。光绪二十二年四月初二。[1]

从此告谕，我们可以了解到这么几点：

一、湖北本省银元一套不止三枚，而是五枚，具体面额有库平七钱二分、库平三钱六分、库平一钱四分四厘、库平七分二厘和库平三分六厘等五种。

二、湖北银元在光绪二十一年（1895年）六月开铸的银元面额为五种，据湖广总督张之洞光绪十九年（1893年）八月十九日的《请准在鄂铸造银元》奏折可知，当时在铸造湖北银元时，大小式样轻重分两等完全比照广东银元，只是将正面上的"广东"两字改成"湖北"。[2] 所以，既然"本省"两字为加铸，那么，本省银元就不是湖北银元局的初铸品。

三、本省银元不同面额之间有铸造时间上的先后关系，库平七钱二分一种

［1］　也见苑书义等主编：《张之洞全集》卷168《行用银元钞票示》，河北人民出版社，1998年，第4889页。

［2］　中国人民银行总行参事室金融史料组编：《中国近代货币史资料》第一辑，中华书局，1964年，第680页。

先铸，库平三钱六分、库平一钱四分四厘、库平七分二厘和库平三分六厘等四种面额后铸。"兹议定每新铸之本省银元一元准作制钱一千文。该商民等照此价赴局购取，即照此价赴关卡州县完纳，无丝毫增减，以昭大信。一面增购机器，添铸对开、五开、十开、二十开小银元，亦加铸本省字样，其价照一千文，以次递减，亦如制钱之可以零星使用。"

四、本省银元既与银元局和善后局所发行的银元票、制钱票相辅而行，其铸造时间就应与之相当，在光绪二十二年（1896年）。至少在发布告谕时，本省银元一元已经铸就。光绪二十二年二月十二日张之洞曾致电驻俄钦差曰："鄂银元机前由尊处代定，现因银元利用畅行，原机赶铸不及，急须扩充。拟添印银元机大小二副、中三副、小十副，应配滚边撞饼辗片及马力各机暨轮轴等件。除锅炉及压模机由鄂自造外，需款若干，请饬甘拿秘厂详估，速电复。以速成多铸为妙。"[1]同年同月二十九日张之洞再次致电驻俄钦差催促："敬电悉。银元添机八个月成，为时太久。目下制钱缺乏，钱价奇贵，银元畅行，小元余利尤厚。务请切商该厂或分两厂赶造，或分马力机为二，将小元机十副并配件先成先寄，加费无妨。能早成一月，余利可多数万。商令四个月全行起运方能应急。"[2]三月初四驻俄钦差回电云："银元机，四个月连配件能成。小机八、中一、大一、总机，再两月交。此图须由该厂绘式，免耽，候款到即订。"[3]联系告谕中"一面增购机器，添铸对开、五开、十开、二十开小银元，亦加铸本省字样"，如果光绪二十二年二月张之洞购买机器与此相关，那么，可知本省银元面额三钱六分以下者的铸造时间最早也只在光绪二十二年的八月间，而面额七钱二分的一元本省银元则铸于光绪二十二年二月间。

五、原来湖北银元局铸造的银元在用于缴纳丁漕关税盐课厘金等公款时，只需按市价核算就可以了。各省都流通银元后，湖北才特地规定只有加铸"本省"两字的银元才可以在湖北省内用来缴纳公款，虽然理由是"免混淆滋弊"，恐怕不仅如此。

六、本省银元与制钱的比价为一元（库平七钱二分）可兑换制钱一千文。

七、为了保证银元及银元票的流通，当时还做出了相应的规定："今既有此本省银元及银元印票，顶为一千之价，又有每张一千之官钱印票，务令随到随收，断不准再有苛求。仍严札各关卡州县，如敢藉词不收或稍有留难需索，准该商民等赴辕呈控，一经查实，立即严参重办。"

[1] 苑书义等主编：《张之洞全集》卷210《致俄京许钦差》，河北人民出版社，1998年，第6924页。

[2] 苑书义等主编：《张之洞全集》卷210《致俄京许钦差》，河北人民出版社，1998年，第6942页。

[3] 苑书义等主编：《张之洞全集》卷210《许钦差来电》，河北人民出版社，1998年，第6942页。

　　由于银贱钱贵，当时一枚银元根本兑换不了一千文铜钱。所以，本省银元铸造后，除了省城外，在其他地区并没有能够得到使用，这在《张之洞全集》卷一百六十八《推广行用银元及银元票示》（光绪二十二年十月初二）清楚地表现了出来："照得鄂省前因制钱缺乏，业经铸造本省字样银元，定价作制钱一千文，并刊发司印银元制钱各票，准完纳地丁、漕粮、关税、盐课、厘金各公款。复在省城设立官钱局支取钱文兑换银两，以昭大信。本部堂、院叠经出示晓谕，并饬将样票札发各州县关局各在案。迩来附省各关局俱已陆续收解，惟外府各属州县尚未以此项银元票及本省银元完纳丁漕等项，推原其故，必缘距省遥远，商民人等来省兑取不易，致未通行。"由此可知，本省银元是在"叠经出示晓谕"的情况下，才在靠近省城的州县"陆续收解"，而远离省城的州县则根本不通行。正是这样，张之洞才再次于光绪二十二年十月初二发出谕示，要求远离省城的州县也使用本省银元缴纳公款："兹特将本省字样银元及银元票饬令司局札发各府州，分派各属承领，转发各钱店、当铺，宜昌兼发税铺，以期流通。"并且规定："倘钱店、当铺、税铺以及各铺户不允支取、调换、赎取当件、购买货物等情，即属故为留难，准喊禀各该地方官，治以把持行市、阻挠钱法之罪。"所以，如果本省银元在被推出后流通通畅，在半年之后的十月，湖广总督和湖北巡抚就没有必要为了推行本省银元而再次发布告谕，这表明本省银元在当时并不受欢迎，行用的时间估计也不会很长。从存世数量上，可以反映出湖北本省银元在退出流通领域后有被销毁重铸的可能。

　　湖北本省银元传世极珍，公开的资料显示，在官方收藏机构中，上海博物馆收藏有湖北本省光绪银元七钱二分、一钱四分四厘和七分二厘三种面额（图1～3），分别为李伟先和施嘉幹捐赠。

图1

图2　　　　　　　图3

（原载《钱币博览》2005年第2期）

山东银元铸造考

山东铸造银元的情况，有关论述少有涉及，即使有也语焉不详。本文拟通过对史料的分析与研究，提出自己对山东铸造银元的浅见，以期抛砖引玉，引起学界重视。

中国近代机制银元始于广东，以后各省借口制钱流通不足，纷纷建立银元局，铸造银元。目前能够见到的有关山东自铸银元最早的奏折，则是光绪二十四年（1898年）十一月十一日《山东巡抚张汝梅为鼓铸银钱请饬整顿圜法》。在奏折中，张汝梅提出：

> 就山东一省言之，银贱钱荒实视各省为甚，而治河、筹赈、防海、赡军处处需用制钱，将来德人与华商合办铁路、矿产，如准其比照奉天、山东等处华洋公司章程，概用洋式银钱，其为害于山东者更大，故不能不预为抵制。臣现因制钱太少，已就旧有炉座汇集废铜，派员试铸制钱，以资补助，而工本太巨，扩充甚难，仍拟购机置厂鼓铸银钱以辅之。

对于张汝梅的奏折，光绪二十四年十一月十七日朱批是"户部议奏"。[1]

一般所见目前有关山东铸造银元的第二份奏折，是光绪三十三年（1907年）二月十六日的《山东巡抚杨士骧为东省财政艰窘洋元灌入请试铸银元事奏折》。在奏折中，山东巡抚杨士骧在陈述山东省银价昂贵、财政艰窘、各国银元逐渐灌入导致利源外溢的情形后，提出：

> 拟请就原有废置机器，试铸七钱二分至七分二厘等银元，精其制造，足其成色，钱漕关税准其一律交纳，胶济铁路公司暨沿路各矿厂亦应商令行使，以挽利权。合无仰恳天恩，俯念东省情形与他省不同，准予暂行试铸银元，庶民间信用，市廛流通，粮价可减，银价可平，民困可苏，洋元可以抵制，利源得免外溢，银价不致再涨，盈余可望有着，与东省情形大有关。一俟币制实行，即行停止，以示限制。

---

[1] 中国第一历史档案馆：《晚清各省铸造银元史料续编（上）》，《历史档案》2003年第3期。

对于杨士骧的奏折，朱批是"度支部议奏"。[1]

如果单从这两份奏折及其朱批内容来看，我们是根本无法确定无论是光绪二十四年还是光绪三十三年山东是否铸造过银元的。在查阅档案资料的过程中，我们发现光绪三十三年三月二十八日度支部尚书溥颋等的奏折《议覆山东、奉天请续铸银元》中有这样一段：

> 臣等伏查该两省请铸银元，自系为补救圜法抵制洋元起见，惟货币非划一难望通行，非通行难言抵制。即如山东银元，自光绪二十四年已准自铸，二十七年复准留铸。历年已久，尚无实效之可言，何况一时暂铸银元岂能有济。今该抚以一两银币之制实行尚远，欲自铸七钱二分银元以图补救，查臣部近因筹议币制，并因各省需用银币甚亟，拟请先行试铸通用银币，已于另折陈明，如蒙俞允，即饬总厂开工铸造，以备行用，而资接济。该抚所请由东暂行铸造之处，自应毋庸置议。[2]

从这段度支部尚书溥颋等的奏折中，可以获得这样几点信息：1. 光绪二十四年（1898年）十一月张汝梅有关山东自铸银元的请求获得了清廷同意，即所谓的"已准自铸"；2. 光绪二十七年（1901年）时山东银元局并没有因为清廷再次整顿银元铸造而遭裁撤，即所谓的"复准留铸"；3. 光绪三十三年（1907年）二月杨士骧提出山东暂行试铸银元的请求因遭到了度支部的反对而没有实现，即所谓的"自应毋庸置议"。应该说，获得这三点信息对我们认识山东自铸银元问题是至关重要的。然而，这三点信息并没有解决所有的问题。

光绪三十四年（1908年）度支部致各省咨文《调查各省历年铸造银元数目》曰：

> 按自光绪十五年冬间，本部议覆粤督张奏请试铸银元一折，奉旨允准试办之日始，计自十五年至二十五年，各省陆续开铸者，为广东、奉天、吉林、湖北、直隶、江南、福建、安徽、新疆、湖南、浙江十一处；自二十五年至二十七年，奉旨停铸者，为奉天、福建、安徽、新疆、湖南、浙江六处；奉旨准留者，为直隶、湖北、广东、江宁、吉林五处；自二十七年至三十一年奉旨准留者，为湖北、广东、江南三处。又陆续准办者，为山东、奉天、四川三处。自三十一年至三十三年奉旨准铸银币者，

［1］　中国第一历史档案馆：《晚清各省铸造银元史料选辑（上）》，《历史档案》1997年第1期。

［2］　中国人民银行总行参事室金融史料组编：《中国近代货币史资料》第一辑下册，中华书局，1964年，第809页。

除奉天尚未奏明外，计天津总厂及直隶、江南、湖北、广东、云南分厂五处，共六处。此外皆在应行停铸之列。[1]

从这段咨文中，我们发现在光绪二十五年前陆续开铸银元的省份中并没有山东。不但如此，即使在光绪二十五年至二十七年奉旨停铸的名单中，也没有山东。由此，我们是否可以这样理解，尽管光绪二十四年十一月十一日山东巡抚张汝梅有关山东自铸银元的请求得到了清廷的批准，但由于某种自身的原因，山东最终还是没有铸造银元。《中国近代货币史资料》第一辑第823页的《各省铸造银元概况表》所载山东光绪二十四年铸造情况中，加有"二十五年停"的记录，这"停"应该不是清廷让其停的，而是由于张汝梅在其二月遭到了革职之故。

在上面引用的光绪三十四年度支部致各省咨文中，山东之名出现于光绪二十七年至三十一年（1905年）陆续准办的省份名单中，说明在光绪二十七年山东曾再次奏请清廷允许其自铸银元，并得到了同意。《大清德宗景皇帝实录》卷四百八十七第十四页的记载，为这提供了很好的注脚："（光绪二十七年九月署山东巡抚袁世凯）又奏，东省英德介处，尚需银元，请准自行设局铸造，以资抵制。如所请行。"

"（光绪二十七年秋七月）丙子，谕内阁，铸造银元，与圜法相辅而行，较为便利，必须明定章程，先由京外各库于收放各款内搭成行用，昭示大信，方可推广畅行。近年各省所铸银元，惟广东湖北两省成色较准，沿江沿海均已通行，应即就该两省多铸银款，源源铸造，即应解京饷亦准酌量拨作成本，仍以每元库平七钱二分为准，并兼铸小银元，以便民用而收赢余。每次报解京饷，准其搭用三成，所有铸造余利，尽数核实归公。此外，各省并可拨款附铸，不必另行设局，亦准搭解京饷。"[2] 山东在清廷发布唯广东、湖北两省铸造银元的谕令不久便获得银元的铸造权，显示出山东自铸银元的必要性。对此，袁世凯在光绪二十七年（1901年）九月二十四日给清廷的奏折中说得很明白：

再钦奉本年七月十三日上谕铸造银元与钱法相辅而行较为利便，近年各省所铸惟广东湖北两省成色较准，应即源源铸造，此外各省并可拨款附铸，不必另行设局等因。钦此。自应钦遵办理。惟东省英德介处，与他省情形不同，德人经营铁路，现火车已达高密，转瞬即抵潍县，而东路矿产

［1］　中国人民银行总行参事室金融史料组编：《中国近代货币史资料》第一辑下册，中华书局，1964年，第810页。

［2］　《大清德宗景皇帝实录》卷四百八十五，第二页。

久已探采，多处不数年间，窃恐德人银元渐将通行东境，殊足侵损利权，必须赶速自筹铸造，且须出数日多，行用日广，方足以资抵制。

又云：

如赴广东湖北附铸，不但往返运解所费不赀，且各省均往附铸，则挹彼注此，为数不能过多，而越境需时应付亦必难捷速，欲以抵制外人，殊恐弗及反复，筹计窒碍甚多。

也正是基于此，清廷才同意袁世凯之所请的，即"著照所请，该部知道"。[1]

对于山东自行设局之事，袁世凯在上奏之前就已经做了准备。袁世凯在其奏折中表述到："臣上年（光绪二十六年——笔者注）察度情形，亟拟购置机器设局鼓铸，旋因匪乱（山东义和团运动——笔者注）而止。本年夏间复派道员马廷亮前往日本，访查该国银行及铸造银元各章程，并议购机器票纸来东筹款兴办，以为力占先著地步。"[2]从奏折中可以看出，袁世凯在上奏时还没有完成购置机器的事情，"俟机器购、开办有期，再行妥定章程，随时具奏"。[3]所以，袁世凯当政山东之时，山东自行设局铸造银元之事还停留于一种刚刚起步的状态中，说明当时还没有铸造银元。

据光绪二十七年九月二十四日袁世凯《为创设东省商务局以培生计而维利权试办章程缮单》的奏折，山东银元局与官银号一起，在当时都被附入于商务总局之中。[4]

有关山东自行铸造银元，光绪三十年（1904年）的《东方杂志》第一卷第十期曾有记载："东抚周中丞（周馥——笔者注）奏设之银元局现已布置将齐，定于中秋节后即行开铸，业已具折入告。"这一记载虽然简单，但透露出这样两点：1.周馥曾为山东自行设局铸造银元事重新上奏过朝廷，并得到了朝廷的同意；2.光绪三十年十月时山东银元局已经建立，并定于中秋节后开铸。周馥为山东自行设局铸造银元之事重新上奏，说明袁世凯在任时山东银元局并没有建立起来，建立银元局之事随着袁世凯的离任（光绪二十七年十月）而被中止了。

既然史料说山东银元局在光绪三十年十月建立并准备在中秋节后开铸，那

---

[1]《故宫文献》特刊第一集《袁世凯奏折专辑》第2册，台北故宫博物院，1970年，第372页。
[2]《故宫文献》特刊第一集《袁世凯奏折专辑》第2册，台北故宫博物院，1970年，第372页。
[3]《故宫文献》特刊第一集《袁世凯奏折专辑》第2册，台北故宫博物院，1970年，第372页。
[4]《故宫文献》特刊第一集《袁世凯奏折专辑》第2册，台北故宫博物院，1970年，第307～309页。

么，光绪三十年中秋节后山东是否开铸了银元呢？如果开铸了，今天传世的清代银元中应该有所发现才是，但事实却是相反。我们在查找史料的过程中，发现光绪三十年十月周馥被调离了山东巡抚一职，而继任者因忙于处理当时日益活跃的义和团运动而无暇顾及银元局和铸造银元的事情，才最终导致光绪三十三年的时候山东巡抚杨士骧再次上奏朝廷要求自铸银元的事情发生。所以，在光绪三十一年至三十三年奉旨准铸银币的名单中，山东之名没有再次出现，而光绪三十三年杨士骧的奏折遭到了朝廷的否决，使得山东自铸银元的努力最后也没有实现。

（原载《钱币博览》2010年第3期）

黑龙江铸行银元考

传世有黑龙江银元铜样，但有关黑龙江铸造银元比较完整的论述却很少有。本文通过对史料的收集与整理，就黑龙江银元铸造略陈浅见，以求教于方家。

清光绪年间，许多地区都出现了铜钱流通缺乏的现象，黑龙江也不例外。为了挽救铜钱制度，光绪十五年（1889年）后广东和湖北两省先后开始铸造银元。光绪二十二年（1896年）三月十七日，黑龙江将军恩泽和增祺联名上奏朝廷："为黑龙江省制钱异常缺乏，请将部拨丙申年官兵俸饷划解鄂省鼓铸银元，藉资补救，恭折仰祈圣鉴事。"[1] 在奏折中，黑龙江将军恩泽和增祺详细叙述了黑龙江省制钱流通的情况，以及由湖北代铸银元的银两来源：

> 窃查黑龙江省赋课所出，以呼兰、绥化两口厅为多，而制钱缺乏，并无来源，民间输纳赋课、货卖物件概用铺商凭帖，每银一两贵至三十吊、二十余吊不等，以致百物昂贵，生计日艰。奴才恩泽到任后，严饬两厅责令各商收回凭帖，平减银价。近虽稍减于前，照绥化厅易银一两犹须帖钱十五六吊，呼兰次之，亦须五六吊。市廛之阻滞、圜法之不通实为各省所无。查昨准户部议复御史陈其璋请鼓铸银元折内行令各省自行设局，仿照广东、湖北办理。如果购机器设厂一时未能应手，酌拨成本附铸粤、鄂两局。等因遵照在案。
>
> 奴才等详细筹议，以江省之瘠苦，一时无此财力购机器鼓铸，惟有按照部议，酌拨成本附入鄂省代铸，以资利用而恤兵艰。查丙申年黑龙江官兵俸饷经户部奏拨长芦盐课银九千两、福建盐课银三万两、直隶旗租银四万两、安徽地丁银三万两，现尚均未报解。合无仰恳天恩，饬下户部咨行直隶、福建、安徽各督抚，将前拨银两如数提前划解湖北局，代铸大小银元，俟有成数，即行解交盛京户部，由奴才等派员领解回江支放通行。至丙申年以前，各省协拨俸饷亦令源源报解，以纾兵用。

---

[1] 中国第一历史档案馆：《黑龙江将军恩泽等为请将部拨俸饷解鄂鼓铸银元事奏折》,《历史档案》2003年第3期。

　　根据奏折上的记录和《大清德宗景皇帝实录》[1]的记载，同年的四月初一光绪皇帝将黑龙江将军恩泽和增祺联名的奏折交由户部议奏，而《张之洞全集》中收录的相关电牍则表明，这一奏折当时得到了清廷的批准。同时，我们还从张之洞与恩泽的电文往复中得到了湖北完成黑龙江代铸银元的时间信息。

　　光绪二十二年七月十四日湖广总督张之洞致黑龙江将军恩泽电：

　　　　北洋解到长芦盐课银九千两，遵照奏案，代尊处铸成大小银元，可否由鄂搭解天津，由尊处派员至津迎解？候示即解。盐。[2]

　　光绪二十二年七月十五日恩泽回电云：

　　　　代铸银元心感实深，由津走领，固甚便捷，惟向例江省协饷必由盛京户部汇发，此次能照旧饬解盛京，自免别议，否则即派员赴津迎领，下次请照旧如何？商之。泽。盐。[3]

　　光绪二十二年七月十八日张之洞再致电恩泽：

　　　　盐电悉。鄂局代铸银元，系直隶、闽、皖协济尊处之款。向虽由各省解盛京，然非湖北应解之项。如由鄂解盛京，费无出，又未便解还各原省，致多浮费周折。此次创办，姑先由津转解较为适中简捷，其碍难照旧之处，尚祈鉴谅。至此后如何方为长策，拟请尊处函商原协各省酌办示复，以便遵照……啸。[4]

　　光绪二十二年七月二十二日恩泽回复张之洞曰：

　　　　啸电悉。鄂局代铸银元事，本创始，与应解协饷不同。由津转解，实

---

[1]　《大清德宗景皇帝实录》卷三百八十八，第二页："（光绪二十二年四月初一黑龙江将军恩泽等）又奏：黑省制钱缺乏，请将部拨丙申俸饷华解鄂省，鼓铸银元，藉资补救。下部议行。"

[2]　《致黑龙江恩将军》，苑书义等主编：《张之洞全集》卷二百一十三《电牍四十四》，河北人民出版社，1998年，第7077页。

[3]　《恩将军来电》，苑书义等主编：《张之洞全集》卷二百一十三《电牍四十四》，河北人民出版社，1998年，第7077页。

[4]　《致齐齐哈尔恩将军》，苑书义等主编：《张之洞全集》卷二百一十三《电牍四十四》，河北人民出版社，1998年，第7078页。

为简捷。倘盛京户部如有后言，应由敝处自便函请，原协各省似可暂缓。泽。箇。[1]

由上来往电文，可以进一步获悉湖北和黑龙江两省为代铸好的银元运到何处交接，曾有过一番讨论，最终确定由湖北将铸好的大小银元解到天津后，由黑龙江派员迎接。

以上黑龙江将军恩泽和增祺的奏折和张之洞与恩泽之间的来往电文，是目前所见有关黑龙江省铸造银元事宜最早的史料了。由此，也可以这么认为，黑龙江行用银元的时间应该不会早于光绪二十二年（1896年）七月。

直到光绪二十四年（1898年），黑龙江所发行的银元依然由湖北代铸的，这可由黑龙江将军恩泽光绪二十四年正月二十二日的奏折为证：

> 窃奴才前因各城制钱奇绌，军民交困，生计日艰，当将直隶长芦、福建、安徽应解黑龙江丙申年官兵俸饷七万九千两，奏蒙俞允，改解湖北银元局代铸银元。除福建应解银二万两刻仍未解外，期于直隶等省拨解银五万九千两，均交鄂局如数铸造，并皆随时派员领回散放兵饷。色优平足商贾称便，因之钱法颇觉疏通。惟前铸五万余两之银元为数无多，江省地面辽阔，实属不敷周转。奴才现拟购置机器自行鼓铸，惟非一时所能济用。因查福建应解丁酉年协饷银三万两，安徽应解丁酉年协饷银一万五千六百三十两六钱五分，刻尚未准报解。合无仰恳天恩，饬下户部转咨闽、浙、安徽各省督抚，迅速应拨黑龙江省丁酉年并福建欠解丙申年协饷银两，务即一并提前划解湖北，照章代铸。俟铸有成数，咨会到日，仍由奴才派员领回，俾得如数散放，藉资周转。将来机器购到，再由本省自行设局仿造，以期推广。[2]

恩泽的这份奏折得到了清廷的批准，《大清德宗景皇帝实录》卷四百十五第三页记载："（光绪二十四年二月初五）黑龙江将军恩泽奏：江省利用银元，各省应拨协饷请饬解鄂局代铸。得旨。户部知道，即著转行各该省办理。"与奏折上的朱批一致："户部知道，即著转行各该省办理。钦此。"

从上奏折内容可以获知：1. 从光绪二十二年（1896年）至光绪二十四

---

[1]　《恩将军来电》，苑书义等主编：《张之洞全集》卷二百一十三《电牍四十四》，河北人民出版社，1998年，第7079页。

[2]　中国第一历史档案馆：《黑龙江将军恩泽为本省利用银元请将各省协饷解到鄂代铸事奏折》，《历史档案》2003年第3期。

年（1898年），黑龙江省一共请湖北银元局代铸银元两次，这从光绪二十五年（1899年）十二月的恩泽等奏折中"奏将南省协济俸饷两次拨交湖北改铸银元"[1]可以得到印证；2. 在请求清廷允许将各省协饷银解到湖北、由湖北银元局代铸银元的同时，黑龙江省已经有购买机器自铸银元的计划了。

既然有计划自铸银元，光绪二十五年（1899年）六月恩泽将军等便上奏朝廷提出"请拨款设局鼓铸银元"的请求，但遭到了清廷的否决："该省需用银元，尽可就近由吉林搭铸，著懔遵前旨，毋庸另行设局。"[2]因为在光绪二十五年四月清廷已经发布了清理各省设局铸造银元的谕令："惟各省设局太多，分两成色，难免参差，不便民用，且徒縻经费。湖北、广东两省，铸造银元，设局在先，各省如有需用银元之处，均著归并该两省，代为铸造应用，毋庸另筹设局，以节縻费。"[3]根据这一谕令，清廷最后仅保留了直隶、湖北、广东、江宁和吉林五省银元局。从光绪二十五年六月开始，黑龙江使用的银元不再由湖北代铸，而是改由吉林代铸。

光绪二十五年十二月十四日，黑龙江将军恩泽和萨保联名上奏朝廷，数列多种缘由，再次提出了自铸银元的要求。[4]清廷十二月三十日的朱批曰："著寿山体察情形，再行复议。"[5]清廷虽然这次没有完全拒绝恩泽等的要求，但命寿山体察情形，再做决定。对于黑龙江省来说，尽管使用的银元依然要由吉林代铸，但看到了自行设局铸造银元的可能，表明清廷政策的一种松动。

其实，从光绪二十五年十二月十四日黑龙江将军恩泽和萨保联名奏折可知，在黑龙江将军恩泽等光绪二十四年四月十六日奏折中提出"请由赈余项下购买机器，自行鼓铸"的建议并得到清廷同意后，"当即派员赴沪，在德国洋行订购铸造银元机器全副，一面在于省城择地设局。旋据委员禀报，机器已由该行运至营口卸货，遵陆北上，局房砖木各料亦已次第备齐，正操办间"。[6]换句话说，黑龙江自铸银元事宜已不只是停留于上奏请求的层面上，而是有了实质性的进展：不仅在上海购买了铸造银元的机器，而且机器快运到目的地了；厂房备齐各种工料后正在操办中，并拟调湖北银元工匠。

[1] 中国第一历史档案馆：《黑龙江将军恩泽等为请准自铸银元事奏折》，《历史档案》2003年第4期。
[2] 《大清德宗景皇帝实录》卷四百四十六，第十一页。
[3] 《大清德宗景皇帝实录》卷四百四十三，第十二页。
[4] 中国第一历史档案馆：《黑龙江将军恩泽等为请准自铸银元事奏折》，《历史档案》2003年第4期。
[5] 《大清德宗景皇帝实录》卷四百五十七，第十七页："（光绪二十五年十二月三十日黑龙江将军恩泽）又奏：江省银元，附吉林搭铸，诸多窒碍，请仍准自铸，并调鄂省银元工匠来江承造，俾敷通省之需。得旨，著寿山体察情形，再行复奏。"
[6] 中国第一历史档案馆：《黑龙江将军恩泽等为请准自铸银元事奏折》，《历史档案》2003年第4期。

　　黑龙江将军寿山遵照清廷在光绪二十五年十二月十四日奏折上的朱批，对黑龙江货币使用的情况进行了比较深入的考察后，于光绪二十六年（1900年）三月十八日联名萨保向清廷上奏汇报了考察的结果，认为："今江省并此铜币而不给，若不亟铸银元，以元补救，商业则江河日下，民生则困惫难支。况值铁路兴工，粮科、工价之需用钱甚巨，尤恐外人藉口，于钱不敷。用自请铸元，不独政体非宜，亦且利权旁落。故为江省计，自非速铸银元不可；为铸元计，更非就地设局不可。盖非多铸不能流通，非设局不能多铸。"与此同时，提出了"所有江省银元亟宜自铸"的建议。光绪二十六年四月初四，清廷的批复是"著照所请，该衙门知道"。[1]也就是说，同意了寿山之请。

　　从寿山等光绪二十六年三月十八日的奏折中，我们获知自从有了自铸银元的计划、并奏准购买机器后，黑龙江省一直在紧锣密鼓地操办着自铸银元之事。到光绪二十六年三月时，黑龙江省已经在着手银元局的人事安排了："查有奴才奏调来江之蓝翎·同知衔安徽候补知县程德全，向在内省久充银元局差，阅历甚深，颇悉其中核要，品端志卓，干练阅通。如蒙谕旨允行，奴才等拟即派为该局总办。再于本省拣得协领穆精额，廉谨可靠，堪以帮同管理。此外，局中应需生匠人等，仍照恩泽原奏酌量咨调。"甚至对建厂进程也做了安排："刻下机器各件业已陆续运至局房，工料前亦大半备齐。奴才等一面派员验收机器，一面饬令检点工料，预备营造。盖边地雨多寒早，一年作工不及五个月，若不先期筹备，又将迟至明年。当兹相需孔亟之时，尤以早铸一日俾得早收一日之效。"[2]从这点上来看，黑龙江打算在光绪二十六年年内就开始自铸银元的。

　　应该说，黑龙江自铸银元之事万事俱备了，既得到了清廷的恩准，也已经购到了机器，并对设局建厂、人员等都做了安排。但随着义和团运动的展开，特别是俄军的侵入，黑龙江自铸银元的努力最终还是没有实现。根据光绪二十七年（1901）四月二十七日萨保的奏折中所说的"迨至（光绪二十六年——笔者注）八月初四俄兵抵省，将仓库饷项掳掠一空"[3]，可知俄军在侵入黑龙江当时的省城后，到处抢掠，包括仓库的储藏物，而这些储藏物中应包含

［1］　中国第一历史档案馆：《黑龙江将军寿山等为复奏江省自铸银元事奏折》，《历史档案》2003年第4期；《大清德宗景皇帝实录》卷四百六十四，第二页：光绪二十六年夏四月署黑龙江将军寿山"又奏：江省购到机器，请自铸银元，以资流通。允之。"

［2］　中国第一历史档案馆：《黑龙江将军寿山等为复奏江省自铸银元事奏折》，《历史档案》2003年第4期。

［3］　《萨保为俄兵久据省垣和局无期百万生灵危加朝露恳请及早拯救事的奏折》，载辽宁省档案馆、辽宁社会科学历史研究所编：《东北义和团档案史料》，辽宁人民出版社，1981年，第550页。

铸造银元的机器，特别是银两。按照寿山等光绪二十六年三月十八日奏折中所说的当时筹备及工程进度情况，还没等银元局全部建成，银元局便由于光绪二十六年八月初四俄军的侵入和掠夺而遭到了破坏。也正是因为这样，黑龙江终清一代都没有自铸过银元。

　　然而，俄军抢掠的不仅仅有设备和材料，而且还拉走了官府的文书案牍："俄之大队于去年（光绪二十六年——笔者注）八月初四直抵省城。盘踞各官所后，该俄国领事官遣其兵丁，昼夜看守，不准官人进去。俄官遂意搜取各司公所案牍，而户司多年案牍，堆积甚伙。该俄官带兵用车拉取之时，不容户司官人上前查点。所以已办未办陈新通省官兵俸饷、约需请款，各省协饷已解未解数目、户口、比丁、钱粮、公仓、备仓、牲货、杂税、岁入岁出、六分、罚俸、豁免、赈济、接济、银两地租、考成、征信、烟厘、斗秤、金煤矿务、木植、电局、运粮布袋、核销购买银元机器、建修银元局、武备学堂、早年马步练军、精锐营练军饷项核销等项册档案卷，以及奏咨札行来往文稿，户婚田产银粮钱谷词讼案牍，并律例藏经帐簿，被俄拉取不计其数。"[1] 从这段奏文可知，当时存放的有关核销购买银元机器和修建银元局的文书案牍也被俄军拉走了，而这对我们今天更进一步考证黑龙江自铸银元情况来说，无疑是一种缺憾。

　　香港冠军拍卖公司编辑发行的中英双语版电子季刊《东亚泉志》2016年第1期报道，2012年6月在德国昆克拍卖会中曾出现40件中国清代铸造银元用的钢模和2件新疆十文铜元钢模以及36件汉字冲头。其中，就有一件黑龙江省造库平七钱二分银元的正面钢模。据说，这批钢模可用于浙江、安徽、奉天、黑龙江和新疆五省的银铜币铸造，由德国舒勒公司委托奥托拜赫公司制作。舒勒公司成立于1839年，奥托拜赫公司成立于1884年。报道认为，1895年，舒勒公司可能是在莱比锡贸易展销会上接到这份制作硬币压印机订单的，并以为"这可能是中国特使李鸿章和德意志'铁血宰相'俾斯麦协商的一项重要成果"。结合上面提到的光绪二十四年四月十六日黑龙江将军恩泽奏折，显然与史实不同，黑龙江当时订购造币机器是通过在上海的德国洋行实现的。德国洋行是否直接与德国舒勒公司签订购买造币机器和制作钢模的合同，则属待考事项。

　　《泉币》第二十五期刊有戴葆庭黑龙江省造库平三钱六分银元铜样币藏品的介绍："黑龙江币则从所未闻。近戴君获一黑龙江光绪半元铜样于津门，

[1]　《署黑龙江将军为户司呈所有文书案卷、税契、簿据被俄人拉一空事给户部的咨文》，载辽宁省档案馆、辽宁社会科学历史研究所编《东北义和团档案史料》，辽宁人民出版社，1981年，第546页。

图1

足证黑省当有开铸之议，或未实行也。其铜样淡黄，正面光绪元宝，中满文，上列黑龙江省造，下列库平三钱六分，背坐龙，上下英文，盖仿湖北样币，而花纹之精美，有过之无不及也。"（图1）施嘉幹所著《中国近代铸币汇考》一书中曰："黑省无造币机构，数年前曾发现黄铜货样币一枚，系半元者。币面雕刻，与边缘线齿，均极精良。考其字体及龙纹与安徽省半元币相同，一说湖北省代制者。至堪宝贵。"《泉币》和《中国近代铸币汇考》所论，影响了近半个世纪。需要纠正的是，根据史料的记载，光绪二十二年直到二十四年，黑龙江确实曾请湖北代铸过银元，但这种代铸的银元并不是代铸黑龙江本省银元，而是黑龙江用本来应解到的协饷银由湖北代铸"湖北省造"银元，并用这些银元在本省流通。根据黑龙江将军恩泽等光绪二十四年四月十六日奏折，和在德国仅仅发现铸造银元钢模的事实，表明德国方面在当时不仅将造币机器按照合同全部交给了黑龙江省，而且极有可能将打制的银元铜样也一并交给了黑龙江省。至于钢模，德国方面是否没有完全交给黑龙江省，则不可知。

上海博物馆收藏有一枚施嘉幹旧藏的黑龙江省造库平三钱六分银元铜样币（图2），这枚铜样币应该就是其专著《中国近代铸币汇考》中所著录的那枚。

耿爱德在其所著《中国币图说汇考》一书中推测说，黑龙江省既有库平三钱六分银元铜样币，也应该有库平七钱二分的银元铜样币。台湾鸿禧美术馆编辑出版的《中国近代金银币选集》中曾有相关著录（图3）。

在香港冠军拍卖公司编辑发行中英双语版的电子季刊《东亚泉志》2016年第1期报道中，出现了黑龙江省

图2

图3

造库平一钱四分四厘和七分二厘的银元铜样各一枚，据说存世可能仅有两枚或属孤品。

　　如此，到目前为止，虽然还不曾见到黑龙江光绪银元，但已见银元铜样有四种，而独缺三分六厘一种。这些铜样的存在，为我们进一步研究清代黑龙江银元铸造和辨识，提供了一份难得的实物资料。

（原载《中国钱币》2010年第4期）

清代银元珍品考述

由于受外国机制货币的影响，清代道光年间已经出现用于发放军饷的打制银饼，光绪中叶开始中国传统的货币制度发生变化，在白银货币上，由原来的单一银两货币向银两货币和机制银元同时并存的格局发展。

清代的机制银元由广东省首先铸造，然后中央和其他省份才纷纷铸造。这些银元流传到今天，有的甚至成了难得一见的珍品。上海博物馆所收藏的清代银元，凝聚了近代许多著名钱币收藏家的心血，就其质量来说，可以毫不夸张地说在全国乃至在全世界都是无可比拟的。限于篇幅的关系，本文遴选上海博物馆清代银元收藏中具有代表性的部分珍品做一考述，以求教于学界和收藏界同人。

一　吉林厂平银元

吉林机器局是为解决军需而设立的，光绪七年（1881年）五月十九日由吴大澂上奏朝廷获准创建，光绪八年二月开始建设厂房，光绪九年九月基本建成。吉林最早铸造的银元是由吉林机器局完成的。

铸造银元起于何时，一般都根据光绪十年十二月初十吉林将军希元《报告已试铸银钱行用》的奏折，以为吉林铸造银元开始于光绪十年。吉林将军希元在《报告已试铸银钱行用》中云："再，吉省制钱久缺，市廛创有凭帖、抹兑、过帐（账）等名目。农民小贩往往不得现钱使用，受累滋深，银价因之增昂，百货靡不腾贵。奴才等博访周咨，此固由于奸商趋时渔利，其势实因制钱过少，不敷周转。若不变通一法，将见弊端无所底止，市面益形萧条。于是筹商再四，惟有仿照制钱式样，铸造银钱以济现钱之缺，以代凭帖之用。先由俸练各饷项下提银五千两，饬交机器局制造足色纹银一钱、三钱、五钱、七钱、一两等重银钱，一面铸刻监制年号，一面铸刻轻重银数、吉林厂平清汉字样。盖吉林地方俗呼船厂，厂平二字实从俗也。"铸造厂平银元，是为了解决吉林制钱流通缺乏的问题。

在传世吉林铸造的清代银元中，确实有一种标有光绪十年铸造年份的厂平银元，表明吉林将军希元在《报告已试铸银钱行用》奏折中所说的铸造银元之事确实存在。这种银元面额有一两（图1）、七钱（图2）、半两（图3）、三钱（图4）、一钱（图5）五种，齿边，正面中央方框内镌有"光绪十年吉林机器官局监制"十二字，方框之上镌有一篆体"寿"字，两侧各有一龙纹，边缘装饰有圈珠连纹；背面中央方框内镌有"厂平×两"或"厂平×钱"纪值（纪重）四字，方框上下左右各镌有一满文，连读为纪值，并辅有云纹，边缘装饰有圈珠连纹。我们从光绪十年十月二十三日吉林机器局总办宋春鳌向吉林将军希元呈报的《粮饷处奉谕发来银两铸造银钱业已完竣解交》中，不仅知道粮饷处当时在希元将军上奏朝廷前下拨铸造银元的银两数为市平银二千两，而且获悉这种厂平银元每一种面额的具体铸造数量为：一两银元198枚、七钱银元1071枚、五钱（半两）银元1420枚、三钱银元866枚、一钱银元825枚。这说明希元将军光绪十年十二月初十上奏朝廷时厂平银元已经铸造。希元上奏时说"提银五千两"，表明吉林还准备继续扩大铸造，但

图1

图2

图3

图4

图5

图6

图7

图8

图9

是否继续铸造，缘于史料的局限，不得而知。目前，这种厂平银元基本上可以分为两大版别，一为毛龙版，一为光龙版，存世都极稀少，是否存在具体铸造时间的不同，尚待考证。其中，以毛龙版更少见（图6~8）。据说传世尚有铜样及铅锡合金样币。民国八年（1919年）秋，曾任吉林机器局领监的王茂田得到过全套厂平银元的钢模，后归伍德华，再后则下落不明。

除此之外，我们还见有一种银元中间有圆孔的厂平银元（图9），齿边，正面外缘装饰有类云纹状花纹，中间有一圆孔，圆孔周围保留有方孔圆钱的痕迹，四周分别有"光绪元宝"四字；背面与正面基本情况相同，圆孔之上有平色标准"厂平"两字，其下有表示重量的"五钱"两字，其右为一表示地名的汉字"吉"，其左为一表示地名的满文"吉"。民国时期中国泉币学社编辑出版的《泉币》杂志曾介绍过一枚宋小坡的收藏品，但与此版式不同。上海博物馆收藏的这枚有孔吉林厂平银元，为中国近代著名钱币收藏大家施嘉幹捐赠，为目前实物所仅见。

有关这种有孔吉林厂平银元的铸造，史无记载。从铸造工艺上来说，在机制银元过程中连带打孔，显然其要比机制不带圆孔的光绪十年厂平银元来得复杂，尤其对于当时机制银元技术还不够成熟的阶段来说。所以，这种有孔厂平银元虽然合乎光绪十年吉林将军奏折中所说的"仿照制钱式样"，但其最后可能因技术的问题而被放弃。从这一点来判断，其机制的时间似不会很长，并应在纪年光绪十年厂平银元之前。

清人钟天玮《刖足集·外篇》有一文《扩充商务十条》，在鼓吹中国应该自行机制银元、购买造币机器时提到"吉林机局曾购一具"。而事实上在吉林机器局开始购置机器的清单中，并没有造币机器一项，可能是他见到厂平银元之后的一种推测。钟天玮《扩充商务十条》是写给当时两广总督张树声的，一说此文写于光绪九年，一说此文成于光绪十年，无论哪一种说法，都反映出吉林开始机制银元的时间不会早于光绪九年。由此，我们联想到存世纪年为光绪八年的吉林厂平银元，钱文羸弱，与光绪十年吉林厂平银元风格迥异。吉林机器局光绪七年奏准创建，光绪八年尚在建设之中，光绪九年九月厂房方才建成，是否在其中就已经开始铸造银元，值得研究。

二　四川光绪缶宝银元

四川光绪缶宝银元，目前大小仅见三枚，分别是库平七钱二分（图10）、三分六钱（图11）和一钱四分四厘（图12）三种，除正、反面中英文表示面额的文字不同外，余皆相同。正面中央珠圈纹内镌有满汉文"光绪元宝"四字，珠圈纹外上端镌有"四川省造"四字，下端镌有表面额的文字，左右两侧各饰一六瓣花星；背面中央镌一龙纹，龙纹之

图10

图11

图12

上镌英文SZECHUEN PROVINCE，之下是表示面额的英文，左右两侧各饰一六瓣花星。四川光绪"缶"宝银元极少见，为清代银元中的大名誉品。

光绪二十二年（1896年）六月初七，四川总督鹿传霖奏请在成都机器局建厂铸造银元。光绪二十四年八月初二四川按察使文光《为铸造银元制钱动用货厘等款请予报销事奏折》曰："窃查光绪二十二年六月初七日经前督臣鹿传霖陈奏，以川省制钱缺乏，银价过低，派员前赴上海购置各项机器，初拟在于省城铸造制钱，川东铸造银元。旋将银元改在省城铸造，并于机器局后建造鼓铸银元、制钱厂房。"光绪二十四年（1898年）运回四川，但因经费问题而被缓办。光绪二十五年（1899年）则遵照清政府命令而被撤并。光绪二十七年（1901年）四川总督奎俊再次奏请铸造银元。所以，从这个角度而言，四川正式铸造银元是自光绪二十七年（1901年）开始的。

一说四川光绪"缶"宝银元系光绪二十四年（1898年）四川委托英国造币厂代为雕模试铸，一说为光绪二十七年（1901年）四川总督奎俊奏请设局自铸银元时所铸。近年有人则提出应在光绪二十二年（1896年），理由是1976年英国皇家集币学会年刊中里查·莱特（Richard Wright）《中国各省龙银1888—1949》一文引用了上海《华洋新闻》（*The Celestial Empire*）1896年10月登载的四川将用新型银元、"总督已备妥新银币模待用"的一则报道。其实，这则报道传达的信息只是四川将自铸银元，并不能说明四川光绪缶宝银元就铸造于此时，因为里查·莱特文中也认为"事实上，银元局机具设备的订单在接近年底时才下达"，民国四年（1915年）川厂报告书及光绪二十五年（1899年）十二月初四四川总督奎俊《为请核销川省银元局撤前支用经费事》奏折都提到铸造银元的机器在光绪二十四年（1898年）才陆续运到。如果1896年四川光绪缶宝银元钢模制作完成，由于没有造币机器也无济于事，也只能处于"待用"的状态。这是其一。其二，光绪二十二年六月初七日（1896年7月17日）四川总督鹿传霖才奏请自铸银元，1896年10月便"已备妥新银币模待用"，也不在情理之中，《华洋新闻》可能在报道四川铸造银元的新闻时夸大了事实的真相，或许当时只是在筹划钢模事宜。因此，光绪二十二年（1896年）铸造四川光绪缶宝银元的可能性是很值得怀疑的。

光绪二十二年四川总督鹿传霖奏请自铸银元时，曾派员到上海订购机器。根据民国四年川厂报告书、里查·莱特《中国各省龙银1888—1949》以及鹿传霖之后四川总督奎俊的奏折等，可以推断出光绪二十二年四川总督鹿传霖派员在上海订购的机器是美国货。按照中国各省与洋商订购造币机器的习惯，当时应该同时订制了铸造银元的钢模，一般是不会出现造币机器与美国订购而银元钢模却由英国代雕刻情况的。我们将四川光绪缶宝银元与英国伯明翰造币厂雕刻钢模铸造的银元相比较，发现起码在文字风格上也是不同的。所以，很难将四川光绪缶宝银元与英国伯明翰造币厂挂起钩来。

光绪二十二年向美国订购的造币机器在1897年从美国起运，1898年4月到达四川省城成都。运送、安装机器的任务是由一个名叫强必尔的美国技师完成的，这在民国四年川厂报告书、里查·莱特《中国各省龙银1888—1949》及Arthur J. Cox、Thomas Malim合著1985年版 *Ferracute, the history of an American enterprise* 一书中都有提及。

我们特别要注意的有两点：一是四川向美国订购机器同时订购的钢模。据里查·莱特文章介绍，在1897年8月《哈波周刊》（Harper's Weekly）所公布的银元样币上的"宝"字并不是缶宝，而是尔宝；二是在由美国运往中国的途中，机器因遭风雨而被浸在了水中，运到中国时不仅钢模遭到严重锈蚀而产生瑕疵，而且机器的部件也同样受到了锈蚀，有的甚至锈死。技师强必尔在完成机器安装运转后，曾用锈蚀的钢模试铸银元，后以健康原因拒绝了成都造币厂的挽留，便匆匆离开了成都。这在光绪二十五年（1899年）十二月初四四川总督奎俊《为请核销川省银元局撤并前支用经费事奏折》中得到了印证："窃查川省银元、铜钱各机器，自光绪二十四年四月陆续运到，洋匠随亦至川，当经前兼署督臣恭寿派员经理，招考工匠学习，饬令及时安设，粗具规模，洋匠旋即回国。"这一奏折还提到当时为了铸造银元，"招考工匠学习"之事。

光绪二十五年（1899年）十二月初四四川总督奎俊《为请核销川省银元局撤并前支用经费事奏折》中又云："……查川省银元局于光绪二十四年四月初一日起，至十月底止，凡安设机器、试铸银元及购买砖石、木料、油灰各件，并送洋匠程仪，委员、司事、工匠薪水、工食等项，总共支用库平银二千九百八十六两四钱七分四厘九毫。"在这奏折中，出现有洋匠程仪的名字。据光绪二十四年八月初二四川按察使文光《为铸造银元制钱动用货厘等款请予报销事奏折》云："伏查购运机器、觅雇洋匠、修造厂房、采买精铜、白铅，共动用土货厘金库平银一十一万五千五百流失四两二钱一分八厘七毫，均系核实开支，并无浮冒。"其中，提到有"觅雇洋匠"之事，而这件事应该发生在光绪二十二年六月至光绪二十四年八月间。程仪应是当时寻觅雇佣的洋匠，与强必尔不是同一个人。这个程仪的工作极有可能与造币机器无关，而与雕刻钢模有关。所以，才会在上奏朝廷的奏折中出现其名字，可见其重要性。

我们从现存的四川光绪缶宝银元可以看出，铸造面额库平七钱二分、库平三钱六分和库平一钱四分四厘三种缶宝银元的钢模显然不是出自同一个雕刻师；从制作水平上来说，库平七钱二分和库平一钱四分四厘两种银元的钢模要远高于库平三钱六分银元钢模。结合四川"觅雇洋匠"及"招考工匠学习"这两件事，可以推断当时雕刻四川光绪缶宝银元钢模或许采用了洋匠教授中国工匠的模式，并是在当地进行的。也就是说，我们今天见到的四川光绪缶宝库平三钱六分银元很有可能是洋匠教授中国学生的结果。按照中国发行货币的习惯，采用制作水平不同的钢模铸造的银元是不可能被发行的，也就不可能批量铸造，这或许能解释今天我们见到四川光绪缶宝银元少的原因。正是由于当时采用了洋匠教授中国工匠的模式，为其光绪二十七年四川开始正式铸造银元创造了技术准备。

四川光绪缶宝银元钢模雕刻完成后，试制的时间应该是在四川获取造币机器以后。光绪二十四年（1898年）四月以后四川总督鹿船霖于光绪二十二年（1896年）订购的造币机器才陆续运到，而洋匠程仪的离开又不会晚于十月。所以，试制四川光绪缶宝银元的时间应该在光绪二十四年四月至十月。确切说，应该是在机器安装以后。机器安装完成是在光绪二十四年（1898年）七月十二日。

光绪二十五年（1899年）十二月初四四川总督奎俊在《为请核销川省银元局撤并前支用经费事奏折》中云："奴才到任后，细查此项银元尚无的款，须俟筹备有项，始能试办，饬将在局委员、司事、工匠人等暂行撤去，藉省经费。"其实，奎俊于光绪二十四年五月二十四日接任四川总督后，并没有立即采取关闭成都造币厂的措施，而是等到机器安装调试及送走洋匠程仪等之后，才使成都造币厂停止一切与铸币有关活动的，直至光绪二十七年（1901年）恢复自铸银元。

三　福建官局光绪库平七钱二分银元

福建官局光绪银元所见面额有库平七钱二分、库平一钱四分四厘、库平七分二厘和库平三分六厘四种，其中面额为库平七钱二分的银元可被列为中国近代机制银元的十珍之一（图13）。正面中央珠圈纹内镌有满汉文"光绪元宝"四字，珠圈纹外上端镌有"福建官局造"四字，下端镌有表面额的文字"库平七钱二分"，左右两侧各饰一四瓣花星；背面中央镌一龙纹，龙纹之上镌英文FOO-KIEN PROVINCE，之下是表面额的英文7 MACE AND 2

图13

CANDAREENS，左右两侧各饰一四瓣花星。

据光绪二十六年（1900年）闰八月二十一日闽浙总督徐应骙《为请将福建银元局改归官办仍旧铸造等事奏折》可知，福建从光绪十七年开始使用由广东铸造的小银元。光绪二十年，当时的闽浙总督谭钟麟准许商人孙利用集股购买机器，准备试铸银元，但恰逢清政府规定铸造钱币必须官办，闽浙总督边宝泉便委托浙江候补知府孙宝瑮办理，由善后局、盐道等拨款继续铸造银元，并在光绪二十二年（1896年）得到了清政府的允准。又由于当地财政发生困难，没有银两拨给，所以，铸造银元之事只得改为官督绅办，在光绪二十四年（1898年）也得到了清政府的认可。光绪二十五年（1899年）四月，清政府整顿银元铸造，福建停止铸造银元。光绪二十六年闰八月，闽浙总督徐应骙奏请福建自铸银元："俯念闽省所铸银元通行已久，商民均便，准照江宁、吉林等省成案，仍旧铸造，不独补制钱之缺，而外国洋银占销之漏卮，亦藉以隐为抵制，挽回利权。惟官督绅办只属权宜之计，窒碍甚多，自应改归官办，以符政体。"光绪二十六年十月，朱批"著照所请，户部知道"。《大清德宗景皇帝实录》卷四百七十四第五页记载曰："（光绪二十六年庚子冬十月癸卯）闽浙总督许应骙奏，福建银圆局未便停止，请照吉林等省成案，仍旧铸造，并请兼铸大钱。允之。"徐应骙应即许应骙，为同一人。福建恢复自铸银元是在光绪二十六年十月。从福建设立银元局铸造银元情况来看，福建官办银元局有两个时期：一是光绪二十年到光绪二十五年，经历了官办到官督绅办的发展过程；一是光绪二十六年以后，福建银元局一直为官办。

在第一个时期，通过光绪二十四年正月二十八日闽浙总督许应骙《为闽省开局试铸银圆请免其造报事奏片》，可以了解到福建银元局无论先前的官办还是后来的官督绅办，"大小银元钢模，均须鏨用'福建省造'字样"，表明当时所铸造的银元都带有"福建省造"四字。

在第二个时期，福建银元局一直为官办，为区别以前的福建省造银元，在所铸造的银元上有"福建官局造"的字样。

依据文献记载和现存福建铸造银元，从光绪十七年（1891年）开始，福建主要铸造和流通的银元是库平一钱四分四厘面值以下的小银元，福建官局造库平七钱二分银元是目前唯一见到的福建大银元。关于福建官局造库平七钱二分银元铸造的具体时间，学界有不同的意见，有人甚至认为其是赝品。这些不同的意见，对于学术探讨是非常有益的。

有关福建铸造大银元的文献记载鲜有，仅有两条。我们现在能见到的其中一条记载是刊载于光绪三十年第5期《东方杂志》"各省理财汇志""福建"条中，其曰："福建大吏因财政困难，向德商满德借债六十万购买军器，所余以作开银行、发行钞票及铸大银元之资本。由虞某介绍，将订合同，即以银元局作抵。闻有日本人亦欲附股，幸经闽绅阻止。"根据这条记载，我们今天还是不能推断出福建官局造库平七钱二分银元的铸造时间，因为这条记载的内容看来没有被实施。

我们能见到的另外一条记载，是美国钱币学者 Bruce Smith 在 1899 年海关报告中发现的"福建一元及半元模具已备妥，拟于次年使用"的记载。1899 年，即光绪二十五年，"次年"即光绪二十六年。光绪二十五年四月清政府整顿银元铸造，福建停铸银元，光绪二十六年闽浙总督许应骙奏准福建恢复自铸银元。从时间节点上来说，海关报告的记载似乎顺理成章。民国时期秦子帏曾在《泉币》杂志上说当时仅发现两枚福建官局造库平七钱二分银元，从目前发现来看，还真不止这些，发现的实物表达出它们都曾被铸造流通过。而福建官局造三钱六分银元直到今天还没有发现过。

既然 1899 年海关报告中说"福建一元及半元模具已备妥"，那么，它们是由谁制作完成的，也是一个问题。从已发现的福建官局造库平七钱二分银元，与由外国造币厂制作钢模铸造出来的银元在钱文和质感上比较，存在着明显的差异，有人推测可能是由广东造币厂代为制作的。

参考文献

1. 中国第一历史档案馆：《晚清各省铸造银元史料选辑（上）》，《历史档案》1997 年第 1 期。

2. 中国第一历史档案馆：《晚清各省铸造银元史料选辑（下）》，《历史档案》1997 年第 2 期。

3. 中国第一历史档案馆：《晚清各省铸造银元史料续编（上）》，《历史档案》2003 年第 3 期。

4. 中国第一历史档案馆：《晚清各省铸造银元史料续编（中）》，《历史档案》2003 年第 4 期。

5. 中国第一历史档案馆：《晚清各省铸造银元史料续编（下）》，《历史档案》2004 年第 1 期。

6. 孙浩：《谈四川光绪元宝银币中"缶宝"与"尒宝"——兼录洋匠所述成都造币厂机器安装之经过》，《中国钱币》2007 年第 4 期。

7. R. N. J. Wright：The Silver Dragon Coinage of the Chinese Provines 1888–1949，英国皇家集币学会年度会刊，1976 年。

8. 周祥：《陕西铸币机器及相关问题》，《钱币博览》2007 年第 2 期。

9. 周祥：《湖北本省银元考》，《钱币博览》2005 年第 2 期。

10．刘敬扬、王增祥编著：《福建历代货币汇编》，福建美术出版社，1998年。

11．周迈克、孙浩：《中国近代机制币精品鉴赏》，爱秀集团、东亚泉志出版，2010年。

（原载《文物天地》2011年第7期）

近代货币史实补正两则

在中国近代货币史上，有许多问题尚待于探索和解决。笔者在查找有关资料时，发现了一些有关陕西和湖北货币铸印的文献记载。这些记载以前并不为人们所注意，在此一方面将这些新发现的资料公之于世，另一方面也谈一下自己的初步研究，以求教于大方之家。

一　有关陕西购买的银元铸造机器及相关问题

有关陕西银元的铸造，光绪三十四年（1908年）《度支部致各省咨文——调查各省历年铸造银元数目》载："按自光绪十五年（1889年）冬间，本部议覆粤督张奏请试铸银元一折，奉旨允准试办之日为始，计自十五年至二十五年，各省陆续开铸者，为广东、奉天、吉林、湖北、直隶、江南、福建、安徽、新疆、湖南、浙江十一处；自二十五年至二十七年，奉旨停铸者，为奉天、福建、安徽、新疆、湖南、浙江六处；奉旨准留者，为直隶、湖北、广东、江宁、吉林五处；自二十七年至三十一年奉旨准留者，为湖北、广东、江南三处。又陆续准办者，为山东、奉天、四川三处。合之二十九年三月间奉旨设立之天津铸造银元总厂，共七处。自三十一年至三十三年奉旨准铸银币者，除奉天尚未奏明外，计天津总厂及直隶、江南、湖北、广东、云南分厂五处，共六处。此外皆在应行停铸之列。"[1]由此可知，从光绪十五年以来，陕西省一直没有奉旨允准设厂铸造银元。

但事实上，光绪二十四年（1898年）陕西巡抚魏光焘曾奏请设立造币厂，也向国外订购过造币的机器，只因恰逢光绪二十五年清政府裁撤造币厂，陕西才没有铸造成银元。

陕西在奏请设立造币厂的请求被驳回后，陕西订购的造币机器去向一直以来是个谜。在为《中国收藏》杂志撰文介绍近代中国银元珍品时，笔者曾根据当时掌握的资料说，1898年3月造币机器被运到了陕西，但因为正逢清政府裁撤造币厂，运到陕西的造币设备和钢模又被运到了另一家造币厂。[2]现在看来，

---

[1] 中国人民银行总参事室金融史料组编：《中国近代货币史资料》第一辑下册，中华书局，1964年，第811页。

[2]　周祥：《近代银元拾珍》，《中国收藏》2005年第7期。

这种说法是有问题的。我们从《张之洞全集》中，发现了许多陕西订购的造币机器去向的相关电文，把这些电文排列一下，就能使这一问题比较清晰的呈现。

光绪二十五年（1899年）十一月十五日湖广总督张之洞致电陕西巡抚端方：

> 护院大喜，欣贺。二十八电悉，感甚。银元机尾价鄂省应付若干？祈酌示，自当遵照拨付洋行。其陕省已付之价，鄂省仍当如数补还陕省，祈电饬驻沪委员知照解鄂为荷。再，据沪员来函，此项机器有候部提之说，确否？尊意是否解京，抑仍解鄂？统祈裁示。咸。[1]

十一月十七日陕西巡抚端方致电湖广总督张之洞：

> 咸电谨悉。洋元机器魏午帅入觐曾向王夔老言及，请京局提用，尚无成议。兹与司道公商，仍请鄂局留用，以电饬沪委员知照，其价银共二万六千九百零三两八钱四分，已付一万七千八百二十两零五钱零六厘，尚欠交银九千八十三两三钱三分四厘，欠交之项请径付沪委具领，陕垫之款慨承拨还更所钦感。延、榆、绥等处秋灾极重，入冬又未见雪，旱象已成，腾出此款藉筹赈抚，胥出德惠。仲弢学士已来鄂否？极念。本司端方谨禀。篠。[2]

十一月二十六日湖广总督张之洞致电陕西巡抚端方：

> 篠电悉。银元机器仍拨鄂用，甚感。该机未付银九千八十三两三钱三分，查是尾批价值，按原订合同条款，应俟机到汉口后七个月给付，此款拟由鄂至期径与洋商料理。贵省已付之头二批价值计银一万七千八百二十两零五钱，当于一年内分两期汇还清款。径。[3]

十二月三十日湖广总督张之洞致电上海道台余联沅：

> 陕购银元机器全数现归鄂用，件数若干已电屈委员报明，希即放行。

[1] 苑书义等主编：《张之洞全集》卷二百三十一《电牍》六十二《致西安端护抚台》，河北人民出版社，1998年，第7866页。

[2] 苑书义等主编：《张之洞全集》卷二百三十一《电牍》六十二《端护抚台来电》，河北人民出版社，1998年，第7867页。

[3] 苑书义等主编：《张之洞全集》卷二百三十一《电牍》六十二《致西安端护抚台》，河北人民出版社，1998年，第7877页。

艳。[1]

十二月三十日湖北银元局致电上海汉昌转交陕西屈委员:

　　陕订合同应由瑞生包运汉口,请饬速运,并将件数报明,沪道已由督
院电令放行。银元局,艳。[2]

光绪二十六年(1900年)正月初五上海道台余联沅致电湖广总督张之洞:

　　沅叩贺新禧。鄂购银元机件,尚未据屈委员报运,俟报到致关照办。
沅。支。[3]

　　从以上电文中,我们获得了这样一些信息:(一)陕西订购的造币机器根本没
有到过陕西,而是在光绪二十六年(1900年)正月初五以后,由上海通过瑞生公司
直接运到了湖北。光绪二十五年三月可能只是铸币机器由英国起运的时间。所以,
说订购的造币机器在光绪二十五年三月曾运到陕西,是不正确的。当然,说陕西
曾在光绪二十五年三月自行设局鼓铸,恐怕也是有疑问的。(二)陕西造币机器原
本打算给京局的,因为没有成议,才给了湖北。(三)陕西订购机器的总价为白银
二万六千九百零三两八钱四分,湖北除支付剩余款九千七百八十三两三钱三分四厘白银
外,在一年内分两期归还了陕西已支付给洋商的一万七千八百二十两零五钱零六厘
白银。(四)陕西后来将购买造币机器的款项用于赈灾。然而,这些信息只是解决
了陕西订购的造币机器运到上海后去向等问题,并没有解决陕西订购的是哪个国家
造币机器的问题。换句话说,湖北为什么愿意接受陕西订购的造币机器呢?
　　我们发现了一则张之洞为回复盛京增祺将军征询购买造币机器的电文。光
绪二十五年十一月初七湖广总督张之洞致电盛京增将军:"电悉。鄂省铸钱机器
不佳,近已经银元局修改作他用,不敢移拨他省,以致误事。尊处如欲铸钱,
务必定英国喜敦厂机器方能适用。切要。语。"[4]张之洞在这则电文中以湖北银

[1]　苑书义等主编:《张之洞全集》卷二百三十一《电牍》六十二《致上海余道台》,河北人民出版社,
　　　1998年,第7896页。
[2]　苑书义等主编:《张之洞全集》卷二百三十一《电牍》六十二《银元局致上海汉昌转交陕西屈委
　　　员》,河北人民出版社,1998年,第7896页。
[3]　苑书义等主编:《张之洞全集》卷二百三十一《电牍》六十二《余道台来电》,河北人民出版社,
　　　1998年,第7896页。
[4]　苑书义等主编:《张之洞全集》卷二百三十一《电牍》六十二《致盛京增将军》,河北人民出版社,
　　　1998年,第7862页。

元局使用造币机的经验教训，提议盛京订购英国喜敦厂（伯明翰造币厂）的铸币机器，反映出张之洞对英国喜敦造币厂铸币机器的青睐和信心。这看似与陕西所订购的造币机无关，其实不然。湖北银元局之所以愿意接受陕西订购的造币机器，就是因为其是由英国喜敦厂提供的，只有这家厂提供的机器"方能适用"。也就是说，光绪二十四年陕西巡抚魏光焘奏请设立造币厂时，通过驻上海机构订购的是英国喜敦厂的造币机器。

陕西从来没有铸造过银元，但在现存的银元中，我们却见到有面额有库平七钱二分、库平三钱六分、库平一钱四分四厘、库平七分二厘和库平三分六厘五种的陕西银元。台湾鸿禧美术馆就曾收藏有完整的一套。上海博物馆收藏有近代著名收藏家李伟先捐赠的面值为库平七钱二分（图1）和施嘉幹捐赠的面值为库平三钱六分两种陕西银元（图2）。对这些币值大小分为五等的陕西银元，一说是由湖北省代铸的[1]，另一说是由光绪二十四年（1898年）陕西巡抚魏光焘奏请设立造币厂时曾委托英国伯明翰造币厂代铸的试样币[2]。

据文献记载，湖北省确实曾为陕西省代铸过银元。光绪二十二年（1896年）十一月十六日陕西巡抚魏光焘致电湖广总督张之洞："陕省圜法大坏，钱价日昂，甚为地方之累。拟恳饬局代铸银钱，成圆者二万元，对开、五开、两角、一角、半角者共二万元，并乞派员解陕，以应急需，而开风气。其银乞于陕、甘新饷内扣拨，归款划由陕省兑解，以免转折糜费。费神感荷。"[3]光绪二十二

图1

图2

［1］　施嘉幹著《中国近代铸币汇考》、耿爱德著《中国币图说汇考》等持这种观点。

［2］　现在一般的银元著录和论著都持这一观点。

［3］　苑书义等主编：《张之洞全集》卷二百一十六《电牍》四十七《魏抚台来电》，河北人民出版社，1998年，第7190页。

年十二月十三日张之洞回电魏光焘："前奉尊电嘱代铸大小银元三万解陕，于甘饷划拨，已饬司局遵办。……"[1] 当时，张之洞还为回电魏光焘时搞错代铸数目，特地致电曰："鄂代陕铸大小银元工四万元，前元电'四万'误作'三万'，请更正。洽。"[2] 魏光焘则回电："奉两洽电敬悉。银元承饬代铸，上渎荩衷，至甚感谢。四万遵照更正。昨已敬备函牍递呈。焘。效。"[3] 这里需要搞清楚的问题是，湖北为陕西代铸的银元上用的是"陕西省造"还是"湖北省造"。光绪二十二年，湖北为河南、黑龙江、安徽等省也曾铸造过银元。[4] 从湖北省为其他省份代铸银元的情况来分析，应为"湖北省造"。从光绪二十二年十一月十六日陕西巡抚魏光焘致湖广总督张之洞的电文中，同时还可以获知当时陕西省请湖北代铸银元的原因，以及代铸银元所需银两的来源。

目前我们所见到的陕西银元，是陕西当初与英国伯明翰造币厂签订采购造币合同时，规定由伯明翰造币厂提供完成的。光绪二十四年陕西订购的铸币机器没有到达陕西，由上海经报关后直接运到了湖北，所以，传世的这些陕西银元样币应从英国伯明翰造币厂和湖北银元局流出。因为只有样币而没有铸造过流通币，所以，陕西银元流传于今者可谓凤毛麟角。

二　湖北一两银币及其银币票

提起湖北的银元票，一般都知道湖北银元局于光绪二十五年发行的一大元银元票和光绪三十年湖北官钱局所发的一大元银元票，它们都以"元"作为计值单位，但很少有人知道湖北官钱局曾拟发面额为一两和十两的银币票。这种以"两"为计值单位的银币票，其实与湖北新铸的库平重一两银元有关。

至少从光绪二十五年（1900年）开始，银元重量问题在清政府内部就已争论不断，直到光绪三十四年才告一段落。随着光绪二十九年天津造币厂的建立并铸造重一两银元，湖北于光绪三十年（1905年）则铸造了版式上只有大、小字之别的"大清银币"一两银元（图3、4）。为此，张之洞还于当年十二月十八日签发了《通行一两银币示》："现已饬局铸成发交湖北官钱局经理行用，收发皆照湖北藩库三六库平计算，作为十成纹银，断不准有丝毫增减，以期各省通行，永远遵守。……其旧

---

[1]　苑书义等主编：《张之洞全集》卷二百一十六《电牍》四十七《致西安魏抚台》，河北人民出版社，1998年，第7190页。

[2]　苑书义等主编：《张之洞全集》卷二百一十六《电牍》四十七《致西安魏抚台》，河北人民出版社，1998年，第7196页。

[3]　苑书义等主编：《张之洞全集》卷二百一十六《电牍》四十七《魏抚台来电》，河北人民出版社，1998年，第7196页。

[4]　苑书义等主编：《张之洞全集》，河北人民出版社，1998年，第6968、7077、7206页。

日各省所铸库平七钱二分之银元，从前本系仿照外国银钱铸造，乃一时权宜之计，尚非经久画一之规。以后旧日银元即作为生银，仍旧民间照常使用，随市价涨落，不得视为国币。……"[1]光绪三十一年正月十一日张之洞正式向朝廷上奏："兹已饬局将一两银币铸成，发交湖北官钱局先行试用，体察商情舆论，似尚无所疑难。应俟试行三个月后，察看销数是否畅旺，咨报户部、财政处，藉资考核。"[2]为了推行一两银币，不仅规定从光绪三十一年（1906

图3

图4

年）三月起军饷和薪资五成搭放，[3]还曾商请湖南通用，《申报》光绪三十一年七月十八日第四版《咨请湘省通用一两重之银币》载："鄂督张宫保奏请开铸库平一两大清银币，鄂省虽已通行，而邻省仍不能通用。目前宫保咨商湘抚转饬所属，无论何项公款，准其照收银币，如有应废，鄂省各款即由湘省以银币折合照办，庶于湘鄂两省财政均有□益云。"

据光绪三十三年六月初十张之洞致天津袁宫保（世凯）、江宁端制台（方）、盛京徐制台（世昌）电文称，当时在湖北已发行了七十余万，后根据户部规定一两银元重一两零六分后，湖北一两银元虽然大部分收回，但依旧有十余万散在民间。[4]光绪三十三年三月度支部奏折《奏请先行试铸通用银币以利推行》云："……近臣部侍郎臣陈璧奉命考查各省铜币，在鄂来函称：鄂厂银币，前照

［1］ 苑书义等主编：《张之洞全集》卷一百六十九《公牍》八十四《谕示》三，河北人民出版社，1998年，第4915页。

［2］ 中国历史第一档案馆：《晚清各省铸造银元史料续编（下）》，《历史档案》2004年第1期。

［3］ 《申报》光绪三十一年三月初八第三版《饷薪搭放新铸银币》："湖北新铸库平一两之银币，官钱局虽已发兑，而市上行用仍觉寥寥。现上宪拟自三月份起，各营局饷薪均搭放银币五成，以资推广。"

［4］ 苑书义等主编：《张之洞全集》卷二百六十八《电牍》九十九《致天津袁宫保、江宁端制台、盛京徐制台》，河北人民出版社，1998年，第9640页。

一两分量试铸，旋即收回熔毁。现在专候部颁祖模，暂行停铸等语。……"[1]这表明湖北一两银元实际只铸行了两年多的时间。

我们在查阅有关文献时，发现了两条极其重要的资料。这两条资料揭示出了一个在以前并不为人们所知晓的史实，即在推行一两重大清银币时，湖北其实还曾印制过一种被称之为"银币票"的纸币。

光绪三十一年三月初七日张之洞致东京杨钦差的电文：

> 鄂省现铸一两银币，已通行。拟托日本印刷局代造一两银币票二百万张、十两银币票二十万张。票纸所绘花纹，务须富丽精美。请商该局先绘五彩云龙银币票样两种，一种一两者，一种十两者，寄鄂酌定，再与议订合同。其票面字样，届时由鄂书就并寄。祈妥商电复。遇。[2]

光绪三十一年四月二十二日《申报》第三版刊登标题为《银币票将次到鄂》的消息：

> 湖北官钱局总办高佑□观察因湖北新铸库平一两重之银币畅用无滞，遂禀请督宪在日本印成银币票三百万张以资利用。经香帅允准，已纪前报，兹闻此票下月可以到鄂矣。

据前则电文，可知当时拟发纸币的名称是"银币票"，不是通常所说的"银元票"，面额有一两和十两两种，而且还可具体了解到这两种面额银币票都采用五彩云龙图案，日本政府印刷局设计绘制票样后再由湖北填写票面字样、订立合同和一两票订印二百万张、十两票订印二十万张的情况。而《申报》的消息，则告诉了我们银币票实际成印的数量和由日本运到湖北的具体时间。

然而，虽然目前通过以上两则资料，获知了湖北银币票从光绪三十一年三月初开始筹划到四月成印、五月运到湖北的整个过程，对研究近代湖北货币发行具有重要的意义，但遗憾的是，我们没有进一步查找到其发行、流通的有关记载。

（原载《上海博物馆集刊》第11期，上海书画出版社，2008年）

---

[1] 中国货币史银行史丛书编委会编：《民国小丛书·中国货币史银行史卷》第一册，书目文献出版社，1996年，第897页。

[2] 苑书义等主编：《张之洞全集》卷二百六十一《电牍》九十二《致东京杨钦差》，河北人民出版社，1998年，第9309页。

上海博物馆新获银锭考

——兼论宋元时期银锭的断代

　　"聂秦家肥花银"银锭（图1）是上海博物馆于1993年5月从香港文物市场购藏的。银锭的两端呈弧形，束腰，中微凹，上端宽69毫米，下端宽72毫米，腰宽49毫米，厚17毫米，通长129毫米，重987克。银锭表面上下左右各打有一行铭文"聂秦家肥花银"，"肥"字与"家"字叠合。

　　除了上海博物馆收藏外，铭文为"聂秦家肥花银"的银锭还见于河南泌阳城南[1]、1980年河南信阳查山乡[2]的出土品。

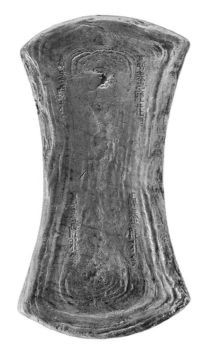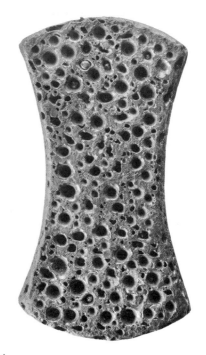

图1

---

［1］　黄耀丽：《介绍两件宋元银锭》，《中原文物》1986年第2期。

［2］　徐达元、杜灵章：《信阳县出土南宋银锭》，《中国钱币》1989年第2期。

银锭的断代问题，一直是学术界的难题，一般多采取模糊的方式。虽然这在一定程度上缓解了银锭铸造时代的争议，但并不有助于问题的解决。目前，在所发现的历代银锭中，以三个时间段的银锭为数量较多，一是唐代，二是宋元时期，三是明清民国时期，而最难断代的是宋元时期的银锭。如何解决宋元时期银锭的具体铸造年代，是摆在我们面前需要解决的一大课题。好在据不完全统计，公开发表的有关这一时期的银锭已不下500余锭，这就为我们研究问题创造了必要的条件。

我们认为，要解决银锭断代问题，应该利用现有的材料，建立断代标准器。断代标准器必须具备的条件是：一，有明确纪年的银锭；二，有明确纪年墓葬出土的银锭；三，学术界公认的各时期银锭。而分析研究断代，我们认为应从以下三个方面考量——形制、铭文和制作，并以此为基础，确立断代的标尺。

一　形制

银锭形制的发展是循序渐进的，各个时代的银锭都具有它所处时代的形制特征，尽管这种特征或许并不显著，它依然是我们断代的重要标志。

目前发现的北宋有明确纪年的银锭，有明确出土地和纪年的仅有6件：1958年内蒙古巴林左旗毛布力格村附近出土的大观元年（1107年）郊祀银锭、政和四年（1114年）进奉银锭和宋神宗同天节进奉银锭[1]，1959年5月内蒙古巴林左旗白音沟乡古井村出土的元祐四年（1089年）兴龙节银锭[2]，内蒙古赤峰辽上京汉城出土的崇宁四年（1105年）天宁节进奉银锭[3]和崇宁四年年额银锭[4]。这六件北宋纪年银锭，除崇宁四年进奉银锭为长生果形，其他形制都呈两端平直、束腰。这是北宋时期所铸造银锭的明显特征。

这种两端平直、束腰的银锭，还见于1958年内蒙古巴林左旗毛布力格村出土的信州铅山场银锭、潭州刘阳县进奉银锭[5]，内蒙古辽上京汉城出土的潭州酒务银锭[6]，1987年5月新疆博州哈日布呼古城出土的南剑州银锭[7]，传1995年孟冬出自于河北卢龙一带的连州上供银锭[8]，他们都应该是北宋时期的银锭。这些

[1] 李逸友：《内蒙古巴林左旗出土北宋银锭》，《考古》1965年第12期。

[2] 金永田：《巴林左旗出土一件北宋银锭》，《中国钱币》1988年第3期。

[3] 项春松：《内蒙古赤峰发现的五件宋代银锭》，《文物》1986年第5期。

[4] 朱活：《古钱新典》下册，三秦出版社，1991年，第279页。

[5] 李逸友：《内蒙古巴林左旗出土北宋银锭》，《考古》1965年第12期。

[6] 项春松：《内蒙古赤峰发现的五件宋代银锭》，《文物》1986年第5期。

[7] 韩雪昆：《新疆博州出土的两件宋代银锭》，《中国钱币》1992年第3期。

[8] 王雪农、赵全明：《"连州上供银五十两"银锭》，《中国钱币》1998年第1期。

银锭的重量都相当于当时的五十两重。

考古发现的南宋有明确纪年的银锭有：1955年5月湖北黄石市西塞山出土的淳祐六年（1246年）经制银银锭[1]，1975年4月河南方城县杨集公社出土的绍兴二十六年（1156年）春季经总制银银锭[2]，1976年湖北襄樊羊祜山出土的绍兴三十年（1160年）分钞价银锭[3]，1981年5月四川成都市双流县黄佛公社出土的庆元二年（1196年）夏南平军经总银银锭[4]，1985年6月安徽六安罗管乡出土的绍兴二十一年（1151年）银锭[5]。

1994年3月，湖北黄石市陈伯臻粮库出土有窖藏银锭，同土的一件蟠桃式银盏上鏨刻有纪年"咸淳七年（1271年）"[6]字样。

此外，学术界一般公认属南宋时期铸造的银锭有铭文"出门税""京销铤银"者，这些银锭在考古中多有发现。

综观这些被确认作南宋时期的银锭，其形制是两端呈弧形、束腰、四周高而中间凹，与北宋时期铸造的银锭形制明显不同。目前所见南宋时期铸造的银锭重量分别相当于当时的十二两半、二十五两和五十两之重。元人胡三省《通鉴释文辨误》卷十一云："今人冶银大铤五十，中铤半之，小铤又半，世谓之铤银。"

金代有纪年的银锭发现较多，陕西省博物馆和陕西人民银行征集到的泰和四年（1204年）、泰和七年（1207年）分司或分治使司银锭[7]，1974年12月陕西临潼县相桥公社出土泰和四年、泰和五年（1205年）、泰和六年（1206年）、泰和七年和明昌元年（1190年）秋税银锭、分治司银锭、分治使司银锭和解盐使司银锭[8]，1978年4月北京市内出土正隆二年（1157年）邠州进奉银锭[9]，1985年黑龙江阿城县杨树乡出土"承安宝货"银锭[10]，1987年山西人民银行拣选到的大定二十一年（1181年）和大定二十三年（1183年）解盐司银锭[11]，1987年6月内蒙古兴和县发现的"承安宝货"银锭[12]，1993年4月山东青州市城西泰和四年

[1] 陈上岷：《谈西塞山出土的宋代银锭》，《中国钱币》1985年第3期。

[2] 刘玉生：《河南方城县出土南宋银锭》，《文物》1977年第3期。

[3] 崔新社：《湖北襄樊羊祜山出土宋代银锭》，《文物》1984年第27期。

[4] 成都市文物管理委员会处：《四川双流县出土的宋代银锭》，《文物》1984年第7期。

[5] 邵建白：《安徽六安出土南宋银锭》，《文物》1986年第10期。

[6] 黄石市博物馆：《湖北黄石陈伯臻出土窖藏南宋银锭》，《中国钱币》1995年第3期。

[7] 朱捷元：《介绍三笏金泰和年间的盐税银锭》，《考古与文物》1982年第1期。

[8] 赵康民、韩俊、尚志儒：《关于临潼出土的金代税银的几个问题》，《文物》1975年第8期。

[9] 鲁琪：《北京出土金正隆二年银锭》，《文物》1980年第11期。

[10] 董玉魁、潘振中：《金代银锭承安宝货出土》，《中国钱币》1986年第2期。

[11] 王重山、阎鸿禧、祁生：《山西发现金元时代的银锭》，《中国钱币》1988年第3期。

[12] 郭爱：《内蒙古兴和县发现"承安宝货"》，《中国钱币》1988年第3期。

（1204年）分治司银锭[1]。传世又有明昌二年（1191年）解盐司银锭[2]、明昌三年（1192年）银锭、正隆二年（1157年）茶课银锭[3]和黑龙江人民银行库房中拣选到的"承安宝货"银锭[4]。

此外，1974年2月陕西临潼县与纪年银锭同时出土的使司银锭、"地金"银锭[5]及1978年4月黑龙江阿城县新乡公社出土的大名府银锭[6]，学术界也认为属于金代银锭。

从以上考古出土和传世的金代银锭，我们认为，其形制基本上与南宋时期的银锭相同：两端呈弧形、束腰、表面微凹。发现的金代银锭一般重量相当于当时的二十五两和五十两之重。《金史·食货志》承安二年（1097年）十二月载："遂改铸银名'承安宝货'，一两至十两五等，每两折钱二贯，公私同见钱用。"目前承安宝货银锭仅见一两和一两半两种。

1956年江苏句容县出土至元十四年（1277年）平准银锭[7]，1971年辽宁朝阳西涝村出土至元十四年扬州银锭[8]，1977年9月吉林农安县出土元统三年（1355年）和至正十年（1350年）银锭[9]，1988年5月上海市金山县干巷乡寒圩村出土至元十四年银锭[10]，1991年3月云南江川县出土泰定二年（1325年）差发银锭[11]。元代有纪年银锭除了上述几件考古出土者外，上海博物馆收藏有至元十四年扬州银锭[12]，陈鸿彬编著《树荫堂收藏元宝千种吐露》收录有一件至元十四年银锭。

虽然没有明确纪年，但在学术界被认定为元代的银锭有：1969年天津武清县动东马圈公社出土的平阳路银锭[13]，1987年山西人民银行拣选的太原路银

[1]　李先林：《山东青州出土宋金银锭》，《中国文物报》1994年1月16日。
[2]　郁祥祯：《钱币丛谈》，上海古籍出版社，1995年，第1页。
[3]　美国钱币协会东方部委员曾泽禄收藏。
[4]　董玉魁、潘振中：《金代银锭承安宝货出土》，《中国钱币》1986年第2期。
[5]　赵康民、韩俊、尚志儒：《关于临潼出土的金代税银的几个问题》，《文物》1975年第8期。
[6]　张连峰：《阿城出土"大名府""上京"款金代银锭》，《文物》1982年第9期。
[7]　倪振达：《元宝》，《文物参考资料》1957年第5期。
[8]　靳枫毅：《辽宁朝阳西涝村发现元代银锭》，《考古与文物》1983年第5期。
[9]　谷潜：《元代蒙山绥课银锭的发现和研究》，《中国钱币》1986年第3期。
[10]　孙维昌：《上海市金山县出土元代银锭》，《中国钱币》1992年第4期。
[11]　汤国彦主编：《中国历史银锭》，云南人民出版社，1993年，第24页。
[12]　上海博物馆青铜器研究部编：《上海博物馆藏钱币·元明清钱币》，上海书画出版社，1994年，第686页。
[13]　纪烈敏：《武清县出土金元时代银锭》，《文物》1982年第8期。

锭[1]，上海博物馆收藏的真定路银锭、东平路宣课银锭[2]。

元代银锭的基本形制也呈两端弧形、束腰、面凹，但值得注意的是，元代银锭的四周起棱，两端翘起，这是元代与南宋、金代银锭形制不同之所在。

通过以上对北宋、南宋、金代和元代银锭形制的分析与研究，可以将这四个时期所铸造的银锭形制特点列表如下：

表1　宋金元银锭形制特点对比表

时代	形制	主要特点
北宋	两端平直、束腰	两端平直
南宋	两端弧形、束腰	面凹
金代	两端弧形、束腰	面凹
元代	两端弧形、束腰	四周起棱、两端翘起

二　铭文

如果单从银锭相知上区分各个时代所铸造的银锭还有一定困难的话，银锭表面的铭文则应引起我们足够的注意和重视。铭文的内容与格式，是我们对银锭进行断代的重要依据。

我们能够收集到的各个时代所铸的银锭铭文，大致可以分为两大类：一是有明确纪年的铭文，一是无纪年的铭文。

1.　北宋银锭铭文

（1）北宋纪年银锭铭文

"福州进奉同天节银五十两专副陈□等监匠"（1958年内蒙古巴林左旗出土）[3]；

"荆南军资库元祐四年（1089年）龙兴节每铤□十两司录参军监杨"（1959年内蒙古巴林左旗出土）[4]；

"京西北路提举学司事进奉崇宁四年（1105年）天宁节每铤五十两"（内蒙古赤峰辽上京汉城址出土）[5]；

［1］　王重山、阎鸿禧、祁生：《山西发现金元时代的银锭》，《中国钱币》1988年第3期。
［2］　上海博物馆青铜器研究部编：《上海博物馆藏钱币·元明清钱币》，上海书画出版社，1994年，第686页。
［3］　李逸友：《内蒙古巴林左旗出土北宋银锭》，《考古》1965年第12期。
［4］　金永田：《巴林左旗出土一件北宋银锭》，《中国钱币》1988年第3期。
［5］　项春松：《内蒙古赤峰发现的五件宋代银锭》，《文物》1986年第5期。

"崇宁四年（1105年）□年额银五十两专副严□仲行人李城将仕郎司户参军监宋□"，（背）"吴州年额银"（1971年内蒙古巴林左旗东镇辽上京汉城遗址出土）[1]。

"杭州都税院买发转运衙大观元年（1107年）郊祀银一千两每铤五十两主秤魏中应等监匠"，（背）"左班殿直监杭州都税院郭立"（1958年内蒙古巴林左旗出土）[2]；

"虔州瑞金县纳到政和四年（1114年）分奉进天宁节银□□□本县典书原丰银行汤□□验行银田六田五专副梁开□等"（同上）；

（2）北宋无纪年银锭铭文

"监银□阮监镪□唐"，（背）"潭州浏阳县永兴银场□□□进奉银五十两"，（左侧）"专知王钊"（同上）；

"信州银五十两"，（背）"铅山场郑渐"（同上）；

"潭州酒务抵当所准提举司指挥支常平坊积剩钱买到银一铤（五十）两专秤库蔚明等行人李经官"（内蒙古赤峰辽上京汉城址出土）[3]；

"南剑州"（背文）（1987年5月新疆博州出土）[4]；

"连州元鱼场买到二年□（钱）上供银五十两专知官唐莘"，（背）"始字号匠人廖昌"（1995年传出自河北卢龙一带）[5]。

从以上两组北宋银锭铭文可以看到，北宋银锭往往正面与背面同时錾刻铭文，不但注明银锭的发行机构，而且特别注意银锭的用途。并且这时的银锭没有戳记。这是北宋银锭铭文最大的特点。

2. 南宋银锭铭文

（1）南宋纪年银锭铭文

"买到绍兴二十一年（1151年）秋季五十两"（1985年6月安徽六安罗管乡出土）[6]；

"……二十四年下限上供银……总领司大军库交……等参军监祖敏中"（同上）。

"广州经总制库起发绍兴二十六年（1156年）春季经总制银□铤五十两专库苏举李枢监官黄亨右宣教郎经略司干办公事劝通判向"（1975年4月河南方城县杨集公社出土）[7]；

［1］　朱活：《古钱新典》下册，三秦出版社，1991年，第279页。

［2］　李逸友：《内蒙古巴林左旗出土北宋银锭》，《考古》1965年第12期。

［3］　项春松：《内蒙古赤峰发现的五件宋代银锭》，《文物》1986年第5期。

［4］　韩雪昆：《新疆博州出土的两件宋代银锭》，《中国钱币》1992年第3期。

［5］　王雪农、赵全明：《"连州上供银五十两"银锭》，《中国钱币》1998年第1期。

［6］　邵建白：《安徽六安出土南宋银锭》，《文物》1986年第10期。

［7］　刘玉生：《河南方城县出土南宋银锭》，《文物》1977年第3期。

"潮州发绍兴三十年（1160年）分钞价银赴广州提举衙交纳右从政郎司理参军郑公弼专知林规银匠罗瑞"（1976年湖北襄樊羊祜山出土）[1]；

"南平军发庆元二年（1196年）夏季经总银二十五两专库张□□天库官邓行人楹林嵩看二十六两六铢"（1981年5月四川双流县出土）[2]；

"连州起淳祐六年（1246年）经制银赴湖广总交所交权司法蒲四郎记元"（1955年5月湖北黄石市西塞山出土）[3]；

（2）南宋无纪年银锭铭文

"潮州经总银鄂州交纳重二十五两铁线巷南朱二郎"（1955年5月湖北黄石市西塞山出土）[4]；

"军资库银重十二两半霸北街西苏宅韩五郎□卿□"（同上）；

"经总制银重十二两半霸北街西□宅韩五郎"（同上）；

"□□钞库重十二两半霸北街里角徐沈铺"（同上）；

"卖钞库重十二两半霸北街西苏宅韩五郎"（同上）；

"广州卖钞库鉴验重十二两半霸北街西旧日苏韩张二郎"（同上）；

"出门税""许三助银""真花铤银"（1974年湖北汉川桐塚出土）[5]；

"出门税""界内王三郎""真花录银"（1982年9月安徽灵璧县出土）[6]；

"出门税""真花银"（1985年6月安徽六安罗管乡出土）[7]；

"出门税""军赀""口巷里李六"（1984年2月方城县发现）[8]；

"出门税""聂北铺"（1976年9月河南方城县何庄公社出土）[9]；

"出门税""思内赵十一郎"（传出于河南上蔡县）[10]；

"出门税""赵一郎戳"（1981年9月河南三门峡市发现）[11]；

"出门客人自税"（美国钱币协会东方部委员曾泽禄收藏）；

"京销铤银""谢铺记""□宅记□"（江苏溧阳平桥出土）[12]；

［1］ 崔新社：《湖北襄樊羊祜山出土宋代银铤》，《文物》1984年第4期。

［2］ 成都市文物管理委员处：《四川双流县出土的宋代银铤》，《文物》1984年第7期。

［3］ 陈上岷：《谈西塞山出土的宋代银铤》，《中国钱币》1985年第3期。

［4］ 陈上岷：《谈西塞山出土的宋代银铤》，《中国钱币》1985年第3期。

［5］ 张远栋：《汉川桐塚出土宋代银锭》，《江汉考古》1983年第3期。

［6］ 卢茂村：《安徽灵璧县发现宋代银铤》，《考古》1989年第3期。

［7］ 邵建白：《安徽六安出土南宋银铤》，《文物》1986年第10期。

［8］ 蔡运章、李运兴、赵振华、程伟健、霍宏伟：《洛阳钱币发现与研究》，中华书局，1998年，第312页。

［9］ 刘玉生：《河南方城县出土南宋银铤》，《文物》1977年第3期。

［10］ 杜金娥：《南宋商税银铤的再发现》，《中国钱币》1994年第2期。

［11］ 蔡运章、李运兴：《洛阳新发现的南宋出门税银铤考略》，《中国钱币》1986年第3期。

［12］ 萧梦龙、江青：《江苏溧阳平桥出土宋代金银器窖藏》，《文物》1986年第5期。

"京销铤银""谢铺记"（同上）；

"京销铤银霸北街东沈铺"（1955年5月湖北黄石市西塞山出土）[1]；

"京销铤银重十二两半赵宅渗银"（同上）；

"黄字号京销铤银重十二两半霸北左宅欧三验讫"（同上）；

"京销渗银清河坊北张二郎"（1994年3月湖北黄石市咸淳七年窖藏出土）[2]；

"京销细渗猫儿桥东吴二郎"（1955年湖北黄石市西塞山出土）[3]；

"真花银，谢家花银，谢铺记"（江苏溧阳平桥出土）[4]；

"真花铤银，谢铺记，王一保□□，王□"（同上）；

"真光银王宅"（1955年湖北黄石市西塞山出土）[5]；

"□北街西，黄二郎，清河坊北张三□"（1994年3月湖北黄石市咸淳七年窖藏出土）[6]。

南宋银锭铭文注重银锭的成色、用途、铸造和管理人员。其中，铸造和管理人员包括有关的职官、匠铺和工匠名，它们在铭文中或缺。南宋《庆元条法事类》卷三十《财用门·辇运令》记载，白银要鞘成铤，大铤五十两，小铤二十两，上面要镌明字号和官吏职位、姓名等。南宋银锭铭文的基本构成要素决定了它的格式，可以归纳为：

A. 发行机构＋用途＋铸造和管理人员。

B. 用途＋成色＋铸造和管理人员。

C. 用途＋铸造和管理人员。

D. 成色＋铸造和管理人员。

南宋《居家必用本宝货辨伪》记载，当时白银的成色名称有金漆花银、浓调花银、茶色银、大胡花银、薄花银、薄花细渗银、纸灰花银、洗渗银、鹿渗银、断渗银和无渗银等十一种，而目前我们通过银锭铭文见到的南宋白银成色名称有花银、真花银、肥花银、渗银、细渗银、真光银、十分银等七种。

3. 金代银锭铭文

（1）金代纪年银锭铭文

"邠州　进奉正隆二年（1157年）分金吾卫上将军静难军节度使臣完颜宗垣

［1］ 陈上岷：《谈西塞山出土的宋代银锭》，《中国钱币》1985年第3期。

［2］ 陈上岷：《谈西塞山出土的宋代银锭》，《中国钱币》1985年第3期。

［3］ 黄石市博物馆：《湖北黄石陈伯臻出土窖藏南宋银铤》，《中国钱币》1995年第3期。

［4］ 萧梦龙、江青青：《江苏溧阳平桥出土宋代金银器窖藏》，《文物》1986年第5期。

［5］ 陈上岷：《谈西塞山出土的宋代银锭》，《中国钱币》1985年第3期。

［6］ 黄石市博物馆：《湖北黄石陈伯臻出土窖藏南宋银铤》，《中国钱币》1995年第3期。

进上正旦银一铤重五十两"（1978年4月北京市内出土）[1]；

"正隆二年（1157年）□□□□郡茶课银锭五十一两三钱□行人王六郎□□□"（美国钱币协会东方部委员曾泽禄收藏）；

"提举解盐司大定廿一年十一月廿三日店户薛□客人王义□上等银五十两每两七十□陌钱二□佰□□行人王□秤子宋□□□当官昭信王大任昭信萧豫之"（1987年山西人民银行拣选）[2]；

"解盐使司泰和六年（1206年）八月廿三八日引领阁太店户中白银每两一贯九百四十文秤子魏珗行人苏安四十九两九钱半榷盐判管勾王"（1974年12月陕西临潼相桥公社出土）[3]；

"分司泰和四年（1204年）五月廿六日店户王忠□四十九两四钱半行人尹珗等秤子李沂盐判判□"（20世纪80年代初陕西出土）[4]。

"分治司泰四六月一十九日店户□信三天行人□□义方□十九两九钱秤子荆崇盐判正银货□"（1993年4月山东青州城西）[5]；

"申五十六 分治司泰五五月六日店户刘□昌四十九两五钱半每两一贯八百文□行人马□秤子杨济泰五东盐判苑□"（1974年12月陕西临潼相桥公社出土）[6]；

"泰六秋税银五十两三□秤子许彦行人□谦"（同上）；

"泰六秋税银五十两二钱（1181年）足秤子许彦行人□谦何立本"（同上）；

"解盐使司明昌元年（1190年）六月□日店户□□店户□□□□□五十两二钱每两□□□二百文行人秤子王□立□□□□济仁"（同上）；

"分治使司泰和七年（1207年）二月十六日店户王□四十九两五钱半银行人赵澄秤子王安每两钱二贯文承直郎盐判张"（同上）；

（2）金代无纪年铭文

"四十九两九钱行人宋汝旦□□秤"（同上）；

"重五十两五钱行人王仲秤子刘□"（同上）；

"大名府张二郎花行街西 上京王二郎家"（黑龙江阿城出土）[7]。

无论是有纪年还是无纪年铭文的金代银锭，一般都打有戳记，经常见到的戳记铭文有"使司""使□""吏使""又一钱"和人名、地名等。

［1］ 鲁琪：《北京出土金正隆二年银铤》，《文物》1980年第11期。

［2］ 王重山、阎鸿禧、祁生：《山西发现金元时代的银铤》，《中国钱币》1988年第3期。

［3］ 赵康民、韩俊、尚志儒：《关于临潼出土的金代税银的几个问题》，《文物》1975年第8期。

［4］ 朱捷元：《介绍三笏金泰和年间的盐税银铤》，《考古与文物》1982年第1期。

［5］ 李先林：《山东青州出土宋金银锭》，《中国文物报》1994年1月16日。

［6］ 赵康民、韩俊、尚志儒：《关于临潼出土的金代税银的几个问题》，《文物》1975年第8期。

［7］ 张连峰：《阿城出土"大名府""上京"款金代银锭》，《文物》1982年第9期。

从以上银锭铭文，我们注意到金代的银锭铭文有以下几个特点：

A．纪年银锭铭文中与盐务有关的纪年具体到日，年号有省称的现象；其他用途的银锭则仅纪年；

B．银锭铭文中必然出现"行人"和"秤子"或"行人"和"××秤"字样；

C．银锭铭文记载的银锭重量精确而具体，并有对银锭重量进行复验的记录；

D．银锭铭文中载有每两白银与铜钱的比值兑换关系；

E．银锭上往往有"使司""使□""例司"或其他花押出现；

F．银锭铭文中出现"店户""引领""客人"等与盐务活动有关的名称，以及与盐务管理机构有关的职官名称如"盐判"等。

这些金代银锭铭文的特点或许在同一件银锭铭文中不会同时出现，但它确实是我们判别是否是金代银锭的重要标尺。

4．元代银锭铭文

（1）元代纪年银锭铭文

"平准　至元十四年（1277年）银五十两　铸银官提领　大使　副使　库子杨良硅　提举司　银匠彭兴祖　刘庆　秤子韩益"，（背）阴文"元宝"（1955年江苏句容县出土）[1]；

"行中书省　扬州　至元十四年（1277年）五十两　监铸官□　库官孟珪　销银官王琪　验银库子吴武　银匠侯君用"，（背）阴文"元宝"（上海博物馆藏）[2]；

"行中书省　扬州　至元十四年（1277年）重五十两　库官孟珪　销银官王琪　验银库子吴武　银匠侯君用"，（背）阴文"元宝"（1988年5月上海市金山县干巷乡出土）[3]；

"扬州　至元十四年（1277年）重五十两　销银官王琪　库官孟珪　监铸官□　秤验银库□主官□　银匠何三"，（背）阴文"元宝"（1971年9月辽宁朝阳县西大营子公社出土）[4]；

"真定路　□□□□　库使□□　库副□□　丁巳年（1317年）银匠王进　银匠刘□　银匠□安　银匠李□　秤子□□　秤子□□　秤子孙□　秤子王□"（上海博物馆藏）[5]；

[1]　倪振达：《元宝》，《文物参考资料》1957年第5期。
[2]　上海博物馆青铜器研究部：《上海博物馆藏钱币·元明清钱币》，上海书画出版社，1994年，第686页。
[3]　孙维昌：《上海市金山县出土元代银锭》，《中国钱币》1992年第4期。
[4]　靳枫毅：《辽宁朝阳西涝村发现元代银锭》，《考古与文物》1983年第5期。
[5]　上海博物馆青铜器研究部编：《上海博物馆藏钱币·元明清钱币》，上海书画出版社，1994年，第686页。

"威楚路差来南州吏目胡德解本州泰定二年（1325年）差发十分银一锭重五十两提调官都事那禀承务库子李师生于泰定三年（1326年）五月日"（1991年3月云南江川县出土）[1]。

"蒙山银课天字号　瑞州路总管府提调官库官丁谅库子易观文炉户雷与吾销银官余珍可至正十年（1350年）　月　日造"（1977年9月吉林农安县三宝公社出土）[2]；

"蒙山银课　元　提调官瑞州路总管府官催半官新昌州判官拜住将仕收银库官刘自明炉户□瑞夫库子周世荣消银匠易志周元统三年（1355年）　月　日"（同上）；

（2）元代无纪年银锭铭文

"课税所"，（背）阴文"平阳"，戳记"平阳路""五十两""张海"（1969年天津武清县马圈公社出土）[3]；

"太原路"，（背）阴文"太原"，戳记"宣课官库使副刘覃库子侯□张连匠人□□……"（1987年山西人民银行拣选）[4]；

"东平路　宣课五十两　□□□□　库□□□　库使贾□　秤子张□匠人刘余　匠人□□　匠人邵全"（同上）。

元代至元纪年的银锭自铭"元宝"。对此，陶宗仪在《南村辍耕录》卷三十中就有记载："银锭上字号扬州元宝，乃至元十三年（1276年）大兵平宋，回至扬州，丞相伯颜号令搜检将士行李，所得撒花银子，销铸作锭，每重五十两，归朝献纳，世祖大会皇子、王孙、驸马、国戚，从而颁赐，或用宝货，所以民间有此锭也。后朝廷亦自铸，至元十四年者重四十九两，十五年者重四十八两。辽阳元宝乃至至元二十三年、二十四年征辽东所得银子而铸者。"其实，早在至元三年（1266年）杨湜就已建议将"元宝"作为银锭名称了。[5]

元代银锭铭文不仅记载有铸造发行机构，而且记述有银锭铸造所涉及的职官和人物。在元代银锭铭文中经常出现的一些职官名称如"库使""库子""库官""销银官""匠人"等，它们之间的搭配形成了元代职官所特有的组合。

［1］　汤国彦主编：《中国历史银锭》，云南人民出版社，1993年，第24页。

［2］　谷潜：《元代蒙山绥课银锭的发现和研究》，《中国钱币》1986年第3期。

［3］　纪烈敏：《武清县出土金元时代银锭》，《文物》1982年第8期。

［4］　王重山、阎鸿禧、祁生：《山西发现金元时代的银锭》，《中国钱币》1988年第3期。

［5］　《元史·杨湜传》，中华书局，1987年，第4003页。

三　制作

银锭的制作包括两个方面，一是银锭的铸造，二是银锭铭文的制作。不同时期铸造的银锭之间在制作上存在着一定的差异，这种差异为我们今天进行银锭断代提供了另一把钥匙。

1. 银锭的铸造

从各个时代银锭具有一定形制这一特点可以看出，银锭是采用模范浇铸的方式铸就而成。通过对现存已发表的考古和传世银锭照片、拓片的分析与研究，我们拟从如下几方面归纳银锭的铸造主要特征：

（1）银锭的表面

无论是北宋、南宋还是金代、元代，银锭表面都有由外向里倾斜的水波纹（又称"丝纹"），且都相对显得较粗。虽然如此，如果仔细地观察分析，我们会发现，尽管它们有共同点，但也有不同点。

1958年春内蒙古巴林左旗毛布力格村[1]、1959年5月内蒙古巴林左旗白音沟乡[2]、内蒙古辽上京汉城址[3]、新疆博州[4]以及传河北卢龙一带[5]出土的北宋银锭表明，当时的银锭周沿一般起棱上翘，棱的高度无差别。

大量发现的南宋和金代银锭虽然也有周沿起棱上翘的，但大多与水波纹持平，不甚明显，水波纹高于内面，形成较平的水波纹带宽。

元代的银锭周沿起棱上翘，两头高中间低。

（2）银锭的背面

一般而言，宋元以后铸造的银锭背面都有浇铸遗留下来的气孔（又称"蜂窝"）。对于这些气孔，过去认为宋元时期较大、明清民国时期的银锭则较小。现在看来，这种观点应予修正。

目前我们能够见到的北宋银锭的背面仅有四例：1958年春内蒙古巴林左旗毛布力格村出土的信州铅山场银锭，新疆博州出土的南剑州银锭，传河北卢龙一带出土的连州上供银锭，1971年内蒙古巴林左旗林东镇辽上京汉城遗址出土的崇宁四年（1105年）□年额银银锭。在这四例银锭的背面中，有三例所存留的气孔并不很大，比较细密，可能磨夷过；一例却显得较大。

现存南宋和金代的银锭，背面的气孔大大小小我们在观察银锭时发现，南

---

[1]　李逸友：《内蒙古巴林左旗出土北宋银锭》，《考古》1965年第12期。
[2]　金永田：《巴林左旗出土一件北宋银锭》，《中国钱币》1988年第3期。
[3]　项春松：《内蒙古赤峰发现的五件宋代银锭》，《文物》1986年第5期。
[4]　韩雪昆：《新疆博州出土的两件宋代银锭》，《中国钱币》1992年第3期。
[5]　王雪农、赵全明：《"连州上供银五十两"银铤》，《中国钱币》1998年第1期。

宋和金代银锭背面的气孔尽管孔口不甚规整，但大多口大底小，由外至内非常有规律地收缩，内壁相当光滑。过去有一种观点认为，凡是自然形成的气孔必然是口小洞大，深浅不一；凡是人工假造的必然是口大洞小，深浅均匀，一般较浅。现在看来是有失偏颇的。

元代银锭的背面同样见有大小不一的气孔。气孔呈现出的形态与南宋和机代的气孔一样，形成的原理应该相同。1990年山西临汾市曾出土过一件青铜质地的银锭模范，这件模范的底部有乳钉，并有阳文"晋宁"两字。[1]上海博物馆藏有一件同样的银锭青铜模范，上端宽7.1厘米，下端宽74毫米，腰宽40毫米，两端弧边宽6毫米，束腰边宽3～9毫米，范厚13毫米，范腔内厚6毫米。从这两件元代"晋宁"银锭铜模范可以看出，元代银锭背面的气孔不仅与在浇铸时模范透气性不佳有关，同时也与当时所采用的模范有关。当银水浇铸到模范型腔内后，由乳钉和透气性问题共同作用而形成了气孔，在银锭降到临界温度以下但还没有完全冷却时便使之脱离模范，银锭在继续冷却过程中所产生的应力导致了这种气孔的变形。气孔的变形还与银锭表面打字时产生的作用力与反作用力有关。这种气孔的分布无规律性。联系到南宋和金代银锭背面的气孔状况，由此自然可以理解其形成的原因。

2. 银锭铭文的制作

现在发现的宋元时期的银锭很少有素面者，大多数上面都有铭文。这种铭文可以分为两重：一种是錾刻文字，另一种是敲击上去的戳记。从制作工艺来说，錾刻文字是银锭成形、温度降至临界温度以下而没有完全冷却硬化的时候用扁凿打击而成的，称为"热打"；戳记则是在银锭完全冷却硬化之后打击上去的，称为"冷打"。不同时代的银锭，其铭文制作的方式也不尽相同。

北宋：目前已经被确认为北宋银锭铭文都采用凿刻的方式，不见有戳记。

南宋：这时的银锭铭文制作一般采用两种方式：錾刻加戳记。内容比较复杂的银锭铭文，多见用錾刻的方式，如纪年铭文。内容相对比较简单的银锭铭文，多采用戳记的方式，如"京销铤银""出门税"银锭等。

金代：虽然同样也采用两种方式制作银锭铭文，但表现的形式不同。錾刻文字与戳记往往同时表现于一件银锭之上，錾刻文字在先，为铭文的正文；戳记在后，起到补充说明的作用。

元代：银锭铭文制作的不同方式表达出银锭铸造时间的先后关系。元代早期银锭明文采用戳记的方式，纪年银锭背铸有阴文；后期则采取錾刻的方式，是否有戳记，不得而知。

---

[1]　刘建民、邓爱民：《小议临汾发现的元代银锭状铜范》，《中国钱币》1996年第3期。

总之，我们认为，银锭的断代需要根据每个时代的标准器，掌握各时代银锭的形制、铭文和制作特点，来建立断代的标尺。只有这样，才能比较准确地对一些没有明确纪年的银锭做出铸造年代的判断与推定。

通过对宋元时期银锭的形制、铭文和制作的分析研究，我们认为，1993年5月上海博物馆从香港文物市场购藏的这件铭文为"聂秦家肥花银"银锭是南宋时期的银锭，理由如下：（1）形制为两端呈弧形、束腰；（2）银锭表面水波纹高于内面，形成较平的水波纹带宽；（3）铭文采用戳记的制作方式，没有"使司""使□"等金代所特有的戳记。"聂秦家"是当时铸造银锭的银铺名，"肥花银"是指银锭的成色，其构成符合南宋"成色＋铸造和管理人员"格式的内容要求。

这件"聂秦家肥花银"银锭的重量，相当于南宋时期的二十五两之重。

（原载《上海博物馆集刊》第9期，上海古籍出版社，2002年）

对安徽东至发现的关子印版的看法

　　1981年，在安徽东至县的废品收购站发现了南宋末年发行的关子版，引起了学术界的轰动。发现的关子版实物据载一共有10件，[1]但目前我们仅能见到8件，包括面版、"敕准"版、"国用见钱关子印"、"金银见钱关子监造检察之印"、"行在榷货务见钱关子库印"、"□□□见钱关子合同印"、"景定五年颁行"版和尾花版（或称宝瓶版），另外两件则不知去向。这8件关子印版实物中，"敕准"版、"国用见钱关子印"、"金银见钱关子监造检察之印"、"□□□见钱关子合同印"、"景定五年颁行"版和尾花版（或称宝瓶版）等6件收藏于东至县文物管理所外，面版和"行在榷货务见钱关子库印"两件为韩家梁收藏，相关的照片和拓片资料已经公布。

　　自从安徽东至发现关子版以来，学术界进行了相当热烈的讨论。在东至关子版相关讨论的文章中，认为是真品的意见占了相当大的比例，其中以安徽省钱币学会秘书处的《南宋"关子"钞版的研究情况综述》[2]和吴兴汉的《中国货币文化宝库中的一颗明珠——安徽东至县发现的南宋"金银见钱关子钞版"论述》[3]最具代表性。但在认为东至关子印版是真品的大前提下，对其性质也有不同的看法：（1）东至关子版是官方铸造的铅质样版[4]；（2）东至关子版是试样雕版[5]；（3）东至关子印版为贾似道"自制"的关子试样

[1]　安徽省钱币学会：《东至"关子钞版"再考察》，2004年中国钱币学会、安徽省钱币学会主办"两宋纸币研讨会"论文打印稿。

[2]　安徽省钱币学会秘书处：《南宋"关子"钞版的研究情况综述》，《安徽钱币》1994年第3期。

[3]　吴兴汉：《中国货币文化宝库中的一颗明珠——安徽东至县发现的南宋"金银见钱关子钞版"论述》，《安徽金融研究》增刊1990年第1期。

[4]　汪青认为，东至关子版是浇铸成形的，不是雕刻版，其原形为木刻版，它既不是伪版，也不是试样雕版，而是官方铸造的铅质样版，是颁给地方的，并为铸造铜版而设计（《南宋"关子钞版"辨析》，《安徽钱币》1996年第3期）。

[5]　吴筹中、顾文炳认为，东至关子版不是关子印版，乃是"关子试样雕版"，因为古钱与古纸币在正式铸造前，都有试样雕母和浇铸母版等过程，有合金、陶土等各种质地。由此及彼，东至关子版质地为软性合金，又成套发现，由此可知它是南宋有关部门所藏的"关子试样雕版"。之所以在东至发现，是因其为宋永丰监的所在地。永丰监既是铸币中心，亦为造钞中心（《论安徽东至县发现的"关子试样雕版"》《安徽金融研究》增刊1989年第2期；《二论"关子试样雕版"》，《安徽钱币》1994年第4期）。

版[1];(4)东至关子印版是宋人所作的伪钞版[2]。有的专家从与文献记载对比的角度[3],有的则从印版的质地、印的制式及发现的角度[4],也有的从印版的拼合、图案和文字三方面[5],提出了质疑。当然也有提出东至关子版是古董商翻版或伪造的。[6]

2004年10月,中国钱币学会和安徽省钱币学会在池州市联合召开"两宋纸币研讨会",我不仅有幸参加了此次会议,而且和其他与会者对东至文物管理所收藏的6件关子版实物进行了考察。本文旨在通过对东至发现的南宋关子版及相关问题的分析研究,固陈陋见,以求教于大方之家。

一　对东至关子面版的分析

东至关子版面版,版首有如意云头和牌状图案;底部为饰有云雷纹的聚宝盆,盆中部有串形钱图,两端则分别是银锭和金链图案。素背,有穿孔。长225毫米,宽135毫米,重1000克。上有三段文字:一是纸币名"行在榷货务对椿金银见钱关子";二是面额"壹贯文省";三是"应诸路州县公私从便主管,每贯并同见钱七伯七十文足,永远流转行使。如官民户及应干官司去处,敢有擅减钱陌,以为违制论,徒贰年,甚者重作施行,其有赏至关子赴榷货务对换金

---

[1]　刘森以为,南宋初期的关子,曾在户部及榷货务印造过。景定五年(1264年)复行关子,主谋人为贾似道,他曾自制关子"印文如'贾'字状",但其自制关子在宋廷诏令颁行关子之后。这样看来,东至发现的关子钞版或为景定五年十月丁卯理宗崩命以前贾似道"自制的关子试样版"。据今见关子钞版诸印文可知,这套钞版是宋廷诏令行关子之后行在榷货务(金银见钱关子库)负责印造关子时使用的,而隶属太府寺的榷货务无权刻铸印章,因而这套关子钞版亦只能是一种试制样版(《宋金纸币史》第九章,中国金融出版社,1993年)。

[2]　姚朔民:《东至关子版考察记——东至归来答客问》,《中国钱币》1994年第3、4期。

[3]　李国梁认为:①文献中记载的金银见钱关子上的印章是八个,而东至关子仅有四个方印,与文献记载有出入;②东至关子版缺少字号官押和过于繁杂;③东至关子印均为铅制,印背无款、无纽,几乎是一片薄版,与文献记载或有关考证比较,大相径庭;④东至关子版中有关机构和用语与文献记载不相一致。由此,不能断定东至关子版是真品(《东至"关子钞版"的有关问题》,安徽省文物考研研究所编:《文物研究》总第五辑,黄山书社,1989年)。

[4]　郁祥祯、王松麟在《南宋"关子钞版"的名称和库印的存疑》(《安徽金融研究》增刊1990年第1期)一文中认为,从现有文献记载和出土实物,钞版的材料都是铜质的,没有以铅铁合金为版材的;"敕准"版上的文字排列与我国古代文字排列不同;东至发现的四方库印材为铅铁合金,既无纽、又无铸刻时间、印发部门,与古制不合,并且这四方印分属不同部门,在同一地点同时发现,也是一个问题。此外,东至关子库印的排列让人捉摸不透。

[5]　汪圣铎:《关于东至关子钞版的几个疑点》,《中国钱币》1994年第3期。

[6]　汪本初:《安徽东至县发现南宋"关子钞版"的调查与研究》,安徽省钱币学会:《东至关子钞版暨两宋纸币》,黄山书社,2005年,第1页。

银见钱者听"（图1）。

在第一段文字中，"行在榷货务"为纸币的发行机构。"金银见钱关子"是南宋理宗景定五年（1264年）发行的纸币的名称。《宋季三朝政要》卷一："（景定五年元旦）造金银见钱关子，以一准十八界会之三，出奉宸库珍货收弊楮，废十七界不用。"除"金银见钱关子"外，景定五年中，还曾出现过"银关"（九月）、"金银关子"（十月）和"铜钱关子"（十二月）等纸币名称。咸淳四年（1268年），又颁行过"见钱关子"。它们与十八界会子的比价都是一比三。叶世昌教授认为，"银关""金银关子""铜钱关子"和"见钱关子"都是指"金银见钱关子"。[1]

东至关子版面版"对椿"之"椿"原本作"椿"，"椿"下的"臼"，据看到过面版实物的专家认

图1

为，"上两横缺口是不自然的上下对齐，从痕迹看是在铅版成形后的修整中，在两横中间用一刀凿成。"[2]"（'椿'字）今'日'字正中从上至下有一錾痕，恰将第一、第二横笔从中切断。这一笔并非刻版时刻出，而是完成后加錾。经此一錾，日字隐隐成了臼字。椿字亦隐隐成了椿字。"[3]换句话说，"椿"是后改的。这是一个值得注意的现象。倘若从已发表的面版照片和拓片的"椿"字结构上分析，也可印证这一现象的存在。

"对椿"之"椿"，在宋代有存储、储备的意思。有人认为，"对椿"二字可能是"对换"二字的同义语，[4]恐不太准确。也有人认为，所谓"对椿"，应为"封椿"。[5]如果是这样，那"对椿"之"对"也是个被刻错了的字，而如此明显

［1］　《中国金融通史》第一卷，中国金融出版社，2003年，第289页。

［2］　汪青：《南宋"关子钞版"辨析》，《安徽钱币》1996年第3期。

［3］　姚朔民：《东至关子版考察记——东至归来答客问》，《中国钱币》1994年第3、4期。

［4］　吴兴汉：《中国货币文化宝库中的一颗明珠——安徽东至县发现的南宋"金银见钱关子钞版"论述》，《安徽金融研究》钱币增刊1990年第1期。

［5］　姚朔民：《东至关子版考察记——东至归来答客问》，《中国钱币》1994年第3、4期。

的错误倒没有被纠正，相对不太明显的错字"椿"反而得以改正，东至关子版照样印造，似不可理解。

从"对椿"和"封椿"在史书中出现的情况来看，我们现在能够查到的"对椿"两字连用的，只有在宋人董煟《救荒活民书》卷下《苏轼乞籴官米》中有："……知朝廷已有指挥，令发运司将上供对椿斛斗应副浙江诸郡籴米，直至明年七月终，不惟安慰人心，破奸雄之谋，亦使蓄积之家，知不久官米豆至，自然趁时出卖……"但这段文字也见于《东坡全集》卷六十《乞将上供封椿斛斗应副浙西诸郡接续籴米劄子》："……知朝廷已有指挥，令发运司将上供封椿斛斗应副浙西诸郡籴米，直至明年七月中，不惟安慰人心，破奸雄之谋，亦使蓄积之家，知不久官米大至，自然趁时出卖……"从这两段文字的关系来看，《救荒活民书》卷下《苏轼乞籴官米》显然出自于《东坡全集》卷六十《乞将上供封椿斛斗应副浙西诸郡接续籴米劄子》，而后者中没有"对椿"，只有"封椿"，说明《救荒活民书》卷下《苏轼乞籴官米》在引用抄录时抄错了。所以，东至关子面版中出现"对椿"而不是"封椿"，肯定是一个错误。

封椿，是指将一年下来财政节余的钱财封存起来，以供急需之用。封，是封存的意思。"封"与"椿"组成"封椿"一词属于同义连用。北宋初已设有封椿库。《宋史纪事本末》卷七《太祖建隆以来诸政》："（乾德）三年八月，置封椿库。帝平荆湖、西蜀，收其金帛，别为内库储之，号封椿，凡岁终有用度之余皆入之，以为军旅饥馑之备。"南宋时更有月椿钱，《建炎以来朝野杂记·甲集》卷十五："月椿钱者，自绍兴二年冬始。"南宋孝宗时创有左藏封椿库，所谓"其法，非奉亲、非军需不支"。[1]

在第三段文字中，如果我们将"千斯仓"版上的一段文字"除四川外，许于诸路州县公私从便主管，并同见钱七百七十陌，流转行使"，与其上半段"应诸路州县公私从便主管，每贯并同见钱七伯七十文足，永远流转行使"相比照，不难发现它们两者之间的用语竟是那样的相似。其实，查考宋代文献，并没有"从便主管"这样的语句。"从便主管"应改为"从便支请"。"从便主管"是让公私听主管的，主管给钞，公私就拿钞；主管给现钱，公私就拿现钱，实际上公私并没有"从便"，从便的是主管，与下文"其有赍至关子赴榷货务对换金银见钱者听"是有矛盾的。若改为"从便支请"，意义就比较明确了，公私到榷货务取钱或取钞，可任意由自己挑选，这与"其有赍至关子赴榷货务对换金银见钱者听"是一致的。不过，"其有赍至关子赴榷货务对换金银见钱者听"这句话是有问题的，问题出在多了一个"至"字。这句话若改为"其有赍关子赴榷货

---

[1]　《建炎以来朝野杂记·甲集》卷十七。

务对换金银见钱者听",就对了,因为"赍"是一个及物动词,后面应跟宾语,而这里不仅没有跟宾语,相反跟了一个表去向的动词"至","赍"的实际宾语"关子"成了"至"的宾语,这在语法上是有问题的。更何况此句中"至"和"赴"所表达的是一个意思,同时出现,就有点画蛇添足了。

金银现钱关子是景定五年元旦发行的。关子的减落之禁出现于咸淳四年(1268年),《宋史·食货志》与《文献通考·钱币考》中有着相同的记载:"咸淳四年,以近颁见钱关子,贯作七百七十文足,十八界每道作二百五十七文足,三道准关子一贯,同见钱转使。公私擅减者,官以赃论,吏则配籍。五年,复申严关子减落之禁。"也就是说,先有金银现钱关子,后有减落之禁,两者不是同时出现的。如果咸淳四年发行的现钱关子与金银现钱关子确实是同一种纸币的话,则表明东至关子面版至少应该是咸淳四年以后发行的。否则,就无法说通。

《钱塘遗事》卷五《银关先谶》云:"景定甲子,贾相当国,造金银见钱关子,以一准十八界之三,废十七界不用。其关子之制,上黑印如品字,中红印三相连如目字,下两傍各有一小长黑印,宛然一贾字也。银关之上列为宝盖幢幡之状,目之曰金旛胜以今代麒麟阁。"景定甲子,即景定五年。这里牵涉到这样一个问题,即不同时间发行的关子版式是否是一成不变的。根据史书的记载,南宋在不同时间发行的不同界别的会子版式是有区别的。

二　对东至关子"准敕"版的分析

东至关子"准敕"版,背有8个小孔。长187毫米,宽135毫米,重943克(图2)。

《宋会要辑稿·刑法二》载,嘉定十六年(1223年)严申禁止伪造会子诏令:"条具累朝伪造官会之禁,严立黄板揭示都闾,仍下逐路镂版,其有犯者,断在必行,官司或失察觉,并置典宪,仍重捕获之赏。"在当时,为了防止伪造会子,南宋政府"立黄板揭示都闾",并且"下逐路镂版"。"准敕"版从内容上看,虽然具有一种告示性,但显然不可能用于"揭示都闾",而只能被用于印造在纸币的背面。不过,值得一提的是,宋代的布告一般采取的方式有这样几种:粉壁晓谕、镂板晓示、出榜晓谕、遍牒晓谕或镂榜晓示,不知"准敕"版属于其中的哪一种。

有人提出,"准敕"版上所反映的刑律完全合乎宋代的典制。[1]其实,问题不在于这"准敕"版上处罚伪造关子的名目在宋史文献中是否有载,而在于"准敕"版

---

[1]　高聪明:《从宋代法律制度看关子版的"准敕"文》,2004年中国钱币学会、安徽省钱币学会主办"两宋纸币专题研讨会"论文打印稿。

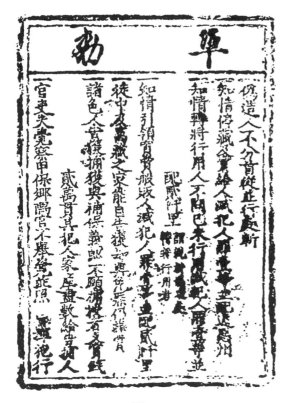

图2

上的条文是否就是宋代对伪造关子的法律规定。

"准敕"版全文如下：

　　一伪造人不分首从并行处斩

　　一知情停藏及资给人减犯人罪壹等并配远恶州

　　一知情转将行用人不问已未行用减犯人罪壹等并配二千里

　　一知情引领买卖般贩人减犯人罪壹等并配二千里

　　一徒中及窝藏之家能自告获却与免罪仍推赏

　　一诸色人告获押获与补保义郎不愿补授者支赏钱贰万贯其犯人家产尽数给告捕人

　　一官吏失觉察甲保乡隅官不举觉并照旨挥施行

　　纵观宋史文献，虽然有多次禁止伪造会子诏令的记载，但多没有具体的内容，有具体的内容仅见之于绍兴三十二年[1]、乾道四年[2]、淳熙十三年[3]三次诏令。根据这些内容，对照"准敕"版，我们在行文上发现了一些问题，比如：

　　"徒中及窝藏之家能自告获却与免罪仍推赏"，"徒中及窝藏之家"应该是"自告首"，即自首，而不应该是"自告获"，"告获"即"告发"。从内容看，"却与"两字似多余。

　　"诸色人告获押获与补保义郎不愿补授者支赏钱贰万贯其犯人家产尽数给告捕人"，"告获"，在宋代文献中是很常见的，"诸色人告获"就能获得奖赏。"押

[1]　《宋史·食货志》："犯人处斩，赏钱千贯，不愿受者，补进义校尉。若徒中及庇匿者能告首，免罪受赏，愿补官者听。"

[2]　《建炎以来朝野杂记·甲集》卷十六《东南会子》："其秋，曾钦道奏伪造会子，籍其赀充实，再犯，依川钱法。从之。"

[3]　《宋史·孝宗本纪》："诏伪造会子，凡经行用，并处死。"《建炎以来朝野杂记·甲集》卷十六《东南会子》："淳熙十三年秋，诏今后再犯伪造会子，虽印文不全成，但已经行用，论如律。"

获"仅见之于宋人杨杰的《无为集》卷十三"皇祐中任宿州蕲泽兵马监押获盗及逋卒百人",为押解之意,"押获"是官府的职责,不是"诸色人"告发获得奖赏的条件,因此,"押获"紧跟在"告获"之后,有多此一举之嫌。"补"为"补任"或"增补为"的意思,"补授"是补任官职的意思。"补保义郎"是政府对告发者的一种奖赏,接受或不接受是告发者的选择,所以,"不愿补授者"应同绍兴三十三年条文一样,作"不愿受者"或作"不愿补者"才是。"诸色人告获押获与补保义郎不愿补授者支赏钱贰万贯其犯人家产尽数给告捕人"这句若改为"诸色人告获,补保义郎,不愿受者,支赏钱二万贯,并(仍)给犯人家产",似乎更符合宋人用词、用句习惯。

"官吏失觉察甲保乡隅官不举觉并照旨挥施行",首先宋代没有"甲保制度",而只有"保甲制度",五户一保,这里出现"甲保"显然是错误的。"照旨挥施行"在"照"之后、"旨挥"之前留有空格,有人说是为了表示对"旨挥"的尊重,[1] 不确。"旨挥"同"指挥",指帝王的诏敕、命令。在宋代文献中,在"指挥"之前不见有空一格的例子,并在"照"后面应跟宾语,形成"照×××指挥施行"或"依×××指挥施行"句式,构成介词短语结构。而这里的"照"后面却是空格,与"指挥施行"成了断句,这显然有违常句格式,是不对的。

除了行文语句外,"准敕"版中的第二条"知情停藏及资给人减犯人罪壹等并配远恶州",从目前已知宋代对伪造纸币处罚情况来看,似还没有"远配恶州"这条,是不是在咸淳四年有此规定,不得而知。

三　对东至关子版印的分析

东至发现的有关关子的印章都是铅质的,一般厚在4毫米左右,无纽,都有四孔,是作为印版用的。四枚印的印文分别为"国用见钱关子印""金银见钱关子监造检察之印""行在榷货务见钱关子库印"和"□□□见钱关子合同印"。

《宋史·舆服志》载:"绍兴十四年,臣僚又言:'印信事重,凡有官司印记,年深篆文不明,合改铸者,非进呈取旨,不得改铸焉。'时更铸者,成都府钱引,每界以铜朱记给之。行在榷货务都茶场,每界给印二十五:国用印三纽,各以'三省户房国用司会子印'为文;检察印五纽,各以'提领会子库检察印'为文;库印五纽,各以'会子库印造会子印'为文;合同印十二纽,内一贯文二纽,各以'会子库一贯文合同印'为文;五百文、二百文准此。"

---

[1]　高聪明:《从宋代法律制度看关子版的"准敕"文》,2004年中国钱币学会、安徽省钱币学会主办"两宋纸币专题研讨会"论文打印稿。

图3

倘若我们将东至发现的这四方关子之印与《宋史·舆服志》相比较，会发觉这四方印似乎都能找到相对应的印，但事实上却不是这样。《宋史·舆服志》中记载的会子印中，除"三省户房国用司会子印"不属库印之外，其余的三方都属于会子库印；而在东至发现的四方关子印中，只有一方是关子库印，即"行在榷货务见钱关子库印"，另外三方不属关子库印，情况正好相反。并且，印文中的纸币名称也不一致。

在这里，我们不妨先分析一下"国用见钱关子印"。

"国用见钱关子印"，印文为九叠篆，印呈扁平、无纽。背有四个小孔。长60毫米，上宽60毫米，下宽57毫米，厚4毫米。重137克（图3）。

有关国用司，文献中有如下记载：

> 《宋史·孝宗本纪》："（乾道三年春正月）庚戌，置三省户房国用司。"
> 《宋史·职官志》："（乾道）五年二月，罢国用司。"
> 《宋史·宁宗本纪》："（开禧元年春正月）癸卯，诏国用司立考覈财赋之法。""（开禧二年春正月）辛丑，更名国用司曰国用参计所。"
> 《建炎以来朝野杂记·乙集》卷十三《国用参计官》："国用参计官者，开禧二年始置。乾道间，孝宗尝命辅臣兼制国用，染无官属，但于三省户房置国用司而已。"[1]
> 《建炎以来朝野杂记·乙集》卷十三《提领拘催安边前物所》："拘催安边钱物所者，嘉定元年置。时甫废国用司……"

从以上史书记载，可以看到国用司兴废发展的大致轨迹。联系到东至发现的"国用见钱关子印"，印文使用"国用"显然是个错误，因为在宋代官制中，只有"国用司"，而没有"国用"，"国用司"是"三省户房国用司"的简称，也是"国用参计所"的简称。这是其一。其二，国用司在嘉定元年"甫废"后，景定五年

---

[1]　《两朝纲目备要》卷八有同样的记载。

已不复存在，"国用见钱关子印"印文中再出现"国用（司）"，则有违史实。

我们再来看一下"金银见钱关子监造检察之印"（图4）。印文为九叠篆，印呈扁平、无纽。背有四小孔。长55毫米，宽54毫米，厚4毫米，重107克。这方印首先在语序上存在问题，"金银见钱关子"在这里应该是"监造检察"的宾语。其次，"金银见钱关子"的印造，只有官方机构或其官员才能够行使监造检察之职，既然当时已经设有关子库，监造检察关子的职责应有关子库承担才是。所以，从内容上来说，若这方印的印文改为"提领关子库检察印"或"监造检察金银见钱关子之印"就说得比较通了。

图4

"行在榷货务金银见钱关子库印"（图5），印文为九叠篆，印呈扁平、无纽。背有四小孔。长56毫米，宽57毫米，厚4毫米，重121克。这方印的印文有两个特点：一是出现"关子库"名，二是印文与面版的钞名相类，而面版的钞名为"行在榷货务对椿金银见钱关子"。这里或是省称，不得而知。对照《宋史·舆服志》中对会子用印的规定，如果当时真有关子库这一机构的话，这方印的印文不仅应为"关子库印造关子印"，而且其他印也应与关子库有关。

图5

"□□□见钱关子合同印"（图6），印文为九叠篆，印呈扁平，无纽。长55毫米，残宽40毫米，厚4毫米，重85克。这是一方很有趣的印，前面三个字只剩下偏旁，属半个字。原报告说在这方印的上面发现有两个孔洞，2004年在中国钱币学会和安徽省钱币学会主办的"两宋纸币研讨会"上观摩实物时，苏州的邹志谅又发现

图6

了两个孔洞，位置在半个字的旁边。有人主张这方印是当时使用的骑缝章，但在按照《宋季三朝政要》排列印章时却又当作一方完整的印，前后矛盾。南宋纸币上是否使用过骑缝章，至少史籍是没有记载的。即使南宋纸币上使用骑缝章，这印章的实物也应该是完整的，否则就无法进行勘合。

东至发现的四方印从印文字形、风格上来看，存在着字体变化无章，线条凝滞等诸多问题，不像我们现在看到的宋代九叠篆印章那样，印文结构变化合理，气息连贯、流畅，如宋太平兴国五年东关县新铸印（图7-1）和建炎四年宣抚处置使司随军审记司印（图7-2）。

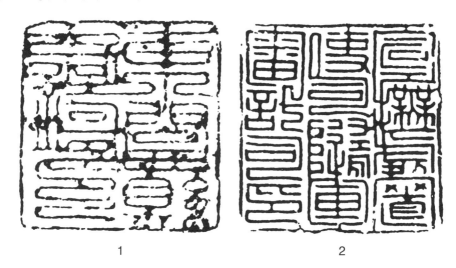

1　　　　　　　　　　　2

图7

汉字在历代印章中作为印文使用时，的确存在着形体上的某种变化，或简化或添加，但无论怎么变化，文字的基本结构是永恒不变的，即所谓的"万变不离其宗"。历代的官印作为官方的凭信，具有严肃性，在制作上有其严格的程序和要求，文字形体变化遵循一定的规律。我们将东至发现的四方印印文分别拆开，将相同的字和不同的字分别组成了两个表（表1、2）。从这两个表中可以看到，"国用见钱关子印"中的"用""钱""关""印"字，"金银见钱关子监造检察之印"中的"金""子""监""造""印"字，"行在榷货务金银见钱关子库印"中的"金""银""见""钱""库""印"字，"□□□见钱关子合同印"中的"钱""印"字等，它们的形体变化不按规则，有的甚至改变了文字的原形，"行在榷货务"五个字笔画连在一起，形体结构更是混乱。为了能说明问题，我们以"印"字为例，从《中国玺印全集》著录的有关宋代九叠篆文官印中，汲取了"印"字的形体并归纳成表格（表3），以便大家与表二中的"印"字字形进行比较。

宋代的官印，背面都有纽，被称之为"橛式纽"。东至发现的四方印既然是官印，照理背面应该有同样的纽，但实物无纽，不符宋印制度。

表1　字形对照表（1）

	金	银	见	钱	关	子	印
国用见钱关子印							
金银见钱关子监造检察之印							
行在榷货务金银见钱关子库印							
□□□见钱关子合同印							

表2　字形对照表（2）

国	用	监	造	检	察	行在榷货务	库	合同

表3　"印"字字形表

	东关县新铸印（太平兴国五年九月铸）	宣抚处置使司随军审记司印（建炎四年二月）	宜州管下羁縻都县印（绍兴二十四年文思院铸）	嘉兴府㵲埠驻扎殿前司水军弟一将印（嘉定十六年文思院铸）
印				

续表

	嘉兴府金山防海水军统领印（景定元年文思院铸）	嘉兴府驻扎殿前司金山水军弟二将印（德祐元年文思院铸）	鹰坊之印	句当公事之印
印				

除了目前见到的四方印之外，安徽省钱币学会经过考察，提出当时发现的印章一共有六方，其中的两方小印已不知去向。[1]

四　对"景定五年颁行"版和尾花版的分析

与关子面版和四方印一同发现的有面文为"景定五年颁行"的版子（图8），又称"颁行版"，版文楷书，背有四个小孔。长147毫米，宽56毫米，重312克。这件版子作什么用的？是用来加盖的话，其背面又没有印纽，而只有四个孔洞，显然也是作印刷用的。根据史书的记载，金银现钱关子发行于景定五年，但据上面对东至发现的关子面版的分析，东至关子版如果是真品，发行的年代也应在咸淳四年之后。这样，在用东至关子版印造的纸币上就出现了加印"景定五年颁行"的现象。对这一现象，我们该如何理解，问题在于南宋是否存在在纸币上加盖或加印最初颁行年份的制度。

东至发现的关子印版中还有一块上面有似花束插在花瓶里的图案的印版，被称之为"尾花版"（图9），又称为"宝瓶版"。宝瓶居中，内盛象牙等物，周以祥云烘托。背有四个小孔。长160毫米，宽73毫米，重488克。这块"尾花版"在关子中的作

图8

图9

［1］　安徽省钱币学会：《东至"关子钞版"再考察》，2004年中国钱币学会、安徽省钱币学会主办"两宋纸币研讨会"论文打印稿。

用，我们始终无法知晓，所以，产生了很多的推测。我们考虑的是，在关子上印这样一种图案，是不是必要，目的是为了什么。现在一般的研究者都根据图案是否具有宋代图案的结构和风格考究它的真实性，其实，对这样的图案，现代人也是能够做得出来的。我认为，这种"尾花版"在关子上是属于那种多余的东西。

五　东至关子版的质地、性质及排序

东至关子版的质地问题，中国钱币学会曾经过对"尾花版""景定五年颁行"版以及"国用见钱关子印"进行的取样分析，得出的结论是："经仔细分析测定，三款印板均为纯铅质，不含锡，其他杂质元素含量都很低。"[1]2004年中国科技大学和安徽省钱币学会对东至关子版的"景定五年颁行"版进行了X射线荧光和显微拉曼光谱分析，得出的结论仍然是铅质。[2]可以肯定，东至关子版的质地的确为铅。

值得注意的是，"仔细观察，可以看到关子版表面腐蚀层松弛，并已见自然流失和分层剥离现象，这些都是铅质版长期腐蚀的征象，特别是铅质的流失"。[3]经请教有关专家，这些征状也却非短时间里所能达到的。换而言之，东至关子版如果是赝品，也已经历了相当长的一段时间，不是新做的。中国科技大学和安徽省钱币学会对关子版腐蚀机理进行了分析，提出外界环境中的O_2、CO_2、H_2O和Cl^-是导致其腐蚀的主要因素。[4]这告诉我们这样一个浅显的事实，即造成东至关子版目前表面腐蚀状况的条件并不复杂，是很容易办到的。

在东至关子印版的面上，特别是面版和"准敕"版上保留了大量雕琢的痕迹，给人的感觉好像是人工雕刻而成的，应该属于雕版，著名的纸币收藏家吴筹中就是这样认为的，[5]这个观点直到今天仍具有相当的影响力，对推动有关东至关子版研究的深入，起到了促进的作用。可是，当我们仔细察看关子面版照片和东至县文物管理所保存的六件关子印版实物时，发现在东至关子印版的面版、"准敕"版和其他印版的面上，确实明显地保存着许多翻砂铸造的痕迹，中国科技大学和安徽省钱币学会通过日本体视显微镜观察到的现象也证实了这种

---

[1]　周卫荣：《东至关子版的金属成分》，《中国钱币》1994年第3期。

[2]　毛振伟、施继龙等：《南宋"关子钞版"样品的X射线荧光和显微喇曼光谱分析》，2004年中国钱币学会、安徽省钱币学会主办"两宋纸币研讨会"论文打印稿。

[3]　周卫荣：《东至关子版的金属成分》，《中国钱币》1994年第3期。

[4]　毛振伟、施继龙等：《南宋"关子钞版"样品的X射线荧光和显微喇曼光谱分析》，2004年中国钱币学会、安徽省钱币学会主办"两宋纸币研讨会"论文打印稿。

[5]　吴筹中：《论安徽东至县发现的"关子试样雕版"》《安徽金融研究》钱币增刊1989年第2期；顾文炳：《二论"关子试样雕版"》，《安徽钱币》1994年第4期。

痕迹的存在。[1] 如果其是雕版，又怎会有这种翻砂的痕迹呢？所以，我们不禁对东至关子版是雕版的观点产生了疑义。

东至关子版铸造版上保留有雕琢痕迹，应当与当时翻砂铸造时采用的模版为木雕版有关。我们看东至关子版上的雕刻痕迹，就与我们看清代保存有雕刻痕迹的母钱或样钱一样。看是否是雕版，主要看它是否用刀直接刻就而成。我们将与清代雕母比较一下，就能发现清代雕母的刻痕与东至关子版上的刻痕是不一样的，前者是真正用刀刻成的，而后者的刻痕是翻砂过程中模版遗留下来的，痕迹显得比较圆润而不生辣，没切进版体。上海博物馆收藏有一件元代至元通行宝钞壹伯文的铅质钞版，上面同样保存有用雕版作模翻砂制成的痕迹，这种痕迹的特征与东至关子版的刀痕完全相同。如果东至关子版是雕版，那上海博物馆收藏的这件元代铅钞版是否也是雕版呢？因此，仅仅根据有刻痕就断定是雕版，显然是有失偏颇的。有人提出，东至关子版有可能是预制版胚时先铸上边饰，根据需要再雕刻文字、地张而成的，[2] 即翻砂铸造成铅板后再由人工在其上面雕刻而成。问题是，这样制作钞版无论是官方还是伪造者，在当时是否有必要这样做，更何况翻砂痕迹并不局限于关子版的边缘。

有人将东至关子版面版、"准敕"版、"景定五年颁行"版和尾花版，与发现的印章进行了组合，呈现出的状态如图 10 东至关子面版上加盖"国用见钱关子印"和"行在榷货务见钱关子库印"，如图 11 "准敕"版上加盖"景定五年颁行"版加盖并加盖和"金银见钱关子监造检察之印"，如图 12 尾花版上加盖"□□□见钱关子合同印"，而这样的组合如何反映在一张纸币上，则未有说明或拼图。

《宋季三朝政要》卷一："（景定五年元旦）造金银见钱关子，以一准十八界之三，出奉宸库珍货收弊楮，废十七界不用，其关子之制上黑印如西字，中红印三相连如目字，下两傍各一小长黑印，宛如一贾字也。"有人将东至关子版中的颁行版、尾花版和四方印按照《宋季三朝政要》的记载，进行了排列[3]；也有人进行了同样排列，排列的结果却不完全相同[4]。在 2004 年中国钱币学会和安徽省钱币学会主办的"两宋纸币研讨会"上，就东至关子版的排列，甚至出现

[1]　施继龙、毛振伟、冯敏等：《南宋"关子钞版"制作工艺初探》，2004 年中国钱币学会、安徽省钱币学会主办"两宋纸币研讨会"论文打印稿。

[2]　邹志谅：《由宋铸给印制度看东至南宋印版》，2004 年中国钱币学会、安徽省钱币学会主办"两宋纸币研讨会"论文打印稿。

[3]　吴兴汉：《中国货币文化宝库中的一颗明珠——安徽东至县发现的南宋"金银见钱关子钞版"论述》，《安徽金融研究》钱币增刊 1990 年第 1 期。

[4]　郁祥祯、王松麟：《南宋"关子钞版"的名称和库印的存疑》，《安徽金融研究》增刊 1990 年第 1 期。

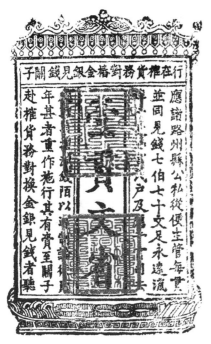

图10

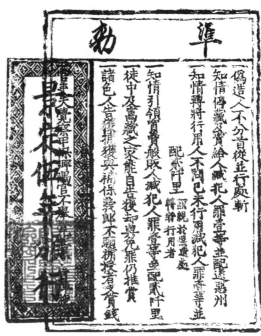

图11

了十几种不同的结果。其实，无论颁行版、尾花版和四方印怎么排列，都无法满足《宋季三朝政要》所记"宛如一贾字"的要求，即使排列成功，也大大地超出纸币本身的大小，而这又是不对的。由此，我们联想到这可能只不过是古代的一种附会罢了。关子发行是贾似道所为，而关子发行的后果是"诸行百市物货涌贵，钱陌消折"[1]，不得人心。与《宋季三朝政要》一书有同样记载的，还有《钱塘遗事》，我们从它的标题《银关先谶》似乎也可以推测出，所谓"其关子之制上黑印如品字，中红印三相连如目字，下两傍各一小长黑印，宛如一贾字也"，可能是一种附会。这种附会的现象，古已有之。如《汉书·宦者列传》在谈到东汉灵帝铸四出五铢钱时云："又铸四出文钱，钱皆四道。识者窃言侈虐以甚，形象兆见，此钱

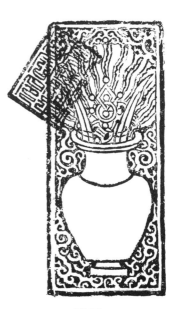

图12

---

[1] 《梦粱录》卷十三《都市钱会》。

成，必四道而去。及京师大乱，钱果流布四海。"《隋书·食货志》曰："宣帝太建十一年，又铸大货六铢，以一当五铢之十，与五铢并行。后还当一，人皆不便。乃相与讹言曰：'六铢钱有不利县官之象。'未几而帝崩，遂废六铢而行五铢。"东汉的灭亡和陈宣帝的死，与铸行钱币又有什么直接的关联呢。

六　东至关子版制作时间的推测

虽然史书记载金银现钱关子发行于景定五年（1264年），但根据我们对东至关子面版的分析，我们认为，即使东至关子版是真品，其颁行的时间也不在景定五年，而是在咸淳四年之后。问题是，通过讨论研究，我们认为东至关子版存在着许多的疑问，这些疑问的存在，使得我们不得不怀疑其真实性，即有伪造的可能。

有人提出，东至关子版是属伪造品，但为当时民间所为。如果是当时民间伪造，我们觉得不应该出现将"封椿"写成"对椿""保甲"写成"甲保"等这样明显的错误，因为作假者做假的目的是为了赚取不应该赚的钱，让假的纸币能像真的一样流通而不被发现，出现这样明显的错误，假钞不能流通外，还要受到严厉的处罚，这是做假的人所不愿看到的结果。所以，当时做假的人也会像今天做假人民币一样认真、小心，尽可能地做到天衣无缝。所以，东至关子版是后做的。

我们在前面曾提到，东至关子面版上"应诸路州县公私从便主管，每贯并同见钱七伯七十文足，永远流转行使"，与"千斯仓"版上的文字几乎完全相同，后者只是少了几个字，这里边透露出来的信息表明，它们应该是两件铸造时间上有前后关系的东西。从东至关子面版上的内容来看，其是"千斯仓"版文字与《宋史·食货志》记载的混合，出现的时间应当比之要晚。

"千斯仓"版目前已经基本上可认定是一件赝品。根据《东亚钱志》甲贺宜政的序以及奥平昌洪的考证，"千斯仓"版至少在1933年以前已经流入日本，并成为田中清岳堂的收藏物。而从国内收藏的原拓情况来分析，"千斯仓"版在到日本去之前，曾在中国国内辗转。[1]"千斯仓"版作伪的时间可能在20世纪二三十年代。

（原载《上海博物馆集刊》第10期，上海书画出版社，2005年）

---

[1]　周祥：《中国古代纸钞》，上海人民出版社，2004年，第372页。

黑城出土文书与元代钞本的印造和使用

1978年和1979年，在内蒙古额古济纳旗先后发现了两批元代的文书，其中有一张编号为78∶13的文书（图1），为雕版印刷，四周边框是回纹，由很多长繁复形和细折线组成，回纹外侧有粗黑直线，上部有一黑色长方形印记，左侧下部有一朱红色长方形八思巴文戳记。上面的文字是：

都［提举万亿宝］源〖库代钱钞〗
□□间……不□□少之数其间□□即得但
有不□□□之数□□□□□举依数陪偿更
行当
罪无误……
□以至元钞壹［拾］锭□□□（八思巴文）
□□□（八思巴文）
□□□□□□□（八思巴文）

有人对"以至元钞壹［拾］锭"以后的八思巴文进行了考释，认为其译义是"准折拾钱锭"，并指出这件文书实际上是"元朝中央政府发行的代用币，价值至元钞十锭"。[1]

图1

1983年和1984年，内蒙古文物考古所等单位对黑城遗址进行了考古发掘，获得了大量的元代文书等具有重要价值的文物。其中，有三张被收入在票据类的文书中。综合已发表的材料，[2]这三张文书的情况是：

---

［1］　陈炳应：《黑城新出土的一批元代文书》，《考古与文物》1983年第1期。

［2］　李逸友：《黑城出土文书（汉文文书卷）》，科学出版社，1991年，第183页；李逸友：《元代草原丝绸之路上的纸币——内蒙古额济纳旗黑城出土的元钞及票券》，《中国钱币》1991年第3期；李逸友：《元代纸币启蒙篇（二）》，《内蒙古金融研究》钱币增刊2000年第2期。

　　F1：W38（图2）用薄棉纸木版印刷，上下略有短缺，原版心为双线栏，现仅存两侧边栏，残长190毫米，宽152毫米，当中也有破损。由于印刷时用墨浓淡不匀，中央部位的文字比较模糊。票面正中斜置朱红官印一方，印文已漫漶不清，"检钞司库"下钤有花押3枚。上面的文字是：

图2

　　都提举万亿宝源库今收到

　　中间并无伪烂短少支发之日或有不堪短

　　少者该检钞司库依数陪偿当罪无词

　　实收至元钞壹拾定

　　延祐□年　　月　　日检钞司库

　　□□司库

　　检钞司库

　　官

　　提调官

　　F123：1（图3）用麻纸木版印刷，双线栏，边栏较粗。因印刷时用墨量少，文字色浅难辨。长197毫米，宽157毫米。加盖红官印的印文不清。左下角有两墨书花押。上面的文字是：

图3

都提举万亿宝源库今收到

至元钞壹拾定中间无

伪栏短少不堪以敷用如是检过

但有……………………司库愿

陪偿当罪无词

泰定二年　月　日

提调官

　　F192：W2（图4）竹纸木版印刷，双线栏，仅存右上角，残长51毫米，残宽112毫米。上面的文字如下：

图4

都提举……

钞中间……

不堪短……

无词合……

……

至治……

对于这三张文书，有学者认为是一种代钞券："黑城出土的三张都提举万亿宝源库收到宝钞的票据，类似盐券的形式，文字上只是一张收据，上面没有何人交纳的何种钱的说明，不同于盐券上还载有交纳人，这是由朝廷中书省管领全国财政的总库发行的票证，实际也是一种可以转让流通的代用币，曾有人命之为'代钞券'。"[1]后又进一步提出，这三张文书"类似盐券的形式，看来是一张票据，实际上也是一种可以流通的代用货币，曾被称为代钞券或代钞钱，应为钞本"。[2]这一观点，影响颇大。

有的学者认为："元代早期由于弥补庞大的财政赤字，曾发行了大量钞本，这些'钞本'本来是一种类似于今天债券的东西，规定到期后方能收兑，并不许在市面行用。但从发行时起，'钞本'即进入流通领域，成为一种大面额流通的代用钞。元代的钞本，据《元史》知始发行成宗。"[3]

我们不妨首先解读一下黑城出土的保存状况较好的F1：W38上的文字：

［1］　李逸友：《元代草原丝绸之路上的纸币——内蒙古额济纳旗黑城出土的元钞及票券》，《中国钱币》1991年第3期。

［2］　李逸友：《黑城出土文书（汉文文书卷）》，科学出版社，1991年，第183页。

［3］　庞文秀：《黑城出土元代有价证券例证》，《内蒙古金融研究》钱币增刊1997年第3、4期。

都提举万亿宝源库今收到中间并无伪烂、短少。支发之日，或有不堪短少者，该检钞司库依数陪偿，当罪无词。实收至元钞壹拾定。

"都提举万亿宝源库"：在元代属户部，掌宝钞、玉器，与都举万亿广源库、都提举万亿绮源库、都提举万亿赋源库，合称"万亿四库"。《元史·百官志》："国初以太府掌内帑之出纳，既设左藏等库，而国计之领在户部，仍置万亿等库，为收藏之府。"都提举万亿宝源库是收藏保管机构，并不是纸币的发行机构。《元史·武宗本纪》："（至大三年，1310年，二月）丁卯，尚书省臣言：'若至元钞初行，即以中统钞供亿及销其板。今既行至大银钞，乞以至元钞输万亿库，销毁其板，止以至大钞与铜钱相权通行为便。'"元代纸币的发行机构是诸路宝钞都提举司，《元史·百官志》："国初，户部兼领交钞公事。世祖至元始设交钞提举司，秩正五品。二十四年改诸路宝钞都提举司。"诸路宝钞都提举司下设宝钞总库、印造宝钞库、烧钞东西二库及行用六库。元代纸币上所钤的"提举诸路通行宝钞印"，可资佐证。有学者认为，万亿宝源库是朝廷发行宝钞的职能机构，[1]显然是不对的。

"今收到中间并无伪烂、短少"：今天所收到的壹拾定至元钞的中间没有发现伪钞、烂钞和缺数的情况。

"支发之日，或有不堪短少者，该检钞司库依数陪偿，当罪无词"：从库中支取的当天，如果发现有缺数的情况，检钞司库则给予赔偿，并愿受罚。

因此，从文字内容上看，F1：W38显然是一张格式化的收据，并不是钞本。

《元史·食货志》："（中统五年，1264年）设各路平准库，主平物价，使相依准，不至低昂，仍给钞一万二千锭，以为钞本。"有人据此认为："所谓'钞本'，也就是货币发行的基金。"[2]有关钞本，《宋史·百官志》载："广惠库，大使一员，副员一员。至元十三年，以钞本五千锭，放典收息，纳于备用库。"《元史·食货志》载："元立惠民药局，官给钞本，月营子钱，以备药物，仍择量医主之，以疗贫民，其深得《周官》设医师之美意者欤。"这些记载说明钞本是一种后备金。

元代在发行中统元宝交钞时，是以金银为准备金的。《元史·世祖本纪》："（至元三十年，1293年，八月）诏诸路平准交钞库所贮银九十三万六千九百五十两，除留有十九万二千四百五十两为钞母，余悉运至京师。"中统钞、至元钞逐渐沦为不可兑换性货币。这时印造的钞本，应该说已经演变成了一种用来兑换昏钞和坏钞的纸币准备金，而不再是金银了。查考《元史》，往往看到中书省臣等

---

[1]　李逸友：《黑城出土文书（汉文文书卷）》，科学出版社，1991年，第74页。

[2]　李逸友：《黑城出土文书（汉文文书卷）》，科学出版社，1991年，第74页。

在谈及使用钞本时，会与钞法联系起来：

《元史·武宗本纪》："（至大元年，1308年，二月）乙未，中书省臣言：'……往者或遇匮急，奏支钞本。臣等固知钞法非轻，曷敢辄动，然计无所出……'"

《元史·成宗本纪》："（大德三年，1299年，春正月）中书省臣言：'比年公帑所费，动辄钜万，岁入之数，不支半岁，自余皆借及钞本。臣恐理财失宜，钞法亦坏。'帝嘉纳之。"

《元史·铁木迭儿传》："（延祐元年，1314年）铁木迭儿奏：'……又，经用不足，苟不预为规画，必致愆误，臣等集诸老议，皆谓动用钞本，则钞法愈虚；加赋税，则毒流黎庶；增岁课，则比国初已倍五十矣。'"

这些记载表明，由于国用不足而借用钞本，引起财政上的大量透支，终是不能使钞法稳固的，元代的官吏们事实上也看到了这一点。《元史·顺帝本纪》："（至正十五年，1355年，十二月）丁巳，以诸郡军储供饷繁浩，命户部印造明年钞本六百万锭给之。"这时竟然提前使用来年的钞本，可见元代的钞法在晚期已变得越来越混乱和衰败了。

从史书记载来看，元代政府在纸币制度建立的一开始，便建立了钞本制度。《元史·世祖本纪》："（中统三年，1262年，六月）东平严忠济向为民贷钱输赋四十三万七千四百锭，借用课程钞本、盐课银五千余两，诏勿征。"但是，有关钞本印造的情况，史书中从至大三年（1310年）才有记载：

《元史·武宗本纪》："（至大三年十一月）辛巳，尚书省臣言：'今岁以印至大钞本一百万锭，乞增二十万锭，及铜钱兼行，以备侍卫及鹰坊急有所须。'"

《元史·英宗本纪》："（延祐七年，1320年，十一月）造今年钞本，至元钞五千贯、中统钞二百五十万贯。"

《元史·泰定帝本纪》："（泰定元年，1324年，十一月）印明年钞本至元钞四十万锭、中统钞十万锭。"

《元史·文宗本纪》："（天历元年，1328年，十一月）中书省臣言：'今岁既罢印钞本，来岁拟印至元钞一百一十九万二千锭、中统钞四万锭。'""（至顺二年，1331年，春正月）造岁额钞本至元钞八十九万五千锭、中统钞五千锭。""（至顺三年春正月）丙戌，印造岁额钞本，至元钞九十九万六千锭、中统钞四千锭。"

《元史·顺帝本纪》："（至元二年，1336年，十一月）印造至元三年钞本一百五十万锭。""（至元四年春正月）癸亥，印造钞本百二十万锭。""（至正元年，1341年，十二月）癸亥，以在库至元、中统钞二百八十二万二千四百八十八锭可支二年，住造明年钞本。"（至正十五年十二月）己巳，以诸郡储供军饷繁浩，命户部印造明年钞本六百万锭给之。"

上面记载说明了两个问题，一是元代钞本印造量一般都在一百万锭左右；二是元代的钞本是由至元钞和中统钞两部分准备金组成的。换句话说，作为钞本的至元钞与中统钞的样式，与流通使用的至元钞和中统钞是相同的，从而表明在内蒙古黑城出土的四张万亿宝源库文书（收据）的确不是钞本。

从黑城出土的四张万亿宝源库收据可知，元代纸币入库的一套管理制度，这套管理制度是相当严格的：首先，对收到的纸币必须当面进行检验和点数，如发现有伪钞和烂钞，马上予以剔除，伪钞和烂钞不得入库；其次，对收到的纸币必须开具收据，记录实际收到的数目，由具体检钞的人画押确认，提调官监督并盖上官印；第三，从钞库提取时，必须当面再次点数，接受者予以确认；第四，如果从钞库中提取时发现数量上有短缺，检钞司库必须依数赔偿、受罚。这种严格的管理制度，对元代钞法的实施是至关重要的。而有关钞本的使用，则关系到元代钞法稳固的基础。

有关钞本的使用，《元史》的记载有：

《元史·世祖本纪》："（中统三年，1262年，六月）东平严忠济向为民贷钱输赋四十三万七千四百锭，借用课程钞本、盐课银万五千余两，诏勿征。""（至元二十七，年1290年，九月）敕河东山西道宣慰使阿里火者发大同钞本二十万锭，籴米赈饥民。"

《元史·成宗本纪》："（大德二年，1298年，二月）右丞相完泽言：'岁入之数，金一万九千两，银六万两，钞三百六十万锭，然犹不足于用，又于至元钞本中借二十万锭。自今敢以节用为请。'帝嘉纳焉。"

《元史·武宗本纪》："（至大元年，1308年，二月）乙未，中书省臣言：'陛下登基以来，锡赏诸王，恤军力，赈百姓，及殊恩泛赐，帑藏空竭，豫卖盐引。今和林、甘肃、大同、隆兴、两都军粮，诸所营缮及一切供亿，合用钞八百二十余万锭。往者或遇匮急，奏支钞本。臣等固知钞法非轻，曷敢辄动，然计无所出。今乞权支钞本七百一十万锭，以周急用，不急之费姑后之。'""（至大二年九月）己亥，尚书省臣言：'今国用需中统钞五百万锭，前者尝借支钞本至千六十万三千一百余锭，今乞罢中统钞，以至大银钞为母，至元钞为子，仍拨至元钞本百万锭，以给国用。'""（至大三年十一月）辛巳，尚书省臣言：'今岁已印至大钞本一百万锭，乞增二十万锭，及铜钱兼行，以备侍卫及鹰坊急有所须。'"

《元史·文宗本纪》："（至顺二年，1331年，二月）甲子，中书省臣言：'国家钱谷，岁入有额，而所费浩繁，是以不足。天历二年尝以盐赋十分之一折银纳之，凡得银二千余锭。今请以银易官帑钞本，给宿卫士卒。'又言：'陛下不用经费，不劳人民，创建大承天护圣寺。臣等愿上饷所易钞本十万锭、银六百铤助建寺之需。'从之。"

《元史·顺帝本纪》："（至正十五年，1355年，十二月）已巳，以诸郡储供军饷繁浩，命户部印造明年钞本六百万锭给之。""（至正十八年二月）仍命诸路拨降钞本，畀平准行用库倒易昏币，布于民间。"

以上记载表明，元代钞本被用于赋税、籴米赈灾、发军饷、营缮和国用不足等方面，其中尤以国用不足为最普遍。所谓国用不足，就是国家财政发生严重的危机，而这与元代钞法的发展相关联。

《元史·食货志》记载了中统元年（1260年）至天历二年（1329年）之间中统钞和至元钞历年的印造数字，从这些数字可以看出成宗大德年间纸币印造量是最低的，最高不超过一百万锭。事实上，成宗时的国家财政状况危机极度严重。《元史·武宗本纪》载大德二年（1298年）二月右丞相孛泽言："岁入之数，金以一万九千两，银六百万两，钞三百六十万锭，然犹不足于用。"大德三年春正月中书省臣言："比年公帑所费，动辄矩万，岁入之数，不支半年。"大德十一年八月中书省臣言："以朝会应赐者，为钞总三百五十万锭，已给者百七十万，未给犹百八十万，两都所储已虚。"大德十一年（1307年）九月中书省臣言："帑藏空竭，常赋岁钞四百万锭。各省备用之外，入京师者二百八十二万锭，常年所支止二百七十余万锭。自陛下即位以来，已支四百二十万锭，又应求而未支者一百万锭。臣等虑财用不给，敢以上闻。"所以，成宗时对纸币的需求量远不止一百万锭。当时解决印造数与实际需求量之间矛盾和弥补财政拮据的办法，就是频繁地以"借用"的名义，动用钞本。钞本是用来兑换昏烂钞的纸币准备金。钞本被挪用，则使昏烂钞无法兑换，而重新加入流通领域。1985年和1988年，在内蒙古额济纳旗黑城遗址中先后两次发现夹在流通钞中的昏钞，甚至有的昏钞币面上还钤有"昏钞"字样，[1] 说明这些昏钞被重新投入了使用。昏钞的再次被流通，事实上加大了纸币的投放量，这样便严重影响纸币的正常流通和使用，加速了纸币通货膨胀的恶化，败坏了钞法制度。

（原载《钱币博览》2003年第1期）

---

[1]　庞文秀：《黑城出土元代纸币及其流通状况概述》，《内蒙古金融研究》钱币增刊2001年第2期。

近代纸币三题

　　《纸上繁华——李伟先先生旧藏纸币掇英》一书的初稿完成了。在编撰过程中，就其中的某些问题进行了一定的探讨，但限于篇幅，未能充分的展开。现辑其中的两三张纸币考述，略加详细，发表于此，以求教于大家。

一　户部官票

　　发行于咸丰三年（1853年）的户部官票面额有一两、三两、五两、十两和五十两五种，以面额是否手写，有第一版和第二版之分。一般以为，第一版的面额都为手写，第二版面额则是用木戳加盖的。这样的认识现在看来不免有失偏颇。

　　如果将现存的户部官票加以整理和研究后，我们会发现户部官票其实存在着大致这样几种情况：第一种情况是在票面的票框外左侧没有"每两比库平少六分"的字样；第二种情况是在票面的票框外左侧加盖有"每两比库平少六分"的字样；第三种情况是在票面的票框外左侧印有"每两比库平少六分"的字样。

　　户部官票中第一种情况比较复杂，基本上又可分为两种：一种面额为手写（图1），另一种面额为木戳加盖（图2）。面额手写的一种目前见到的面额有一两、三两、五两、十两、五十两五种，票号分别为天、日、地、宇、宙，票框外左侧没有"每两比库平少六分"的字样，票框外右侧加盖有"×月×日付库"红字戳。咸丰三年七月初三户部奏折附片云：

　　臣等查原奏京师试行官票章程内开，造

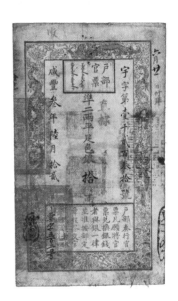

图1

图2

票以十二万两为率，自五月初二日制造起，扣至六月三十日如数制造齐全。其票上"天地宇宙"四字为号头，系按奏定章程，一两、五两、十两、五十两票四种依次编列。自付库搭放之后，京城行用日益流通。嗣后拟再增制三两票一种，即编为日字号，以便畸零搭放之用。

由此可知这种面额手写的一两、五两、十两、五十两户部官票印制的时间是咸丰三年五至六月，三两户部官票印制的时间是咸丰三年七月。除了十两票见有票面加盖地名"直隶"外，其余面额的票面上都不见加盖"粮台"或地名的红戳印。

木戳加盖面额的一种，目前见到的面额也有一两、三两、五两、十两、五十两五种，加盖"粮台"红字戳的票号见有"仁、智"；加盖地名红字戳的票号见有"宫、郁、楼"。也见有票框外右侧加盖有"×月×日付库"字样的，加盖地名的如票号为宿的；不加盖"粮台"或地名戳的，如票号为辰的。特别见有加盖面额和地名"直隶"的五十两官票与手写面额的一种五十两，票号同为"宙"（图3），说明这两种五十两票不仅同版印刷，而且为同期发行，反映出加盖面额现象的出现其实是很早的。

户部官票上加盖地名的，说明此票是颁发给该省地方藩库（省库）的，若加盖"粮台"，则表明此票是颁发给各路经理军粮机构的。颁发数量的大小是根据各省和粮台的大小而定的。咸丰三年七月二十一日《奏定推行户部官票章程》第二条："颁发各路粮台票张，拟按粮台之大小定票张之多寡，现在按十处，共发官票二十五万两，计大小五种票二万二千五百张。将一两票编为仁字号，三两票编为义字号，五两票编为礼字号，十两票编为智字号，五十两票编为信字号，仍于票面加用粮台两字红戳，与藩库发行之票各归各项，以便钩钩稽。"第三条："颁发各省藩库票张，现在按照大省、中省、小省分别多寡，如奉天、甘肃、云南、贵州，岁系小省，而协拨较多，仍应酌增，以资搭放。合计需银一百七十五万两，应发大小五种票十五万七千五百张。票面各按省名加用红戳，仍于千字文内除上半本留为京票编号外，即接用宫字为一两票号，殿字为三两票号，盘字为五两票号，郁字为十两票号，楼字为五十两票号。本年各省票号同此五字，下年以次递推。"

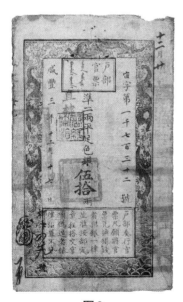

图3

户部官票中第二种情况目前见到的面额同

样有一两、三两、五两、十两、五十两五种（图4），票号与第一种情况中面额木戳加盖的有重复的现象。票框外加盖"每两比库平少六分"字样的户部官票出现时间目前见到最早的是在咸丰三年六月，并一直延续至咸丰四年四月。由在票框外加盖"每两比库平少六分"字样可以看出，第二种情况的户部官票与第一种情况的户部官票使用的是同一种印版，表明它们应属同版印制。所以，如果户部官票分第一版、第二版的话，第一种情况和第二种情况的户部官票应统称第一版。

票框外印有"每两比库平少六分"字样的户部官票是存世户部官票中最多的（图5），目前见到最早的纪年为咸丰四年三月，表明在这时户部官票的版式开始发生了变化。从现存咸丰四年四月户部官票中，可以看到既有加盖"每两比库平少六分"字样的，也有印"每两比库平少六分"字样的，目前见到的纪年咸丰四年五月×日以后的户部官票票框外"每两比库平少六分"字样都是印制的，表明咸丰四年四月可以视作为是一个过渡期。这种印有"每两比库平少六分"字样的户部官票与第一、第二种情况的户部官票存在着明显的区别，应看作是户部官票的第二版。

咸丰十一年，户部官票因贬值而停止发行。

二　无纪年大清银行兑换券

大清银行兑换券中出现人物像的银元券目前所见有两种，一种因在纸币正面的右边印有李鸿章像而被称之为"李鸿章像券"，有明确的"宣统元年"纪年（图6）；一种因在纸币正面的左边印有摄政王载沣像而被称之为"载沣像券"，没有明确纪年，它们都是大清银行在宣统年间印制的纸币。

存世载沣像券的面额有一元、五元、十元和一百元四种，除了正面主图都采用载沣像和飞龙外，区别在于与之配合的图案不同，一元为帆船（图7），五

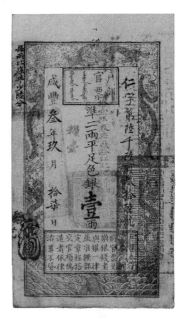

图4

图5

元为骑马（图8），十元为长城（图9），一百元为农耕（图10）。载沣像券四种都有正、背各八色试色券传世，而其中唯有十元券加印有流通号码。不仅如此，十元券背面面额左右两侧加盖的印章有大小之分，印文分别为"大清银行监督""检校印记"（图11、12）。

有关载沣像券印制时间和地点问题，说法不一。一说为庆祝宣统小皇帝登基而印制的，一说是在宣统元年由大清银行委托美国钞票公司已制的，另一说是由财政部印刷局印制的。当然，也有将第一、第二种说法结合起来说的。其实，稍微注意一下纸币背面券框外所印的英文印制单位，就可以明白载沣像券是否是由美国钞票公司印制的了，纸币背面券框外所印的英文印制单位翻译成中文是"中华帝国印制局（印刷局）"，表明它一定是在国内印制的。

图6

图7

图8

图9

图10

图11

图12

宣统二年（1910年）五月初十日《度支部尚书载泽等折——厘定兑换纸币则例》中所附《兑换纸币则例清单》第二条云："纸币之种类为一元、五元、十元、百元四种，其各种发行数目及以后添加种类，应由大清银行呈请度支部核准。"无论是光绪三十年（1904年）户部尚书鹿传霖等酌拟的《试办银行章程》还是度支部批准的大清银行《现行详细章程》，虽然都规定大清户部银行或大清银行发行使用一百两、五十两、十两、五两和一两的银票，"通行银元票亦如之"，而事实上在宣统二年以前发行的银元券面额始终只有一元、五元和十元三种，从未出现一百元面额的。唯有载沣像券的面额与宣统二年五月初十日《度支部尚书载泽等折——厘定兑换纸币则例》中所附《兑换纸币则例清单》第二条提及的纸币面额相一致。

宣统二年五月二十九日《度支部尚书载泽等折——拟定印刷局章程》云：

光绪三十二年前财政处会同臣部奏发行纸币宜设印刷官局，次年复经臣部奏拟定建局地方并遴员综理各等因，先后奉旨允准钦遵办理在案。现在该局建造房屋安置机件及雕刻铜版等物，业经粗具规模，即可从事印刷，惟局内事务、工务头绪甚繁，亟应妥订章程以资遵守。兹经臣等督饬员司悉心规划，拟订印刷局章程二十八条，缮具清单，恭呈御览。……本日奉旨：依议。钦此。

从载泽等奏折中我们可以了解到这样一种情况，即宣统二年五月时财政处和度支部奏设的印刷局才"粗具规模，即可从事印刷"。换句话说，载沣像券由印刷局印制的时间应该不会早于宣统二年五月。由此及彼，对我们理解载沣像券未及发行的原因是大有帮助的。

三　山东官银号的银两券

山东官银号原名通济官钱局，成立于光绪二十二年（1896年）八月，光绪二十七年改称山东官银号。一般以为，山东官银号从光绪二十八年开始发行库平银两券，光绪三十一年（1905年）发行济平银两券，也有认为济平银两券在光绪三十三年（1907年）又曾发行。光绪三十二年（1906年）五月二十八日山东巡抚杨士骧发布告谕：

行用石印库平银票以来，颇资周转。但此项银票历时已久，残损殊多，且号务日渐扩充，近复添设分号数处，额设纸币发行，时觉不敷。又各处通用市平旧票，印就库平字样于民间交易，亦尚未全，亟应变通，增发各种纸币，庶足以挽权利而便商民。据管官银号司道禀请前来，本部院体察情形，应准照办。即由该银号与天津官报局订立合同，印刷五色套板银票，将平字上空留一字，以便随时盖用活字行使。如有持票向发行银号取银者，立时兑现，不得稍延。

这一告谕直接反映出以下两点：1.在光绪三十二年前，山东官银号曾发行过库平银两券、市平旧票改库平银两券；2.既然"又各处通用市平旧票，印就库平字样于民间交易"，说明在光绪二十八年发行库平银两券前，山东官银号曾发行过市平银两券；3.光绪三十二年五月后则开始印行虚银平码标准不定的银两券。所以，山东官银号发行的银两券有这样几种：一是市平银两券，二是库平银两券，三是市平改库平的银两券，四是虚银平码标准不定的银两券；这四种银两券发行的时间分别为光绪二十二年（1896年）、光绪二十八年（1902

年）、光绪三十一年（1905年）和光绪三十二年（或光绪三十三年，1906年或1907年）。光绪二十二年发行的市平银两券，即济平银两券，面额有一两、二两、五两、十两、五十两、一百两六种；光绪二十八年发行的库平银两券面额有一两、二两、五两、十两四种；光绪三十一年发行的市平改库平银两券面额应与光绪二十二年发行的市平银两券一样；光绪三十二年（或光绪三十三年）发行的银两券面额有一两、二两、三两、五两、十两、五十两六种。目前所见山东官银号的银两券都是光绪三十二年由北洋官报局印制的银两券，没有标明虚银平码标准（图13）。

图13

参考文献

1. 中国人民银行总行参事室金融史料组编：《中国近代货币史资料》第一辑，中华书局，1964年。

2. 周祥：《上海博物馆藏品研究大系·中国古代纸钞》，上海人民出版社，2004年。

（原载《钱币博览》2011年第2期）

关于湖北官钱局的一些史实

讨论湖北官钱局的具体筹办情况，一般都引述1926年4月《银行杂志》第三卷第十一期周沉刚撰写的《湖北官票问题》一文：

> 当夫光绪二十二年四月，张文襄督鄂期内，意欲流通金融，创办钱局。札饬善后局筹划其事，并委王合奎为专办，拨帑银五万两，制钱五万串，作为基金。筹办之际，曾由善后局发行五百串或一千串制钱票，通用钱庄，准在粮台兑款，人们因称之曰台票。迨夫官钱局正式成立，始发行一串文制钱票，完粮纳税，一律通用。人们因又称之曰官票。此湖北官钱局之滥觞也。

据此，有人认为，在湖北官钱局开办之前，由善后局发行的制钱票面额有五百串和一千串两种。而从传世光绪丁酉年（光绪二十三年，1897年）湖北官钱局背面所刊载的光绪二十二年四月初二告谕及《张之洞全集》所著录的告示，可知善后局在湖北官钱局筹办之际仅发行过面额为一千文的制钱票一种。光绪二十二年夏秋之际湖北官钱局试办之后，湖北官钱局发行的制钱票面额也始终只有一千文一种，存世实物可以证实。

为了使官钱局制钱充足，便于官钱票流通，光绪二十三年三月十九日张之洞发布《札北善后局将饷钱所归并官钱局兼管》[1]：

> 为札饬事。照得鄂省官钱局，乃今日便民要政，必须现钱充足，方可期官票畅行，现经本部堂督同司局详加酌核，应将饷钱所更定章程，以后该所只管兑收，不管支发，所有向由饷钱所支发一切杂项钱款，统改由官钱局支放，以免分歧，应饬北善后局即将饷钱所归并官钱局兼管，饬委驻局专办委员、补用知县王廷珍兼管，该员原有薪水，毋庸再支。只每月给夫马钱四十串，其帮办委员知县李霱仍旧留差。除分行外，合亟札行，札到该局，即便分饬遵照具报。

---

[1] 苑书义等主编：《张之洞全集》卷一百二十三《公牍》三十八，河北人民出版社，1998年，第3385页。

光绪二十四年（1898年）十二月初四张之洞发布《札委连捷管理官钱局事宜》[1]：

> 为札委事。照得湖北省设立官钱局行使官票，原为便民通商起见，前据北善后局饬委候补知府赵毓楠驻局专办。现在官票行用日广，所有该局银钱出入款目甚巨，事体益形繁重，赵守尚有他局事务，亟应添委大员会同管理，以期周妥。查有候补知府连捷，堪以委令会同赵守管理官钱局。赵守差务亦即改名为管理官钱局。该守等务须谨严细心，严防作伪，量入为出，先事筹维。局中存款必须足供支发持票取钱之用，其紧要事宜随时禀请本部堂暨善后局核示，务期商民相信，官票流通，根本稳固，不使稍滋流弊，以副委任。并由善后局刊刻清、汉文木质关防一颗，文曰"湖北官钱局之关防"，饬发应用，以资信守。除分行外，合亟札委，札到该守，即便遵照会同赵守管理官钱局，遵照上项指饬事理，与赵守随时会商，妥筹办理。该守月支薪水银七十两，夫马银三十两，即在该局余款项下动支，仍将到局日期报查。毋违。

从这通札饬，不仅可知因官钱局专办赵毓楠除了官钱局外还有其他事务要管理，光绪二十四年十二月初四张之洞决定官钱局设立双专办，委任连捷和赵毓楠会同管理官钱局。以前多引周沉刚《湖北官票问题》一文"未几，王合奎去职，继其任者为王廷珍、胡俊采、赵守毓等，五年之内，易四专办"，现在看来，其间有误。湖北官钱局专办中没有赵守毓，只有赵毓楠，又叫赵守、赵守毓楠，是同一个人。而且，满汉文的"湖北官钱局之关防"印从光绪二十四年十二月开始使用。

为了保证官款不致流失，光绪二十五年（1899年）八月二十三日，张之洞规定所有官款必须存入官钱局。《札铁政局等所领官款只存官钱局不准存钱店》[2]：

> 为札事。照得武汉各钱店，常多闭歇，以致倒塌。官款，追究无著，或以产业作抵，变价不过得半，官款仍属虚悬。查省城本设有官钱局，各项官款存交官钱局，自臻稳妥，何以经手之员，辄与各钱店银钱交易，难保非将官款私存钱店贪图生息，藉可自向通挪。迨至亏倒，仅能责成钱店

---

[1] 苑书义等主编：《张之洞全集》卷一百三十四《公牍》四十九，河北人民出版社，1998年，第3735页。

[2] 苑书义等主编：《张之洞全集》卷一百三十九《公牍》五十四，河北人民出版社，1998年，第3879页。

缴还，该经手之员，转得置身事外，殊堪痛恨。嗣后无论何项局、厂、学堂，所有各项官款，应令尽数交官钱局存储，随时提拨应用。断不准将官款私存各钱店，致有前项情弊，存放钱店，一经倒塌，官款或有亏欠，定即勒追经手之员，照数赔缴。除分行外，合亟札饬。札到该局、学堂，即便懔遵办理，仍将遵办情形具报查考，勿违。

这通札饬虽然是为防止官款因存钱店而导致损失，但饬令官款存储官钱局，客观上增加了官钱局的资金流动性，便于保证官钱票的兑换与流通。

为了保证官票、现钱和现银的正常流通，光绪二十五年五月二十五日张之洞饬令官钱局凡收各款只收官票、现钱，不准收用银条。《札北官钱局等嗣后凡收各款只收官票现钱、不准收用银条》[1]：

为札饬事。案据专办官钱局兼饷钱所赵守毓楠禀近来各州县解局多系银条，甚至支展兑期，各厘卡解所，亦多系官票，现钱甚属寥寥。缘汉口市面现钱易银，及购官票，均有沾润，皆由管解家丁及司事从中渔利，此端一开，该所既来源不旺，卑局亦展布不开，恳饬司道局通饬各州县厘卡，仍遵旧章，凡应解饷钱所、官钱局者，收银解银，收现钱解现钱，收官票解官票，不得概以银条、官票作抵，庶官票日见畅行，现钱得以流通等情。当经本部堂、院分饬北布按二司、督粮道、牙厘局通饬各州县厘卡遵照。嗣后征收钱漕厘金，凡遇应解官钱局、饷钱所者，务照定章，收银解银，收现钱解现钱，收官票解官票，不得任令管解家丁及司事从中渔利，以所解现钱在汉兑易银条，并购官票作抵，以致官钱局、饷钱所现钱难于周转，有碍支放在案。亟应饬令官钱局嗣后即照定章，凡遇各州县应解钱漕，及各厘卡应解厘金，只收官票、现钱、现银三项，如有以汉口钱店银条上兑者，一概不准收用。并查明各州县厘卡如有将现钱解省应即将现钱交局、交所，不准司事家丁从中渔利，将现钱向各钱店换购官票，解交局、所，倘有此等情事，即由官钱局查明澈究交县惩办。合亟札饬，札到该局，即便转饬遵照办理。

光绪二十七年（1901年）三月初四，张之洞发布饬令，不准在官钱票的背面加盖州县的印信。《札各属新制官钱票反面不准加盖州县印信》[2]：

---

[1]　苑书义等主编：《张之洞全集》卷一百三十七《公牍》五十二，河北人民出版社，1998年，第3838页。

[2]　苑书义等主编：《张之洞全集》卷一百四十五《公牍》六十，河北人民出版社，1998年，第4083页。

为札饬事。案据布政司、善后总局司道呈报："札发各属新制官钱票，准各州县于钱票反面，盖用印信，以资辨认"等语。查此票乃外洋制造，纸质坚厚，花纹精工，纸内藏有暗字，最易照认，正面盖藩印，及善后局关防，印色鲜明，足昭凭信。且正面、背面，均编有号数，各州县所发之票，自某字第几号起，至某字第几号止，该县所领系某号之票，皆可按号稽查，无虞混淆。官票原期全省流通，若于反面，由各州县再钤印信，一出该县，即不能用，畛域自分，实多窒碍，万不可行。该守、该牧，即飞饬各州县，于奉到此票后，不得于背面盖印，若将官票盖印，定行罚赔，此事万分紧要。除先行电饬照办，迅即电复外，合就札行，札到该□□□，即便转饬遵照办理。

这通札饬表明，湖北布政司和善后局原来想在由各州县发行的官钱票背面加盖各州县印信的，但这个建议被张之洞否决了。所以，对照现存实物，我们今天见到的湖北官钱局纸币背面都没有发现有加盖州县名的现象。

（原载《钱币博览》2013年第4期）

浙江兴业银行第一、二版纸币研究

浙江兴业银行是我国最早建立的商业银行之一，光绪三十三年（1907年）获得纸币发行权后便开始印行纸币，有银元票和铜元票两种，分别发行于清代和民国两个时期：清代先后发行第一版、第二版银元票和一版铜元票，民国时期则发行有第三版、第四版的银元票。本文想结合文献史料，对浙江兴业银行清代发行的纸币做一阐述，并提出自己的一孔之见，以求教于大家。

一　关于浙江兴业银行第一、二版纸币实物

（一）浙江兴业银行第一版银元票

浙江兴业银行第一版银元票面额有一元、五元和十元三种，可分为上海、汉口和杭州三种地名券，正面行名之下分别印有"上海通用银元""汉口通用银元"或"通用银元"字样，背面则分别印上海、汉口和杭州的英文地名，都为石印。

目前我们能够见到的浙江兴业银行第一版上海地名券只有面额为五元的一种，可分为两种版式，主要区别于"伍"字的偏旁写法上，一种版式的"伍"字为单人旁（图1，我们称之"甲种"），另一种"伍"字则为"入"字旁（图2，我们称之"乙种"）。从这个意义上来说，第一版上海地名五元券可分为甲种和乙种。之所以会出现这两种版式，一般以为是由于浙江兴业银行银元票进入市场不久就出现了假票而导致的。乙种是甲种的改版，印制的时间尚不明确。从存世情况来看，乙种如果曾有发行，其量也不会很大。乙种上加盖有两方印，一方印文为"樊芬"，即上海分行总经理樊时勋；另一方印文为"兴业沪行关防"。

在国内拍卖市场中，浙江兴业银行第一版上海地名五元券时有拍卖，从各次拍卖来看，大多是甲种的老假品（表1），有的在当时就已经由浙江兴业银行或其他金融机构通过加盖"假票"确认的（图3），有的则是市场人士鉴定确认的（图4），虽然它们票面上往往有流通过的各种记号，它们基本上都有纸显略厚或图案模糊的特征。

图2

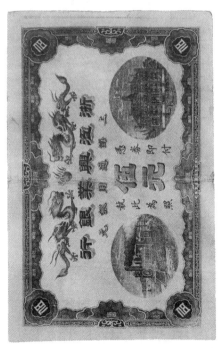

图1

表1　浙江兴业银行第一版上海地名券五元票拍卖情况一览表

序号	字轨	标注	拍卖时间	拍卖公司	备注
1	G		2004年秋季	中国嘉德	《中国历代货币大系·清纸币》图655
2		老假	2005年秋季	中国嘉德	
3			2008年秋季	中国嘉德	《中国历代货币大系·清纸币》图655
4			2009年春季	中国嘉德	加盖"假票"
5	G		2010年春季	中国嘉德	加盖"中华民国储金圆总事务所"
6			2010年秋季	中国嘉德	
7		老假	2010年秋季	华夏国拍	
8			2010年秋季	华夏国拍	入字旁"伍"
9	G	老假	2012年江南初春	上海泓盛	加盖"中华民国储金圆总事务所"
10	E		2012年秋季	西泠拍卖	加盖"假票"
11			2012年秋季	西泠拍卖	入字旁"伍"，加盖"浙江兴业银行付讫"章
12	G	老假	2013年江南之春	上海泓盛	同序号6
13			2013年春季	中国嘉德	加盖"假票"
14		老假	2014年春季	中国嘉德	入字旁"伍"，加盖"浙江兴业银行付讫"章
15			2014年春季	北京保利	同序号6
16	G	老假	2014年秋季	上海崇源	《中国历代货币大系·清纸币》图655，

除拍卖外，有的纸币著录中也收有浙江兴业银行第一版上海地名五元券甲种版，如在《中国历代货币大系·清纸币》中就收录有一张加盖"假票"的第一版上海地名五元券甲种版的伪钞。

浙江兴业银行第一版汉口地名券目前只见面额为一元的一种（图5），曾在近年的拍卖市场中出现（表2）。

表2　浙江兴业银行第一版汉口地名券一无票拍卖情况一览表

序号	字轨	拍卖时间	拍卖公司	备注
1	E	2011年9月	上海泓盛	
2	E	2012年江南桂月	上海泓盛	同序号1
4	E	2013年春季	大晋浩天	同序号1
5	E	2014年春季	中国嘉德	同序号1

从上表可知，尽管浙江兴业银行第一版汉口地名一元券有几次拍卖，但拍卖的标的其实都是同一张，因为它们的字轨和流水号完全一致。换言之，浙江

图5

图3

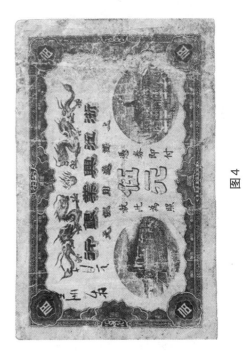

图4

兴业银行第一版汉口地名一元券为目前仅见。

浙江兴业银行第一版杭州地名券目前见有面额为一元和五元两种。一元券出现于2010年华夏国拍春季拍卖，直式，冠号"昌"字，纪年光绪三十三年十月，背面加印有浙江兴业银行广告："本银行资本一百万元，专做各项存款、借款、贴现、汇兑，办理银行一切应有交易。如蒙赐顾，格外克己。即请惠临，面议可也。"（图6）加盖"总经理章"。

关于杭州地名一元券，叶景揆、潘用和编写的《本行发行史》一文中提及过："……浙江铁路公司遂向商务印书馆订印一元、五元两种，总额共计一百万元。一元票系直式，色为淡绿，五元为横式，色为茄紫。"[1]档案中也有商务印书馆印制直式票的记载。[2]

浙江兴业银行第一版杭州地名券五元券只见有背面票样一张（图7），为蒋伯勋旧藏。

图6

[1]　叶景揆、潘用和编：《本行发行史（一）》，《兴业邮乘》总第141期（复23期）。
[2]　《商务印书馆印制直式票档案》，上海市档案馆Q-268-1-596。

另外，见有一张是20世纪50年代入藏浙江省博物馆的浙江兴业银行第一版杭州地名十元券（图8），属于假票，最明显之处在于票面上的龙爪不是五爪而是四爪。文献记载，在宣统三年时杭州、绍兴地区就因出现五元、五十元浙江兴业银行伪钞而发生过司法事件，[1] 民国初时则出现十元的伪钞。

（二）浙江兴业银行第二版银元票

浙江兴业银行第二版银元票是指浙江兴业银行委托法国通运公司在巴黎印制的纸币。上海市档案馆藏有宣统元年五月与法国通运公司订立的合同，[2] 全文如下：

> 立合同通运公司、兴业银行为通运代兴业在法京巴黎选择有名之厂定印钞票，彼此议定应行遵守之事，条例如下
> 一、新票分杭州、上海、汉口三处，计杭州三种、上海五种、汉口三种，其张数订定如下
> 　　　杭州　　一元四十万张、五元八万张、十元二万张；
> 　　　上海　　一元五万张、五元十三万张、十元三万张、五十元二千
> 　　　　　　　张、一百元一千张；
> 　　　汉口　　一元二十万张、五元四万张、十元一万张
> 　　　共计九十六万三千张。
> 一、票式大小、颜色、花纹均照旧票，不能更动。
> 一、兴业交付通运旧票九种，计杭州三种、上海三种、汉口三种。惟上海之五十元、一百元两种，须由通运迳定颜色，其票式五十元者较十元旧票加大，一百元者较五十元者加大。
> 一、新票一律用暗纹，另备字样定造。
> 一、旧票花纹太疏，应加细密（指底子及四边而言），惟花样须照旧。
> 一、旧票如有不一律处，由通运代为更正，中文以正楷为主。
> 一、旧票四角用篆文，现改正楷加大。
> 一、号码分十一种，各自起讫。
> 杭州一元旧票有墨图一条，新票除去浙江省三字，用通用银元四字，不加墨图，与沪、汉一律。
> 一、纸样加大价值即由通运迳定，兴业不复遥制。
> 一、通运与印厂订立合同后，应将合同底稿译出，寄交上海兴业。
> 一、承造厂如于定印张数外，私自多印及伪造，通运应负责任。

[1]　《宣统三年时杭甬地区伪钞司法事件档案》，上海市档案馆Q-268-1-596。
[2]　《宣统元年浙江兴业银行与法国通运公司的合同档案》，上海市档案馆Q-268-1-596-71。

图7

图8

　　一、兴业应照印价酬通运用金二厘半。

　　一、通运与印厂订立合同后，兴业如欲停印，所有损失悉归兴业承认。

　　一、出版后应先寄样张来沪，货物交齐，由通运保险寄回，其保险、关税、水脚及一切因公费用，仍归兴业自任。

　　一、如有误印及破碎者，应剔除净尽，然后加印号码。其破碎及误印者不印号码，检其张数，寄迳兴业，以昭郑重。

　　一、原版最为紧要，应与票件同时寄还兴业。

　　一、票件收藏寄送，通运应力求妥善，以期周密。

　　一、合同一式两份，通运、兴业各执一份为凭。

宣统元年五月　　日立合同　　　通运公司代表

　　　　　　　　　　　　　　　　俞寰澄（盖章、签押）

　　　　　　　　兴业总行总理　　胡藻青（签押）

　　　　　　　　兴业沪杭总理　　樊时勋（签押）

　　　　　　　　董事　　孙问清（签押）

　　　　　　　　　　　　苏葆笙（签押）

　　　　　　　　　　　　蒋抑之（签押）

　　　　　　　　　　　　蒋孟苹（签押）

　　从这则合同我们不但可以发现，法国通运公司代定印的浙江兴业银行第二版银元票与商务印书馆印制的第一版银元票在纸张、文字、花纹上的区别，并知晓第二版上海地名券增加了五十元和一百元两种面额以及杭州地名一元券的变化。

　　以前，浙江兴业银行第二版纸币，无论学术界还是收藏界都没有人见到过实物。中国人民银行上海分行收藏浙江兴业银行第二版汉口、杭州、上海地名银元票（图9、10、11），为我们揭开了神秘的面纱，确实如宣统元年（1908年）五月浙江兴业银行和通运公司签订的印制纸币合同规定的那样，但在细微之处，我们还是发现有变化：1.正面票框上没有印制公司的名称；2.汉口和杭州地名的五元券背面签名处的抬头被改称为"Manager""Managing Director"，而上海地名一元券没有改变，依然是"Manager""Acct"，但加盖有红色的"Managing Director"。有意思的是，无论汉口、杭州地名的五元券还是上海地名的一元券，正、背面都没有字轨和号码，正面都加盖"上海总理樊时勋"和"董事叶揆初"的红色方印，据说也有加盖蓝印的；背面则分别加盖有樊时勋、叶揆初的英文签名，其中，上海地名一元券英文签名不仅是红色的，叶揆初的英文签名还是倒的；杭州地名券上更加盖有四个"币"字、五组"X"形花纹和四组四叶花。叶揆初在民国元年（1912年）六月当选为浙江兴业银行五位董事之一，民国四年（1915年）七月当选为董事长，其董事印章和英文签名

图10

图9

图11

出现于浙江兴业银行第二版纸币之上，表明这版纸币如果发行，其发行的时间既不会早于民国元年6月，也不会晚于民国四年7月。

（三）浙江兴业银行铜元票

《中国历代货币大系·清纸币》中著录有一张近代纸币收藏家王松麟收藏的浙江兴业银行汉口地名铜元票样，面额为当十铜元一百枚，目前仅见（图12）。

二　浙江兴业银行第一版纸币的印制

浙江兴业银行创办于光绪三十三年丁未（1907年）四月十六日，最初数月为试办，同年九月九日正式对外宣告成立。光绪三十三年六月初获得度支部、农工商部

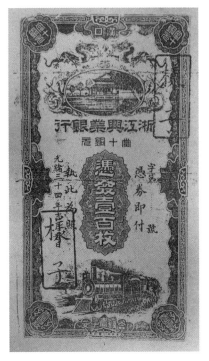

图12

的同意，取得纸币发行权。第一版杭州地名一元券实物的发现，表明浙江兴业银行第一版纸币印制的时间不是在光绪三十三年十二月一日或以后，而是在光绪三十三年十月。

根据现有实物和文献记载，浙江兴业银行第一版纸币是由上海商务印书馆印制的。目前我们在上海市档案馆保存的档案史料中看到有这样五份保单。[1]

第一份是光绪三十四年（1908年）上海商务印书馆给浙江兴业银行的保单：

立保单：商务印书馆今承印

浙江兴业银行一元票念九万六千四百九十张，已经告竣。所有印票各版及印坏废纸已全数销毁，可保工匠人等决无溢印、仿造等弊，并将花纹秘密。如违以上各节，而有确实证据为本敝馆工匠人等所为，致

贵银行受有损害，皆归商务印书馆担任赔偿。欲后有凭，立此保单存照。

浙江兴业银行台执。

光绪三十四年　月　日　　立保单：上海商务印书馆总发行处（盖章）

第二份也是光绪三十四年上海商务印书馆给浙江兴业银行的保单，同样没有具体日期：

立保单：商务印书馆今承印

浙江兴业银行上海十元票九千九百八十二张，已经告竣。所有印票各版及印坏废纸已全数销毁，可保工匠人等决无溢印、仿造等弊，并将花纹秘密。如违以上各节，而有确实证据为本敝馆工匠人等所为，致

贵银行受有损害，皆归商务印书馆担任赔偿。欲后有凭，立此系单存照。

---

[1] 《上海商务印书馆承印浙江兴业银行第一版纸币的保单》，上海市档案馆Q-268-1-596。

浙江兴业银行台执。

光绪三十四年　月　日　　　立保单：夏粹方（印）

木本（英文签名）

第三份是光绪三十四年七月上海商务印书馆给浙江兴业银行的保单：

立保单：商务印书馆今承印

浙江兴业银行上海五元票三万张、汉口五元票三万张、汉口十元票一万张已经告竣。所有印票各版及印坏废纸已全数销毁，可保工匠人等决无溢印、仿造等弊，并将花纹秘密。如违以上各节，而有确实证据为本敝馆工匠人等所为，致

贵银行受有损害，皆归商务印书馆担任赔偿。欲后有凭，立此保单存照。

浙江兴业银行台执。

光绪三十四年七月　日　　　立保单：商务印书馆有限公司（盖章）

夏瑞芳（印）

木本（英文签名）

第四份是宣统元年（1909年）上海商务印书馆给浙江兴业银行的保单：

立保单：商务印书馆今承蒙

浙江兴业银行杭州五元票四万张、十元票一万五千张已经告竣。所有印票各版及印坏废纸已全数销毁，可保工匠人等决无溢印、仿造等弊，并将花纹秘密。如违以上各节，而有确实证据为本敝馆工匠人等所为，致贵银行受有损害，皆归商务印书馆担任赔偿。欲后有凭，立此保单存照。

浙江兴业银行台执。

宣统元年闰二月二十三日　　　　　立保单：夏瑞芳（印）

木本（英文签名）

第五份是宣统元年闰二月二十三日上海商务印书馆给浙江兴业银行的保单：

立保单：商务印书馆今承印

浙江兴业银行上海B、C十元票二万张，又D、E、F、G五元票四万张已经告竣。所有印票各版及印坏废纸已全数销毁，可保工匠人等决无溢印、仿造等弊，并将花纹秘密。如违以上各节，而有确实证据为本敝馆工匠人

等所为，致

　　贵银行受有损害，皆归商务印书馆担任赔偿。欲后有凭，立此保单存照。

　　浙江兴业银行台执。

　　宣统元年　月　日　　　　　　　立保单：夏粹芳（印）

　　　　　　　　　　　　　　　　　　　　　　　木本（英文签名）

　　上海市档案馆还保存有一份宣统元年闰二月二十日上海商务印书馆给浙江兴业银行的合同单：

　　立合同：上海商务印书馆今蒙

　　上海浙江兴业银行定印五元票四万张、价洋四百元，十元票一万张、价洋一百六十元。本馆准用上等东洋官造棉纸与前次所定印颜色一律精美，并当严密督印，决不致工匠人等有溢印、仿造等弊，所有印坏废纸即行销毁。印竣期限以西五月五号为止。如有以上情弊及逾期不能交货者，本馆愿担责任。欲后有凭，立此为证。藉呈

　　上海浙江兴业银行台执　　十元票加印一万张，每万连前价洋一百五十元计算，又批

　　宣统元年闰二月二十日　　商务印书馆立保单：夏瑞芳（印）

　　　　　　　　　　　　　　　　　　　　　　木本（英文签名）

　　保单上的夏瑞芳与夏粹芳是同一个人，"粹芳"是夏瑞芳的字，江苏青浦人，是商务印书馆的奠基人，1897～1914年担任商务印书馆的总经理。木本，全名叫木本胜太郎，是商务印书馆当时聘任的印刷专家，或负责浙江兴业银行纸币的印刷业务。[1]

　　以上上海商务印书馆给浙江兴业银行五份保单和一份合同中，第五份保单应该是宣统元年闰二月二十日合同完成的保单，指的是同一件事情。由此，也可以知道这次印制的上海地名五元券和十元券的纸张与以往采用的纸张是不同的，这对我们理解上海地名五元券乙种版产生的时间是有益的。

　　上述保单和合同表明，只有上海地名五元券和十元券记录各印了两次，杭州和汉口地名的五元券和十元券各印了一次，另外一次是无地名一元券，各面额之间、各地名券之间的版式及票面色彩上存在着差别；上海地名五元券和十元券在宣统元

─────────

[1]　柳和诚《商务印书馆为浙江兴业银行两次印钞考》，载邢建榕编《上海档案史料研究》第13辑，上海三联书店，2012年，第61页。

年印制时出现了字号，并采用了与以前不同的纸张。而且，可以得出上海商务印书馆印制的浙江兴业银行第一版银元票的数量（表3）。

表3　上海商务印书馆印制浙江兴业银行第一版银元票数量统计表

年　份	地　名	面　额	数量（张）	合计（元）
光　绪	上　海	一元	96490	96490
		五元	30000	150000
		十元	9982	99820
	汉　口	五元	30000	150000
		十元	10000	100000
宣　统	上　海	五元	40000	200000
		十元	20000	200000
	杭　州	五元	40000	200000
		十元	15000	150000
合　计			291472	1346310

上表所反映的上海商务印书馆印制的浙江兴业银行第一版银元票的数量与浙江兴业银行在民国四年自称的"本行在商务印书馆印刷钞票一百二十万九千四百八十元"[1] 的数目是有距离的。

目前上海地名一元券的数量，在档案史料中没有具体的反映，而汉口地名券各种面额的银元票却是可以查到的。民国四年（1915年）9月13日《汉行钞票号数字号签字章区别表》中记载有上海商务印书馆承印的浙江兴业银行汉口地名银元票情况（表4）：

表4　上海商务印书馆承印浙江兴业银行汉口地名银元票统计表[2]

定印年月	种类	字号	号数	签字区别	张数（张）	洋数（元）
光绪三十四年戊申（1908年）	一元	A、B、C、D、E	每字号一万号自第一号起至第一万号止	汤（梯云）总理、项（藻馨）经理	5万	5万
	五元	无	自第一号起至第三万号止		3万	15万
	十元		自第一号起至第一万号止		1万	10万

---

［1］　上海市档案馆Q-268-1-596。
［2］　上海市档案馆Q-268-1-596。

续表

定印年月	种类	字号	号数	签字区别	张数（张）	洋数（元）
宣统元年己酉（1909年）	一元	A、B、C、D	每字号一万号自第一号起至第一万号止	胡（藻青）总理、项经理	4万	4万
		A、B、C、D、E、F		叶（揆初）总理、项经理	6万	6万
		G、H、I、J			4万	4万
宣统二年庚戌（1910年）	一元	EE双字	自一号起至二千号止	同上，唯铃章改盖横边	2000	2000
		E单字	自二千零一号起至一万号止		8000	8000

从上表可以看出，浙江兴业银行第一版汉口地名银元票各面额实际印数：一元券为20万张20万元，五元券为3万张15万元，十元券为1万张10万元。其中，五元、十元两种面额的印数与前表是一致的。并且，一元券不仅在光绪三十四年、宣统元年和宣统二年被分别印了三次，而且这三次的印制在字号和签名上都存在着不同。如果不算上光绪年间的一次印数（这次印数可能已包含在了当时印制的96490张一元券中），仅算上汉口地名一元券宣统年间两次的印数，浙江兴业银行的印数达到了441472张、1496310元。《中国近代纸币史》一书根据交通银行1936年6月接受浙江兴业银行钞券发行及准备报告整理得到的浙江兴业银行第一版银元票的印数是2279285元，已销毁2269850元，现存9435元，已悉数交出。[1]

从民国四年9月13日《汉行钞票号数字号签字章区别表》，我们还可以了解到商务印书馆承印浙江兴业银行第一版纸币对汉口地名不同面额券来说，至少是在三个时间段里完成的，一是在光绪三十四年（1708年），一是在宣统元年（1909年），另一是在宣统二年（1910年），其他地名券除了在光绪三十四年和宣统元年完成外，是否同样也有在宣统二年完成的情况，则不得而知。

上海市档案馆还保存有三张上海商务印书馆印刷所的装箱单。[2]

第一张

　　第一百六号

　　今奉上浙江兴业银行宝号汉口五元物件三万张，务祈照数检收。盖戳

签押

---

[1]　江苏省钱币学会主编，中国金融出版社，2001年，第806页。

[2]　上海市档案馆Q-268-1-596。

光绪三十　　年　　月　　日

西历一千九百零八年八月十日

上海商务印书馆印刷所

第二张

第一百九号

今奉上浙江兴业银行宝号上海五元物件三万张，务祈照数检收。盖戳

汉口十元　　一万张

签押

光绪三十四年七月十二日

西历一千九百零八年八月八日

上海商务印书馆印刷所

第三张

第　　　号

今奉上浙江兴业银行宝号汉口铜元票物件七万二千四百五十张，务祈照数检收。盖戳

签押

光绪三十　　年　　月　　日

西历一千九百零八年八月十三日

　　第一、第二张装箱单可以确认是上面提到的第三份光绪三十四年七月保单上上海商务印书馆印制的浙江兴业银行上海、汉口地名五元券的数量，而第三张装箱单不仅验证了浙江兴业银行第一版纸币中有铜元票的事实，而且还具体告知我们当时印制的数量和地名。有关浙江兴业银行印制铜元票的情况，在浙江兴业银行汉口分行抄录总办事处《印钞费清账》中也有反映。[1]

　　浙江兴业银行汉口地名铜元票没有发行的原因，王松麟曾有论及。[2]根据档案资料，我们可知上海商务印书馆不仅完成了浙江兴业银行汉口地名铜元票的订印任务，而且将订印的72450张铜元票在光绪三十四年（1908年）8月13日装

[1]　上海市档案馆Q-268-1-596。

[2]　王松麟：《浙江兴业银行铜元一百枚券》，杨煦春主编《钱币研究文选》，中国财政经济出版社，1989年，第239页。

箱交给浙江兴业银行汉口分行。民国四年9月13日《汉行钞票号数字号签字章区别表》中仅列出第一版、第二版汉口地名银元票而没有列出铜元票，说明当时汉口地名铜元票确实没有发行过，具体原因不知。

三　浙江兴业银行第二版纸币的印制

根据浙江兴业银行与法国公司订立的合同可以知道，当时第二版银元票总的印数为963000张265万元，但民国四年浙江兴业银行却自称"法国印刷钞票一百万零零一千五百元"[1]，两者之间有出入，后者应属少报。《中国近代纸币史》一书根据交通银行1936年6月接受浙江兴业银行钞券发行及准备报告整理得到的浙江兴业银行第二版银元票印数是2831500元，已销毁2827500元，现存3980元[2]。

民国四年9月13日《汉行钞票号数字号签字章区别表》记录了浙江兴业银行第二版汉口地名银元票的详细情况（表5）：

表5　汉行钞票号数字号签字章区别表

订印年份	种类	字号	号数	签字区别	张数（张）	洋数（元）
宣统三年辛亥（1911年）	一元	A、B、C、D、E、F、G、H、I、J	每一字一万号，自第一号起至第一万号止	叶（揆初）总理、项经理，钤章盖横边	10万	10万
		双A至双J	每一字一万号，自第一号起至第一万号止		10万	10万
		未盖		未盖	13万	13万
	五元	无		无	4万	20万
	十元				1万	10万

《湖北官钱局呈报"光复前后各省私立银行调查表"》记载："汉口浙江兴业银行光复以前，呈部奉准发行。发行纸币约数。原印二十三万三千五百元，流通无定。"[3]从上表可以看出当时汉口地名一元券的实际印数不是合同上所说的20万张，而是33万张。汉口地名一元券除13万张没有加盖印章外，其他20万张都加盖印章，而五元券和十元券则没有加盖过印章，总数有5万张30万元。根据乙卯（民国四年，1915年）9月13日汉口分行摘抄总办事处支付纸币印制费用的文件得

---

［1］　上海市档案馆Q-268-1-596。

［2］　江苏省钱币学会主编：《中国变化纸币史》，中国金融出版社，2001年，第806页。

［3］　中国人民银行武汉市分行金融研究室、《武汉金融志》编写委员会办公室编：《武汉近代货币史料》，1982年，第38页。

知，第二版汉口地名一元券一共印制过两次，第二次添印了3万张[1]。所以，汉口地名券的实际印数超过了浙江兴业银行与法国运通公司签订的合同数。

民国十三年（1924年）5月16日《总券字一号》记载，经查考旧账，第二版上海地名券并没有发行过。[2]而《中国近代纸币史》则说："宣统元年（1909年）印发第三版（即本文的第二版——笔者注），除上述三种外，又增加50元和100元两种。凡天津、汉口、杭州等地分行只发行1元、5元、10元三种纸币，上海地区（含江苏的南京、苏、锡、常、镇等地）则发行1元至100元五种纸币。""该行最初只发行银元券1元、5元、10元三种，宣统元年加发50元、100元两种大面值票，但仅由上海分行发行，且限于江浙一带流通。"[3]我们从民国二十一年（1932年）11月29日浙江兴业银行的销毁清单中发现了有关需要销毁伪制券的数据。在这些数据中既有第一版上海、杭州地名五元券，汉口和杭州地名十元券，也有第二版上海地名券一元券、五元券、一百元券以及杭州地名一元券。[4]伪制券即伪造的纸币。第二版浙江兴业银行纸币伪造券的出现，从反面印证了当时第二版上海地名券确曾得以发行和流通的事实。另有一说，浙江兴业银行第二版纸币发行于民国三年（1914年）。[5]

根据档案史料的记载，通运公司只是浙江兴业银行印制第二版纸币的代理公司，具体担任印制任务的是写格司（Chaix）印刷厂，提供纸张的是一家名为勃朗洗福来而克雷陪（译音）的公司。[6]浙江兴业银行第二版纸币的尺寸大小具体为（表6）：

表6 档案所载浙江兴业银行第二版纸币尺寸一览表

面额	横（密里迈当[1]）	纵（密里迈当）
一元	一百二十	九十一
五元	一百六十二	一百零二
十元	一百七十四	一百十一
五十元	一百八十八	一百二十
一百元	二百	一百二十七

---

[1] 上海市档案馆Q-268-1-596。

[2] 上海市档案馆Q-268-1-595。

[3] 江苏省钱币学会主编. 中国金融出版社，2001年，第805页、807页。

[4] 上海市档案馆藏Q268-1-599。

[5] 柳和诚《商务印书馆为浙江兴业银行两次印钞考》，载邢建榕编：《上海档案史料研究》第13辑，上海三联书店，2012年，第61页。

[6] 上海市档案馆Q-268-1-596。

印制的纸张有水印"兴业"两字，距离花边四密里迈当，字样具体大小如下（表7）。

表7　档案所载浙江兴业银行第二版纸币字样大小一览表

面额	横（密里迈当）	纵（密里迈当）
一元	八十九	四十七
五元	一百零九	五十一
十元	一百十九	五十九
五十元	一百三十一	六十四
一百元	一百三十九	六十八

当时对纸币的重量都有规定，"每见方一迈，重七十格兰姆，重不得多于百分之五，轻不得少于百分之二"。

叶景揆、潘用和《本行发行史》载："截至辛亥革命止，杭、沪、汉三行共计发行七十万元。至中华民国二年又由来远公司经手向法国钞票公司订印新钞票，分一元、五元、十元三种，其纸系定制有'兴业'二字楷书暗纹，式样与商务版无异，总额为三百万元。至三年冬，运抵上海，其时总办事处，正在筹备进行……"[2]这段记载表达了几层意思：一是第一版浙江兴业银行纸币总共只发行了70万元；二是第二版浙江兴业银行纸币订制于民国二年，面额只有一元、五元、十元三种，民国三年运抵上海；三是第二版浙江兴业银行纸币的纸张有水印"兴业"两字，式样和第一版纸币相同，总额为300万元。对照上面引用的档案资料，我们发现《本行发行史》表达的第二层意思是有问题的。首先，与法国印制公司订印第二版纸币的时间是在宣统元年，而不是在民国二年；其次，向法国订印的第二版纸币面额一元、五元和十元券三种外，还有五十元券和一百元券两种；第三，向法国订印的第二版纸币至迟在宣统三年已经运到了中国，而不是在民国三年。上海市档案馆藏《代兴业银行订印银票合同译稿》条件第五节中明确记载："一元票于签字后四个半月内先交，余限于五个月交齐。"[3]如此，按照宣统元年五月浙江兴业银行与法国通运公司签订合同及上面引述的《中国近代纸币史》内容来看，第二版浙江兴业银行的银元票在合同订立的宣统元年就完成印制并最晚于宣统二年运抵到了中国。

（原载《钱币博览》2016年第2期）

---

[1]　密里迈当，即millimeter（毫米）的音译。

[2]　叶景揆、潘用和编：《本行发行史（一）》，《兴业邮乘》总第141期（复23期）。

[3]　上海市档案馆Q-268-1-596。

中、中、交三行上海地名券上的暗记

——兼述民国时期的银行领券制度

在近现代金融机构发行的纸币上，纸币票面上除了加盖有与纸币发行单位有关的图章印记外，还加盖有各种记号。这些记号有的属于明记，有的则属于暗记。明记是指那些含义明白的记号；暗记则是指那些意义暗指的特定记号。在整理有关民国时期中国银行、中央银行和交通银行三家银行纸币资料时，发现这三家银行在某些年份发行的地名券上，不仅同样加盖有这种具有意义暗指的特定记号，而且这些暗记的位置也具有一定的规律，这便引起了我们的极大兴趣和关注。我们认为，这种暗记的出现，与民国时期的领券制度有关。

一　中国银行地名券上的暗记

根据史料的记载，早在1915年，浙江地方实业银行和浙江兴业银行领用的中国银行纸币上已经加盖有暗记了，[1]但目前能见到最早的中国银行有暗记的纸币，却是在1918年9月发行的地名券上。

从《中国纸币图鉴目录·四行通钞》[2]一书的著录来看，我们今天能见到的中国银行加盖有暗记的地名券实物分别是上海、天津、青岛、江苏、浙江和山东，发行的时间分别为1918年9月、1926年、1931年、1935年，面额有一元、五元和十元三种（表1）。

表1　中国银行地名券发行情况表

发行年份	地名	面额	印制单位
1918年9月	上海	一元、五元	美国钞票公司
	天津	五元、十元	
	青岛	一元、五元、十元	

---

[1]　中国银行总行、中国第二历史档案馆合编：《中国银行行史资料汇编》上编二，档案出版社，1991年，第1028页。

[2]　吴克夷编著：《中国纸币图鉴目录·四行通钞》，上海科学技术文献出版社，1998年。本文中有关中国银行、交通银行和中央银行地名券上的暗记资料都取自此书。

续表

发行年份	地名	面额	印制单位
1918年9月	江苏	五元	美国钞票公司
	浙江	五元	
	山东	十元	
1926年	上海	五元	
1931年	天津	五元	德纳罗
1935年	上海	一元	华德路

从版式上来说，加盖有暗记的中国银行地名券，不同年份和面额之间的纸币正面主图有差异；同一年份、同样面额的纸币正面主图与印制单位相同，但在正面和背面的颜色上或发行人的签名上依然有着明显的区别（表2）。

表2　中国地名券各版式对比表

年份	地名	面额	主图	正面颜色	背面颜色	签名
1918年	上海	一元	天坛	棕、多重色	蓝	王克敏、宋汉章
			天坛	棕、多重色	蓝	冯耿光、贝祖诒
	青岛	一元	天坛	橘、紫、多重色	橘	王克敏、A.S.W
1918年	上海	五元	北海	黑、蓝、多重色	绿	王克敏、宋汉章
			北海	黑、蓝、多重色	绿	金还、宋汉章
	天津	五元	北海	橘、紫、多重色	橘	金还、卞寿孙
			北海	橘、紫、多重色	橘	冯耿光、卞寿孙
			北海	橘、紫、多重色	橘	张嘉璈、卞寿孙
	青岛	五元	北海	绿、多重色	绿	王克敏、A.S.W
			北海	绿、多重色	绿	张嘉璈、王祖训
	江苏	五元	北海	棕、多重色	橘	张嘉璈、T.C.H
			北海	棕、多重色	橘	张嘉璈、Y.C.W
	浙江	五元	北海	绿、多重色	蓝	张嘉璈、P.S.K
1918年	天津	十元	大成殿	绿、橘、多重色	绿	金还、卞寿孙
			大成殿	绿、橘、多重色	绿	张嘉璈、卞寿孙
	青岛	十元	大成殿	橄榄、紫、多重色	橄榄	王克敏、A.S.W
			大成殿	橄榄、紫、多重色	橄榄	张嘉璈、Y.L
			大成殿	橄榄、紫、多重色	橄榄	张嘉璈、王祖训
	山东	十元	大成殿	橄榄、紫、多重色	橄榄	张嘉璈、王祖训

年份	地名	面额	主图	正面颜色	背面颜色	签名
1926年	上海	五元	北海	黑、多重色	绿	金还、宋汉章
			北海	黑、多重色	绿	冯耿光、宋汉章
			北海	黑、多重色	绿	冯耿光、贝祖诒
			北海	黑、多重色	绿	张嘉璈、贝祖诒
			北海	黑、多重色	绿	宋汉章、贝祖诒
			北海	黑、多重色	绿	
1931年	天津	五元	天坛	橘、多重色	橘、多重色	张嘉璈、卞寿孙
			天坛	橘、多重色	橘、多重色	宋汉章、卞寿孙
1935年	上海	一元	天坛	棕、多重色	蓝、多重色	宋汉章、贝祖诒

在现存有关中国银行加盖暗记的地名券实物中，上海地名券加盖暗记主要集中于1926年发行的纸币上，1918年次之，1935年则很少。天津地名券加盖暗记主要集中于1918年发行的纸币上，1931年次之。青岛、江苏、浙江和山东地名券加盖暗记仅发生在1918年发行的纸币上。在数量上，以加盖有暗记的上海和天津地名券发现最多，它们各自不同年份的数量所占比例也参差不齐（图1、2），从一个侧面反映了当时领用行庄暗记券的兑换情况。

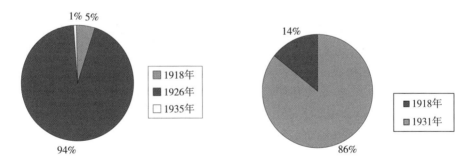

图1　中国银行上海地名暗记加盖情况　　图2　中国银行天津地名暗记加盖情况

中国银行于1912年成立以后，纸币发行以省区为范围，这对纸币的流通和兑换造成了一定的困难。1920年8月南北议和决裂，为巩固银行基础，防止军阀借款，保护银行发行准备金，中国银行总管理处决定适当集中发行，开始建立分区发行的制度，指定天津、上海和汉口三家分行为集中发行区域行。1922年，中国银行正式推行分区发行制度，将全国分为四大区域，除原有的天津、上海和汉口三家分行外，再增加香港作为第四区域行。1928年，区域行制度发生变化，新增沈阳为第五区（东北地区）的区域行（表3）。1930年，因汉口分行改为驻汉沪券汇兑处，第三区被撤销。1931年，又因东北沦陷，中国银行事实上只剩下了三家区域行。因为实行分区发行制度，所以，原来各省地名券被区域行地名券所替代，在第一区内，南京分行发行的"江苏"地名券、杭州分行发行的"浙江"地名券、安徽分行发行的"安徽"地名券等都被取消，改用上海区域行发行的"上海"地名券[1]；在第二区内的山东地名券也被取消，改用天津区域行发行的"天津"地名券，这对于纸币发行和推广，具有重要的意义。因此，我们在见到的1926年、1931年和1935年发行的中国银行地名券实物中，除了区域行地名券外，见不到其他各省的地名券，当与这种分区发行制度的实行有关。

表3　中国银行各省地名券信息一览表

区域	区域行	含括区域	区域行券名	变更情况
第一区	上海	上海、江苏、浙江、安徽	沪券	
第二区	天津	河北、山西、归绥、宁夏、山东	津券、鲁券	
第三区	汉口	湖南、湖北、河南、陕西、江西、贵州、甘肃、四川	汉券、渝券	1930年撤销
第四区	香港	福建、广东	闽券（粤券）	
第五区	沈阳	奉天、吉林、黑龙江	奉券（滨券）	1931年随着东北沦陷而实亡

中国银行地名券暗记一般加盖在纸币的正面或正、背两面，通常由行庄暗记和本行暗记两部分组成，也有例外。行庄暗记一般由汉字或汉字和英文组成，本行暗记则由数字构成。所见上海、天津、青岛等地名券所加盖的暗记可分为几类：1. 汉字；2. 汉字和花押；3. 汉字和阿拉伯数字；4. 阿拉伯数字；5. 英文字母；6. 汉字和英文字母；7. 英文字母和阿拉伯数字；8. 汉字、英文字母和阿拉伯数字，这些不同的类别可以分出不同的组合（表4）。

表4　中国银行地名券暗记一览表

暗记类别	暗记组合	举例
汉字	单字	兰
	双字	复、书；兰、兰

---

[1]　中国银行总行、中国第二历史档案馆合编：《中国银行行史资料汇编》上编三，档案出版社，1991年，第2548页。

暗记类别	暗记组合	举例
汉字和阿拉伯数字	单字加阿拉伯数字	公27；大④
	双字加阿拉伯数字	叙、茂8；亨、盛⑨
	双字外加方框和阿拉伯数字	镇道46
	单字、双字外加方框和阿拉伯数字	普、温瓯47
阿拉伯数字	数字	48
	数字外加圆圈	①
	数字外加括号	｜5｜
英文字母	单字母	H
	双字母	D、M
	字母合文	TN；TSC
	单字母加字母合文	A、BS
	字母合文加字母合文	AI、NK
汉字和英文字母	单汉字加字母合文	WF、俊；CHC、全
英文字母和数字	单字母加数字	D｜4｜；M②
	双字母加数字	D、C③
	字母合文加数字	YS｜22｜
	单字母、字母合文加数字	SC、H 11
汉字、英文字母和阿拉伯数字	单汉字、单字母加数字	实、H 12
	双汉字、单字母加数字	实、H、远12
	单汉字、双字母加数字	东、A、B 26
花押	花押加数字	花押｜5｜；花押82
	文字加花押	滋、花押

在这些暗记组合中，数字外加括号｜｜的暗记只出现于天津地名券中，外加圆圈的数字暗记不见于天津地名券中，而出现于上海、青岛、江苏、浙江和山东的地名券中，没有任何外加符号的数字暗记仅出现于上海地名券中。

不同的领券银行或钱庄，它们所领的中国银行纸币上加盖的暗记虽然偶然有些变化，但基本上是不变的，比如"徐同53"，它不仅出现在1926年冯耿光和贝祖诒签名的上海五元地名券上，同样也出现于同年张嘉璈和贝祖诒签名的上海五元地名券上，"徐同"为徐州同和裕银号的简称，"53"是它的代码，凡是徐州同和裕银号领用的中国银行上海地名券上加盖的都是这一暗记。"东26"和"东　A　B 26"虽然后者多了两个英文字母A和B，但它们指代的都是一家银行，即华东银行。一般而言，无论有无行庄暗记与否，本行暗记相同的纸币应为同一家银行或钱庄所领用，但也有例外。

票面上的暗记可分三种：第一种，四个完全相同的暗记；第二种，两两相同的四个暗记；第三种，两个不同的暗记。暗记都加盖在纸币正、背面的票框内，四个完全相同的暗记，加盖在左右两侧的上下方。两两相同的四个暗记虽然也加盖在左右两侧的上下方，但对角相对。两个不同的暗记，正面加盖在左右两侧的上方、背面则对角加盖或正、背面都对角加盖。暗记的颜色不完全相同，大致可分：1. 正、背面都是黑色或红色；2. 正面黑色，背面红色；3. 正面红、黑两色，背面红色。所以，中国银行地名券上暗记加盖的位置和颜色是有一定格式的。

二　中国银行上海地名券上的暗记

中国银行上海地名券最早见之于民国元年（1912年）中国银行发行的李鸿章像券和黄帝像券中，但这两种纸币本来都没有地名，地名都是在民国二年加印的。民国六年，曾用哈尔滨地名券改为上海地名券，发行辅币券。真正意义上的上海地名券开始发行于1918年，面额有一元、五元和十元三种。以后，1924年、1926年和1935年中国银行都发行有上海地名券，面额分别为十元、五元和一元。

中国银行上海地名券以本行暗记来分，可以分为两组，一组为单纯的数字，一组为外加圆圈的数字，这两组暗记有可能是根据各银行和钱庄与中国银行达成领用订约的次序来编排的。根据档案资料，目前只能部分确定暗记具体为哪一家领用银行或钱庄的名称（见表5）。

表5　中国银行上海地名券部分暗记对照表*

行庄暗记	中国银行暗记	领用行庄名称	备注
NS	32	南京上海银行	
宁福	54	南京福康庄	
通宁	55	南京通和庄	
森宁	59	南京森源庄	
B	34	徐州国民银行	
徐同	53	徐州同裕银号	
徐国	42	徐州国民银行	
兴常	38	常熟大兴银行	
州进	41	常州武进银行	

行庄暗记	中国银行暗记	领用行庄名称	备注
州泰		常州泰成钱庄	
州泰	77	常州泰成庄	
镇道	46	镇江道生庄	暗记为红色
镇元	61	镇江元康庄	
镇鼎	62	镇江鼎昶庄	
苏天	70	苏州天生庄	
苏盛	78	苏州鸿盛庄	
苏裕	79	苏州裕元庄	
苏康	76	苏州鸿康庄	
松、甡	67	松江甡源庄	
典	36	松江兴业银行	
浙建	37	浙江建业银行	
	CK	浙江地方银行	
浙两	46	浙江两浙银行	
浙顺	71	杭州顺昌庄	
嵊农	33	绍兴嵊县农工银行	
绍商	39	绍兴商业银行	
蘭泰	50	兰谿泰亨庄	
蘭长	51	兰谿长源庄	
蘭聚	73	兰谿聚亨庄	
蘭义	84	兰谿义源庄	
金裕	56	金华裕亨庄	
金济	60	金华济源庄	
金慎	85	金华慎源庄	
甬	31	宁波兴业银行	
甬	31	宁波实业银行	
濂温	49	温州濂昌庄	暗记为红色
温瓯	47	温州信瓯庄	暗记为红色
浙温	48	温州浙江银行	暗记为红色
温商	47	温州商业银行	
嘉同	66	嘉兴同裕增记庄	

续表

行庄暗记	中国银行暗记	领用行庄名称	备注
衢源	75	衢州巨源庄	
穗龙	74	龙游穗丰庄	
衍沈	57	沈家门衍泰庄	
汉孚	63	汉口信孚庄	
汉长	64	汉口长裕庄	
汉安	65	汉口安裕庄	
汉中	68	汉口中源银号	
汉均	69	汉口均泰庄	
汉均	69	汉口均裕庄	原名汉口均泰庄
安裕	65	汉口安裕庄	
汉农	43	汉口中国农工银行	
汉正	86	汉口正裕银号	
莊		汉口诚孚永庄	
资	33	汉口宏裕庄	
辽	26	汉口新德庄	原名同德庄
辰	22	汉口震康庄	
宏	23	汉口元康庄	原名宏德庄
宏	23	汉口元康庄	
德	30	汉口恰德庄	暗记为红色
公	27	汉口德成庄	暗记为红色
茂	29	汉口大德庄	原名同茂庄，暗记为红色
茂	19	汉口大德庄	？
夫	21	汉口中央信托公司	
权	28	汉口春茂庄	原名祥记庄
松	25	汉口同和裕庄	原领券者为汉口松茂庄
衣	34	汉口裕大庄	
震	17	汉口震记庄	
永	30	汉口永福庄	
	32	汉口沅裕庄	
盛	52	上海元盛庄	
仁	5	上海仁昶庄	原名仁亭庄

行庄暗记	中国银行暗记	领用行庄名称	备注
叙	8	上海填源庄	原名永聚庄
春	②	上海春元庄	
	35	上海浙江银行	
赉	72	上海大赉庄	
至	40	上海至中银行	
曲	45	上海农商银行	
屯致	81	屯溪致祥庄	
屯永	82	屯溪永达庄	
湘	43	长沙兴记庄	
慎	42	慎益庄	暗记为红色
诚	35	元大庄	
餘	9	永余庄	
牲	37	元牲庄	
成	3	永兴庄	原名信成庄
丁	38	荣康庄	原名鼎元庄、暗记为红色
恒	39	恒巽庄	原名恒大庄
厚	16	厚丰庄	
和	1	和丰庄	暗记为红色
顺	11	顺康庄	暗记为红色
福	13	福康庄	
长	41	长盛庄	暗记为红色
泰	31	源泰庄	
同	10	同春庄	
泰裕	80	裕隆元钱庄	
康	4	滋康庄	
民	21	福泰庄	
瑞	40	瑞昶庄	
益	29	益安庄	
晏	58	同安银号	
S	②	信通银行	
元	18	正元银行	

续表

行庄暗记	中国银行暗记	领用行庄名称	备注
义	14	正义银行	
大	④	正大银行	
丰	1	华侨银行	原由和丰银行领用
东	26	华东银行	
彙	24	中汇银行	
禾	28	中和银行	
业	16	中国兴业银行	
银	29	中国兴业银行	
货	23	中国国货银行	
企	30	中国企业银行	
聚	15	聚兴诚银行	
界	39	世界银行	

*此表主要根据复旦大学历史系董昕博士论文《中国银行上海分行研究（1912～1937年）表2–3和表2–4制作，有增删和调整。

　　中国银行领券活动原来只对同业银行开放，1924年春，中国银行开始向上海福源、福康、安裕、顺康、赓裕、承裕、安康、永丰、信裕、滋康、恒祥、兆丰、五丰、宝丰等14家钱庄开放。[1]所以，我们在中国银行地名券上见到的钱庄领用暗记，最早不会超过此时。

　　由上《中国银行上海地名券部分暗记对照表》，我们发现，上海地名券中有汉口钱庄领用的暗记，这应该是1930年中国银行分区发行制度发生变化后的结果。

　　对中国银行的一些暗记，虽然今天还不能确定它具体代表的是哪一家领用行庄，但通过对暗记组合的分析，至少可以推定这些暗记所关联的行庄（表6）：

表6　中国银行地名券暗记与行庄暗记关联表

行庄暗记	中国银行暗记	相关行庄	备注
甬、沪	31	宁波兴业银行	
甬、之	31	宁波兴业银行	
甬、苏	31	宁波兴业银行	
江、浙	35	上海江浙银行	

---

[1]　中国人民银行上海市分行编：《上海钱庄史料》，上海人民出版社，1960年，第144页。

行庄暗记	中国银行暗记	相关行庄	备注
银、苏	29	中国兴业银行	
银、松	29	中国兴业银行	
银、南	29	中国兴业银行	
同、镇	10	同春庄	
温瓯、信	47	温州信瓯庄	
温瓯、普	47	温州信瓯庄	
福、裕	48	温州浙江银行	加盖"温浙"章
敦、裕	48	温州浙江银行	加盖"温浙、泰"章
慎、裕	48	温州浙江银行	加盖"温浙"章
苏天、裕	70	苏州天生庄	
苏康、昌	76	苏州鸿康庄	
诏商	39	绍兴商业银行	

三　交通银行地名券上的暗记

交通银行成立以后，一直发行有地名券，1922年11月，则制定《分区发行试办章程》，采用总分库制度，将发行地点划分为五大区，每区设一发行总库，总库下根据需要设立分库（表7），[1] 规定区内各分支行领用纸币，以六成现金、四成有价证券面额交入总库或分库，作为额定准备，再交二成现金作为额外准备。交通银行为了扩大纸币发行，同样允许同业银行和钱庄领用本行纸币。交通银行的领券制度前后经历了兑换券领用和法币领用两个时期。

表7　交通银行各大区总分库一览表

区域	总库	分定范围	区域券名
第一区	天津	北京、天津、济南、烟台、张家口、归绥等兑换券	津券
第二区	上海	上海、江苏、南京、浦口、安徽等兑换券	沪券
第三区	汉口	汉口、河南等兑换券	汉券
第四区	奉天	奉天小洋券等	奉券
第五区	哈尔滨	哈尔滨、黑河等兑换券	滨券

---

[1]　交通银行总行、中国第二历史档案馆合编：《交通银行史料》第一卷下册，中国金融出版社，1995年，第846页。

交通银行加盖暗记的地名券实物，目前仅见到其标明于1914年和1927年的纸币，属于民国十二年至民国二十四年兑换券领用时期（1923～1935年）。1914年加盖暗记的地名券只有上海和天津，1927年也只有天津、上海和青岛三地。加盖暗记的地名券实物情况如表8：

表8　交通银行暗记地名券实物情况表

发行年份	地名	面额	印制单位
1914年	上海	五元	美国钞票公司
		十元	
	天津	五元	
		十元	
1927年	天津	一元	
	上海	五元	
	山东青岛	五元	
		十元	

交通银行加盖有暗记的不同地名券实物的版式也是不一样的，除了正、背面的主图外，同一年份的同一种面额纸币主要区别在于正、背面颜色和签名上（表9）。根据史料的记载，1914年版的交通银行券（被称为"五版国币券"）在1914年后曾进行过三次改版，分别发生于1928年和1934年，被称为"五版改色券""五版改色通用券"和"五版改色乙种券"。从表9可知，上海地名券加盖暗记的有两版，一版为1914年印制的五版国币券，另一版为1928年印制的五版改色券；天津地名券加盖暗记的为1928年印制的五版改色券，以发现的暗记券数量而言，在标明1914年的地名券中，1928年印制的五版改色券占了绝大多数。1927年印制的交通银行纸币被称为第十版银元券，实际开始发行于1930年。按照1922年推行的分区发行的办法，加盖暗记的五版改色券分属于第一区和第二区的发行总库，十版银元券则分属于第一区总库和第二区发行分库。

表9　交通银行地名券主图、色彩、签名信息一览表

年份	地名	面额	面主图	背主图	正面颜色	背面颜色	签名
1914年	上海	五元	火车	银行大楼	灰、多重色	灰	S.C.K、L.Y.Y
					棕、多重色	棕	C.W.L、L.Y.Y
		十元	钟楼	码头	红、多重色	红	C.W.L、L.Y.Y
1914年	天津	五元	火车	银行大楼	红、多重色	红	L.C、L.H.P
		十元	钟楼	码头	紫、多重色	紫	L.C、L.H.P

年份	地名	面额	面主图	背主图	正面颜色	背面颜色	签名
1927年	天津	一元	火车		绿、多重色	绿	涛、李卄
	上海	五元	火车		棕、多重色	棕	梁士诒、王子崧
	山东青岛	五元	火车		紫、多重色	紫	涛、李卄
		十元	钟楼		绿、多重色	绿	涛、李卄

　　我们对《中国纸币图鉴目录·四行通钞》一书中交通银行加盖暗记的地名券数量进行了统计，并以图表的形式表示（图3），从中可以反映出交通银行暗记券兑换的变化情况。

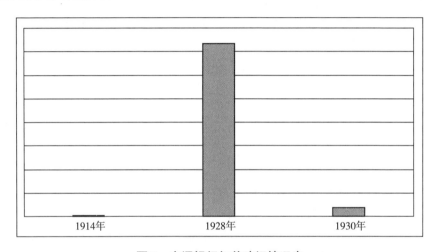

图3　交通银行加盖暗记情况表

　　交通银行地名券上暗记有行庄暗记和本行暗记两种，其组成没有中国银行那样复杂，只有汉字、数字、英文字母和花押四种，很少有组合，并且明显具有地域特征。上海地名券上加盖的暗记有汉字、数字和英文字母三种，天津地名券上加盖有花押和数字两种，山东青岛地名券上只加盖有数字一种，天津和山东青岛地名券上加盖的数字两旁各有一带结符号。根据史料的记载，交通银行领用纸币期限分长期领用和短期领用两种：长期领用之券均分别加印特约字样为暗记；短期领券初无暗记，1928年乃加印阿拉伯数字为暗记，1929年改订办法，亦有加印暗记的规定。[1]由此可知，凡是加盖有数字的暗记券都是1928年

［1］　交通银行总行、中国第二历史档案馆合编：《交通银行史料》第一卷下册，中国金融出版社，1995年，第881页。

以后由银行和钱庄短期领用之券，而加盖英文字母的暗记券想必也应为短期领用之券。短期领用的暗记对领用交通银行纸币的银行和钱庄来讲，可能有发生变化，长期领用的暗记应该是不变的。

交通银行最早向同业银行以外的钱庄开放领券活动，1918年，上海福源、福康、安裕和顺康等四家钱庄首先向交通银行领券。[1] 所以，钱庄领用暗记出现在交通银行地名券上的时间应不早于1918年。

交通银行不同地名券的暗记虽然都加盖在纸币票框内，但具体位置却不一样，天津地名券的暗记加盖在正面左右两侧的上方和背面左右两侧的下方；青岛地名券则与天津正相反，加盖在正面左右两侧的下方和背面左右两侧的上方；而上海地名券加盖在正面和背面左右两侧的上、下方，无论印制时间的变化，它们各自的位置是固定不变的。在暗记的颜色上，标1914年的天津地名券和标1927年的天津、山东青岛地名券都呈黑色，而标1914年的上海地名券是黑色，标1927年的却是蓝色。

四 交通银行上海地名券上的暗记

我们整理了《中国纸币图鉴目录·四行通钞》一书中交通银行上海地名券上加盖的暗记后，发现其主要集中于1928年印制的五版改色券，五元券的暗记有：

1. 单字：顺、汇、永、通、劝、江、中、鼎、国、华、新、和、货、信、垦、福、子、诵、农、市、元、瑞、南、晋、昌、民、安、久、长、佳、易、济、恒、康、峰、商、明、耘、楠、蓄、实、上、平、惠、东、企、震、亨、隆、甬、利、达、聚、大、州、政、普、邮、勤、耗；

2. 双字：上海、甬星、隆段、上宁、福隆、亨长、上通；

3. 汉字加英文字母：政A；

4. 汉字外加圆圈：海、鄂；

5. 外加圆圈的英文字母：A、B、C、D、E、F、G、H、I、J；

6. 外加圆圈的数字：①、②、⑤、⑥、⑦、⑧、⑨、⑬、⑮、⑰、⑱、⑲。十元券的暗记除了外加圆圈的数字与五元券不同，仅有①、②、⑤、⑥、⑧、⑨、⑩、⑪、⑫、⑭、⑯外，其他和五元券相同。

交通银行1914年五元国币版和1927年印制的第十版银元券上海地名券暗记各仅见一例，分别是"上""SS"和"汉"。很显然，上海地名券上加盖的暗记中，英文字母和数字都是交通银行根据银行和钱庄先后领用的顺序来排列的。汉字暗记都是经过交通银行与允许长期领用银行和钱庄商量后加盖的，英文字母和

---

[1] 中国人民银行上海市分行编：《上海钱庄史料》，上海人民出版社，1960年，第144页。

数字暗记则是交通银行为短期领用银行和钱庄加盖的，它们都是领用银行和钱庄的代码。所以，汉字暗记可算行庄暗记，英文字母和数字暗记则是本行暗记。

五　中央银行地名券上的暗记

民国时期的中央银行有广州中央银行、汉口中央银行和上海中央银行之分，我们在这里所指的中央银行是于1928年11月开业的上海中央银行。

据《中国纸币图鉴目录·四行通钞》的著录，中央银行加盖有暗记的地名券，唯有上海地名券一种，分别发行于1928年和1930年，由美国钞票公司印制。1928年券面额有一元、五元、十元三等，1930年券面额只有五元一等（表10）。

表10　中央银行上海地名券信息一览表

年份	地名	面额	面主图	背主图	正面颜色	背面颜色	英文签名
1928年	上海	一元		孙中山	绿、多重色	棕	Shih Te-mao（席德懋） Li Chueh（李觉）
		一元		孙中山	绿、多重色	棕	Lin Tien-chi（林天吉） Li Chueh（李觉）
		一元		孙中山	绿、多重色	棕	Huang Hsiu-feng（黄秀峰） Li Chueh（李觉）
		五元		孙中山	橄榄、多重色	红	Huang Hsiu-feng（黄秀峰） Li Chueh（李觉）
		五元		孙中山	橄榄、多重色	红	Li Jun-yao（李骏耀） Li Chueh（李觉）
		五元		孙中山	橄榄、多重色	红	Shih Te-mao（席德懋） Li Chueh（李觉）
		十元		孙中山	蓝、多重色	绿	Lin Tien-chi（林天吉） Li Chueh（李觉）
		十元		孙中山	蓝、多重色	绿	Yang Hsiao-po（杨晓波） Li Chueh（李觉）
1928年	上海	十元		孙中山	蓝、多重色	绿	Huang Hsiu-feng（黄秀峰） Li Chueh（李觉）
		十元		孙中山	蓝、多重色	绿	Tien Yi-min（田亦民） Li Jun-yao（李骏耀）
		十元		孙中山	蓝、多重色	绿	Shih Te-mao（席德懋） Li Chueh（李觉）
		十元		孙中山	蓝、多重色	绿	Li Chueh（李觉）

续表

年份	地名	面额	面主图	背主图	正面颜色	背面颜色	英文签名
1930年	上海	五元	孙中山	中山陵	绿、多重色	绿	Shih Te-mao（席德懋） Li Chueh（李觉）
		五元	孙中山	中山陵	绿、多重色	绿	Lin Tien-chi（林天吉） Li Chueh（李觉）
		五元	孙中山	中山陵	绿、多重色	绿	Yang Hsiao-po（杨晓波） Li Chueh（李觉）
		五元	孙中山	中山陵	绿、多重色	绿	Huang Hsiu-feng（黄秀峰） Li Chueh（李觉）

　　我们对《中国纸币图鉴目录·四行通钞》所载中央银行加盖暗记的上海地名券进行了统计（图4），发现1930年十元券是目前留存最多的中央银行暗记券。

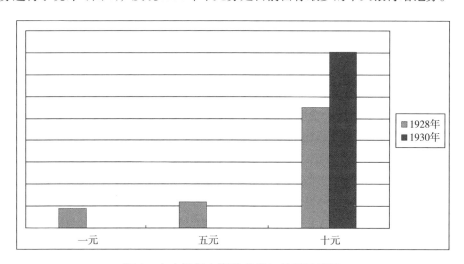

图4　中央银行上海地名券加盖暗记情况

　　中央银行为了进一步扩大纸币发行，在1933年7月18日的第二届行务会议上，对中央银行发行的纸币上是否应该继续加印有"上海"地名曾进行过议论。[1]1935年3月15日，国民政府发布《设立省银行或地方银行及领用或发行兑换券暂行办法》规定："中央银行印发一元及一元以上之省市暗记兑换券，标明某省市字样，以备各省银行或地方银行领用。"[2]1936年1月23日公布的国民政府修

[1]　洪葭管主编：《中央银行史料（1928.11～1949.5）》上卷，中国金融出版社，2005年，第60页。
[2]　中国历史档案馆、中国人民银行江苏省分行合编：《中华民国金融法规选编》上册，档案出版社，1990年，第396页。

正的《中央银行法》规定："中央银行兑换券不分区域，全国一律通用。"[1] 从此，中央银行发行的法币不再加印地名，标志着中央银行地名券的终结。

中央银行上海地名券加盖的暗记由行庄暗记和本行暗记组成，本行暗记由数字构成，而行庄暗记则较为复杂。暗记可以分为这么几类：1. 汉字；2. 汉字和英文字母；3. 汉字和数字；4. 汉字、数字和英文字母；5. 数字，各类有不同的组合（表11）。

表11　中央银行上海地名券暗记一览表

类别	组合	举例
汉字	单字	丰
	双字	用、嘉
	单字加字组	体、实业
汉字和英文字母	单字加英文字母	造A
	单字加双英文字母	自、AI
	双字加英文字母	腓、银B
	双字加双英文字母	自、AI定
英文字母	双英文字母	LM
汉字加数字	单字加数字	浔54
	双字加数字	超、钱2
	单字、字组加数字	健绸、鼎2
	四字加数字	蓄、圈、财、盈62
汉字加阿拉伯数字、英文字母	双字加数字、英文字母	造、2、A
数字	数字	20、62、54
	数字加数字	41 –1
	数字加数字、数字	17 –1（2）

在暗记的使用上，行庄暗记相同，本行暗记却不一定相同，如"超""钱9"和"超钱2""超""钱"是行庄暗记，"9""2"是中央银行所编排的顺序号，这表明银行和钱庄在领用上海地名券时，本行暗记不像中国银行那样基本不变，中央银行有可能不论是否领用过，都会按照领用的先后重新加以编号。旧领和新领的编号不同，应该可以反映其领用的次数。

暗记在纸币上的位置，一般都比较固定，1928年券暗记加盖在正、背面票

[1]　中国历史档案馆、中国人民银行江苏省分行合编：《中华民国金融法规选编》上册，档案出版社，1990年，第618页。

框内的左右侧的上方；1930年券则加盖在正、背面票框内的左上和右下，多字者例外。加盖暗记使用的颜色虽然有所不同，但基本上还是有一定规律的，可归纳为：1. 正面红色、背面黑色；2. 正面红、黑两色、背面黑色；3. 正、背面蓝色；4. 正面黑色，背面红色，但也有例外。

六　中、中、交三行上海地名券暗记加盖和使用的比较

综合对中、中、交三行上海地名券上加盖暗记的分析，我们认为，它们既有共同点，也存在着不同点。这些共同点和不同点表现为：

在纸币面额上，三家银行加盖的暗记都局限于一元、五元和十元三种之上，反映出当时这三家银行对领用银行和钱庄在券值上都有一定的限制。

在纸币版式上，加盖暗记的同年印制、同一面额的纸币除了签名有差异外，不论是纸币的颜色和主图，都完全相同。

此外，三家银行在不同年份、不同面额地名券上所加盖暗记的位置和颜色，基本上是固定不变的。

虽然在暗记的构成上，三家银行地名券的暗记都由行庄暗记和本行暗记两种，但中国银行和中央银行在暗记的具体组合上要比交通银行复杂得多。暗记颜色的使用上也是如此。

中国银行地名券上的暗记无论是行庄暗记还是本行暗记，对同一家领用银行和钱庄而言，基本上是一样的。交通银行的暗记则分长期领用和短期领用两种，短期领用暗记对同一家领用银行或钱庄来说，可能有变化。中央银行的暗记中，行庄暗记应该是不变的，而本行暗记则可能有变。

七　民国时期领券制度简述

所谓的领券制度，简而言之，就是不具有纸币发行权或准备放弃这一权利的银行和钱庄，向具有纸币发行权的银行交纳一定准备金后，领用该行纸币，并在领用的纸币上加盖暗记的一种制度。

民国时期最早的银行券领用发生在民国四年（1915年）5月，当时的浙江地方银行与中国银行订立领用合同规定，浙江地方银行则放弃纸币发行权，并收回已经发出的纸币，领用中国银行一元、五元和十元三种面额的兑换券一百万元。之后，发生了广西银行拟领和浙江兴业银行领用中国银行纸币的事件。[1]应该

---

[1]　中国银行总行、中国第二历史档案馆合编：《中国银行行史资料汇编》上编二，档案出版社，1991年，第1028页。

说，这时候领券制度还没有建立。因此，中国银行总管理处编写的《中国银行发展史略》中也只是说"此为领券制度之滥觞"。[1]1915年11月，在财政总长周学熙呈大总统文提出："私立银行，如查其资本股实者，应由中国银行与其订立合同，准其领用行券，代为推行。"[2]只能算是朝建立领券制度的方向推进了一步。民国六年（1917年），虽然浙江兴业银行与交通银行订立的领用合同因时局关系，没有得到实行，但当时这两家银行签订领用券合同依据的却是于同年8月交通银行订立的《兑换券领用办法》。[3]由于中国银行领券制度的形成，采用的是援例的不成文办法。所以，民国时期领券制度的明确建立应该以民国六年交通银行《兑换券领用办法》的订立为标志。

民国时期的领券制度发展经历了滥觞阶段、初步发展阶段、成熟阶段和衰退阶段等四个阶段，交通银行在不同时期制定的领券办法，可以被看成是这种发展阶段的最好划分标尺。交通银行于1917年订立《兑换券领用办法》，于1923年订定《同业领用办法》，于民国二十五年（1936年）制订《法币领用办法》。[4]根据档案资料，领用交通银行法币的行庄原有138家，到1938年，仅剩下了63家[5]。

民国时期的领券活动不仅发生在同业银行之间，而且还发生于钱庄与银行之间，具体表现为没有发行权和准备放弃发行权的商业银行和钱庄向国家银行领券、没有发行权的商业银行向拥有发行权的商业银行领券和钱庄分别向拥有发行权的商业银行和国家银行领券等三种形式。任何一种形式，都必须订立合同，规定领用期限、券值和数额、兑换办法等，交纳一定的准备金，并在领用的纸币上加盖双方商定的暗记。

民国时期的领券制度是以银行地名券为特色的，至少表现在没有发行权和准备放弃发行权的商业银行和钱庄向国家银行领券这一活动之中。从加盖领用暗记的地名券留存情况来看，中国银行、交通银行和中央银行1918～1930年印制的地名券上发现的暗记最多，说明当时领用活动的活跃。1926～1930年中国

---

[1] 中国人民银行总行参事室编：《中华民国货币史资料》第一辑，上海人民出版社，1986年，第149页。

[2] 中国人民银行总行参事室编：《中华民国货币史资料》第一辑，上海人民出版社，1986年，第138页。

[3] 交通银行总行、中国第二历史档案馆合编：《交通银行史料》第一卷下册，中国金融出版社1995年，第881页。

[4] 交通银行总行、中国第二历史档案馆合编：《交通银行史料》第一卷下册，中国金融出版社，1995年，第881、891页。

[5] 交通银行总行、中国第二历史档案馆合编：《交通银行史料》第一卷下册，中国金融出版社，1995年，第884页。

银行和交通银行领券制度的发展，与这两家银行分别建立分区发行制度有着密切的关系，这可以从仅发现上海和天津地名券中得到反映。

领券制度原本是作为推行中国银行、交通银行和中央银行纸币的措施而建立的一种制度，1932年2月交通银行总管理处在致津、沪、汉、宁各行和第一区发行总库的信函中云："查推行钞券，本为我行当务之急，同业领用钞券，亦为推广之善法。"[1] 但是，随着1935年法币制度的建立，这种领券制度开始成了国家集中发行纸币和现银的一项措施。当时不仅规定银钱业按照原有办法领券[2]，而且规定只要交十足现银，无论机关、商店和个人都可以领券[3]，使得领券活动的面发生了变化。分区发行制度和地名券在法币制度的实施过程中，走向终结。《交通银行史料》第一卷下册第864页记载："查本行，原分沪、津、汉、鲁、厦、秦六区，自二十四年十一月间，经政府明令将本行钞票定为法币，不分地名全国通行，所有原分区域，自应悉行取消，将各库流通券及准备金帐目集中总行，俾符法令，而便统制。"1942年，国民政府实行法币统一发行，中国银行、交通银行和中国农民银行货币发行权被取消，中央银行成为唯一的货币发行行，领券制度也告一段落。

（原载《钱币博览》2006年第4期；后收录于中国钱币学会编《中国钱币论文集》第5辑，中国金融出版社，2010年）

[1] 中国人民银行总行参事室编：《中华民国货币史资料》第一辑，上海人民出版社，1986年，第181页。

[2] 交通银行总行、中国第二历史档案馆合编：《交通银行史料》第一卷下册，中国金融出版社，1995年，第889页。

[3] 中国人民银行总行参事室编：《中华民国货币史资料》第二辑，上海人民出版社，1991年，第194页。

纪年"中华民国三十五年"台币的版式、印制与发行

台湾银行在台湾光复以前就已经存在，并发行有台币。1945年台湾光复到1949年，应台湾行政长官陈仪的要求，民国政府中央银行始终没有在台湾设立分行并发行纸币，台湾地区流通的台币一直都是由台湾银行在冠以民国纪年后发行的。台湾银行事实上成为一家有别于中国其他地方银行而在台湾地区行使中央银行职能的银行。纪年"中华民国三十五年"的台币（下简称"纪年民国三十五年台币"）是民国时期台湾银行发行的第一套纸币。本文想通过现存的实物资料，结合史料，就其中的一些相关史实，固陈陋见，以求教于大家。

一 纪年民国三十五台币的版式

根据已知实物，台湾光复后，以台湾银行名义发行的纪年民国三十五年台币面额一共有一元、五元、十元、五十元、一百元和五百元等六种。这六种面额的台币从版式上来说，流通券都只有一种。但在现存纸币实物中，我们却发现了纪年民国三十五年台币除流通券外的其他不同版式的试印样票，说明当时版式设计并不只有一种，而是有多种。

一元面额不同版式试印样票的背面完全一样，以面额"壹元"为底纹，中间为加椭圆形花框的海战图（图1），其区别在于纸币的正面。除正式发行的一种（图2）外，还有两种：一种是台湾岛图和面额以大小两个圆形几何纹图案为衬底，"台币"两字分列在台湾岛图的两侧（图3）；另一种台湾岛图和面额则是以椭圆形几何纹图案为衬底，"台币"两字排列在台湾岛图之上（图4）。除此之外，应该还有第三种，即台湾岛图和面额以青天白日和几何纹为衬底，因为在以大小两个圆形几何纹图案为衬底的券面上有"花纹用青天白日"的字迹（图3）。所以，事实上，加上正式印制发行的一种，纪年民国三十五年台币一元券至少应该设计有四种版式。

五元面额不同版式试印样票的区别也在纸币的正面图案上。连正式印制发行的一种（图5）算起，一共有三种。另外两种为：一种是台湾岛和面额以青天白日和几何纹为衬底，"台币"两字分列在台湾岛图的两侧（图6）；一种是台湾岛和面额以椭圆形几何纹图案为衬底，"台币"两字排列在台湾岛图之上（图7）。

十元面额不同版式试印样票的背面亦无差别（图8），正面则有不同。除正

图1

图2

图3

图4

图5

图6

式印制发行的一种（图9）外，还见有一种面额和台湾岛以几何纹图案为衬底的、"台币"两字分列在台湾岛图之上的（图10）。根据发现的票样上有"花纹用青天白日"的文字记录（图9），可知当时另外还设计有以青天白日和几何纹图案

图7

图8

图9

为衬底的一种，表明纪年民国三十五年的台币十元券至少设计有三种版式。

　　五十元面额的台币虽然我们今天仅见到正式印行的一种（图11），但从现存试印样票上的文字"用此种"（图12）可以看出当时设计的版式应该有多种。

图10

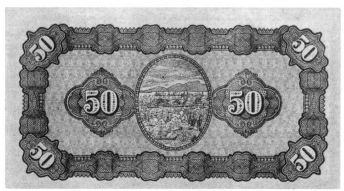

图11

目前见到的一百元面额台币试印样票仅有一种版式（图13、14），并且和流通券的版式一样。依其他面额，一百元面额的台币在当时似乎也应有可供选择的几种版式。

图12

图13

图14

　　五百元面额不同版式试印样票的正面是相同的（图15），但其背面的版式至少有三种，区别在于颜色。除正式印行的一种（图16）外，其他两种，一种背面呈橙色（图17），另一种则呈黑色（图18）。

图15

图16

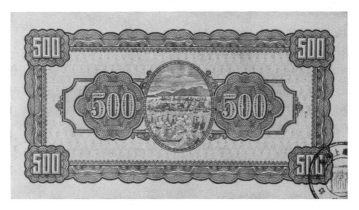

图17

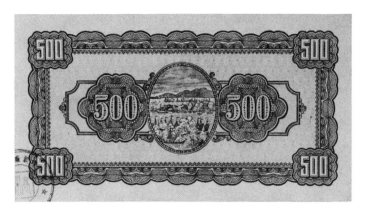

图 18

值得一提的是，面额为一元、五元和十元试印样票的券面上，在孙中山左右两侧所加盖的印章并不是我们今天见到的"台湾银行总经理"和"台湾银行董事长"两种铭文，而是"中央银行台湾样张"字样。

二　纪年民国三十五年台币的印制

就目前所发现的实物来看，纪年为民国三十五年台币都是由中央印制厂印制的，除当时有关纸币发行的报道可以证明外，纸币底端"中央印制厂"五个字也是一个很好的注脚。然而，民国时期的中央印制厂有多家分厂和特约厂，旧台币具体属于哪一家分厂或特约厂所印呢？

我们查找了许多档案资料，并没有发现相关的线索，但从现存的试印样票上却发现了其踪迹。在现存纪年民国三十五年台币试印样票上，发现加盖有"中央印制厂上海印制厂第四印刷所"的圆形印章或"中央印制厂上海厂"圆形印章，表明纪年民国三十五年台币都是在上海印制的。

中央印制厂的前身是中央信托局印制处和重庆印刷厂。中央印制厂于1945年3月1日成立后，随着抗战的胜利，通过接收上海中央储备银行的三个印刷所和日本精版印刷株式会社，建立了中央印制厂上海厂。当时的中央印制厂上海厂分有第一、第二、第三和第四印刷所，但在1946年8月以后，因中央印制厂上海厂光复路新厂的竣工，中央印制厂上海厂的印制点就剩下了两个，一个在光复路，另一个则在齐齐哈尔路。

其实，中央印制厂上海厂齐齐哈尔路印制点的前身就是日本精版印刷株式会社，该厂最早是由日商大阪池田印刷株式会社于1920年建立的，1945年抗战胜利后被接管，成为中央印制厂上海厂第四印刷所，1946年8月改为中央印制厂上海厂第一印刷所，1948年4月又改称中央印制厂上海厂第一分厂。纪年民国三十五年的台币试印样票上所加盖的印章表明，其一元、五元和十元券的开印时间应在其1946年改名之前。

　　从加盖的圆形印章中可知，当时印制任务是有分工的。中央印制厂上海厂第四印刷所承担印制面额为一元、五元和十元的台币，而中央印制厂上海厂第一、二、三印刷所则印制面额较大的五十元、一百元和五百元的台币，第一、二、三印刷所是否有具体分工，限于资料的局限，不得而知。在中央印制厂上海厂的圆形印章中，我们还看到加盖有铭文为"高杰"的印章。高杰，1946年3月8日被任命为中央印制厂上海厂厂长。

　　我们在整理纪年民国三十五年台币试印样票时，发现在试印样票上写有一些字迹。

　　1.五十元券背上写有"用此种。五月二十九日长途电话决定"，并加盖有当时记录人"寿昌田"的印章（图12）。

　　2.一百元券面和券背同样写有"照印。三十五年四月二十六日"（图13、图14）。

　　3. 五百元券背上写有"用此种。五月二十九日长途电话决定"，并加盖有当时记录人"寿昌田"的印章（图19）。

　　从上面试印样票上留下的字迹，我们可以获知这样一些信息：首先，这三种面额台币最终采用什么版式是通过长途电话确定的；其次，这三种面额台币开印时间是有先后的，一百元券的开印时间是在1946年4月26日或延后，五十元券和五百元券的开印时间是在1946年5月29日或延后；第三，这些不同面额的台币都是在中央印制厂上海厂第一、第二和第三印刷所合并迁入光复路新厂之前开始印制的。

　　《宣和币钞》2004年第2期载有林永隆《漫谈早期台湾纸币中的几张反印试样票》一文，披露了一份对研究纪年民国三十五年台币极有价值的档案史料（图20）。这份档案用纸为"台湾银行上海分行筹备处信笺"、标记年份为1946年3月23日：

图19

　　敬陈者奉钧处代行寅寒财秘敬悉，关于新台币样券票面图案应加修改一节，遵向中央印制厂面为洽改，现该厂已将改正样张计一元、五元、十元券各一种函送本处，经职等详加校阅核与钧电所示尚无不合，当经知照该厂即日开始付印，理合检同改正原样三种，呈请鉴备谨呈秘书长葛附呈改正钞券原样三种。职谢惠元、寿昌田。阅。仪。

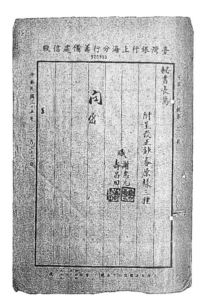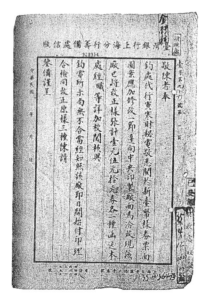

图20

　　这一份档案史料为我们解答了诸多的疑问：目前见到的纪年民国三十五年台币一元、五元和十元的流通券及其样张，其图案是在原稿基础上经审议后修改而成的，这是其一；其二，修改图案的工作是根据财政部的意见由中央印制厂完成的，表明票样的设计也是由中央印制厂承担的；其三，决定采用不同面额纸币何种版式的权利可能在财政部，而不在台湾银行，台湾银行只是提供票样，由财政部决定取用与否，五十元、一百元和五百元试样票上的"长途电话决定"记录是财政部和台湾银行上海分行筹备处的电话记录；其四，"仪"是台湾行政公署长官陈仪的签字，表明台湾银行印制纸币的事务都需要经过台湾行政长官公署审议或核备；其五，纪年民国三十五年的一元、五元、十元三种面额台币的开印时间应在1946年3月23日。

　　台湾银行上海分行成立于1946年5月20日。这份有关印制台币的呈文是由台湾银行上海分行筹备处的主任联署的。关于谢惠元、寿昌田两人，台湾国史馆台湾文献馆在对这份档案加注的说明是："行政长官公署在台发行新台币，委由上海中央印制厂印制，图为台湾银行上海分行筹备处主任呈送行政长官陈仪之新台币一元、五元、十元券改正钞券原样。"而根据台湾银行秘书室编的《台湾银行三十五年度职员录》的记载，台湾银行上海分行成立后，谢惠元、寿昌田两人分别就任经理和副经理之职，由此推测在上海分行筹备时，寿昌田应该担任筹备处副主任一职。

三　纪年民国三十五年台币的发行

通过查找到的资料，我们可以确定台湾银行发行新纸币的决定早在民国三十四年年底就已经确定了，发行新纸币的理由是防止大陆法币通货膨胀影响到台湾。为此，中央银行还于1945年12月14日颁布了《中央银行派员管理台湾银行新台币办法》。但有关纪年民国三十五年台币的发行，不但档案文献记载甚少，学术界对此也少有涉及，一般都认为台币发行于1946年5月20日。现在看来，纪年为民国三十五年台币的发行曾经历过试发行和正式发行两个阶段。

1946年8月1日的《中央日报》第三版标题为《台湾银行现状——资本六千万台币、新钞未正式发行》的报道云：

> 【中央社台北三十日电】台湾银行今日下午举行第三届董事会议，该行原系日人创设，资本总额台币六十万元，发行总额三十亿元。去年十月一日由台省公署接收，聘张武为代总经理。据张氏称，该行原由之资产，已悉数拨由财政部，另由台省财政处代财政部拨给现款六千万台币，作为资本。渠解释该行目前之地位称：该行资本系由财部所拨，但总经理人选则由台省公署提请财部任命，其地位实介于国家银行与省银行之间。该行印制之新钞，尚未正式发行，目前市面流通者，仍为日人时代之旧台币。该行董事共有十一人，其中由财部派定者三人，即四联总处秘书长徐柏园、中央银行业务长林凤苞，及中国银行总稽核霍亚民。徐氏等三人，今未来台出席会议，原因不明。台湾全省均无钱庄，其他民营商业银行仅有彰化银行、商工银行及华商银行，资本较小，均受台省财政处之监管。

从这则报道中，我们不仅可以了解到台湾银行的创设情况，知道台湾银行在1945年10月由台湾行政公署接收后，资本的来源和董事会人员的组成情况，更为重要的是，其中谈到了1946年8月前台湾市面上纸币流通的情况。在8月以前，台湾市面上主要流通的仍为带有"大日本帝国"字样的旧台币，作为台湾光复后最早印制的纪年民国三十五年台币并没有得以发行，财政部于1946年8月17日公布的《财政部派员监理台湾银行发行新台币办法》也可印证这一点。

那么，纪年民国三十五年台币发行在什么时候呢？有一种意见认为是在1946年的5月20日，如台湾银行经济研究室编印的《台湾之金融史料》云："至三十五年5月20日，始由正式接受改组后之台湾银行另发新币。"这种意见现在看来是有失偏颇的，因为1946年9月2日《中央日报》第二版上登载有标题《台省发行新台币》的报道能够说明这一点：、

> 【中央社台北一日电】台湾银行今日起正式发行新台币，并以一对一之比收回印有"大日本帝国"字样之旧台币。新台币分一元、五元及十元三种，曾于五月二十二日一度发行，但未大量兑换，市面流通者甚少。今日发行之新台币中，新增五十元及一百元两种。据台湾银行称：此五种新台币，均呈准财政部由中央印制厂承印者，收兑旧台币之限期，定为两个月，即自今日起至十月三十一日止。

1946年9月2日《大公报》第三版以《台湾发行新币——以一对一收回旧台币》为标题，作了同样的报道：

> 【中央社台北一日电】台湾银行今日起正式发行新台币，并以一对一之比收回印有"大日本帝国"字样之旧台币。新台币分一元、五元及十元三种，曾于五月二十二日一度发行，但未大量兑换，市面流通者极少。今日发行之新台币中，新增五十元及一百元券两种。据台湾银行称：此五种新台币，均呈准财部，由中央印制厂承印者。收兑旧台币之限期，定为两个月，即自今日起至十月三十一日止。

从这两则相同的报道中，传达给我们这样一些信息：一、纪年民国三十五年台币正式发行时间为1946年9月1日，一共有一元、五元、十元、五十元和一百元五种面额；二、纪年民国三十五年台币中，一元、五元和十元三种面额曾在5月22日发行过，"因未大量发行，市面流通甚少"，所以，只属于一种试发行。也就是说，纪年民国三十五年台币经历了试发行和正式发行两个阶段；三、在发行新台币时，同时规定了带有"大日本帝国"字样的旧台币与新台币收兑的时间，即从1946年9月1日至10月31日。

纪年民国三十五年台币除了面额一元、五元、十元、五十元和一百元外，还有面额为五百元的一种。这五百元面额的台币并没有和其他面额的纸币同时发行，而是被推迟了，推迟发行的原因可能与当时的金融形势有关。1948年5月18日《中央日报》第四版标题为《台湾发大钞——合法币三十三万》的报道："【中央社台北十七日电】台湾银行奉财政部核准，十七日开始发行大面额钞票，计分台币五百元及一千元两种，先在南部高雄及台南等地发行，北部将迟半月发行，该行十七日挂牌台币一元折合法币三三四元，较十五日挂低十四元，台币一千元

钞,应合法币三十三万四千元,该行发行额目前已逾二百五十亿元。"这是我们目前能见到的有关民国纪年的大面额台币发行的最早报道。根据这一报道,可知纪年民国三十五年五百元面额台币发行的时间是在1948年5月17日,不仅如此,而且在台湾不同地区发行的具体时间上也是有差别的。

上海市档案馆Q78-2-14069所保存的《台湾银行发行大面额钞票》剪报除文字上稍有出入外,不仅内容与1948年5月18日《中央日报》的报道内容完全相同,就是消息转自单位和具体日期也完全相同,唯一不详的是该剪报出自何年何月的哪家报纸。根据1948年5月18日的《中央日报》消息,可以肯定这份剪报来源于1948年5月18日的某报。

通过以上的论述,有关纪年民国三十五年台币印制与发行的问题应该已经很清楚了,然而,我们在1946年9月11日的《中央日报》第五版上又发现了标题为《台发行新币》的报道:

> 【联合征信所沪杭讯】据悉,台湾银行,前曾发行新台币一元、五元、十元三种。兹以五十元、二百元新台币二种,亦已由沪中央印制厂印制,运抵台湾,业已发行,与前发行之一元、五元、十元新台币,均为该省合法通用货币,前即以一对一之比,收换旧台币,收换期间,闻自本年九月一日起,至十月三十一日截止。

这则报道传递出一个令人诧异的信息,即纪年民国三十五年台币中除了有一元、五元、十元、五十元、一百元和五百元券外,还有面额为二百元的纸币,是笔误还是事实? 我们认为应该是笔误,一、因为到目前为止还没有发现过纪年民国三十五年的二百元面额台币实物;二、除此报道提到二百元面额外,其他相关报道和文献档案记载中没有发现有关纪年为1946年二百元面额台币的可证文字材料。目前所知,二百元面额的台币出现于2001年。所以,"二百元"应为"一百元"之误。

通过这则报道,我们知道:一、1946年9月1日正式发行的台币尽管说有五种面额,实际上只有一元、五元和十元三种,五十元和一百元的发行则被推迟到了9月1日以后,按照新闻报道的习惯,可能是在9月10日,也可能在这之前,揭示出纪年民国三十五年的一元、五元、十元和五十元、一百元面额台币的发行时间并不在同日的史实;二、9月1日发行的一元、五元和十元三种台币,以及9月10日或之前发行的五十元和一百元两种台币,都是由中央印制厂上海厂印制的。

据上海档案馆S173-1-153-173《台湾银行简史》记载,到1946年年底,台币发行额达到了5 330 593 000元。

(原载《钱币博览》2008年第4期)

台湾光复后台湾银行券的发行、收兑及处理

台湾光复于民国三十四年（1945年）10月25日。光复之初，市面上流通的货币有三种：一种为日本银行发行的日本银行兑换券；一种为日本政府和日本银行发行的辅币、辅币券；另一种就是台湾银行发行的台湾银行券。根据民国三十四年10月31日财政部公布的《台湾银行钞票及金融机关处理办法》，前三种货币中唯有台湾银行券被允许继续发行。本文想就台湾银行券在台湾光复以后的发行、收兑及处理情况进行梳理。

一　光复后台湾银行券的发行

台湾银行自光绪二十五年（1899年）成立以来，在纸币发行制度上一直采用最高限额发行制。光复以后台湾银行券的发行继续采用了这一制度。《台湾省行政长官公署提出省参议会第一届第一次大会施政报告》中所列的民国三十四年10月至民国三十五年4月台湾银行券发行数额表（表1）反映了这一史实[1]。

表1　1945年10月至1946年4月台湾银行券发行数额表

年月	最低额	最高额	附注
民国三十四年10月	2 258 402 081	2 897 813 519	
民国三十四年11月	2 635 338 939	2 908 186 884	
民国三十四年12月	2 200 627 634	2 517 578 267	
民国三十五年1月	2 307 100 752	2 456 126 346	
民国三十五年2月	2 469 007 738	2 561 253 959	
民国三十五年3月	2 572 431 689	2 631 000 000	
民国三十五年4月	2 640 280 578	2 645 000 000	4月1～18日

---

[1] 台湾省行政长官公署秘书处编辑室、台湾省行政长官公署民政处秘书室编：《台湾省行政长官公署提出省参议会第一届第一次大会施政报告》，第88页。

根据现有档案及相关资料，我们对民国三十四年10月至民国三十五年8月期间台湾银行银行券的发行情况做了整理归纳（表2），[1] 并和表1作对比后发现，除了民国三十四年11月和民国三十五年4月的发行额超过最高限额外，可以说其他时段台湾银行券的发行额基本上还是遵守这一最高限额的。

表2　1945年10月至1946年8月台湾银行银行券发行额统计表

日期	发行额（元）	附注
民国三十四年10月31日	2 897 873 519.00	十月一日台湾行政长官公署接受株式会社台湾银行
民国三十四年11月30日	2 635 338 939.50	
民国三十四年12月31日	2 311 752 510.50	
民国三十五年1月31日	2 456 126 346.00	
民国三十五年2月28日	2 561 253 959.00	
民国三十五年3月31日	2 635 012 554.50	
民国三十五年4月30日	2 756 699 027.50	
民国三十五年5月10日	2 897 119 055.50	
民国三十五年5月18日	2 943 949 325.00	
民国三十五年5月31日	3 144 942 661.00	5月20日台湾行政长官公署正式接受并改组台湾银行。台湾银行于5月22日少量发行新台币
民国三十五年6月30日	4 366 127 932.00	
民国三十五年7月31日	3 747 528 467.50	
民国三十五年8月31日	3 911 322 360.50	

光复以后，台湾银行券的发行可以分为两个阶段：第一个阶段为台湾银行被接收到台湾银行被改组，即民国三十四年10月到民国三十五年5月18日；第二个阶段则为被改组到新台币正式发行前，即民国三十五年5月20日到民国三十五年8月31日。在第一个阶段，台湾银行券的发行额基本上呈现先由高走低、然后再由低往高逐渐上升的态势；在第二阶段，台湾银行券的发行额相对而言则始终处于高位运行，其中6月份出现了陡然上升的情形（图1）。事实上，在台湾银行被台湾行政长官公署接收后，台湾银行券的发行量较日本投降后的8

[1]　《台湾银行第一届董事会第一次会议录》，民国三十五年7月30日，上海市档案馆QQ66-1-7-1；《台湾银行总行函》，雨寅有行发字第0826号，民国三十六年3月25日，上海市档案馆QQ66-1-8。

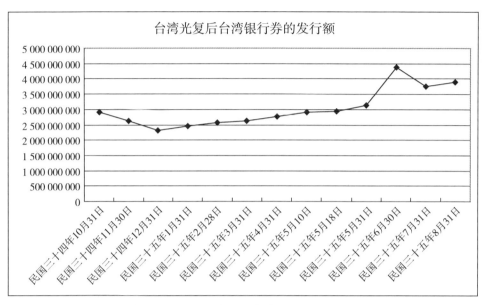

图1　1945年10月至1946年8月台湾银行券发行额变化曲线图

月和9月已经有了很大幅度的提高。根据资料，我们汇集了民国三十四年8月和9月台湾银行券的发行情况（表3）[1]：

表3　1945年8月份、9月份台湾银行券发行额统计表

发行时间	发行额	备注
民国三十四年8月15日	1 433 190 000.00	此日日本投降
民国三十四年8月31日	1 651 738 029.50	
民国三十四年9月30日	2 285 014 000.00	

　　民国三十五年7月30日的台湾银行第一届董事会第一次会议录中，记载了自民国三十四年12月奉命成立监理委员会直至民国三十五年5月18日这一整理时期的台湾银行券的发行情况："检查期初发行额二十九亿，较投降前增运一倍以上，嗣经力求紧缩，自去年十一月起至本年度一月底已减至二十四亿，二月份起至五月十八日止因省库支出增加，复增至二十九亿。"[2] 5月18日以后台湾银行券的发行额并没有减少，相反要比前几个月的发行额还要大，这反映出战

[1]　陈荣富编著：《台湾之金融史料》，台湾研究丛刊第二十二种，台湾银行经济研究室编印，1953年5月；《台湾银行第一届董事会第一次会议录》，民国三十五年7月30日，上海市档案馆QQ66-1-7-1。

[2]　《台湾银行第一届董事会第一次会议录》，民国三十五年7月30日，上海市档案馆QQ66-1-7-1。

后重建资金的严重短缺。

在存世的台湾银行券中，目前仅见有在台湾省内流通的带"株式会社"字样的台湾银行券；在省外和国外发行的台湾银行券。台湾光复后台湾银行券只限于在省内发行，且从没有发现过区别于带"株式会社"字样的台湾银行券，说明在台湾光复以后台湾银行发行的台湾银行券依然带有"株式会社"字样。

二　台湾银行券的收兑

民国三十五年5月22日，台湾银行曾发行面额为一元、五元和十元三种新台币，以期收兑台湾银行券，但因没有定出新台币与台湾银行券具体的收换比率和收兑限期，进行收兑时也没有停止台湾银行券的流通，所以，新台币的发行、台湾银行券的收兑工作实际上只进行了一周的时间，[1] 犹如昙花一现，实际成效也不可知，台湾银行券继续如常发行和使用，新台币的发行事实上只能算试发行。[2]

新台币的正式发行开始于民国三十五年9月1日，同样，台湾银行券的正式收兑也开始于此日。民国三十五年9月2日《中央日报》第二版上登载的《台省发行新台币》的报道，也说明了这一点：

> 【中央社台北一日电】台湾银行今日起正式发行新台币，并以一对一之比收回印有"大日本帝国"字样之旧台币。新台币分一元、五元及十元三种，曾于五月二十二日一度发行，但未大量兑换，市面流通者甚少。今日发行之新台币中，新增五十元及一百元两种。据台湾银行称：此五种新台币，均呈准财政部由中央印制厂承印者，收兑旧台币之限期，定为两个月，即自今日起至十月三十一日止。

这则报道不仅说明了在民国三十五年5月22日曾发行过新台币，而且说明了9月1日新台币正式发行的面额除一元、五元和十元外，还有五十元和一百元两种；新台币和台湾银行券收兑比率为1：1，为期两个月。

台湾银行券的收兑工作原定两个月，但考虑到偏远地区持券人和逾期持券人的利益，被推延过两次，一次被推延到民国三十一年11月30日。民国三十五年12月26日《台湾银行第一届董事会第二次会议记录》曰："旧台币之发行，

---

[1]　袁颖生编纂、刘宁颜总纂：《重修台湾省通志》卷四《经济志·金融篇》，台湾省文献委员会，1993年，第157页。

[2]　周祥：《纪年民国三十五年的台币》，《钱币博览》2008年第4期。

截止（至）本年八月底止为三十九亿一千一百余万元。本行自九月一日起开始收换，原定收换期间为两个月，至十月三十一日截止。旋以僻远之处持券人不及掉（调）换，展期一个月，至十一月三十日止，并声明逾期不再收兑。至目前为止，已前来登记者为五十六万八千八百七十八元。"[1]

根据台湾银行经济研究室编印的《台湾之金融史料》统计，到民国三十四年11月底，台湾银行券收兑数额为344370余万元，尚有46760余万元没有兑换。[2]对于这些还没有兑换的台湾银行券，台湾银行则专门制订《逾期未收兑换旧台币登记办法》，规定登记时间为民国三十五年12月16起至民国三十六年1月15日止，一方面办理登记，一方面委由散布深入之邮局分支机构代为收兑，事实上将办理兑换的时间又延长了一个月的时间。这样，致使台湾银行券的收兑工作一直持续到了民国三十六年2月底。[3]

台湾银行券从民国三十五年9月1日开始收兑，至民国三十六年（1947年）收兑工作完成，还是富有成效的。根据民国三十五年12月31日《台湾银行银行部资产负债平衡表》统计，当年共兑出新台币3609952436元。按照新台币与旧台币1：1的兑换率，收回的旧台币也应有3609952436元。[4]《重修台湾省通志》卷四《经济志·金融篇》统计认为："至二月底止，又收回一亿六千七百六十万三千元，连前合计，乃收回三十六亿一千一百三十一万二千元，占发行额百分之九十二点三三，仍有三亿零一万元未收回，殆均毁损于战火中或散失。"[5]但这两条资料只是反映了当时收回台湾银行券的总数。

民国三十七年4月20日《台湾省政府致财政部电——检送台湾银行收兑前日人统制时代发行旧台币明细表》记录："……兹本行收兑旧台币已全部整理完竣，共计收兑旧台币总数为三十六亿一千一百三十一万二千六百七十五元，除本行接受后借用旧台币发行九亿六千七百三十七万三千零三十九元（三十六年六月三十日转帐）及发现杂券：（一）十九万四千五百四十四元（三十六年五月二十日转帐），（二）三万九千六百四十元（三十六年六月三十日转帐），（三）四万三千三百四十元（三十七年二月二十七日转帐）等分别予以转正外，计前日人统制时代发行旧台币总数为二十九亿四千三百九十四万九千三百二十一元。实际收兑总数为二十六亿四千三百六十六万二千三百十二元。未收回额为三亿

---

[1] 《台湾银行第一届董事会第二次会议录》，民国三十五年12月26日，上海市档案馆QQ66-1-8。

[2] 陈荣富编著，台湾研究丛刊第二十二种，1953年5月。

[3] 袁颖生编纂、刘宁颜总纂：《重修台湾省通志》卷四《经济志·金融篇》，台湾省文献委员会，1993年，第157页。

[4] 《台湾银行总行函》，丙寅寝行会第0869号，民国三十六年3月27日，上海市档案馆Q66-1-8。

[5] 袁颖生编纂、刘宁颜总纂：《重修台湾省通志》卷四《经济志·金融篇》，台湾省文献委员会，1993年，第157页。

零二十八万七千零九元。"[1] 由此可知,当时收回的台湾银行券实际只有264300余万元。

民国三十六年12月31日《台湾银行第一届董事会第四次会议记录及报告事项》记载:"旧台币自上年九月一日起开始收换,总计流通市面之一元券、五元券、十元券及百元券,共收回一亿一千零二十九万张,共值二十六亿四千三百七十万余元,另有未发行之券六千零一十四万张,共二十六亿零一百二十万余元,共计一亿七千零四十三万张、五十二亿余元。除上年度已整理者外,本年度共整理一亿三千八百九十万张,共三十五亿二千四百六十余万元。"[2] 这条史料进一步告诉我们,当时流通的和未流通的台湾银行券一共收回了876950余万元。

三　台湾银行券回收后的处理

对于收回的台湾银行券,当时的管理还是比较严格的。民国三十六年12月31日《台湾银行第一届董事会第四次会议记录及报告事项》记载:"流通市面之旧台币券收回后,另设专库保存,其未发行之旧台币券六千零一十四万张、共二十六亿零一百二十余万元,全部整理完竣,经呈奉财政部核准,会同审议处及财政厅,自本年十一月十九日起至廿九日止眼同销毁。"[3] 从这一记载中,我们了解到:(一)当时为了保存好收回的台湾银行券,设有专门库房;(二)对整理完的台湾银行券的销毁有着一套完整的监督制度,首先要经财政部核准,然后台湾银行必须会同审议处及财政厅到现场目睹销毁,以防被收回的台湾银行券销毁不彻底;(三)台湾银行券销毁的时间为民国三十六年11月19~29日。

（原载《钱币博览》2009年第3期）

---

[1]　中国人民银行总参事室编:《中华民国货币史资料》第二辑,上海人民出版社,1991年,第716页。
[2]　《台湾银行第一届董事会第四次会议记录及报告事项:会议记录》,民国三十六年12月31日,上海市档案馆Y10-1-124-5。
[3]　《台湾银行第一届董事会第四次会议记录及报告事项:会议记录》,民国三十六年12月31日,上海市档案馆Y10-1-124-5。

第一印刷厂及其印制的旧台币

有关台湾银行第一印刷厂及其所印制台币的问题，直到目前还没有一个完整的论述。本文通过对史料的整理分析与研究，就此问题做一简单梳理，以期大致勾勒出其面貌。

一 第一印刷厂印制的旧台币

旧台币，是指由台湾行政长官公署1945年10月接收、1946年5月20日改组成立的台湾银行于1946年5月22日至1949年6月14日发行的台币。根据史料的记载，旧台币的发行曾经历过试发行和正式发行两个阶段，试发行开始于1946年5月22日，正式发行则开始于9月1日。[1]

旧台币的面额有一元、五元、十元、五十元、一百元、五百元、一千元、一万元、十万元九种，这九种面额的旧台币分别由中央印制厂和第一印刷厂承印。除十万元券外，中央印制厂印制的旧台币涵盖了旧台币其他所有面额（图1~8），而第一印刷厂印制的旧台币则仅印有一百元（图9）、一千元（图10）、一万元（图11）和十万元四种面额。档案和实物都反映出中央印制厂和第一印刷厂印制的旧台币之间既有相同点，也有不同点。

（一）共同点

1．一百元券：中央印制厂印制的一百元券和第一印刷厂印制的一百元券券面都呈绿色，并以孙中山像、台湾岛和行屋作为主景图；券背都呈棕、绿、蓝三色，并以海战图为主景图。

2．一千元券：中央印制厂印制的一千元券和第一印刷厂印制的一千元券纪年都为民国三十七年，券面都呈蓝色，并以孙中山像、台湾岛和行屋作为主景图，台湾岛都附有离岛；券背都呈绿、黄、棕三色，并以海战图为主景图。

3．一万元券：中央印制厂印制的一万元券和第一印刷厂印制的一万元券券面都将孙中山像、台湾岛作为主景图，台湾岛都附带有离岛。

---

[1] 周祥：《民国时期台湾银行发行的第一套台币》，《中国钱币》2009年第4期。

图2

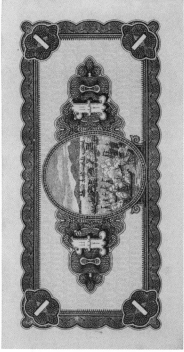

图1

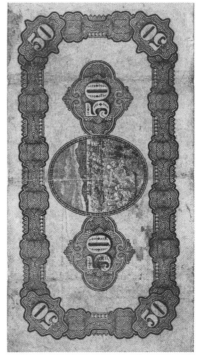

图4

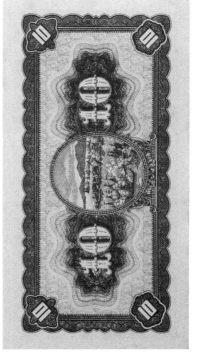

图3

图6

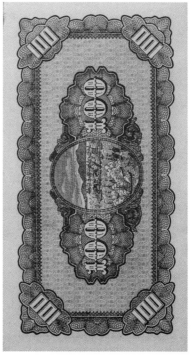

图5

图8

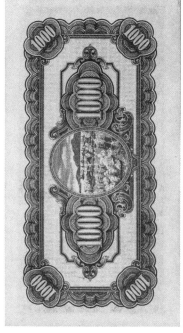

图7

图10

图9

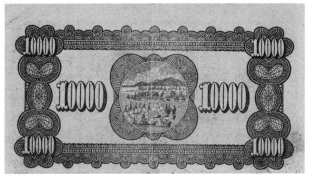

图11

（二）不同点

1. 一百元券：中央印制厂印制的一百元券纪年为民国三十五年，券面台湾岛无离岛，行屋右侧有车辆、左侧顶上插有旗子，券背主景图呈椭圆形，并附带有装饰；第一印刷厂印制的一百元券纪年为民国三十六年，券面台湾岛有离岛，行屋右侧没有车辆、右侧顶上插有旗子，券背主景图呈圆形，不带装饰。

2. 一千元券：除了纪年之外，中央印制厂印制的一千元券和第一印刷厂印制的一千元券的不同点与两厂分别印制的一百元券差异基本相同。

3. 一万元券：中央印制厂印制的一万元券纪年为民国三十八年，券面呈红色，主景图仅由孙中山像和台湾岛构成，孙中山像在左侧，面额在中间，券背亦呈红色，以行屋作为主景图，行屋边上有其他建筑，顶上没有插旗子；第一印刷厂印制的一万元券纪年为民国三十七年，券面呈蓝色，主景图依然由孙中山像、行屋和台湾岛构成，孙中山像在中间，行屋右侧顶上插有旗子，面额印在台湾本岛之上，券背呈蓝、红两色，依然以海战图为主景图。

中央印制厂印制的一百元、一千元、一万元券和第一印刷厂印制的一百元、一千元、一万元券除了以上这些区别之外，在票框、孙中山像框、海战图框等方面同样存在着区别。

二 第一印刷厂的建立

一开始发行的旧台币一元、五元、十元都是由中央印制厂承担的，后来发行面额五十元、一百元两种旧台币。但随着物价波扬，对纸币、特别是大面额纸币需要量的激增，而中央印制厂印制任务的繁重，旧台币印制时有脱节，并需从上海运到台湾，存在安全和时间的问题，[1] 所以，台湾行政长官公署为了解决旧台币的发行问题，有意让台湾银行筹划设立印刷厂印制旧台币。

资料显示，在台湾光复以前台湾银行便设有印刷部，但这一印刷部并不参与台湾银行券的印制任务。在得到台湾行政长官公署授意后，台湾银行做的第一件事便是向大东书局购买凹凸版印刷机。民国三十五年（1946年）10月18日致西巧行秘字第1166号《台湾银行总行公函》[2] 云：

> 摘由：函为本行设置凹凸版印刷机事接洽情形并抄奉合同一份
>
> 查本行为设置凹凸版印刷机事，前与大东书局殷子白先生商定，由该局让售凸版机六部、号码机百只、脚踏架及制版用材料等所有装箱报关装船等事宜，均由该局代办，并由该局代招制版专门技师一人、助手二人、凸版技工六人、号码机工头一人，随机来台，全部货价连运费在内，约计台币三百万元、合计国币一亿二千万元，当将经过情形签奉。

台湾银行添置凹凸版印刷机后，为承印旧台币，做的第二件事就是成立专门的印务委员会，具体筹划印制旧台币事宜。民国三十五年12月28日《台湾银行总行函》[3] 云：

> 事由：函为印刷所承印新台币特组印务委员会并拟请于董事等为委员核备由
>
> 查本行续发直台币已由长官公署电请财政部准由本行印刷所承印，此项印务亟关重要，除工务部分已改组、工厂任用厂长、积极赶办□轻另案报核外，兹特组设印务委员会全权处理，拟请于常务董事复生、伍常驻监察人守恭、周经理彭年、沙主任秘书德坚、王厂长兆年、许副经理春盛、席主任鉴庭等七人为委员，并请于常务董事复生为召集人……

[1] 刘宁颜总纂、袁颖生编纂：《重修台湾省通志》卷四《经济志·金融篇》，台湾省文献委员会，1993年，第167页。
[2] 《台湾银行总行公函》，上海市档案馆Q66-1-7。
[3] 上海市档案馆Q66-1-9。

台湾银行将成立印务委员会的情况上报给台湾行政长官公署。民国三十六年1月21日台湾省行政长官公署代电[1]云:

> 事由:电复所请组设新台币印务委员会并派人刘科长参加一案俟财政部核准由该行印刷所承印后准予照办由
>
> 台湾银行董事会三十六年一月四日雨子文行董字第一号呈悉。所请组设新台币印务委员会并派本署财政第二科科长刘长宇参加一案,俟财政部核准,新台币由该行印刷所承印后准予照办,除训令该科长遵照参加外,希即知照。

从上电文中,可知台湾银行印务委员会的组成得到了台湾行政长官公署的认可。因为印务委员会是因应印制旧台币而成立的,所以,在完成筹划印制旧台币事宜后,印务委员会便结束了其历史使命。印务委员会实际存在了仅6个月的时间,这在民国三十六年10月31日发印签字第十二号由印务委员会周彭年签署的《印务委员会签呈》中有具体的反映[2]:

> 查本会自奉雨子虞行董秘字第六号函嘱筹划印钞一切事宜遵经于一月十日、十五日、二月三日、七月三十日召开第一、二、三、四次会议,逐渐讨论,次第实行,并经第四次会议决议"以印务委员会奉令成立迄今为时业已六月,应行筹办事项均先后按次半竣,已无存在必要,定即日结束,并将一切案卷及一部未了事宜交由总行接管",并以发印签字第九号签请瞿副总经理核示,奉批:"(一)贵阳街印刷厂机器设备应编造清册,归秘书室印刷所所有;(二)一切案卷及未了事宜交由总行发行部接管。"

《印务委员会签呈》中提到了两个重要单位,一是贵阳街印刷厂,另一个是秘书室印刷所。从文中透露出这两个单位并没有隶属关系,只是印务委员会撤销后,贵阳街印刷厂机器设备的所有权划归秘书室印刷所,但依然作为一个独立机构而存在。秘书室印刷所,全称台湾银行秘书室印刷所,民国三十五年12月12日致亥父行秘字第1702号《台湾银行总行密函》[3]云:

> 事由:为旧台行印刷部业已划归秘书室核备由
>
> 查台湾银行印刷部业已划归本行秘书室管理,改称"台湾银行秘书室

---

[1]　上海市档案馆Q66-1-9。

[2]　上海市档案馆Y10-1-124。

[3]　《台湾银行总行密函》,上海市档案馆Q66-1-7。

印刷所",相应函请查照备案为荷。

同样在《印务委员会签呈》中,我们还看到有如下的记述:

> 一、经费。先后由总行拨交本会基金台币二亿二千万元,除购买材料营缮及管理等费外,尚余一千零九十六万一千五百十七元六角乙分正(附呈日计表乙份),该项剩余款项如数拨交第一工厂,此后用款由王厂长及总行派驻该厂会计核付。二、材料。凡台湾所有者,均就地采购,无者委托沪行寿副经理暨于前董事交由贸易局上海办事处,标购中有一小部油墨材料,为争取时机,计派员在沪用比价搜购,间有托沪行采购者,兹均列开清单,附签呈阅。又贸易局标购部分尚有代办手续费,以其清单尚未寄来,故目下无从结清,亦移由第一工厂清理。三、大东书局印机让售部分,前由行方订约于去年十月三十日,付子类机器价款国币九千零二十万元,丑类机器价款国币三千万元,尚未付给。照约该项机器应由上海交货,嗣改在香港交货,计垫付进口税台币一十四万二千六百七十六元正,机器已于六月间到达。尚有约外补充一小部分材料,厂方已先后使用。因该主持人尚未来台,未曾作价,但已预支台币一百零五万元,将来备在借支内扣抵。四、其他生财器具机器及专要案卷,均由秘书室发行部分别接管。此后该厂一切业务概由第一厂厂长王兆年负责办理,本会任务至八月三十一日止即告结束,谨此报请核备。[1]

当时不仅就剩余经费、购买的材料、大东书局让售的机器及其他未尽事宜,印务委员会都做了安排,更重要的是其中反复出现第一工厂(或简称"第一厂")的单位名称,而所谓的第一工厂显然是与印制旧台币有关的工厂。并且,可以明确知道印务委员会具体结束的时间是民国三十六年8月31日,第一工厂的厂长是王兆年。民国三十五年12月28日《台湾银行总行函》报请成立的印务委员会委员中就有王兆年。[2]

上海市档案馆藏的《印务委员会各次会议记录》详细地记录有印务委员会四次会议讨论的议题及做出的决议,其中谈到印制旧台币一百元券时,第一次会议决议是:"为迅速及便利起见,采取委办制,先委大东书局承印、估价、审核;由行方工供给该厂地基、设备及原有机器,并与之签订合约,倘有应具而未备之机器,由大东书局自行筹备。"[3] 由此可知,台湾银行印制旧台币之初,

---

[1]《印务委员会各次会议记录》,上海市档案馆 Y10-1-124。
[2]《台湾银行总行函》,上海市档案馆 Q66-1-9。
[3]《印务委员会各次会议记录》,上海市档案馆 Y10-1-124。

采用的是委办制，即仅提供厂房、大部分机器设备等硬件设施，具体印制事宜交由大东书局人员完成。换句话说，台湾银行除了印制技术人员外，从硬件角度，基本建立了自己的印刷工厂，即由王兆年任厂长的台湾银行第一工厂，也就是旧台币上标注的"第一印刷厂"。正是因为建立了自己的印刷工厂，所以，印务委员会第二次会议就技工待遇议题，决议"技术职工由王厂长招致，每月待遇根据王厂长预算表由行核给，交由王厂长觅实代办"，[1]说明当时台湾银行有关印制旧台币事项准备脱离大东书局，实现旧台币印制由委办制向自办制的过渡。联系到《印务委员会签呈》中提到的贵阳街印刷厂，可以判断出贵阳街印刷厂与第一工厂、第一厂、第一印刷厂指的应是同一家厂。

三　第一印刷厂旧台币的印制与发行时间

第一印刷厂印制的第一张旧台币是纪年民国三十六年的一百元，印务委员会第一次会议就一百元券的印制做出了以下的决议[2]：

> 百元券图案及大小、颜色是否与中印厂（即中央印制厂——笔者注）一式抑另行设计？决议：（甲）为避免引起外界误会起见，百元券图案、大小、颜色仍照中印厂式样，但取消"中央印制厂"字样，于反面加印董事长及总经理签字，以固商民信仰；（乙）为适应雕刻印刷便利起见，百元券正反面图案仍照中印厂所印，但花边、颜色得酌量变换，纸张之尺寸亦复与中印厂所印者相同。

就现存实物来看，台湾银行第一印刷厂所印各种面额的旧台币除券背没有加印董事长和总经理签字外，基本上是遵循这一原则的。

有关台湾银行第一印刷厂印制旧台币的情况，文献档案仅有下列记载。

1. 民国三十六年12月31日台湾银行第一届董事会第四次会议记录云："本银行本年度向中央印制厂订印百元券五批，共一百五十亿元。本行第一印制厂订印百元券三十亿元。连上年度已印制之六十亿元，共二百四十亿元。发行额为一百八十亿元，其余60亿元系预印储存，均经呈奉财政部核准。"[3]

2. 民国三十七年1月10日《财政部致中央银行代电——批准台币增发二百六十亿元》云："据台湾银行呈称：自三十六年六月至十月间，先后贷出各

---

[1]　《印务委员会各次会议记录》，上海市档案馆Y10-1-124。

[2]　《印务委员会各次会议记录》，上海市档案馆Y10-1-124。

[3]　《台湾银行第一届董事会第四次会议记录及报告事项》，上海市档案馆Y10-1-124。

生产事业机关款项，已达百亿元，预计本年年关间仍需大量券料周转。又本行奉准发行额度一百八十亿元，除发行者外，可资运用者仅三十亿元，亟待补充。又据资源委员会声称，明年度各工矿所需资金，共约五百二十亿元。兹拟请增加发行二百六十亿，并以前经奉准由中印厂及本行印刷厂各预印储备之三十亿元，共六十亿元，于本年度内先行拨发，其余二百亿交由中印厂及本行印刷厂印制，陆续发行。等情。查台湾银行奉准发行新台币，现仅余三十亿元，供应目前各项生产事业已感不敷，且为配合三十七年度各生产事业之发展，自应及时准备，该行所请，确属必要，转请核复。等由。到部。业由部呈奉行政院令准照办。"[1]

3. 1948年7～8月《李一飞关于台湾银行监理报告书》云："（一）七月份报告：台湾银行监理报告，民国三十七年七月份。一、新台币印制与发行情形：本月份新印台币计一百零二亿元，内五百元券一百亿元，由中央印制厂承印；一百元券二亿元，由该行第一印刷厂承印。"[2]

4. 1948年7～8月《李一飞关于台湾银行监理报告书》云："（一）八月份报告：台湾银行监理报告，民国三十七年八月份。一、新台币印制与发行情形：本月份新印台币共有七十四亿五千万元，内五百元券二十五亿元，由中央印制厂承印；一百元券一亿元，一千元券四十八亿五千万元，均由该行第一印刷厂承印。"[3]

5. 民国三十七年11月5日《中央银行致财政部函——台行增发一百四十亿元情形并奉准可增至一千亿元》云："……查该项奉准发行之券，除预印五百元券四十二亿元外，其余九十八亿元系交中印厂印制五百元券二十五亿元，本行第一印刷厂印制千元券七十二亿元，百元券一亿元，共为一百四十亿元，均已陆续发行。"[4]

6. 1949年6月《李一飞为附送1949年4月监理台湾银行报告书呈》云："台湾银行监理报告，民国三十八年四月。一、新台币印制发行情形：本月份新印台币共七百三十九亿五千万元，内千元券四亿五千万元，万元券七百三十五亿元，均系该行第一印刷厂承印者。截至四月份止已印成之券，连前流通者计四千零六亿元，内保管券二亿一千二百六十五万元，销毁券四亿二千万元。"[5]

[1]　中国人民银行总行参事室编：《中华民国货币史资料》第二辑，上海人民出版社，1991年，第721页。

[2]　中国第二历史档案馆编：《中华民国史档案资料汇编》第五辑第三编《财政经济（三）》，凤凰出版传媒集团、凤凰出版社，2000年，第1021页。

[3]　中国第二历史档案馆编：《中华民国史档案资料汇编》第五辑第三编《财政经济（三）》，凤凰出版传媒集团、凤凰出版社，2000年，第1026页。

[4]　中国人民银行总行参事室编：《中华民国货币史资料》第二辑，上海人民出版社，1991年，第722页。

[5]　中国第二历史档案馆编：《中华民国史档案资料汇编》第五辑第三编《财政经济（三）》，凤凰出版传媒集团、凤凰出版社，2000年，第1045页。

从以上记载中，我们不仅可以了解到台湾银行第一印刷厂开始印制旧台币是在民国三十六年，印制而又被发行的旧台币面额有一百元、一千元和一万元三种，而且可以获悉它们最早被印制的年份分别为民国三十六年、民国三十七年和民国三十八年，实物发现的这三种面额券纪年与之相一致。存世面额十万元一种，是由台湾银行第一印刷厂印制，但没有被发行。

台湾银行第一印刷厂印制的一百元、一千元、一万元三种面额的旧台币发行时间分别要晚于中央印制厂发行的同样面额的三种旧台币。从上述记载中可知，一百元券尽管印制于民国三十六年，但因是作为预印储存用，在民国三十七年1月10日还没有发行，所以，发行的时间应在民国三十七年1月以后，一般以为是在1948年2月1日。

《中央日报》1948年5月18日《台湾发大钞，合法币三十三万》的报道："【中央社台北十七日电】台湾银行奉财政部核准，十七日开始发行大面额钞票，计分台币五百元及一千元两种，先在南部高雄及台南等地发行，北部将迟半月发行。"1948年7～8月《李一飞关于台湾银行监理报告书》8月份报告记载："千元券因印制费时，亦于本月十七日开始发行，其逾额发行经过，业经专案电报有案。"[1] 前者报道、后者记载表明旧台币一千元券有两个始发日期。而目前能见到的最早提到台湾银行第一印刷厂印制一千元券的文献，也是1948年7～8月《李一飞关于台湾银行监理报告书》，反映出台湾银行第一印刷厂印制旧台币千元券的时间开始于1948年，但因"印制费时"，印制完成的时间是在8月。所以，1948年5月17日与五百元券一起发行的千元券旧台币是由中央印制厂所印制的，"亦于本月十七日开始发行"，即1948年8月17日开始发行的，则应是台湾银行第一印刷厂印制的旧台币千元券。

民国三十七年12月11日《财政部驻台湾银行监理李一飞呈徐部长沈、杨次长代电——台行发行大钞》云："查台湾银行近以市面支付加大，千元券已不便周转，业经呈由台湾省政府转请准予发行一万元及十万元两种，并先将一万元券镂版印制呈送样张各在案。经于本日公告发行。查该行未经奉准，实现亦未与职商洽，以奉省政府指令，遂即擅自公告发行固有未合，但际此物价下落之时，正宜大钞问世。该行拟即将此项大钞收回前发定额本票，用意尚无不是。事关新钞发行，理合将经过情形电请鉴核。"[2] 旧台币的发行采用"最高限额发行制"，最初最高发行额为30亿元，但到了民国三十七年11月5日核准最高发行额可增至一千亿元，前后增加了30余倍。所以，从这则记载中，我们可以获

[1]　中国第二历史档案馆编：《中华民国史档案资料汇编》第五辑第三编《财政经济（三）》，凤凰出版传媒集团、凤凰出版社，2000年，第1026页。

[2]　中国人民银行总行参事室编：《中华民国货币史资料》第二辑，上海人民出版社，1991年，第722页。

得四个信息：

1. 台湾银行准备发行一万元和十万元两种旧台币，是由于发行额的不断增加，发生了严重的通货膨胀，一千元券已不敷使用；

2. 台湾银行公告发行一万元券并没有得到财政部的核准，只是奉台湾省政府的命令；

3. 一万元券发行于民国三十七年12月11日；

4. 发行一万元、十万元两种券的目的也是想为了通过发行大钞，收回以前发行的台湾银行定额本票。

从现存旧台币一万元券纪年可以看出，中央印制厂印制一万元券的时间要晚于第一印刷厂，发行的时间在1949年5月17日，相较第一印刷厂要晚了近半年的时间。中央印制厂除了印制流通的一万元券外，还曾设计印制了另一种一万元券（图12）。

台湾银行第一印刷厂除了印制旧台币外，还曾印制过台湾银行定额本票，面额有五千元、一万元（图13）、十万元、一百万元四种。有关台湾银行定额本票的发行，仅见民1949年6月《李一飞为附送1949年4月监理台湾银行报告书呈》记载："台湾银行监理报告，民国三十八年四月。……台币发行数，截至四月底止，共三千八百四十一亿七千九百七十万元，本月内计增发一千一百六十五亿七千三百四十九万四千元，其增加率为百分之三十强，但定

图12

图13

额本票增发八百二十六亿八千七百八十一万五千元，本票发行额截至本月底止，已达二千八百三十四亿八千七百七十三万元，故实际发行额为六千六百七十六亿六千七百四十三万元，其增加率达百分之五十二弱。"[1] 从此记载可以看出，台湾银行不但将定额本票作为旧台币之外的第二货币发行，而且发行量不断地剧增。

发行定额本票，是由于流通钞券不足问题日趋严重。早在民国三十六年，已经发生流通钞券不足的现象[2]。台湾银行定额本票最初发行于民国三十七年5月3日，其中五千元、一万元两种在1949年6月15日台湾币制改革前开始收回，十万元、一百万元两种则于6月21日开始收回，最后兑换限期为1949年9月30日[3]。发行旧台币受到最高发行额的限制，而发行定额本票却无任何限制，并无需发行准备，所以，定额本票的发行额最终超过了旧台币的发行额（表1）。

表1 定额本票与旧台币发行额对比表

日期	旧台币发行额（元）	定额本票发行额（元）
民国三十七年年底	142 040 798 000.00	78 696 965 000.00
民国三十七年6月14日	527 033 734 425.75	1 213 580 535 000.00

＊本表采自陈荣富编著：《台湾之金融史料》，台湾研究丛刊第二十二种，台湾银行经济研究室编印，1953年，第3页。

（原载《上海博物馆集刊》第12期，上海书画出版社，2012年）

[1] 中国第二历史档案馆编：《中华民国史档案资料汇编》第五辑第三编《财政经济（三）》，凤凰出版传媒集团、凤凰出版社，2000年，第1045页。
[2] 刘宁颜总纂、袁颖生编纂：《重修台湾省通志》卷四《经济志·金融篇》，台湾省文献委员会，1993年，第158页。
[3] 陈荣富编著：《台湾之金融史料》，台湾研究丛刊第二十二种，台湾银行经济研究室编印，1953年，第3页。

民国三十五年台湾纸币发行额的变化

1945年台湾光复以后，台湾地区流通的纸币有日占时期台湾银行发行的台湾银行券和台湾银行被接收后发行的旧台币两种。

台湾银行虽然在民国三十五年（1946年）5月18日被台湾行政长官公署接收，但改以民国纪年的新纸币（旧台币）发行却始于5月22日，正式发行更在9月1日以后。所以，在台湾银行正式发行旧台币之前，市场上主要流通的是台湾银行券。换而言之，在民国三十五年9月1日之前，台湾银行券不仅继续流通，而且没有停止发行。

根据上海市档案馆Q66–1–7《台湾银行第一届董事会第一次会议录》，民国三十五年1～5月，台湾银行券的发行数额如下表1：

表1　1946年1～5月台湾银行券发行数额

日期	发行数额（元）
1月31日	2 456 126 346.00
2月28日	2 561 253 959.00
3月31日	2 635 012 554.50
4月30日	2 756 699 027.50
5月10日	2 897 119 055.50

根据上海市档案馆Q66–1–8《台湾银行总行函》，台湾银行民国三十五年5～12月纸币的发行额如下表2：

表2　1945年5～12月台湾银行券发行数额

日期	发行数额（元）	内含旧台币收兑额（元）	附注
5月18日	2 943 949 325.00		
5月31日	3 144 942 661.00		5月22日旧台币少量发行
6月30日	4 366 127 932.00		
7月31日	3 747 528 467.50		
8月31日	3 911 322 360.50		

续表

日期	发行数额（元）	内含旧台币收兑额（元）	附注
9月30日	4 030 922 360.50	1 127 190 589.00	9月1日旧台币正式发行
10月31日	4 160 882 479.00	2 571 732 147.00	
11月30日	4 427 524 508.00	3 443 709 413.00	
12月31日	5 330 592 809.50	3 609 952 436.00	

　　我们将上述两个表格连接起来可以看出，民国三十五年纸币的发行数额呈现出逐月上升这样一个态势（图1），并且分为三个阶段：第一阶段为台湾银行被接收前（5月18日前）；第二阶段为台湾银行被接收后（5月18日后）；第三阶段为旧台币发行后（9月1日后）。在第一阶段，从1月到5月18日，台湾纸币的每月发行数量基本上属于一种平缓递增的情形，大约在1亿元左右。在第二阶段，从5月31日到8月31日，台湾纸币的发行量明显加大，增幅加快，但波动也大，和5月18日发行额比较，低的增加2亿多，高的猛增加了14亿多，然后再回落。在第三阶段，从9月到10月，虽然台湾纸币的发行量继续扩大，除了12月达到年度发行额的最高峰外，发行量在递增，但相对于上个阶段，上升还算比较平稳。

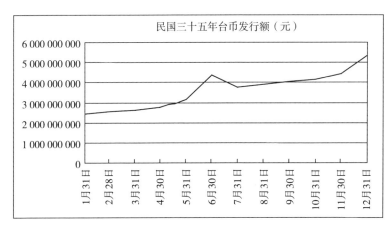

图1

　　其实，在台湾光复以后至民国三十五年之前，台湾纸币的发行量就已经在不断增加了。档案资料中的一组数据反映了这一事实的存在（表3）[1]。

---

[1]　《台湾银行第一届董事会第一次会议录》，民国三十五年7月30日，上海市档案馆Q66-1-7-1。

表3 台湾光复后至1945年底台湾纸币诸月发行量统计表

发行日期	发行额（元）
民国三十四年（1945）8月31日	1 651 738 029.50
民国三十四年10月31日	2 897 873 519.00
民国三十四年11月30日	2 635 338 939.50
民国三十四年12月31日	2 311 752 510.50

从上表中我们可以看出，10～12月台湾纸币的每月发行量相较于8月分别增加了175%、159%和139%。

对于发行量的增加，民国三十五年7月30日台湾银行第一届董事会第一次会议的记录为："检查期初发行额二十九亿，较投降前增运一倍以上。嗣经力求紧缩，自去年（指民国三十四年——笔者注）十一月起至本年一月底止已减至二十四亿，二月份起至五月十八日止因省库支出增加，遂复增至二十九亿。"[1]这一会议记录只是简单地说明了民国三十四年至三十五年5月18日台湾纸币发行数额增加的原因是"省库支出增加"。民国三十五年12月台湾银行第一届董事会第二次会议录在谈到台湾纸币发行时曰："本年度五月二十日本行正式接收成立时台币发行额为二十九亿四千三百九十四万九千三百二十五元，至十一月底止计为四十四亿二千七百五十二万四千五百零八元，共计增加十四亿八千余万元。其中，八、九、十三个月增加较少，因在此时间内汇率提高、金融安定、存款增加，十一月份由四十一亿元增至四十四亿元，殆系千元券冻结存款解冻所致。"[2]这一记录说明了两个问题，一是民国三十五年8月至10月三个月台湾纸币发行量增加较少的原因；另一是11月份台湾纸币发行额增至44亿的原因。所谓的千元券是指由台湾银行背书发行的日本银行千元兑换券，根据民国三十四年12月7日公布的《处理省内日本银行兑换券及台湾银行背书之日本银行兑换券办法》规定，这种由台湾银行背书发行的日本银行千元兑换券必须在民国三十四年11月10日至12月9日止一个月内作为"台银券特种定期存款"存入台湾银行及指定的银行中，为期一年。[3]民国三十五年11月正是由台湾银行背书发行的日本银行千元兑换券解冻、并可兑换民国纪年旧台币的时间。当时"台银券特种定期存款"数为69333万余元。[4]

[1]　上海市档案馆Q66-1-7-1。

[2]　上海市档案馆Q66-1-8。

[3]　中国人民银行总行参事室编：《中华民国货币史资料》第二辑，上海人民出版社，1991年，第714页。

[4]　陈荣富编著：《台湾之金融史料》，台湾银行经济研究室编印，1953年5月，第2页。

台湾银行经济研究室编印的《台湾之金融史料》中也提及台湾纸币发行量增加的原因："在三十五年五月十八日（正式接收台湾银行之前日），'台湾银行券'发行数额为二十九亿余万元，接收后，除收兑此数旧券外，因修复交通、重建工厂等等需要，藉发行通货予以垫借，乃使'旧台币'发行额，逐渐增大。至三十五年年底，发行额增达五十三亿余万元，在此半年短期之间，增发约近一倍。"从这解释中，我们感到至少在民国三十五年，台湾纸币发行量的增加主要是收兑台湾银行券和战后重建。而事实上，收兑台湾银行券发生于民国三十五年9月1日以后，民国三十五年9月2日《中央日报》第二版上登载的标题《台省发行新台币》报道说明了这一点：

> 【中央社台北一日电】台湾银行今日起正式发行新台币，并以一对一之比收回印有"大日本帝国"字样之旧台币。新台币分一元、五元及十元三种，曾于五月二十二日一度发行，但未大量兑换，市面流通者甚少。今日发行之新台币中，新增五十元及一百元两种。据台湾银行称：此五种新台币，均呈准财政部由中央印制厂承印者，收兑旧台币之限期，定为两个月，即自今日起至十月三十一日止。

当时虽然对台湾银行券的收兑做了两个月的限期，但以后根据实际情况又延长了一个月的时间。[1]而表2反映出直到民国三十五年12月，台湾银行券的收兑工作事实上还在进行，这是由台湾银行对在三个月收兑期限结束时依然有数亿台湾银行券没能收回而订定的《逾期未收兑旧台币登记办法》所导致。《逾期未收兑旧台币登记办法》规定，登记期间由民国三十五年12月16日起至三十六年1月15日止，一方面办理登记，一方面委托散布深入之邮局分支机构代为收兑。台湾银行券收兑工作的结束是在民国三十六年2月底。[2]

我们再来看一下台湾纸币对法币的汇率是否对台湾纸币发行量增加有影响。从民国三十四年8月以后到民国三十五年12月底，台湾纸币对法币的汇率调整过三次，第一次是在民国三十四年10月25日，一元台币折合法币三十元；第二次是在民国三十五年8月21日，一元台币折合法币四十元；第三次是在民国三十五年9月23日，一元台币折合法币三十五元。[3]在这三次调整汇率中，民国三十四年10月到民国三十五年8月，台币对法币的汇率一直没有变化，呈现出

---

[1] 《台湾银行第一届董事会第二次会议录》，民国三十五年12月26日，上海市档案馆Q66-1-8。

[2] 刘宁颜总纂、袁颖生编纂：《重修台湾省通志·经济志·金融篇》，台湾省文献委员会，1993年，第157页。

[3] 陈荣富编著：《台湾之金融史料》，台湾银行经济研究室编印，1953年5月，第7页。

稳定的状态，应该对台湾纸币的发行没有影响。[1]至于民国三十五年8月和9月的两次汇率调整，从现存档案记录来看，也没有对台湾纸币的发行造成影响。也就是说，台湾纸币的发行与台币对法币的汇率调整之间并不存在关联。

在表2中，假如扣除九月以后台湾银行券的收兑额，9～12月旧台币的实际发行额每月分别只有2 903 731 771.50元、1 589 150 332.00元、98 381 509 500.00元、1 720 640 373.50元。

因此，我们认为台湾纸币发行量的增加，在民国三十五年9月1日以前更多的是由于战后重建需要资金的缘故，而之后则更多地体现于收兑台湾银行券之上。

（原载《钱币博览》2009年第2期）

---

[1] 《台湾银行第一届董事会第二次会议录》（民国三十五年12月26日）："其中，八、九、十三个月增加较少，因在此时间内汇率提高、金融安定、存款增加。"上海市档案馆Q66–1–8。

中国垦业银行纸币印制、版式及发行

有关中国垦业银行发行的纸币，鲜有专门论述的文章。本文通过对档案文献和纸币实物的梳理，就中国垦业银行纸币的印制、版式和发行等问题展开讨论，提出自己的一孔之见，希学界同人拨冗指正。

一 中国垦业银行纸币的印制

中国垦业银行最早由俞佐廷、童今吾等人于民国十四年（1925年）发起，民国十五年4月在天津创办，注册资本总额为500万元，行址在法租界五号路和八号路的转角处。由于经营业绩不甚理想，于民国十八年（1929年）3月进行改组，由秦润卿、王伯元、李馥荪等上海金融界人士接办，资本总额为250万元，民国十八年6月6日正式开业，上海为总行所在地，天津则由总行改为分行。中国垦业银行在成立之时便获得了纸币的发行权。

有关中国垦业银行纸币印制的问题，以前人们仅从纸币下端所印有的中文或英文印制单位名称获得一点信息，并不了解其具体情况。通过对上海市档案馆收藏的档案资料的整理和翻译，[1] 我们现在已经使中国垦业银行纸币印制情况有了较充分的呈现，这对研究该银行纸币版式和发行具有重要的意义。

从上海档案馆收藏的天津中国垦业银行和华德路公司民国十五年5月1日签订的第一份印制纸币的合同，我们可以了解到中国垦业银行纸币的最初情况。

在这份合同中，我们获知中国垦业银行当时向华德路公司订印的纸币总数为218万张，其中一元券为70万张，五元券为110万张，十元券为38万张，纸币的号码以一百万为一组，每组自1号起，第二组号码前加A字冠号，第三组号码前加B字冠号，并以此类推，号码用红色，并印两行，纸币中文面印在票面的下端，英文面则印在票面的上端。按照这份合同，我们不难发现中国垦业银行起初发行的纸币中，唯有五元券因印数超过一百万而有冠号A字者10万张外，一元和十元券都没有冠号的。

通过这份合同，我们不仅了解到当时对纸币的版式做了明确的规定："按照

---

[1] 《中国垦业银行关于钞券印刷与英国华德路公司上海代理处合同与来往文书》，上海市档案馆 Q284-1-7。

本行（指中国垦业银行——笔者注）使用所核定样本雕刻正反面钢版，三种钞票皆用同样花纹，一面用中文，一面用英文，并加印微细底纹，列行名及圆数，在中文方面用中文，英文方面用英文。"事实上中国垦业银行无论是第一版还是第二版，都基于这样的样式；而且对纸张的选用也做了规定，纸张采用华德路公司特制的全面丝线纸，这种纸张成为以后中国垦业银行纸币印制的唯一用纸。我们今天见到的中国垦业银行纸币的纸张里都夹有不同颜色的彩丝，这也可看作是当时中国垦业银行为发行纸币所采取的一种防伪措施。

在这份合同中，签订合同的双方还约定："此项钞票如果通行妥善，以后本行（指中国垦业银行——笔者注）续印钞票，均归本公司（指华德路公司——笔者注）承办。"中国垦业银行的纸币目前所见都是由英国华德路公司印制的这一情况，反映出虽然中国垦业银行在民国十八年曾发生变革，但双方还是坚守了这一约定的。

通过上海档案馆现存的民国二十年（1931年）以后的档案文献，我们很清楚地获悉，中国垦业银行与英国华德路公司之间的业务往来，是通过华德路公司远东代理人（或代理商）霍尔（R.Hall）进行的。

民国二十年中国垦业银行对民国十五年第一版纸币的版式作了一些细微的改动，并与华德路公司在5月7日签订了合同。从这份合同中，不仅对纸币上的地名作了限定，只印"上海"地名一种，而且规定除了五元券和十元券在版式和颜色上作些微改动外，一元券的版式和颜色任何不作变动。五元和十元券英文面左上拐角处分别加印阿拉伯数字"5"或"10"，中国垦业银行的英文译名向右作些微移动，这两种面额纸币的两面主要颜色根据中国垦业银行给予代理人的色样更改。该合同还对纸币上显现的纸币印制年份、暗记的种类和采用何种纸张、校样提供、华德路公司应给中国垦业银行的样票张数、印制费用及其支付方式等都做了明确的规定外，特别重要的是，对印制不同面额纸币的张数和号码也做了规定。从规定中，我们不但知道了当时一元券、五元券和十元券分别印制了35万张、55万张和19万张，也知道了一元券的号码分别为700001～100000、A000001～A050000；五元券的号码为A100001～A650000；十元券的号码是380001～570000（表1）。然而，在1931年5月7日中国垦业银行稍后致华德路公司的信件和1931年11月19日英国华德路公司给中国垦业银行的委托喀麦来轮运输纸币的装箱单，我们发现这三种面额纸币的号码与合同上显示的号码不尽相同（表2），表明中国垦业银行对原先合同中有关纸币号码进行了改动，并得到了华德路公司的确认和实施。

表1　民国二十年中国垦业银行与华德路公司纸币印制合同规定号码

面额	张数	号码
一元	350 000	700001 ~ 1000000 A000001 ~ A050000
五元	550 000	A100001 ~ A650000
十元	190 000	380001 ~ 570000

表2　民国二十年中国垦业银行与华德路公司纸币印制实际号码

面额	张数	号码
一元	350 000	700001A ~ 1000000A A000001A ~ A050000A
五元	550 000	A100001A ~ A200000A A200001B ~ A300000B A300001C ~ A400000C A400001D ~ A500000D A500001E ~ A600000E A600001F ~ A650000F
十元	190 000	380001A ~ 430000A 430001B ~ 480000B 480001C ~ 530000C 530001D ~ 570000D

　　民国二十年5月7日中国垦业银行稍后致华德路公司的信件中还提到了要在英文面增加签名者官方头衔的要求。5月9日华德路公司远东代理人霍尔在致中国垦业银行的信中不但确认了合同中五元券和十元券版式上的些微改动，而且答应了中国垦业银行有关在纸币英文面加印签名者官方头衔的要求，三种面额纸币英文面的左右两边签名处分别加印"GENERAL MANAGER"（总经理）和"MANAGER HEAD OFFICE"（总行经理）。这样，中国垦业银行完成了对纸币版式上的改动。

　　民国二十二年5月30日，中国垦业银行通过华德路公司远东代理人霍尔开始向华德路公司提出了订印一元券150万张、五元券20万张意向。同年11月3日，中国垦业银行和华德路公司通过代理人签订了印制总数为260万张纸币的合同，根据这份合同我们知道当时订印的纸币分为两部分，一部分为5月30日提出的订印一元券150万张、五元券20万张、总数170万张的纸币，另一部分则可认为是追加的一元券50万张、五元券40万张、总数为90万张的纸币。这两部分在号码分配上都作了具体的规定（表3）。

表3 民国二十二年中国垦业银行和华德路公司纸币印制合同规定号码表

部分	面额	张数	号码
第一部分	一元	1 500 000	A050001A ~ A200000A A200001B ~ A700000B A700001C ~ A1000000C B000001C ~ B200000C B200001D ~ B550000D
	五元	200 000	A650001F ~ A700000F A700001G ~ A800000G A800001H ~ A850000H
第二部分	一元	500 000	B550001D ~ B700000D B700001E ~ B1000000E C000001E ~ C050000E
	五元	400 000	A850001H ~ A900000H A900001I ~ A1000000I B000001J ~ B100000J B100001K ~ B200000K B200001L ~ B250000L

　　有意思的是，档案中对于这一合同只见有第一部分的中文译文，似乎给人的印象是当时可能实际订印的纸币总数只有第一部分，但通过民国二十二年（1933年）12月13日华德路公司给中国垦业银行的信件，我们可以确定当时第一部分和第二部分的纸币订印数都得到了执行，并且民国二十二年12月22日所印纸币中的第一批已经通过货轮从伦敦出发，将于民国二十三年1月到达上海。值得我们特别关注的是，在合同签订完成后，华德路公司和中国垦业银行间曾发生过有关是否要在纸币加印"英国华德路公司制"字样的讨论，最后双方达成了一致的意见，即在纸币的中文面下端加印"英国华德路公司制"字样、在英文面套印"P. Y. Wong"（王伯元）和"Z. C. Zing"（秦祖泽）签名，由此可以确认中国垦业银行中文面加印"英国华德路公司制"字样的纸币发生于民国二十二年订印的一元券和五元券上。

　　民国二十三年3月，中国垦业银行与华德路公司又开始了新的订印纸币合同的商谈，华德路公司根据中国垦业银行的要求拟就了四种不同的纸币定单，都规定十元券、五元券和一元券的尺寸分别为87毫米×155毫米、81毫米×145毫米、75毫米×135毫米，但每份订单上不同面额纸币订印的纸币数量、总数和总额是不同的，订单A中十元券为100万张、五元券为200万张、一元券为250万张，总数为550万张，总额为2250万元；订单B中十元券为85万张、五元券为200万张、一元券为400万张，总数为685万张，总额为2250万元；订单C中十元券为120万张、五元券为280万张、一元券为400万张，总数为800万张，总额为3000万元；订单D中十元券为100万张、五元券为300万张、一元券为500万张，总数为900万张，总额为3000万元。如果印制的纸币张数还不足以引起我们重视的话，那么，合同中有关纸币图案变化的内容，则让我们感到民国二十三年所要印的纸币属于一种与先前不同的纸币。合同中是这样记述的：

> 一元券正面：一块用于印刷的钢板上精细地雕刻几何学图形的白线纱网装饰、风景插图等。反摄影的彩虹色彩。背面用于印刷的钢板上雕刻几何学图形的白线纱网装饰、总行大楼插图等。五元和十元除了在正面附加反摄影的色彩外，其余和一元券相同。

根据合同中的描述，在现存的中国垦业银行纸币实物中没有发现过与其相同的纸币，说明民国二十三年（1934）年中国垦业银行与华德路公司所商谈订立的合同有可能没有得到实施。

民国二十三年3月12日中国垦业银行在致华德路公司的信稿中曰：

> 启者，依据近日彼此间商谈结果，敝行兹特签就可任意选择一种之定钞单A、B、C、D，其价格及条件即照各种单上办法办理，但无论任何一种定钞单须待敝行向财部领得护照后，经敝行正式认定方生效力，定钞数量亦须视财部所批准数目为准。至于将来选定任何一种，完全由敝行自行择选，且一经择定任何一种，其余三种即作注销。除待敝行最后通知外，请贵处事前先行预备，并将式样送下。

就在当天，中国垦业银行收到了华德路公司远东代理人霍尔的回复：

> 兹承认收到贵行今日来信，并附可任意先定一种之四种定钞单，敝处同意尊信内所述条件，即无论择定任何一种定钞单，须待贵行向财部请示护照之结果而定。

从中国垦业银行方面来说，虽然也同意了华德路公司四份不同的纸币订单，但没有最后选择到底采用这四份订单中的哪一份，因为这需要财政部的批准。对于拟议中的中国垦业银行纸币订单，财政部并没有批准。这可以从中国垦业银行答复交通银行函询发行的信函得到佐证："关于定制券一节，查敝行于民国十八年三月改组之始，承受旧天津中国垦业银行印就之兑换券一千万元，嗣于民国二十年五月及二十二年七月先后向英国华德路公司各定制五百万元，合共总数为二千万元，均经陈准财政部备案，并发给护照备案。"[1]我们将民国十五年旧天津中国垦业银行以及民国十八年3月改组后中国垦业银行于民国二十年5月和1933年11月分别向华德路公司定印的一元券、五元券和十元券数额相加，得出的纸币印制总数及券面总额和中国垦业银行答复交通银行的信中所述是完全吻合的（表4），表明民国二十三年中国垦业银行与华德路公司拟议中的四份定单确实因没有财政部批准、取得护照而得到实施。这样一来，背面印有中国垦业银行总行大楼图案的纸币也就根本没有印制过。中国垦业银行总行大楼竣工于民国二十二年。

表4　民国十五年至二十二年中国垦业银行纸币印制总数及券面总额统计表

年份	券额	印数	总额
民国十五年	1元	70万张	70万元
	5元	110万张	550万元
	10元	38万张	380万元
民国二十年5月	1元	35万张	35万元
	5元	55万张	275万元
	10元	19万张	190万元
民国二十二年11月	1元	150万张	150万元
	5元	20万张	100万元
	1元	50万张	50万元
	5元	40万张	200万元
合计			2000万元

所以，在中国垦业银行的历史上，纸币印制一共只有三次：第一次是在民国十五年（1926年），第二次是在民国二十年（1931年），第三次是在民国二十二年（1933年）。除第一次外，后两次都对前一次印制的纸币版式作过更改，这对我们搞清楚现存中国垦业银行纸币的具体印制时间是大有裨益的。民国二十三年（1934年）中国垦业银行与华德路公司拟议的订单尽管没有实施，但至少说明当时已经有了印制新版式纸币的打算，只是没有得到财政部的批准而已。

二　中国垦业银行纸币的版式

通过对中国垦业银行纸币印制情况的了解，我们再看现存的中国垦业银行纸币实物。从纸币上标明的年份上来说目前所见只有两种，一种是民国十五年，

---

[1]　《中国垦业银行关于发行钞券与停止移交等事项与发行准备委员会财政部交通银行来往文书》，上海市档案馆Q284-1-9。

另一种则是民国二十年。纪年"民国十五年"的纸币又分天津地名券和上海地名券两种，而纪年"民国二十年"的纸币只有上海地名券一种。对于这两种标有不同年份的纸币，中国垦业银行停止发行纸币时在移交给交通银行的文件中分别称为第一版和第二版（表5）。[1]

表5　中国垦业银行第一、二版地名表

版次	年份	地名
第一版	民国十五年	上海、天津
第二版	民国二十年	上海

　　其实，虽然按照标明的年份来说中国垦业银行的纸币版式仅有两种，但如果按照纸币印制合同和结合历史发展情况来看，中国垦业银行纸币之间无论在版式上还是在印制时间上都有着进一步的细化。

　　首先，纪年"民国十五年"的纸币。天津中国垦业银行在民国十五年成立不久，便和英国华德路公司签订了印制纸币的合同。民国十五年版的纸币英文面签名有两组，一组是Yu Tsuting和Sungwan Tung，另一组是Z. C. Zing和P. Y. Wong，前者纸币上印有天津地名，后者纸币上则印有上海地名。对于民国十五年版的中国垦业银行纸币上出现Yu Tsuting和Sungwan Tung的签名，是完全可以理解的，因为Yu Tsuting即俞佐廷，为当时天津中国垦业银行的总经理，Sungwan Tung尽管我们不能确定其是谁，但可以断定应该与天津中国垦业银行的创立者童今吾有关，或许是其家族人员，而出现Z. C. Zing和P. Y. Wong签名则不仅让人猜测。Z. C. Zing即秦祖泽，也就是秦润卿，祖泽是秦氏的名，润卿是秦氏的字；P. Y. Wong即王伯元。如果说王伯元参与了天津中国垦业银行的话，秦润卿是民国十八年3月才加盟接办天津中国垦业银行的，民国十五年版上的中国垦业银行纸币上出现其签名，只能说明这种有秦润卿签名的纸币应该是在民国十八年3月以后加印上去的。民国十八年11月29日，中国垦业银行第六次董监事会记录有"主席报告本行钞票现由天津运到，俟加印签字后，手足完备，定十九年一月份起陆续发行"，可以为此作证。[2]换句话说，民国十五年版出现上海地名的时间也应该与此同时。这一记录，不但表明了加印有秦祖泽和王伯元签名的中国垦业银行纸币的发行时间是民国十九年1月，同时也反映出当时华德路公司已印制完成的纸币上并没有签名和地名，签名和地名是运到中国后加印上去的——这似乎从民国十五年中国垦业银行与华德路公司签订的合同

---

[1]　《中国垦业银行关于英国钞券发行与停止发行钞券销毁文件》，上海市档案馆Q284-1-8。

[2]　民国十八年11月29日第六次董监事会，《中国垦业银行董监事会议录及常董会议录》，上海市档案馆Q284-1-2。

中没有签名和地名规定中也能看出。此外，根据中国垦业银行答复交通银行信件内容，[1]民国十五年版的印数并没有因为民国十八年3月的改组而有所增加，华德路公司一直是按照民国十五年5月1日签订的合同完成印数的，反映出民国十五年版上海地名券的印数应该是包含在民国十五年5月1日所定合同之内的。

其次，版式的改动。正如档案资料和已见中国垦业银行纸币实物所反映的那样，在纸币的英文面（背面），民国十五年版和民国二十年版的五元券和十元券之间在版式上是有细微区别的：民国十五年版的五元券和十元券左上拐角为中国垦业银行的英文译名，而民国二十年版的五元券和十元券左上拐角加印有表示纸币面额的阿拉伯数字"5"或"10"，中国垦业银行的英文译名则相应地做了些微的右移。不仅如此，在左右两侧的英文签名处，民国二十年版的各种面额纸币都分别增加了"GENERAL MANAGER"（总经理）和"MANAGER HEAD OFFICE"（总行经理），而民国十五年版则没有。

就纸币上的印制单位而言，民国十五年版的纸币只有在英文面（背面）的下端才印有英文的印制单位名称，而中国垦业银行民国二十年版的纸币可分为两种，一种在纸币的中文面没有出现印制单位的中文名称，只在英文面出现印制单位的英文名称，面额有一元、五元和十元三等；另一种则不仅在英文面出现印制单位的英文名称，而且在中文面还加印有印制单位的中文名称，面额有一元和五元两等。档案资料显示，这种在中文面还加印有印制单位中文名称的纸币印制于民国二十二年。

因此，中国垦业银行纸币的版式及印制时间可归纳如下（表6）：

表6　中国垦业银行纸币的版式及印制时间统计表

版次	年份	地名	签名	面额	颜色	印制时间	版式的改动	备注
第一版	民国十五年（1926年）	天津	Yu Tsuting（俞佐廷）/ Sungwan Tung	一元	棕/棕	民国十五年		
				五元	紫/紫			
				十元	绿/绿			
		上海	Z. C. Zing（秦祖泽）/ P. Y. Wong（王伯元）	一元	棕/棕	民国十八年		民国十八年3月天津中国垦业银行改组，由上海金融界人士接办。
				五元	紫/紫			
				十元	绿/绿			

[1]　《中国垦业银行关于发行钞券与停止移交等事项与发行准备委员会财政部交通银行来往文书》，上海市档案馆Q284-1-9。

续表

版次	年份	地名	签名	面额	颜色	印制时间	版式的改动	备注
第二版	民国二十年（1931年）	上海	Z. C. Zing（秦祖泽）/ P.Y.Wong（王伯元）	一元	棕/棕	民国二十年	英文面增加签名者官方头衔。五元和十元券英文面左上拐角加印"5"或"10"，英文行名右移。	
				五元	绿/橙			
				十元	棕/蓝			
		上海	Z. C. Zing（秦祖泽）/ P. Y. Wong（王伯元）	一元	棕/棕	民国二十二年	中文面下端加印"英国华德路公司制"字样。英文面增加签名者官方头衔。五元券的英文面左上拐角加印"5"，英文行名右移。	
				五元	绿/橙			

三　中国垦业银行纸币的发行

现存的中国垦业银行天津地名券和上海地名券纸币中都有加盖暗记的现象。这些暗记一般由单个英文字母、中文字或数字，也有单个英文字母和单个阿拉伯数字组成的复合暗记，在纸币中文面和英文面的位置似乎存在着一定的规律性（表7）。曾见到有一数字暗记，在纸币中文面呈现出左上右上字号大、左下右下字号小的排列，比较特殊。这些暗记的存在，表明中国垦业银行不但自己发行本行的纸币，而且本行纸币有被领券的现象发生。民国二十年5月18日中国垦业银行收到的天津分行呈文中就说："近以此间各银号要求向津行领钞，原有备用券六十万元因订用户逐渐增加，现存暗记不敷支配，特由内库提出五元新券十万元。今共有备用券七十万元，计一元券八万元，五元券五十七万元，十元券十万元。谨此呈报伏希。"[1]虽然民国二十一年10月从宁波分行领券的钱庄只有二十八家，[2]但根据同年11月和12月各行庄领券余额统计，以及中国垦业银行宁波分行为取消领用暗证券事与董事办事处往来文书中提到的行庄名，

---

[1]　《中国垦业银行天津分行为报内库提新券事致董事办事处文》，上海市档案馆 Q284-1-24-133。

[2]　《中国垦业银行宁波分行1932年10月份各行庄领券一览表》，上海市档案馆 Q284-1-40-152。

从宁波分行领券的行庄实际有51家之多，[1]说明中国垦业银行的纸币在当时的信用较好，民国二十二年12月7日中国垦业银行第二届第七次董监事会的记录中在解释其中原因时说："盖因本行钞券无地域之限制，到处可以兑现，此在汇水上不免吃亏，然受人欢迎之处亦在此，以言发行准备现金仍占百分之八十左右，均另设专库存储。"[2]事实上，根据《国防委员会财政报告》所记载的民国二十三年8月10日对中国垦业银行现金准备达66.23%的检查结果也证实了中国垦业银行董监事会的记录并非夸大之词，[3]民国二十四年（1935年）2月3日的《申报》还发表过一篇题为《中国垦业银行钞票信用显著》的报道，对中国垦业银行的纸币信用倍加赞赏。中国垦业银行虽然在民国二十四年11月3日停止了本行纸币发行，但宁波各行庄的领用券在京、津、沪取消后仍然得到了六个月的展期。[4]

表7　中国垦业银行地名券纸币暗记统计表

中文面	英文面	备注
左上右下	右中	
左上右上	右中	出现于单种暗记纸币中
左上右上	左中右中	
	左下右上	
左上右下	左上右下	出现于纸币有多种暗记的情况之下
左下右上	左下右上	
左中右中	左中右中	出现于纸币有单种暗记或多种暗记的情况下

中国垦业银行设立上海总行和天津分行外，还于民国二十年在浙江宁波设立分行，民国二十一年在南京设立分行，民国二十二年又先后设立浙江余姚和北平两个办事处，开展有关银行业务的同时进行兑换现金的活动，并利用上海商业储蓄银行设立的分支机构，代兑现金。民国二十年8月5日《申报》还就中国垦业银行增设钞票代兑机关情况进行了报道。由于信用度好和代兑方便，所以，尽管在民国

[1]　《中国垦业银行宁波分行关于1932年各行庄领券11月份余额表》，上海市档案馆Q284-1-40-162；《中国垦业银行宁波分行关于各行庄领券12月余额表》，Q284-1-40-179；《中国垦业银行宁波分行为取消领用证券事与董事办事处来往文书》，Q284-1-41-298。

[2]　民国二十二年12月7日第二届第七次董监事会，《中国垦业银行董监事会议录及常董会议录》，上海市档案馆Q284-1-2。

[3]　中国人民银行总参事室编：《中华民国货币史资料》第二辑，上海人民出版社，1991年，第234页。

[4]　民国二十四年12月5日《取消领用暗记券》，《中国垦业银行宁波分行为取消领用证券事与董事办事处来往文书》，上海市档案馆Q284-1-41-298。

二十四年1月和2月先后在宁波、上海发生过三次挤兑事件,[1]中国垦业银行的纸币发行还是呈现出一种上升的态势（表8）。中国垦业银行总共印制有2000万元的纸币，但最后只发行了7496000元，库存的12322000元被移交于交通银行。

表8　中国垦业银行纸币发行态势表[2]

统计时间	发行数额（元）	备注
1930年4月23日	800 000	实际数字超出，但不到900 000元
1931年11月14日	4 319 000	上海发出1 600 000元；天津发出300 000元；宁波发出2 419 000元
1933年3月13日	4 779 000	较上年底减少441 000元
1933年12月7日	5 707 000	
1934年6月30日	6 712 000	
1935年11月22日	7 496 000	上海发出3 796 000元；宁波发出2 750 000元；天津发出950 000元

中国垦业银行除了发行本行的纸币外，还从1929年开始领用中央银行、中国银行和交通银行的纸币。从下表9（此表根据中国垦业银行历年借贷对照表整理[3]）可以看出，1930～1935年，中国垦业银行每年领用中央银行、中国银行和交通银行纸币的数额大多占其自身纸币发行额的一半以上；1935年11月3日中国垦业银行停止了纸币发行，但仍继续领用中央银行、中国银行和交通银行纸币，并大致呈下降的趋势，最终稳定于983 500之上。

表9　1930～1946年中国垦业银行领用纸币数额统计表

统计时间	发行兑换券数（元）	领用兑换券数（元）	备注
1930年12月31日	1 800 000	2 150 000	
1931年12月31日	4 229 000	2 550 000	
1932年12月31日	5 221 000	3 350 000	
1933年12月31日	6 445 000	3 350 000	
1934年12月31日	7 095 000	3 500 000	

---

[1] 民国二十四年2月14日第二届第十一次董监事会，《中国垦业银行董监事会议录及常董会议录》，上海市档案馆Q284-1-2。

[2] 此表根据1929年到1935年11月22日中国垦业银行董监事会录整理，《中国垦业银行董监事会议录及常董会议录》，上海市档案馆Q284-1-2。

[3] 《中国垦业银行历年营业报告及公信会计事务所报告书》，上海市档案馆284-1-4。

统计时间	发行兑换券数（元）	领用兑换券数（元）	备注
1935年12月31日	7 496 000	3 900 000	
1936年12月31日	7 496 000	3 445 000	
1937年12月31日	7 496 000	3 462 000	
1938年1月31日	7 496 000	3 459 500	
1939年12月31日	7 496 000	3 091 191.94	
1940年12月31日	7 496 000	2 965 056.22	
1941年12月31日	7 496 000	2 727 586.70	
1942年12月31日	37 480 000	931 215.01	
1945年12月31日	7 496 000	1 904 930.02	
1946年12月31日	7 496 000	983 500	以后历年兑换券发行额和领用额皆与此相同。

图1

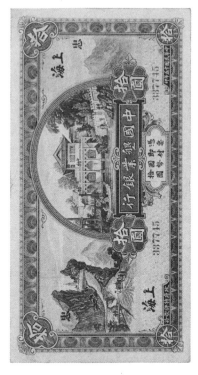

图3

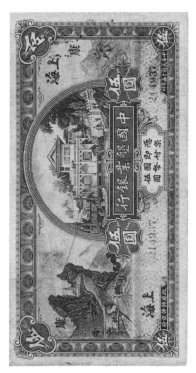

图2

图5

图4

图 7

图 6

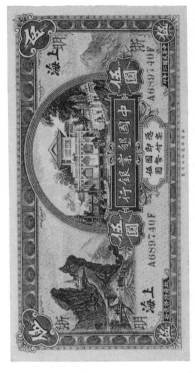

图9

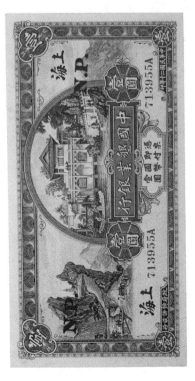

图8

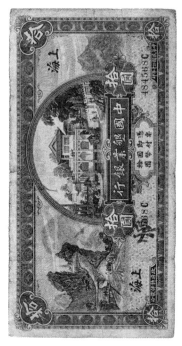

图11

图10

四明银行纸币的印制与暗记

四明银行是我国成立比较早的一家商业银行，于光绪三十四年（1908年）八月十六日开办，十二月在度支部、农工商部注册立案，资本额定为上海规银150万两。四明银行在成立之初就拥有了货币发行权。但有关四明纸币印制和暗记的问题，目前史学界鲜有论述。本文想对此问题，通过档案史料的分析与研究，做一陈述，不揣陋见，请教大家。

一 现存四明银行纸币的情况

从光绪三十四年八月开办，禀准清度支部、农工商部发行上海通用银元券，一直到1935年国民政府实行法币政策被取消货币发行权，根据档案《四明银行种类数额表》[1]的记载，四明银行只发行有银元券一种纸币，按印制时间、印制单位和版式的不同，可分为22种，其中，一元券7种，二元券1种，五元券6种，十元券6种，五十元券1种，一百元券1种（如表1）。

表1　四明银行银元券订制情况一览表

券种	订制年月	订制处所	备注
一元券 （7种）	光绪三十四年（1908年）八月	上海华商集成图书公司	
	民国四年（1915年）12月	上海商务印书馆	甲种（背双龙）
	民国四年12月	上海商务印书馆	乙种（背银锭）
	民国十一年（1922年）6月	财政部印刷局	
	民国十四年（1925年）8月	德国钞票公司	甲种（面房图）
	民国十四年8月	德国钞票公司	乙种（面山图）
	民国廿二年（1933年）8月及廿三年1月	英国华德路公司	
二元券	光绪三十四年八月	上海华商集成图书公司	
五元券 （6种）	光绪三十四年八月	上海华商集成图书公司	
	民国四年12月	上海商务印书馆	.
	民国十年（1921年）10月	美国钞票公司	第一批（蓝色）

[1]　上海市档案馆Q279-1-272-32。

续表

券种	订制年月	订制处所	备注
五元券 （6种）	民国十四年8月	德国钞票公司	甲种（面房图）
	民国十四年8月	德国钞票公司	乙种（面山图）
	民国二十年（1931年）9月	美国钞票公司	第二批（红色）
十元券 （6种）	光绪三十四年8月	上海华商集成图书公司	
	民国四年12月	上海商务印书馆	
	民国十年10月	美国钞票公司	
	民国十四年8月	德国钞票公司	甲种（面房图）
	民国十四年8月	德国钞票公司	乙种（面山图）
	民国二十三年（1934年）1月	英国华德路公司	
五十元券	民国十年1月	美国钞票公司	
一百元券	民国十四年8月	德国钞票公司	

从现存实物来看，四明银行发行的纸币种类与档案《四明银行种类数额表》的记载相同（表2），但具体表现却不尽相同，主要反映在一元券上：1.上海集成图书公司印制的上海通用银元券，档案记载的年份为光绪三十四年八月，实物发现的年份为宣统元年（1909年）；2.档案记载有上海商务印书馆印刷厂印制的民国四年背面主景图为双龙的银元券，实物发现的年份为宣统元年；3.虽然档案记载民国四年上海商务印书馆曾印制过背面主景图为银锭的一元券，实物却没有发现；4.实物发现有纪年民国九年但没有印制单位的一元券。

表2　档案《四明银行种类数额表》

印制单位	券名	面额	券面印制年份	备注
上海集成图书公司	上海通用银元	一元、二元、五元、十元	宣统元年春正月	
上海商务印书馆印刷厂	上海通用银元	一元、五元、十元	宣统元年春正月	
	通用银元	一元	民国九年9月	
美国钞票公司	通用银元	五元、十元、五十元	民国九年9月	五元券分两种
财政部印刷局	上海通用银元	一元	民国十年11月	
德国钞票公司	通用银元	一元、五元、十元、一百元	民国十四年9月	一元、五元、十元各分两种
英国华德路公司	通用银元	一元	民国廿二年1月	
英国华德路公司	通用银元	十元	民国廿三年1月	

在传世由上海集成图书公司印制的宣统元年四种面额银元券（图1～4）中都发现有宁波地名券（图5），这种宁波地名券发行的时间应在宁波分行开办之

图2

图1

图4

图3

后。宣统元年（1909年）七月二十八日四明银行宁波分行开办。[1] 在二元券中还发现有温州、处州地名券（图6）。此外，据说还发现有镇海地名券，面额不详。纸币上的宁波、温州、处州和镇海地名都为加盖。

由上海商务印书馆印制的宣统元年银元券（图7～9）中，地名都是以暗记形式加印上去的，并且除温州采用花押符号❀的暗记形式外，都采用英文字母合文符号的暗记方式来表示所代表的地名，其中"S""H"的合文使用的频率最多。"S""H"的合文代表上海，"H""K"的合文代表杭州，"NP."则代表宁波，花押❀代表温州。从目前所见，上海地名券面额有一元、五元和十元三种，杭州地名券面额有一元、五元两种，宁波地名券面额有一元、十元两种，温州地名券面额仅有一元一种。

四明银行纸币上的行名称呼有两种，一是"上海四明银行"，如宣统元年版和民国十年版的四明银行纸币，券面印有"上海通用银元"字样；一是"四明银行"，如民国九年版、民国十四年版、民国二十二年版和民国二十三年版四明银行纸币，都印有"上海"地名。

图5

图6

---

[1]　上海市档案馆 Q279-1-47。

图8

图7

图9

四明银行纸币只见有孙衡甫的英文签名。受1910年10月橡皮风潮的影响，四明银行总董周晋镳、总理陈薰、协理虞洽卿于1911年4月被迫辞职后，孙衡甫开始担任四明银行董事长兼总经理。所以，具有孙衡甫英文签名的纸币发行时间不会早于其开始担任四明银行董事长兼总经理之时。

二　四明银行纸币的印制

现存四明银行纸币实物中标明印制时间最早的，是由上海华商集成图书公司和上海商务印书馆印刷厂印制的银元券，都为宣统元年春正月，英文标识的印制时间也同为1909年1月22日。据此，我们是很难判断上海华商集成图书公司和上海商务印书馆印刷厂孰先孰后印制银元券的。

目前能见到的最早的有关四明银行印制银元券史料，是宣统二年三月四明银行呈送清度支部的《发行通用银钱票行号表》。[1]其第一表《江苏省松江府上海县四明

[1]　上海市档案馆Q279-1-47。

银行通用银钱票行号表》在"发行何种票纸"一栏中填写有"上海通用银元一元、二元、五元、十元共四种";第二表"发行何种票纸"中写有"上海通用银元一元、二元、五元、十元票","某种票纸曾经发行若干现在流通在外若干折银若干"中记述有"曾经发行五十万元、现在流通约三十万元、约合上海规银二十二万两"。可这些记载并不能使我们获得上海华商集成图书公司印制的银元券先行印制和发行的确切信息,尽管其中提到的银元券面额有一元、二元、五元和十元四种,但并不能排除其中包括了上海商务印书馆印制的一元、五元、十元三种银元券。

有关上海华商集成图书公司印制上海通用银元券早于上海商务印书馆的档案史料是《四明银行种类数额表》,其中明确记载四明银行向上海华商集成图书公司订制上海通用银元券的时间是在光绪三十四年(1908年)八月,而向上海商务印书馆订印时间是在民国四年(1915年)12月。事实上,在传世的四明银行纸币中可以见到宣统元年上海商务印书馆印制的银元券,所以,《四明银行种类数额表》的记载肯定是有误的。光绪三十四年八月四明银行向上海华商集成图书公司订制,宣统元年上海华商集成图书公司开始印制上海通用银元券是有可能的,存世上海华商集成图书公司印制的上海通用银元券只见有纪年宣统元年的可以印证。如果上海华商集成图书公司在光绪三十四年八月接受四明银行订制后不久就开始印制,上海华商集成图书公司也有可能在光绪三十四年和宣统元年两次为四明银行印制银元券,但这种假设目前缺乏史料的记载,也缺乏实物的佐证。周葆銮《中华银行史》在谈及四明银行时曾有这样一段话;"至其发行纸币,当前清开业之际,已有发行,至今尚未收回。依民国三年之调查,共计十元票四万张、五元票十万张、二元票十万张、一元票十万张。当时流通市面者,计十元票二千五百张、计洋二万五千元,五元票一万七千张、计洋八万五千元,二元票七千张、洋一万四千元,一元票六万六千张、计洋六万六千元,合计洋十九万元。其存库者,尚有十元票二万七千五百张、五元票三万三千张、二元票四万三千张、一元票四千张。"[1] 这段话曾广泛被用作四明银行于光绪三十四年八月开办时发行纸币的依据。其实,仔细研读,这段话在表达四明银行开办发行纸币的时间上因属推测而具有不确定性。《四明银行种类数额表》中记载四明银行向上海华商集成图书公司订制的上海通用银元券一元、二元、五元、十元四种面额的具体数量分别为18万元、30万元、100万元、59.946万元。在存世的一张上海华商集成图书公司印制的一元券票样上用英文写有"200000 note required"(图10),说明一元券印了20万张。

《四明银行种类数额表》记载民国四年12月四明银行曾向上海商务印书馆订制

---

[1] 张家骧《中华币制史》一书也有类似的表述,见闻达等编《民国小丛书·中国货币史银行史卷》,书目文献出版社,1996年,第280页。

图10

背面主景图分别为双龙和银锭的两种一元券，而实物仅发现上海商务印书馆于宣统元年印制的背面主景图为双龙的上海通用银元券一种，至少表明《四明银行种类数额表》记载的有关四明银行开始向上海商务印书馆订制上海通用银元券的时间是有误的。民国四年12月四明银行是否向上海商务印书馆订制过上海通用银元券，目前除了《四明银行种类数额表》外，还没有其他史料可以引证。宣统元年上海商务印书馆印制的一元、五元、十元上海通用银元券发行于宣统元年三月。[1]

《四明银行种类数额表》记载民国四年12月上海商务印书馆印制的两种版式的银元券数量分别为30万元、100万元。民国十二年2月四明银行呈报财政部有关印发纸币情况中记载上海商务印书馆印制的上海通用银元券数量为200万张670万元。[2]

根据获得的美国钞票公司档案可以确认，上海华商集成图书公司、上海商务印书馆为四明银行印制纸币的主景图双龙、行徽和四明山景，都是由美国钞票公司雕刻制作的。比照这两家单位印制的宣统元年银元券现存实物，可以看出它们

[1]　上海市档案馆Q279-1-265。

[2]　上海市档案馆Q279-1-265。

为四明银行印制纸币的版式完全相同，说明其采用的是同一印版，但采用的纸张是不同的，前者采用的是带有水印的纸张，后者采用的则是没有水印的纸张。

民国九年4月四明银行便向财政部提出向美国钞票公司订印150万张民国九年版银元券的申请，12月财政部币制局批复允准。其实在财政部批复之前，四明银行已就有关订印纸币事宜与美国钞票公司达成了协议，美国钞票公司于民国十一年12月将印好的纸币运到了上海，四明银行于民国十二年1月、5月先后分两次从海关提取运回。[1]根据民国十二年2月四明银行报送财政部币制局的材料可知，当时四明银行向财政部提出向美国钞票公司订印的银元券总额为526万元，其中一元券80万张、80万元，五元券57.2万张、286万元，十元券12万张、120万元，五十元券8千张、40万元。[2]在美国钞票公司所印制的民国九年版银元券中，现存实物仅见有五元券、十元券、五十元券（图11~13），一元券则从未发现，在四明银行自己编制的《四明银行种类数额表》中也没有相关一元券的记载。这说明当时要么根本就没有印制过一元券，要么印而未发被彻底销毁掉了。在查询史料的过程中，有一则币制局公函（十一年书字第102号）

图11

［1］　上海市档案馆Q279-1-265。

［2］　上海市档案馆Q279-1-265。

图13

图12

引起了我们的注意，其曰："迳启者，前据呈称从前所发上海通用钞票纸张损坏，拟向美国钞票公司另印新票，以资收换。嗣因美钞公司印费太昂，又将一元票一百万张悉数改由财政部印刷局印制，订立合同，先后呈报本局备案。"[1]民国十一年（1922年）6月四明银行呈币制局的公函中不仅提到了相同的内容，而且提到了当时财政部印刷局已经完成印制任务，请求币制局颁发护照的内容。在上海档案馆的四明银行档案中，我们找到了四明银行与财政部印刷局签于民国十年12月29日的合同文本，及财政部印刷局完成订制任务的有关档案。[2]所有这些表明，由于四明银行嫌印费昂贵，将订制一元券的任务交由财政部印刷局了，所以，美国钞票公司事实上根本没有印制过一元券。现存的美国钞票公司档案记录：1922年（1月）2月，美国钞票公司印制五元券88万张、十元券60万张、五十元券2万张，总数为150万张。换句话说，在不改变总印张数的情况下，美国钞票公司当时实际印制了五元券440万元、十元券600万元、五十元券100万元、总额达1140万元。这一记录与《四明银行种类数额表》记载相同，超出民国十二年2月四明银行呈报币制局的印制总额达614万元之多，反映出四明银行当时有瞒报的情况。1922年美国钞票公司印制的四明银行银元券英文行名为NINGPO COMMERCIAL BANK。民国十一年美国钞票公司印制的民国九年版四明银行银元券正面主景图"行屋"下方有©A. B. N. Co暗记（图14）。

民国十年，四明银行因为印费的问题，将原由美国钞票公司印制的一元券

图14

100万张改由财政部印刷局印制，为此，双方签订了合同。[3]四明银行于民国九年向财政部币制局申印纸币150万张，既然其中的100万张改由财政部印刷局印制，交由美国钞票公司印制的纸币数量应相应减少至50万张，但美国钞票公司实际印制的四明银行银元券的总张数仍为150万张，总面额也大大超出了500万元的限额，这是导致四明银行在民国十二年2月瞒报币制局的原因。财政部印刷局于民国十一年5月完成订印，四明银行于6月提取运回。[4]财政部印刷局印制的民国十年版四明银行银元券行名为

[1]　上海市档案馆Q279-1-265。
[2]　上海市档案馆Q279-1-265。
[3]　上海市档案馆Q279-1-265。
[4]　上海市档案馆Q279-1-265。

"上海四明银行"（图15）。

民国十四年5月，四明银行向财政部申印新的400万张1800万元银元券，并交由美国钞票公司订印，六月财政部核准了四明银行的申请。[1]四明银行计划新印的银元券面额有一元券、五元券、十元券三种，印数分别为150万张、170万张、80万张。而据民国十四年8月14日四明银行呈文财政部云："窃本行前向美国钞票公司订印一元五元十元各种钞票四百万张、共一千八百万元，仰奉大部核准，随批颁发券字第101号护照一纸在案。兹因美国钞票公司订印条件未能妥洽，为慎重新钞期起见，与美国钞票公司声明解约，改由德国钞票公司如数承印，维查发给护照载明由美国进口，与现在情形不同，理合详实陈明，缴呈原领护照一纸。"[2]由此可知，民国十四年原与美国钞票公司订印的1800万元合同改由德国钞票公司承印了。按理，德国钞票公司承印的纸币面额也应该有一元、五元、十元三种，但现存实物却有四种，多了一百元面额的一种。不仅如此，德国钞票公司承印的纸币以券面主景图的不同可以分出两种版式（图16~22）。《四明银行种类数额表》记载德国钞票公司印制的纸币数量有4000万

图15

[1]　上海市档案馆Q279-1-265。

[2]　上海市档案馆Q279-1-47-54。

图 17

图 16

图19

图18

图21

图20

元，与四明银行申印1800万元的数目不同，四明银行是否在获得订印1800万元核准之后曾向财政部再申印过，由于史料的局限，不得而知。德国钞票公司印制的四明银行纸币行名的每一个字都印有一英文暗记，分别是S、H、F、P，一般认为是"孙衡甫总经理"的英文字母缩写（图23）。

民国二十年9月，四明银行向财政部提出订印纸币5000万元的请求："国民政府成立以来，商行亦迄未呈请定印。惟目前愈用愈旧，均已损敝不堪，若再迁延，非特不足以供流通，尤非所以重信用，迫不获已特行，不惜成本，并为陆续备用起见，拟向美国钞票公司定印新券，额计银元五千万元，内计分五元券三千万元，十元券二千万元，再此项定印数额，实因印额较少则印本愈重，略

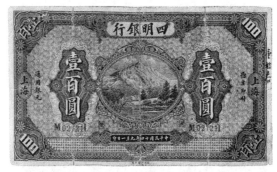

图22

图23

增印额则印费及运费，合算成本均可比例从廉，至将来运华以后，仍系新旧递递换，陆续慎重使用，合并声明。"结果，9月16日财政部只核准由美国钞票公司定印其中的3000万元五元新券。[1] 依据美国钞票公司档案记载，1931年9月美国钞票公司印制四明银行五元券六百万张，五元券的英文行名为THE NINGPO COMMERCIAL & SAVINGS BANK, LTD，券面呈红色（图24），在券面行屋右下方有©A. B. N. Co暗记（图25）。

图24

图25

民国二十二年11月3日，四明银行向财政部提出民国二十年9月未被批准印制的2000万元数额改印一元、十元新券的呈请。[2] 虽然在上海市档案馆有关四明银行的档案中没有找到财政部为此的核准文件，但在现存四明银行纸币实物中有纪年民国二十二年1月印的一元券（图26～27）和民国二十三年1月印的十元券

---

[1] 上海市档案馆Q279-1-265。
[2] 上海市档案馆Q279-1-265。

图27

图26

图28

（图28），表明在四明银行提出呈请后，财政部核准了，并由英国华德路公司印制完成的。纪年"民国二十二年一月"印的一元券号码呈两种颜色，一呈蓝色，另一呈绿色，《四明银行种类数额表》记载英国华德路公司印制的一元券分别订制于民国二十二年8月和民国二十三年1月，反映纪年"民国二十二年一月"的两种颜色号码的一元券在具体印制时间上应有先后的关系，蓝色号码订印于民国二十二年8月，绿色号码则订印于民国二十三年1月。

在四明银行纸币中，有一种一元券（图29），虽然印有纪年"民国九年九月"，却没有印制单位的名字，过去一般都将其系于美国钞票公司印制的名下，现在看来有失偏颇。首先，美国钞票公司印制的四明银行纸币正面主景图"行屋"下方有©A. B. N. Co暗记，而这种一元券的暗记为CP（图30），让人很容易与商务印书馆的英文缩写联系起来，表明其不是美国钞票公司所为。其次，从现存档案来分析，美国钞票公司也没有印制过一元券。

在上海档案馆中存有一份民国十三年6月9日四明银行与上海商务印书馆订立的有关订印一元券100万张的合同，在这份合同中，不仅规定了印票数目、印票纸张、票纸大小、印票价值、交票期限、票版废票，更重要的是规定了印票颜色，正是从这一规定中我们可以比照现存所有四明银行一元券，从

图29

而得出没有印制单位的民国九年版
一元券的印制单位应该是上海商务
印书馆的意见，其曰："正面印凹
版乙色，凸版两色；反面印凹版乙
色，凸版乙色，加印号码乙色，共
六色。"[1]

此外，我们从民国十三年6月10
日商务印书馆李宣龚给四明银行孙衡
甫的信笺以及民国十四年10月19日、
10月22日、11月12日上海商务印书
馆就有关销毁一元券废票和印版事

图30

给四明银行的函件中，[2]可以确认在民国十三年上海商务印书馆确实为四明银行
订印过一元券，说明四明银行与上海商务印书馆于民国十三年6月订立的印制

[1] 上海市档案馆Q279-1-265-44。
[2] 上海市档案馆Q279-1-265。

一百万张一元券合同得到了有效的实施。

因此，没有印制单位的民国九年版一元券的印制单位应该是上海商务印书馆。

有关四明银行纸币印制的总数量，在货币史学界有所困惑。根据四明银行在民国二十四年11月3日编制的《四明银行种类数额表》，四明银行纸币的总印制数为111 889 460元，民国二十四年12月24日四明银行在给财政部《声述历年发钞各情形及各项数目》的函件中则坚守这一数字，[1]而《中国近代纸币史》一书的统计认为不过7 440万元。[2]对此，我们不妨分析一下具体情况。

根据上海市档案馆所藏四明银行档案，四明银行对自己印制的纸币数量有个统计，具体是：上海华商集成图书公司印制1 979 460元、上海商务印书馆印制700万元、财政部印刷局印制100万元、美国钞票公司第一次印制1140万元、德国钞票公司印制4000万元、美国钞票公司第二次印制3000万元，[3]合计总数为91 379 460元，这个数字不包括英国华德路公司印制的2000万元和民国十三年上海商务印书馆印制的100万元。

根据上面对四明银行纸币印制的论述，我们也做了一下统计，具体为：上海商务印书馆宣统年印制670万元、美国钞票公司第一次印制1140万元、财政部印刷局印制100万元、上海商务印书馆民国十三年印制100万元、美国钞票公司第二次印制3000万元、英国华德路公司印制2000万元，如果以德国钞票公司印制1800万元计，印制总数为8810万元；如果以德国钞票公司印制4000万元计，印制总数则为11010万元，但在上海档案馆所存四明银行档案中没有查到能够直接反映德国钞票公司续印除1800万元纸币外的资料可以相互印证。无论是1800万元，还是11010万元，这两个总数都没有计入上海华商集成图书公司印制的数目。

我们将不同的统计绘制成《四明银行纸币印制总数统计表》后会发现，每一种统计都存在遗漏，即使如《四明银行种类数额表》那样呈报给国民政府财政部的报告也是有遗漏的现象。所以，要给出四明银行纸币一个确切的总印数似乎比较困难。

---

[1]　上海市档案馆Q279-1-272-1。

[2]　江苏省钱币学会主编：《中国近代纸币史》，中国金融出版社，2001年，第812页。

[3]　上海市档案馆Q279-1-47-54。

表3 四明银行纸币印制总数统计表 （单位：万元）

印制单位\统计单位	上海华商集成图书公司	上海商务印书馆	美国钞票公司	财政部印刷局	上海商务印书馆	德国钞票公司	美国钞票公司	英国华德路公司	合计
四明银行档案自述	197.946	700	1140	100		4000	3000		9137.946
《四明银行种类数额表》	207.946	741	1140	100		4000	3000	2000	11188.946
《中国近代纸币史》	120		520			1800	3000	2000	7440
本文		670	1140	100	100	1800	3000	2000	8810

三 四明银行纸币上的暗记

现存四明银行纸币存在有不同的暗记，这些暗记基本上可以分为四类：

第一类，在制作主景图或行名时加雕的暗记。如，美国钞票公司印制的五元、十元、五十元三种面额银元券券面主景图"行屋"的右下方加刻有©A. B. N. Co暗记；民国时期上海商务印书馆印制的一元券主景图"行屋"的右下方加刻有英文字母CP；德国钞票公司印制的银元券行名"四明银行"四字分别加刻有S、H、F、P英文字母，一说这四个英文字母连起来的意思是"孙衡甫总经理"。

第二类，在券背加盖类英文字母T和卍字符号，具体的位置在英文行名的两侧，或阿拉伯数字面额的附近。

第二类暗记主要作用是为了防伪、辨伪。

第三类，在券面或券背加印或加盖地名暗记，这些暗记一般由两个英文字母组成，或成合文状，或成并列状，如"S""H"合文、"H""K"合文分别指代上海、杭州，NP.则指代宁波。暗记也有使用花押的情况，如发指代温州。其中，"S""H"合文在民国时期印制的纸币上使用频繁。

第四类，在券面或券背上加印的钱庄领券暗记，这些暗记可分为以下几种形式：

汉字，如"晋""久""丰""巽""鄞、瑞"等；

汉字加英文，如"賨""WP"；

汉字加数字，如"京11"；

英文字母的合文，如"U""C"合文、"Y""Z""C"合文等。

从统计来看，这些领券暗记多发生于德国钞票公司印制的民国十四年版五元券、十元券和民国二十年美国钞票公司印制的民国九年版五元券上。其中，民国二十年美国钞票公司印制的民国九年版五元券上的暗记多见双面加印汉字形式。四明银行增设同业领券业务开始于1930年。

　　"鄞"字是四明银行宁波分行的暗记。我们将上海市档案馆四明银行档案中有关宁波分行钱庄领券的暗记情况[1]归纳成《宁波分行钱庄领券的暗记统计表》（表4）：

表4　宁波分行钱庄领券的暗记统计表

领券钱庄	领券暗记	备注
元生庄	恒	
生康庄	浦	
森泰庄	衍	
大康庄	诚	
顺益庄	益	
永康庄	彙	
永康庄	祥	
涵泰庄	涵	
寅康庄	萃	
同源庄	椿	
成泰庄	全	
顺记庄	源	
福泰庄	利	
五昌庄	承	
厚昌庄	仁	
慎记庄	鄞、树	曾用"鄞""慎"字
宝康庄	鄞、宝	
瑞丰庄	鄞、瑞	NE00001 ~ 20000
协元庄	鄞、协	
同源庄	鄞、源	
同春庄	鄞、春	TS40001 ~ 50000；TT40001 ~ 50000
福利庄	鄞、善	
资丰庄	鄞、资	
源泰庄	鄞、润	

　　除上表所列外，向宁波分行领券的钱庄还有：丰和庄、涌丰庄、仁和庄、福康庄、恒茂庄、余顺庄、顺泰庄、复泰庄、宝泰庄、信余庄等，虽然这些钱

---

[1]　上海市档案馆Q279-1-270-105、Q279-1-268、Q279-1-313-28。

庄的暗记目前还不十分的清楚，但依所领纸币的号码，有助于认知这些钱庄的
领券暗记（表5）。[1]

表5　宁波分行相关领券钱庄一览表

钱庄名	领券号码	备注
恒茂庄	TT00001 ~ 20000	
	CE20001 ~ 30000	
沈家门余顺庄	TQ20001 ~ 30000	
	TQ40001 ~ 50000	
	TG20001 ~ 30000	
	TG40001 ~ 50000	
宝泰庄	TS20001 ~ 30000	暗记用"协"字
顺泰庄	CE10001 ~ 20000	

特别要指出的是，在传世的美国钞票公司于民国二十年（1931年）印制
的四明银行五元券上可以见到双面加印"鄞、生""鄞、润"等暗记外，还能

图31

---

[1]　上海市档案馆Q279-1-313-28。

图32

见到其券背的左下右上对角加印有如"岱""哲""佶""箐"等字的暗记（图31~32），本来还以为这是这张纸币被二次领用的结果，现在看来，事实并不是如此。我们在四明银行中见到有关"岱字券""垣字券""佶字券"的记载，这些所谓的"岱字券""垣字券""佶字券"等都与钱庄领券有关，[1]但又与领券暗记不同，它们都与相应的冠号关联，应是四明银行宁波分行对用于领券的纸币所加印的内部代称暗记（表6），反映出四明银行的管理模式存在一定的传统性。

表6　四明银行宁波分行领券纸币加印内部代称暗记一览表

字券	所见冠号	所见暗记	备注
岱字券	TSH	鄞、瑞，鄞、春，鄞、协	
	TTH		同春庄、恒茂庄都有领用。
垣字券	TQH		余顺庄领用。
	CGH	鄞、瑞	实物所见
	NEH	鄞、瑞	实物所见
	NRH	鄞、涌	实物所见

---

[1]　上海市档案馆Q279-1-313-28。

字券	所见冠号	所见暗记	备注
佶字券	THE	鄞、泰	实物所见
哲字券	TMH	鄞、瑞	实物所见
箐字券	TRH		实物所见
	CEH	鄞、全	仅见券面

注　此表根据档案资料与实物资料综合制成。

此外，在美国钞票公司于民国二十年印制的四明银行冠号为NGH的五元券券背有加印"NP."暗记的情况，位置与加印"岱""哲""佶"等字暗记相同。"NP."指代宁波分行。

（原载《国家博物馆馆刊》2012年第1期）

现存中国实业银行纸币的综合分析

中国实业银行是近代八大商业银行之一，其所发行的纸币由于准备充足而信誉良好。一般以为，中国实业银行从民国十一年（1922年）开始，一直到民国二十四（1935年）年11月3日，一共发行有四版纸币，面额从一元至一百元不等（表1）。中国实业银行在自己的档案中也只记载发行过这四版纸币。[1]针对目前中国实业银行纸币的存世情况，我们不妨做一分析，以期获得一些有益的东西。

表1　中国实业银行纸币发表情况一览表

版式	年份	印制单位	面额
第一版	民国十一年	财政部印刷局	一元、五元、十元、五十元、一百元
第二版	民国十三年	美国钞票公司	一元、五元、十元、五十元、一百元
第三版	民国二十年	美国钞票公司	一元、五元、十元
第四版	民国二十四年	英国华德路公司	一元

民国八年（1919年）中国实业银行在天津成立，设总行于天津，同时设立天津分行；至民国十一年（1922年）前，先后又开设北京、上海、山东、汉口分行。[2]

现存民国十一年版（第一版）的中国实业银行纸币流通券都不见冠号（或称字轨），地名有天津、北京、上海、汉口，其中天津、上海、汉口地名券背面左上或右上加印有不同的一个汉字，纸币号码为阿拉伯数字，包括0在内，可分六位数、七位数两种，而以七位数为少见。天津地名券、北京地名券和上海地名券的面额有一元、五元、十元、五十元、一百元五种，在高面额的五十元券、一百元券中，唯天津地名券的五十元券发现有流通券（图1）。汉口地名券仅见五元券一种。

民国十三年（1924年）时，中国实业银行仍设有天津、北京、上海、山东和汉口分行，但在民国十七年（1928年）开始，山东分行改为山东办事处（济南办事处），并开始设立青岛支行。威海卫办事处则设立于民国二十年（1921年），民国二十三年（1934年）4月裁撤。[3]

---

[1]　上海档案馆 Q276-1-400。

[2]　上海档案馆 Q276-1-5。

[3]　上海档案馆 Q276-1-5。

图1

民国十三年版（第二版）的中国实业银行纸币面额有一元、五元、十元、五十元、一百元五种，地名有天津、北京、上海、山东、山东济南、青岛、威海卫、汉口，流通券分有冠号和无冠号两种，有冠号的流通券面额有一元、五元、十元三种，三种面额冠号的颜色不同，有P、PA、PB、PC、PD、PE、K、L几种，其中冠号L仅在上海地名五元券中发现有一例。纸币号码为阿拉伯数字，包括0在内，都为六位数。并在五元券、十元券和五十元券背面主景图的上方见有加印一英文字母的情况，这些英文字母分别是B、C、D、E、F、G。

天津地名券面额有一元、五元、十元、五十元、一百元五种，一元券、五元券都有有冠号和无冠号之分，一元券冠号有PA一种，背面主景图上方加印有英文字母G的情况；五元券冠号有PC、K两种，无冠号和有冠号的五元券背面的主景图上方分别发现加印有B、G、D、E四种英文字母的现象。十元券冠号有K一种，在背面的主景图上方发现加印有E英文字母（图2）；无冠号的背面主景图上方则发现加印有C英文字母。五十元券和一百元券所见都为票样。

北京地名券面额有一元、五元、十元、五十元、一百元五种，除票样外，流通券只见一元券和五元券（图3）两种，并都只见无冠号一种。

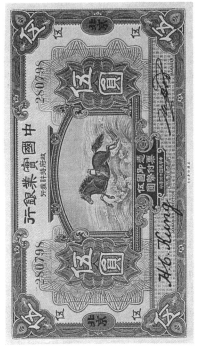

图3

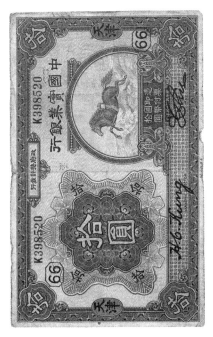

图2

上海地名券面额也有一元、五元、十元、五十元、一百元五种。一元券冠号有K、P、PA三种，除K冠号外，P、PA冠号纸币背面主景图上方发现加印有F英文字母的情况。五元券有冠号，也有无冠号者，冠号有P、PA、PB、PC、PD、PE、K、L，其中冠号为P、PC、PD、L的券背见有在主景图上方分别见有加印F、G、E英文字母的情况。十元券亦分无冠号和有冠号两种，无冠号券背主景图上方见有加印C英文字母；所见冠号有P、PA、PC三种，P、PA冠号的券背主景图上方分别见有加印F、G英文字母。五十元券、一百元券都发现有票样和流通券（图4、5），流通券都无冠号，并在券背主景图上方分别见有加印C、G和C英文字母的情况。

汉口地名券所见面额有五元、十元两种，五元券冠号见有PD、PE两种，十元券冠号见有PA、PD两种（图6），其券背主景图上方都存在加印G英文字母的情况。

山东地名券都为票样，面额有一元、五元、十元三种。山东济南地名券系在山东地名券上加印济南地名而成，面额有一元、五元、十元三种（图7），冠号分别见有PA和PB、PC、K，及P。

青岛地名券面额有一元、五元、十元三种。一元券冠号见有P、PB两种。五元券冠号有P、PA、PB、PC、PD，除冠号P券背主景图上方见有加印F英文字母外，PB、PC、PD冠号的券背主景图上方都见有加印G英文字母，PD券背主景图上方还见有加印C英文字母的现象。十元券冠号见有P，背面主景图上方见有加印G英文字母的（图8）。

威海卫地名券面额面额有一元、五元两种，一元券见有PB冠号，五元券则见有PB、PC、PD冠号（图9）。

民国十三年版的中国实业银行纸币目前所见一元券除天津、上海见有行庄领用暗记外，其余各地名券都未见有领用暗记。五元北京、威海卫地名券没有见到行庄领用暗记，五元、十元的天津、上海、汉口、山东济南、青岛地名券都见有行庄领用暗记。五十元上海地名券也见有行庄领用暗记。行庄领用暗记组合形式多样。

民国二十年（1921年）后，中国实业银行随着业务的展开，在全国各地设有许多分支机构，这些分支机构与以前相较，多有变化。与此同时，还新设立了分行、支行或办事处。除了早先已经开设的除外，民国二十三年（1924年），中国实业银行新设立了厦门分行和福州办事处。[1]

---

[1]　上海档案馆Q276-1-5。

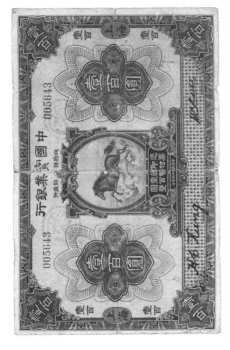

图5

图4

图 7

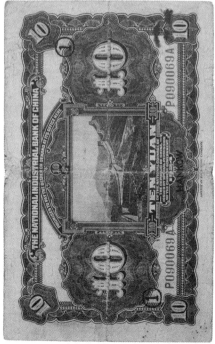

图 6

图9

图8

民国二十年版（第三版）的中国实业银行纸币面额有一元、五元、十元三种，地名有天津、上海、汉口、山东济南、青岛、福建福州、福建厦门，冠号有M、MA、MB、MC、MD、ME、MF、K，各种面额的冠号颜色不同。纸币号码包括0在内，都为六位阿拉伯数。除地名券外，还有无地名券。

天津地名券面额有一元、五元、十元三种，三种面额都见有票样，一元流通券冠号见有MA、MB、MC；五元流通券冠号则见有M、C（图10）。

上海地名券面额也有一元、五元、十元三种，一元流通券冠号见有M、MB、MC、MD、ME、MF，五元流通券分有冠号和无冠号两种，冠号见有M、MA、MB、MC、MD。十元流通券见有M（图11）、K。

汉口地名券仅见面额一元一种（图12），流通券冠号为M。

山东济南地名券系在山东地名券上加印济南地名而成，面额有一元、五元两种，一元流通券冠号见有MB，五元流通券冠号见有MC（图13）。

青岛地名券面额见有一元、十元两种，一元流通券冠号见有M、MC，十元流通券见有冠号M（图14）。

福建地名券见有面额仅一元，流通券冠号见有MA、MC、MD（图15）。

福建福州地名券系有福建地名券加印福州地名而成，面额唯见五元一种，冠号有MB、MD（图16）。

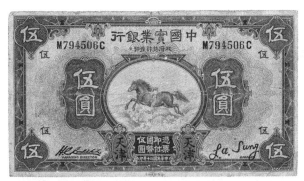

图10

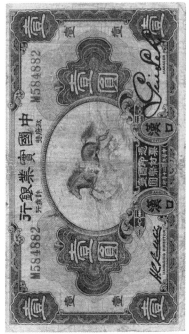
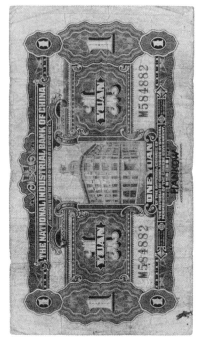

图12

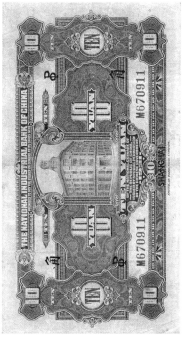

图11

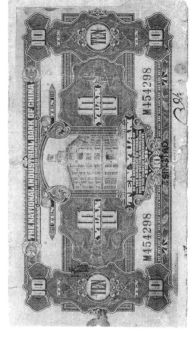

图14

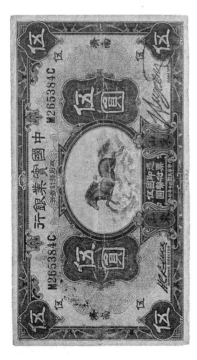
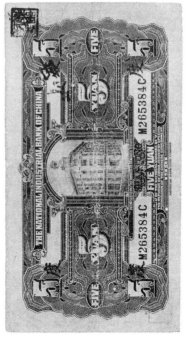

图13

图16

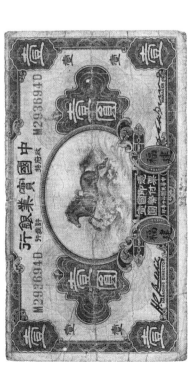

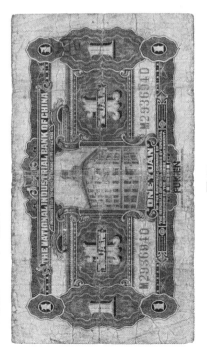

图15

　　福建厦门地名券系由福建地名券加印厦门地名而成，面额有五元、十元两种，五元券冠号见有MC、MD，十元券冠号见有M（图17）。

　　无地名券，面额有五元、十元两种，五元券的冠号为MD（图18）、ME，十元券的冠号为M、MA（图19）、MB，券面主景图上都加印有"此券由交通银行发行"字样，左下侧为交通银行唐寿民的英文签名，右下侧为交通银行王子崧的英文签名。

　　所见民国二十年版中国实业银行纸币除一元上海地名券有行庄领用暗记外，其余一元各地名券都不见有行庄领用暗记，五元天津、上海、山东济南、福建福州、福建厦门地名券都见有行庄领用暗记，十元天津、青岛地名券不见有行庄领用暗记，上海、福建厦门见有行庄领用暗记。除加印外，各种面额的地名券一般在券的正、背面相同的位置印有相同的行庄领用暗记，而山东济南地名五元券行庄领用暗记却见在纸币的背面。福建福州、福建厦门地名券行庄领用暗记仅见英文字母暗记，不见有其他组合。

　　我们将目前所见民国十三年版和民国二十年版中国实业银行纸币流通券情况归纳如下（表2）：

图17

图19

图18

表2　中国实业银行第二、第三版纸币流通券情况一览表

版式	冠号	面额	地名券	背面或加印英文字母
第二版	无冠号	一元	天津、北京、	
		五元	北京、天津、上海	天津B
		十元	天津、上海	天津、上海C
		五十元	上海	上海C、G
		一百元	上海	上海C
	P	一元	上海、青岛	上海F
		五元	上海、青岛	上海、青岛F
		十元	上海、青岛、山东济南	上海F，青岛G
	PA	一元	天津、上海、山东济南	天津G、上海F
		五元	上海、青岛	
		十元	汉口	上海、汉口G
	PB	一元	青岛、威海卫	
		五元	上海、青岛、威海卫、山东济南	青岛G
	PC	五元	天津、上海、青岛、威海卫、山东济南	天津、上海、青岛G
		十元	上海	
	PD	五元	上海、青岛、威海卫、汉口	上海D，青岛G、C，汉口G
		十元	汉口	汉口G
	PE	五元	上海、汉口	
	K	一元	上海	
		五元	天津、上海、山东济南	天津D、E
		十元	天津	天津E
	L	五元	上海	上海E
第三版	无冠号	五元	福建厦门	
	M	一元	上海、青岛、汉口	
		十元	上海、青岛、福建厦门、无地名	
	MA	一元	天津、上海、福建	
		五元	天津	
		十元	无地名	
	MB	一元	天津、上海、山东济南	
		五元	福建福州	
		十元	无地名	

续表

版式	冠号	面额	地名券	背面或加印英文字母
第三版	MC	一元	天津、上海、青岛、福建	
		五元	天津、山东济南、福建厦门	
	MD	一元	上海、福建	
		五元	福建福州、福建厦门、无地名	
	ME	一元	上海	
		五元	无地名	
	MF	一元	上海	
	K	十元	上海	

　　民国二十四年版（第四版）中国实业银行纸币面额只见一元一种面额，地名上海，冠号分别有 A（图20）、B、C、D、E，但其行名不仅被改为交通银行，券面右侧还加印有"交通银行，民国二十四年十一月发行"图，右下侧为交通银行胡笔江中文签名，左下侧为交通银行唐寿民中文签名。据文献记载："本年（1935年——笔者注）十一月四日，为国民政府明令公布实行法币之期，本行

图20

（交通银行——笔者注）钞券指定为法币，因即取消各地分库，集中发行，尽量推行。时社会上对于一元法币殊感缺乏，本行因原有券料不敷印发，当经呈准财政部，即将中国实业银行未用一元新券五百万元改以本行行名并加签字，作为法币流通。"[1] 所以，民国二十四年版中国实业银行一元纸币在交通银行发行的纸币序列中被称之为"中国实业银行一元券改印版"。[2]

此外，传世中国实业银行民国十一年版、民国十三年版还见有正、背单面票样和未完成的正、背面单面票样。

尽管以上收集的资料或许只是冰山一角，但就是通过上述中国实业银行存世纸币资料，我们发现：

（一）中国实业银行纸币有有冠号和无冠号区分，而冠号又有单字冠号和双字冠号之别，各种面额的冠号互为通用，只是颜色不同。单字冠号由单个英文字母组成，置于由0~9六位阿拉伯数字组成的号码开头，见于民国十三年版、民国二十年版和民国二十四年版的纸币中。双字冠号则出现于民国十三年版和民国二十年的纸币中，有两个英文字母组成，分别处于纸币号码的头和尾，纸币号码六位数组成。民国十一年版的纸币不见有冠号，号码有六位数和七位数之差。

（二）中国实业银行纸币上的行庄领用暗记只出现于民国十三年版和民国二十年版的纸币中。除一元券有少量行庄领用暗记外，行庄领用暗记主要集中于面额五元和十元的券额中，表明五元券和十元券为当时行庄主要的领用券。行庄领用暗记有各种表现形式，不仅有英文字母、英文字母合文、英文字母加汉字、英文字母加数字，而且有汉字加汉字、汉字加数字、汉字加符号、数字加符号等形式。

（三）中国实业银行纸币券背主景图上方加印B、C、D、E、F、G单个英文字母的情况只出现于民国十三年版中，一元券、五十元券和一百元券少见，大多呈现于有领券暗记的五元、十元地名券中，是否与中国实业银行纸币发行或行庄领用内部管理有关，尚待进一步研究。

（四）虽然民国二十年版五元、十元无地名券和民国二十四年版一元上海券由中国实业银行印制，但发行者却是交通银行，这些纸币中国实业银行本身并没有发行过。这是由于民国二十四年（1935年）11月3日随着法币政策的实施，中国实业银行库存、流通券、销毁的纸币移交交通银行后，为应付法币的增量发行，交通银行提取中国实业银行未发行的纸币发行的。目前所见由交通银行发行的民国二十年版中国实业银行五元、十元券都为无地名券，其中，五元券

［1］　交通银行总行、中国第二历史档案馆合编：《交通银行史料》第一卷，下册，金融出版社，1995年，第844页。

［2］　交通银行总行、中国第二历史档案馆合编：《交通银行史料》第一卷，下册，金融出版社，1995年，第834页。

的冠号为MD、ME，十元券的冠号有M、MA、MB。

我们将以上所述流传于世的中国实业银行纸币情况与中国实业银行档案中记录的情况（表3）对照后，不难发现它们之间存在着一定的差异，比如传世的纸币中民国十一年版还不见各种面额的山东地名券和无地名一百元券、汉口地名一元、十元券、天津地名五十元券等流通券。民国十三年版天津地名券虽然有五十元、一百元的票样，但不见流通券；北京地名券不见十元、五十元、一百元流通券。档案记录中无地名券有十元、五十元、一百元两种面额，而实物却未发现。民国二十年版所见天津、青岛、福建福州、福建厦门地名券面额不全，但补充了档案记录对福建地名券的缺失。档案史料中记录民国二十四年一元券为无地名券，而所发现的实物却都是有上海地名的，并且不像以前是后加印的，而是与纸币同时印制完成的。有人认为民国二十四年版还有五元和十元纸币，[1] 从档案史料来看，这种说法显然有失依据。

总之，实物结合史料记载，不但能够使我们对中国实业银行发行的纸币有一个具体而实在的立体认识，而且对我们研究中国实业银行纸币发行和流通具有重要的意义。

表3 中国实业银行各版地名定制券及流通券面额表*

版式	地名	定制券面额	流通券面额
第一版	天津	一元、五元、十元、五十元、一百元	一元、五元、十元、五十元
	北京	一元、五元、十元、五十元、一百元	一元、五元、十元
	汉口	一元、五元、十元、五十元、一百元	一元、五元、十元
	上海	一元、五元、十元、五十元、一百元	一元、五元、十元
	山东	一元、五元、十元、五十元、一百元	一元、五元、十元
	无地名	一百元	
第二版	天津	一元、五元、十元、五十元、一百元	一元、五元、十元、五十元、一百元
	北京	一元、五元、十元、五十元、一百元	一元、五元、十元、五十元、一百元
	汉口	一元、五元、十元	一元、五元、十元
	上海	一元、五元、十元、五十元、一百元	一元、五元、十元、五十元、一百元
	山东	一元、五元、十元	一元、五元、十元
	青岛	一元、五元、十元	一元、五元、十元
	威海卫	一元、五元	一元、五元
	无地名	十元、五十元、一百元	

---

[1] 郭颖：《民国时期中国实业银行国币券改作交通银行法币券》，《江苏钱币》2006年第4期。

续表

版式	地名	定制券面额	流通券面额
第三版	天津	一元、五元、十元	一元、五元、十元
	汉口	一元	一元
	上海	一元、五元、十元	一元、五元、十元
	山东	一元、五元	一元、五元
	青岛	一元、五元、十元	一元、五元、十元
	福建福州	五元、十元	五元、十元
	福建厦门	一元、五元、十元	一元、五元、十元
	无地名	五元、十元	
第四版	无地名	一元	

*本表依据上海档案馆 Q276-1-401 整理。

其实，除了上面所提及的中国实业银行四版纸币外，中国实业银行在民国九年还曾发行过实业流通券，目前可见面额有五元、十元两种（详见《论中国实业银行实业流通券》）。

根据北洋政府核准的《中国实业银行章程》第六章第三十三条云："本银行得发行实业债票，以资本实收之数八倍为限，但不得超过放出款项之总数。每次发行前，另订详细专章，呈请财政部核准，方可招募。"第三十四条曰："本银行实业债票，盖用本行图记，并由总董、协董、总理、协理、监事署名盖章。"[1] 中国实业银行可以发行不能流通的实业债券，但在民国九年（1920年），中国实业银行却以实业债券的名义，实际发行了可以流通的实业流通券，使得实业流通券事实上成为一种纸币。中国实业银行明知不对，恐怕遭到追究，所以，在历次统计发行纸币版式时都没有将事实上是纸币的实业流通券包括进去。因此，如果将实业流通券算进去，中国实业银行实际发行有五版纸币，从民国九年计算，发行纸币的时间长达16年。

（原载《钱币博览》2011年第3期）

---

[1]　中国第二历史档案馆、中国人民银行江苏省分行、江苏省金融志编委会合编：《中华民国金融法规选编》，档案出版社，1990年，第254页。

中国实业银行纸币的印制

中国实业银行是中国近代八大商业银行之一。从民国十一年（1922年）开始，中国实业银行一共印制了四版纸币，并分别由财政部印刷局、美国钞票公司和英国华德路公司完成（表1）。

表1 中国实业银行四版纸币印制表

版式	年份	印制单位	面额
第一版	民国十一年	财政部印刷局	一元、五元、十元、五十元、一百元
第二版	民国十三年	美国钞票公司	一元、五元、十元、五十元、一百元
第三版	民国二十年	美国钞票公司	一元、五元、十元
第四版	民国二十四年	英国华德路公司	一元

第一版中国实业银行纸币由财政部印刷局印制（图1）。根据1922年5月26日《中国实业银行关于确定兑换券发行额并附送发行规则函》"查限制办法第二条有发行数目应呈请币制局核定，又第三条有关于发行纸币准备各项应另订详章，报由币制局核准办理等语。现在本行拟将发行总额暂定为二百万元，其纸币分一元、五元、十元、五十元、一百元五种，敬乞贵局核定……"，[1]可知中国实业银行最初印制的民国十一年版总数为200万元，这一数字也可从民国十五年（1926年）北洋政府财政部泉币司检查报告中得以印证："中国实业银行民国十三年呈准财政部从美订印新纸币五百万元，其中三百万元系由前币制局核准增发数，二百万元系换回旧纸币二百万元之用。"[2]从民国十三年（1924年）开始，中国实业银行纸币由美国钞票公司印制，这里所谓的"二百万元系换回旧纸币二百万元之用"，应指由财政部印制的第一版纸币总数。

中国实业银行第二、第三版纸币由美国钞票公司印制（图2、3）。有关第二版纸币的印制，目前我们从上海档案馆中能见到的直接资料是三份财政部核发的定制纸币进口护照的批准公函，一份是民国十八年（1929年）10月7日财政

---

［1］ 中国第二历史档案馆、中国人民银行江苏省分行、江苏省金融志编委会合编：《中华民国金融法规选编》，档案出版社，1990年，第129页。

［2］ 江苏省钱币学会主编：《中国近代纸币史》，中国金融出版社，2001年，第815页。

图2

图1

图3

部第8917号批函："呈暨清折票样均悉。该行拟向美钞公司订印十元、五元、一元三种兑换券一百二十五万张、共计票额五百万元，用以收换旧券，核与部颁兑换券印及运送规则第二条所规定，尚无不合，应准填发进字第五十四号，特准送定制纸币进口护照一纸……"[1]一份是民国十九年（1930年）1月25日财政部第9712号批函："呈暨附件均悉。据请印制新券二千万元核与定章，尚无不合，应准照印，并填发入字第六号至第八号进口护照三张……"[2]还有一份是同年2月4日北洋政府财政部批复中国实业银行呈请颁发进口护照："迳启者，奉财政部令，中国实业银行呈请核准印制新券二千万元，颁给十元券六十万张、进口护照一纸，五元券二百四十万张、进口护照一纸，一元券二百万张、进口护照一纸，并饬关验放等情。查该行呈请印制新券，并颁给进口护照，核与定章，尚无不合，业经准予照印，并填发入境字第六号至第八号进口护照三张，随批颁给该行备用……"[3]但这三份财政部批函只是反映了第二版纸币其中的两次印制数额，而不是第二版纸币印制数额的全部。重要的是，第三份财政部批

[1] 上海市档案馆Q276-1-396。

[2] 上海市档案馆Q276-1-396。

[3] 上海市档案馆Q276-1-396。

函使我们明确地获得了民国十九年（1930年）由美国钞票公司印制的2000万元中国实业银行纸币券额分配的具体信息。

《中国近代纸币史》一书引用有1926年北洋政府财政部泉币司检查报告："中国实业银行民国十三年呈准财政部从美订印新纸币五百万元，其中三百万元系由前币制局核准增发数，二百万元系换回旧纸币二百万元之用。民国十四年又呈准财政部续印五百万元纸币，合计一千万元。"并记录有第二版纸币印制的具体数额，认为美国钞票公司为中国实业银行第二版纸币一共印制了六次（如表2）。[1] 但美国钞票公司档案资料表明，第二版中国实业银行纸币美国钞票公司一共印了8次，具体如表3。[2] 比较表2和表3可知，表2反映出中国实业银行第二版总共印制了4700万元，表3则显示出第二版的中国实业银行纸币总共印制了1068.5万张5000万元，表2比表3少了300万元。

表2　《中国近代纸币史》载中国实业银行第二版纸币印制情况表

呈准时间	印券数额（万元）	备注
1924年	500	
1925年	500	
1928年10月	500	
1929年3月	700	
1929年10月	500	
1930年1月	2000	标第三版，但自注疑为第二版重印

表3　美国钞票公司档案记录第二版中国实业银行印制表

券别　印制年份	一元券（张）	五元券（张）	十元券（张）	五十元券（张）	一百元券（张）	合计
1924年6月	250 000	430 000	230 000	4 000	1 000	915 000张 5 000 000元
1925年10月	250 000	490 000	230 000			970 000张 5 000 000元
1928年3月		300 000	150 000			450 000张 3 000 000元
1928年7月			150 000	20 000	10 000	180 000张 3 500 000元

[1]　江苏省钱币学会主编：《中国近代纸币史》，中国金融出版社，2001年，第815页。

[2]　黄沂海、王允庭编著：《纸钞精萃》下部，中国通出版社，2004年，第107页。

续表

券别 印制年份	一元券 （张）	五元券 （张）	十元券 （张）	五十元券 （张）	一百元券 （张）	合计
1928 年 8 月	500 000	200 000				700 000 张 1 500 000 元
1929 年 3 月	200 000	680 000	340 000			1 220 000 张 7 000 000 元
1929 年 10 月	500 000	600 000	150 000			1 250 000 张 5 000 000 元
1930 年 2 月	2 000 000	2 400 000	600 000			5 000 000 张 20 000 000 元
合计	3 700 000	5 100 000	1 850 000	24 000	11 000	10 685 000 张 50 000 000 元

　　民国二十年（1931 年）中国实业银行以市面发现伪票为由，向财政部提出拟将十元、五元、一元券先行换版，并由美国钞票公司印制 5000 万元的请求，9 月 16 日财政部钱字第 13691 号批复曰：“呈暨附件均悉。据请换版印制兑换券，既系调换旧钞，应准印制三千万元，其数额如何分配，仰即拟定呈报，至请颁进口护照，应俟新券运回进口时再行呈请核发，并仰遵照。”[1] 在得到财政部核准后，中国实业银行开始向美国钞票公司订印 3000 万元的新版纸币，即第三版纸币。

　　民国二十三年（1934 年）1 月 15 日，针对中国实业银行再次提出新印纸币的要求，财政部钱字第 469 号批复中国实业银行云：“呈折均悉。据请增印新版钞票五千元，以便换回旧钞，为数过多，应予核减，以三千万元为限，其钞票面额如何分配，仰即拟定呈报备查。至请颁给进口护照，应俟新券印就装运日期确定时，再行呈候核办。”[2] 民国二十三年 3 月 20 日财政部钱字第 906 号为中国实业银行呈报拟定新制新券分配额数乞予备案、并请援照成案先行颁给进口护照一事批复云：“呈折均悉。所拟就核准印制新券额内，先印二千五百万元，并陈明新券类别数目，应准备案。”[3] 民国二十三年有关中国实业银行订印纸币的财政部批复说明，当时虽然中国实业银行被允许向美国钞票公司订印第三版纸币 3000 万元，而实际只印了 2500 万元。

［1］　上海市档案馆 Q276-1-396。

［2］　上海市档案馆 Q276-1-396。

［3］　上海市档案馆 Q276-1-396。

如果将上述两份档案资料所显示的第三版中国实业银行纸币印制数额相加，也不过5500万元，与美国钞票公司档案显示的印制总额达7500万元不同（表4），[1]从而说明上述两份档案资料并不是第三版纸币印制情况的完整反映。《中国近代纸币史》一书以为中国实业银行第三版纸币1931年1月印制了2000万元、1931年9月印制了3000万元、1934年1月印制了3000万元，一共印制了8000万元，[2]这些数据应该是以档案记载为依据的，但显然比美国钞票公司档案记载的数额多出了500万元。

表4　美国钞票公司第三版中国实业银行纸币印制数额表

印制年份　　券别	一元券（张）	五元券（张）	十元券（张）	合计
1931年2月	1 000 000	2 800 000	500 000	4 300 000张，20 000 000元
1931年5月、1932年12月	2 000 000	3 000 000	1 300 000	6 300 000张，30 000 000元
1934年2月	5 000 000	2 500 000	750 000	8 250 000张，25 000 000元
合计	8 000 000	8 300 000	2 550 000	18 850 000张，75 000 000元

虽然民国二十三年1月财政部批复核准中国实业银行印制纸币3000万元，但当时中国实业银行实际只印制了2500万元，剩下的500万元定额不仅由英国华德路公司印制完成，而且改版为第四版（图4）。民国二十三年10月17日财政部钱字2986号批复曰："呈件均悉。查该行前请印制新钞，经本部核准印制三千万元，并据呈明先向美国钞票公司订印二千五百万元，余额五百万元候续印时，再行陈报在案。兹据呈称，向英国华德路公司订印一元券五百万元，并检送样张前，查与核准印制数目尚属相符，应准在案。"[3]从此批函可知，第四版中国实业银行纸币只印了一元券一种，有人却认为当时还印有五元、十元两种面额。[4]其实，这是对交通银行加字发行的中国实业银行第三版五元、十元券的一种误解。英国华德路公司印制的500万元中国实业银行一元券每次一百万元、分五次运送到上海，进口护照都为洋字，所见最早的财政部批件时间是民国二十四年（1935年）4月25日。[5]《中国近代纸币史》一书以为1935年1月呈准的第四版中国实业银行纸币印制了11 300万元，[6]其依据资料或有误。

［1］　黄沂海、王允庭编著：《纸钞精萃》下部，中国通出版社，2004年，第107页。
［2］　江苏省钱币学会主编：《中国近代纸币史》，中国金融出版社，2001年，第815页。
［3］　上海市档案馆Q276-1-396。
［4］　郭颖：《民国时期中国实业银行国币券改作交通银行法币券》，《江苏钱币》2006年第4期。
［5］　上海市档案馆Q276-1-396。
［6］　江苏省钱币学会主编：《中国近代纸币史》，中国金融出版社．2001年，第815页。

图4

　　第四版纸币被运回上海后，由于正逢国民政府实施法币政策，中国实业银行并没有发行流通，而是移交于交通银行。而交通银行为应付法币的增量发行，将中国实业银行移交的中国实业银行第四版纸币改印后发行，交通银行《行史清稿》中将此改印发行的纸币称之为"中国实业银行一元券改印版"，"二十四年十一月，政府实施法币，停止使用现银，本行一元券不敷分配，添印又嫌迟缓，经呈准财政部将中国实业银行尚未发出行用之新版一元券五百万元拨归本行改印本行行名发行之。"[1] 又载云："本年（民国二十四年，1935年——笔者注）十一月四日，为国民政府明令公布实行法币之期，本行钞券经指定为法币，因即取消各地分库，集中发行，尽量推行。时社会上对于一元法币殊感缺乏，本行因原有券料不敷印发，当经呈准财政部，即将中国实业银行未用一元新券五百万元改印本行行名并加签字，作为法币券流通。"[2] 从交通银行改印中国实业银行第四版一元券的情况，也可印证中国实业银行第四版纸币的实际印量。

［1］　交通银行总行、中国第二历史档案馆合编：《交通银行史料》第一卷，下册，金融出版社，1995年，第834页。

［2］　交通银行总行、中国第二历史档案馆合编：《交通银行史料》第一卷，下册，金融出版社，1995年，第844页。

事实上，中国实业银行纸币中不只是第四版被交通银行改印发行，第三版中国实业银行五元、十元无地名券也有被交通银行改印发行的现象（图5、6），五元券的冠号为MD、ME，十元券的冠号有M、MA、MB，左下侧加印交通银行唐寿民的英文签名，右下侧加印交通银行王子崧的英文签名。[1]

中国实业银行四版纸币一共印制了13200万元（表5），但《中国近代纸币史》一书却统计为24200万元，[2]比前者多出了11000万元，将近一倍，乃大相径庭。对此，《中国近代纸币史》一书认为"可能1935年印钞数有误，抑或1935年12月时，实际仅印竣1000万元而中止合同，未据声叙"。[3]其实，无论是第二版还是第三版、以及第四版的中国实业银行印制数额，《中国近代纸币史》的记录都存在着错误，可能是对档案文献资料未加仔细考证所导致。

图5

---

[1]　周祥：《现存中国实业银行纸币的综合分析》，《钱币博览》2011年第3期。

[2]　江苏省钱币学会主编：《中国近代纸币史》，中国金融出版社，2001年，第816页。

[3]　江苏省钱币学会主编：《中国近代纸币史》，中国金融出版社，2001年，第816页。

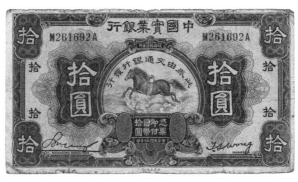

图6

表5　中国实业银行四版纸币印制数额表

版式	印制单位	数额（万元）
第一版（民国十一年版）	财政部印刷局	200
第二版（民国十三年版）	美国钞票公司	5 000
第三版（民国二十年版）	美国钞票公司	7 500
第四版（民国二十四年版）	英国华德路公司	500
	合计：	13 200

　　通过对中国实业银行档案的整理，中国实业银行各版纸币券额具体的印制情况如下所列《中国实业银行地名券印制细表》（表6）：

表6　中国实业银行地名券印制细表　　　　　　（单位：元）

科目	地名券	版式	一元券	五元券	十元券	五十元券	一百元券	合计
定制券	天津	第一版	150 000	150 000	150 000	60 00	40 000	550 000
		第二版	480 000	2 585 000	2 205 000	110 000	110 000	5 490 000
		第三版	400 000	700 000	200 000			1 300 000

科目	地名券	版式	一元券	五元券	十元券	五十元券	一百元券	合计
定制券	青岛	第二版	740 000	1 730 000	1 240 000			3 710 000
		第三版	700 000	150 000	400 000			1 250 000
	北京	第一版	40 000	150 000	130 000	50 000	30 000	400 000
		第二版	40 000	430 000	410 000	10 000	10 000	900 000
	汉口	第一版	20 000	70 000	80 000	20 000	10 000	200 000
		第二版	540 000	2 380 000	230 000			3 150 000
		第三版	100 000					100 000
	上海	第一版	50 000	160 000	200 00	50 000	40 000	500 000
		第二版	2 440 000	31 350 000	18 400 000	730 000	630 000	53 550 000
		第三版	5 300 000	22 950 000	7 700 000			35 950 000
	威海卫	第二版	110 000	200 000				310 000
	山东	第一版	40 000	70 000	140 000	20 000	10 000	280 000
		第二版	350 000	825 000	915 000			2 090 000
		第三版	200 000	500 000				7000 000
	福建	第三版	300 000	1 570 000	1 030 000			2 900 000
	福建福州	第三版		530 000	70 000			600 000
	无地名	第一版					70 000	70 000
	无地名	第二版			100 000	350 000	350 000	800 000
		第三版		1 100 000	11 100 000			12 200 00
		第四版	5 000 000					5 000 000
合计								132 000 000

　　1922年5月26日中国实业银行呈送北洋政府财政部币制局、6月16日得到批准备案的《中国实业银行发行兑换券规则》第三条曰"此项兑换券由总行定制,加印总理签字后,分发各分行备用",第四条曰"各分行领用兑换券,应先加印该分行地名及经理签字,再为发行,以清界限"。[1]

　　有关兑换券上加印的总理签字和分行经理签字事宜,我们在档案资料中找到两则通函,一则是中国实业银行总行于民国十一年(1922年)7月

[1]　中国第二历史的昂按馆、中国人民银行江苏省分行、江苏省金融志编委会合编:《中华民国金融法规选编》,档案出版社,1990年,第130页。

8日以书字第六十号向各分行发出通函；"迳启者，查本行发行纸币一事，业经财政部暨币制局先后核准有案，现在此项纸币已托财政部印刷局从事即制，惟背面所需各分行经理英文签字之铜版，均需一月始能造成。除鲁行经理签字前印实业流通券时经制就铜版及京行经理签字应就近书交印刷局外，其余各分行经理务希从速签字送来，以便转寄该局照制铜版，是所切盼。"[1]

另一则是民国十一年11月1日以书第六十二号、稽字四十四号发出通函；"迳启者，顷接京行书字第八十八号、稽字第九十五号函称，接奉总行书字第五十号、稽字七十号来函，并附加印兑换券上地名数目清单一件，又券样四纸，均敬聆悉。遵即转交印刷局赶印办理去后，兹由该局送来各行经理签字电镀版五方，除京行签字遵瞩即在本地留印外，其余四方特专差奉上，敬启钱察，分致各行示复为祷。至于总理签字电镀版系该局留印不送还本行等情，业经收悉，除京行经理签字电镀版由京行在本地留印外，兹将津、沪、鲁、汉四行经理签字电镀版分别函送各该行。至祈察收留备当地加印可也。此致行。"[2]

从这两则通函，我们了解到第一版中国实业银行纸币上英文签字的情况：一、纸币上的总理及各分行经理英文签字版都是由财政部印刷局制作完成的；二、除总理英文签字版留存于财政部印刷局外，各分行的经理签字版经财政部印刷局制作后，由各分行自行保管，以便在领用纸币后加印地名和英文签字时使用；三、除山东分行外，总理和其他分行经理的英文签字版都是新制作的，山东分行经理的英文签字版在印制民国九年版中国实业银行实业流通券时已经制作，只是由铜版改为电镀版而已。

由美国钞票公司存档的中国实业银行纸币可以看出，第二版和第三版上的总理和分行、支行、办事处经理或主任英文签字是在运回国内后加印上去的，民国二十一年（1932年）《中国实业银行发行规则》第五条"兑换券由总管理处制定，加印总理签字后分发各分行备用"、第六条"各分行领用兑换券应先加印地名，由分行经理签字后再为发行"及第七条"支行及办事处领用管辖行之兑换券，但向管辖行具领时并应报告总管理处，查核其具有地方特殊情形之支行、办事处经总管理处核准后，亦得发行所在地名之兑换券，并适用第六条之规定，由经理或主任签字后发行"，[3]可资印证。

现存第四版的中国实业银行纸币同样也说明了该纸币虽然由英国华德路公

［1］　上海市档案馆 Q276-1-158。
［2］　上海市档案馆 Q276-1-158。
［3］　上海市档案馆 Q276-1-395-20。

司印制完成，但上面的英文签字是在交通银行发行前加印上去的。也就是说，由英国运回的纸币也是不能直接用于发行的未完成票。

随着1935年11月3日开始实施法币政策，财政部要求各拥有货币发行权的银行销毁保存的印版。对此，中国实业银行回复财政部云："查本行前发兑换券计分四版，第一版系由钧部北平印刷局承印，第二、三版系由美国钞票公司承印，第四版系由华德路钞票公司承印，原底版均存各该印刷机关负责保管。"[1]

除了保存于美国钞票公司、华德路公司的第二、第三和第四版中国实业银行纸币印版通过外交渠道，由驻美、驻英外交机构分别监督销毁外（事实上，保存于美国钞票公司的第二版印版的销毁并不彻底，目前可以见到有第二版中国实业银行的券背长城主景图雕版、券面主景图两边的五元、一百元面额版以及四角的一元、十元、五十元、一百元面额版。英国销毁是否同样不彻底，尚不得而知），由财政部印刷局保存的第一版印版则在财政部派员监督的情况下，中国实业银行会同财政部印刷局销毁。民国二十六年（1937年）7月16日中国实业银行致函财政部印刷局："迳启者，敝行于民国十一年六月三十日与贵局订立合同，印制银元券，计分一元、五元、十元、五十元、一百元五种，该合同第三条末段载称'所制钢版俟印刷完竣，应由双方会同加封，归印刷局负完全保管之责'。兹奉财政部令，着将所有钞票底版一律销毁，并应由行呈请派员监视，以昭慎重等因，自应照办。除呈复并函知敝行北平支行外，相应函达贵局查照，请于部方派定监视员后，会同敝北平支行经理孙瑞方君将前项银元票底版全部销毁，并见复为荷。此致　财政部印刷局"。[2]由此可知，保存于财政部印刷局的中国实业银行第一版纸币印版销毁的时间。

（原载《中国钱币》2012年第3期）

---

[1]　上海市档案馆Q276-1-400。

[2]　上海市档案馆Q276-1-400。

论中国实业银行实业流通券

在学界，对中国实业银行"实业债票"的研究并不多见，有的还有谬误。通过对档案资料的梳理，本文想进一步论述之，以求抛砖引玉。

中国实业银行成立于民国八年（1919年），民国十一年（1922年）4月经北洋政府批准，获得纸币发行权，并于同年开始发行由财政部印制局印制的第一版兑换券。一般都以为，在发行兑换券之前，中国实业银行曾发行过一种可在市面上流通、性质与纸币无异的"实业债票"。发行"实业债票"的依据是民国八年10月15日经财政部核发的《中国实业银行章程》第六章第三十三条云："本银行得发行实业债票，以资本实收之数八倍为限，但不得超过放出款项之总数。每次发行前，另订详细专章，呈请财政部核准，方可招募。"第三十四条曰："本银行实业债票，盖用本行图记，并由总董、协董、总理、协理、监事署名盖章。"[1] 民国九年9月修订的《中国实业银行章程》中也有相同内容。[2] 其实，通过查阅上海市档案馆档案资料，我们发现中国实业银行发行的所谓"实业债券"其实应该称之为"实业流通券"。[3]

上海市档案馆馆藏档案中收录有两张面额五元的和两张面额十元的中国实业银行实业流通券正、背单面票样。面额五元的两张票样的尺寸为82毫米 × 145毫米，正面票样主色呈棕紫、黑两色，上方票冠"中国实业银行实业流通券"之名，并印有"凭票即付通用银元"，中间几何纹上印有面额，两侧为"双凤"主景图，面额之下印有"本银行章程第三十三条规定，本银行得发行实业债票。兹先发行此项实业流通券，随时兑还，并无限期"的发行缘由，左右两侧分别加盖"总理之印"和"中国实业银行"章。票框四周标明面额，底部中央则标明印制时间"中华民国九年印"（图1）；背面票样主色呈橙、蓝两色，除印有英文行名和面额外，中间主景图为"牛耕"。票框四周标明面额，底部中央英文纪地山东"SHANTUNG"（图2）。面额十元的两张票样的尺寸为88毫米

［1］ 中国第二历史档案馆、中国人民银行江苏省分行、江苏省金融志编委会合编：《中华民国金融法规选编》，档案出版社，1990年，第253页。

［2］ 中国人民银行北京市分行金融研究所、《北京金融志》编委会办公室编：《北京金融史料（三）》，第258页。

［3］ 上海市档案馆Q276-1-668。

×155毫米，正面票样主色呈蓝、黑两色（图3），背面票样主色呈蓝紫、绿两色（图4），其余除面额标识不同外，格式与五元正面票样基本相同。五元和十元的正、背单面票样上都既没有纸币冠号和流水号，也没有发行行经理的签名。

中国实业银行兑换券发行采用分区发行的办法。《中国实业银行发行兑换券规则》第三条规定"此项兑换券由总行定制，加印总理签字后分发各分行备用"，第四条规定"各分行领用兑换券应先加印该分行地名及经理签字再为发行，以清界限"。[1]实业流通券的发行是否如兑换券一样也实行分区发行的制度，档案资料中无处可查，现存"山东"地名的的实业流通券样票也无法证实这一点。兑换券上的中英文地名是后来加印的（图5），而从"山东"地名的实业流通券样票来看，至少英文"山东"地名不是。依目前能够查到的档案资料，中国实业银行似乎只发行过"山东"地名的一种实业流通券。上海市档案馆藏民

图1

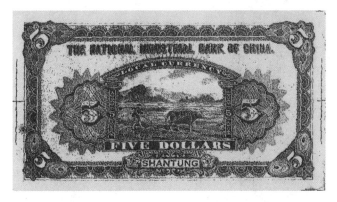

图2

---

[1]　中国第二历史档案馆、中国人民银行江苏省分行、江苏省金融志编委会合编：《中华民国金融法规选编》，档案出版社，1990年，第130页。

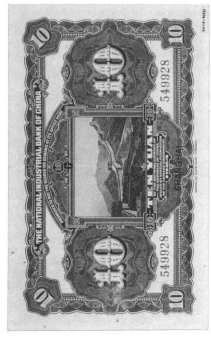

图5

图3

图4

国十一年7月8日的《书字第六十号通函》："迳启者，查本行发行纸币一事，业经财政部暨币制局先后核准有案，现在此项纸币已托财政部印刷局从事即制，惟背面所需各分行经理英文签字之铜版，切需一月始能造成。除鲁行经理签字前印实业流通券时经制就铜版及京行经理签字应就近书交印刷局外，其余各分行经理务需从速送来，一边转寄该局照制铜版。是所切盼。"[1]这一通函传达出两个信息：一是中国实业银行实业流通券的印制是由财政部印刷局完成的；二是当时确实只印制了山东地名一种实业流通券。否则，在印制兑换券这件事情上也用不着为英文签名一事特地向各分行发通函了。

中国实业银行"实业流通券"开始发行于民国九年。上海市档案馆藏民国十年1月的《中国实业银行第二届营业报告》中记述道："……并于去年十月发行实业流通券，现在为数已达四万余元。"[2]由此可知"实业流通券"发行的确切时间，所以，文献所记载的实业流通券民国九年的发行数是中国实业银行在民国九年10~12月之间发行的数目，当时一共发行了43 395元。

中国实业银行实业流通券从民国九年开始发行，一直到民国十五年结束，一共发行了六年零三个月的时间。现将在这期间发行数列表（表1）和列图（图6）如下，可以看出，实业流通券的发行呈现出一种逐步上升到断崖式下降的情势。

表1　中国实业银行实业流通券各年发行额及准备金数

年月	实业流通券发行额（元）	实业流通券准备金（元）
民国九年	43395	43395
民国十年	110171	110171
民国十一年	155914	155914
民国十二年	13718	13718
民国十三年	6007	6007
民国十四年	1147	1147
民国十五年	536	536

* 此表据《银行年鉴》，银行周报社，1922年；《十一年份中国实业银行资产负债表》，《银行杂志》第1卷第1号；江苏省钱币学会主编《中国近代纸币史》，中国金融出版社，2001年，第817页；上海市档案馆Q-276-1-81中国实业银行资产负债表。

---

[1]　上海市档案馆Q276-1-158。
[2]　上海市档案馆Q276-1-81。

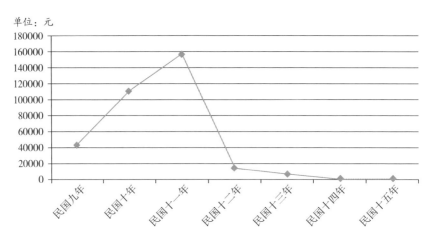

图6　中国实业银行流通券发行额统计图

出现这种情势的原因，与中国实业银行于民国十一年以后发行兑换券有关。我们将民国十一年至十五年中国实业银行兑换券发行的情况同样列表（表2）和列图（图7）如下：

表2　中国实业银行纸币民国十一年至民国十五年发行额统计表

年月	纸币发行额（元）
民国十一年	151000
民国十二年	588147
民国十三年	535361
民国十四年	3499120
民国十五年	7334013

* 江苏省钱币学会主编《中国近代纸币史》，中国金融出版社，2001年，第817页；上海市档案馆Q-276-1-81中国实业银行资产负债表。

由上面的表2和图7，我们可以看出，假如说在民国十一年和民国十二年中国实业银行的兑换券与实业流通券发行数不相上下的话，在民国十三年以后呈直线上升的趋势，而实业流通券发行数进一步萎缩，这在图8中可以反映出来。

虽然如此，由于实业流通券的准备金为100%，所以，可见其在发行期间的信誉应该是很好的。由于回收比较彻底，中国实业银行实业流通券目前仅在档案中可见。

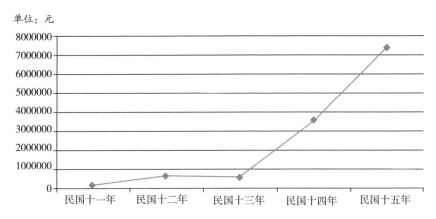

图7　中国实业银行纸币发行额统计图

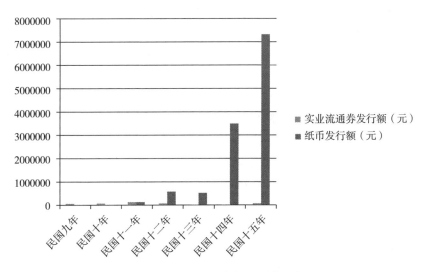

图8　中国实业银行流通券与纸币发行额对比图

（原载《钱币博览》2017年第3期）

谈谈上海青龙镇隆平寺塔地宫出土的钱币

　　上海博物馆考古部从2010年起对唐宋时期的青龙镇遗址进行了有计划的考古发掘，有关的报道、发掘简报和论文已见诸报刊。2016年上海博物馆举办"千年古港——上海青龙镇遗址考古精粹"展览，并出版了图录，使大家目睹了青龙镇出土文物的风采，了解上海唐宋时期的发展状况。本文拟根据青龙镇隆平寺塔地宫出土的钱币，谈点自己的认识。

　　青龙镇位于今天上海青浦区白鹤镇，地处南北海路要冲，又通过吴淞江、长江与内地相联，唐宋时期开始成为海上贸易的兴盛之地。考古发现有大量唐宋时期湖南、福建、浙江、江西等地窑口烧造瓷器碎片，主要是福建和浙江窑口烧造的，分别占63%和21%。可复原的瓷器6000余件、碎瓷片有数十万片，器物组合与日本福冈博多遗址多有相似。[1]即使有其他器物发现，也是唐宋时期的遗物，始终没有发现外来的陶瓷器碎片等遗存，[2]表明当时的青龙镇因地理位置之便在唐宋时期已经是东部地区对外贸易的汇集之地，为海上丝绸之路东线的一个重要组成部分。青龙镇建造的隆平寺塔和青龙寺塔两座佛塔，因而也就可能起着当时海上贸易航标塔的作用。

　　隆平寺塔出土了一万余枚的钱币，除了夹杂在四层砖之间外，主要堆积在狭小的地宫中，时代为汉至北宋初期，有西汉的四铢半两，王莽的大泉五十、货泉，北魏的永安五铢，北齐的常平五铢，北周的布泉，南朝陈的太货六铢，唐代的开元通宝、乾封泉宝、乾元重宝、得壹元宝、顺天元宝、大历元宝，十国前蜀的天汉元宝、光天元宝、乾德元宝、咸康元宝，十国南唐的大唐通宝、唐国通宝，五代后周的周元通宝，北宋的宋元通宝、太平通宝、淳化元宝、至道元宝、咸平元宝、景德元宝、祥符元宝、祥符通宝、天禧通宝以及压胜钱等（图1）。[3]其中，大历元宝和宋元通宝铁母尤为令人瞩目。

　[1]　王建文：《从出土瓷器看青龙镇对外贸易》，《文汇报》2017年1月13日第16版。
　[2]　青龙镇考古队：《2010—2012年青龙镇青龙镇考古的主要收获》，《上海文博论丛》2013年第1期；青龙镇考古队：《上海市青浦区青龙镇青龙镇遗址2012年发掘简报》，《东南文化》2014年第4期；上海博物馆编：《千年古港——上海青龙镇遗址考古精粹》，上海书画出版社，2017年，第146~235页。
　[3]　上海博物馆编：《千年古港——上海青龙镇遗址考古精粹》，上海书画出版社，2017年，第128~141页。

图1 青龙镇隆平寺塔地宫钱币出土现场照

大历元宝，我们以前仅在北方有所发现，在南方出土还是比较少见的。关于大历元宝的铸造，学界一致认为它是唐代新疆地区铸造的。

如果仅仅是一般的宋元通宝铜钱在隆平寺塔地宫中发现，并不会引起人们的关注。令人瞩目的是，隆平寺塔地宫中不仅出土有宋元通宝铜钱，而且还出土有宋元通宝的铁母钱。铁母钱在隆平寺塔地宫中发现，表明这一宋元通宝铁母钱并不是作为铸造铁钱的母钱使用的，而是作为一般铜钱来流通的。

根据文献记载，宋初除四川地区铸造且流通铁钱外，其他地区基本上都使用铜钱。虽然史书上也记载江南和福建当时也曾使用铁钱，但江南使用的铁钱是南唐遗存的铁钱，并不是江南在北宋初年铸造的。《宋史·食货志》："平广南、江南，亦听权用旧钱，如川蜀法。"青龙镇虽然也考古发现有铸铁作坊遗址，但从出土的陶范来判断，应是一个铸造器物的作坊，[1] 而不是一个铸钱作坊，况且考古报告也没有报道该作坊遗址伴出铁钱，[2] 这反映出隆平寺塔地宫出土的宋元通宝铁母不是当地用来铸造铁钱用的，印证了史书的记载。福建使用的铁钱也是前朝旧钱，铸造铁钱是太平兴国之后的事了。《资治通鉴长编》卷二十四："（太平兴国八年三月甲申）又以民乏铜钱，令于建州铸大铁钱与铜钱并行。寻罢之。"《宋大诏令集》卷一百八十三太平兴国二年八年二月"许漳泉福建汀剑兴邵武军盐通商建州铸大铁钱诏"："……宜于建州铸大铁钱，文曰'太平通宝'，与铜钱并用。"《宋史·食货志》："是时以福建铜钱数少，令建州铸大铁钱并行。寻罢铸，而官私所有铁钱十万贯，不出州境，每千钱与铜钱七百七十等，外邑邻两浙者亦不用。"福建所铸造的铁钱使用范围有限。由此可知，隆平寺塔地宫出土的宋元通宝铁母应该来自于四川。

这次隆平寺塔地宫发现的宋元通宝铁母一共有5枚（图2、3）。根据铁母钱币文字，大致可分为四种版式，在目前发现的宋元通宝铁钱中大多能找到相应

---

[1] 青龙镇考古队：《上海市青浦区青龙镇青龙镇遗址2012年发掘简报》，《东南文化》2014年第4期。

[2] 青龙镇考古队：《上海市青浦区青龙镇青龙镇遗址2012年发掘简报》，《东南文化》2014年第4期。

的铁钱（图4），说明它们曾作为铁母铸造过铁钱。但从传世钱币数量来看，这四种版式的铁母还是比较多见的。

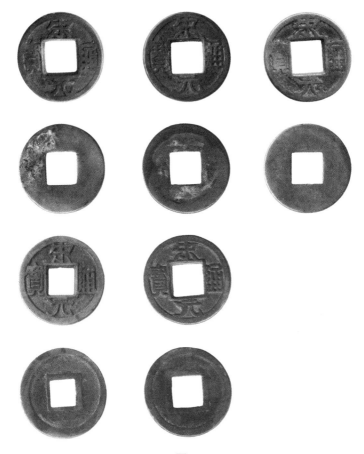

图2

北宋初年在四川地区只允许铁钱流通。《宋史·食货志》："蜀平，听仍用铁钱。开宝中，诏雅州百丈县置监冶铸，禁铜钱入两川。"四川地区可以使用铜钱是在太平兴国四年之后，《宋史·食货志》："太平兴国四年，始开其禁，而铁钱不出境，令民输租及榷利，铁钱十纳铜钱一。时铜钱已竭，民甚苦之。商贾争以铜钱入川界与民互市，铜钱一得铁钱十四。"既然铜钱可以在四川地区流通，那同属铜钱的铁母流出四川也是很自然的。流出四川铁钱监的铁母在流通过程中再也不是作为铁母使用，而是作为普通的铜钱。更何况本来在太平兴国年间铸造的是太平通宝钱，已不再是宋元通宝钱了。宋元通宝铁母在隆平寺塔地宫中与其他铜钱一起被出土，也是一件很正常的事了，这同时也说明北宋初年钱监的管理并不如我们想象的那样严格。

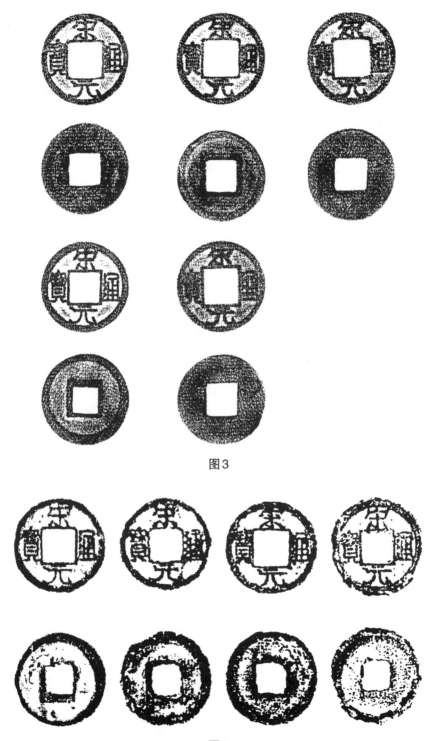

图 3

图 4

隆平寺塔地宫中出土钱币中最晚的是北宋真宗天禧年间铸造的天禧通宝铜钱，反映出隆平寺塔的建造时间在天禧年间或其后；而文献记载隆平寺塔建于北宋仁宗天圣年间。这样，考古发现和文献记载得以相互印证，使得隆平寺塔的建造年代就可以确定了下来，这也说明了钱币学对考古年代的断定具有极其重要的意义。

（原载《钱币博览》2018 年第 1 期）

论突骑施汗国钱币

突骑施汗国是由原西突厥十姓部落，加上咽面、葛逻禄、车鼻施、弓月四姓部落组成的异姓突厥政权，其创始者是出身于突骑施莫贺索葛啜部的乌质勒（690～706年在位）。《新唐书·突厥传》："突骑施乌质勒，西突厥别部也。自贺鲁破灭，二部可汗皆先入侍，房无的君。乌质勒隶斛瑟罗，为莫贺达干。斛瑟罗政残，众不悦，而乌质勒能抚下，有威信，诸胡顺附，帐落寝盛，乃置二十都督，督兵各七千，屯碎叶西北。稍攻得碎叶，即徙其牙居之，谓碎叶川为大牙，弓月城、伊丽水为小牙，其地东邻北突厥，西诸胡，东直西、庭州，尽并斛瑟罗叶。"在经历690～699年的初创时期之后，唐武则天长安三年（703年），乌质勒已经将其建立的政权发展成真正汗国的规模了。[1]

乌质勒之后，其子娑葛（706～711年在位）在击败阙啜忠节以后，有效地控制了西突厥全境，建号贺腊毗伽十四姓可汗，正式形成了突骑施汗国。唐中宗景龙三年（709年）秋七月，唐正式承认突骑施汗国，册娑葛为贺腊毗伽钦化可汗，赐娑葛名守节。

娑葛之后，十四姓故地曾一度出现混乱。唐玄宗开元四年（716年），苏禄自立为毗伽可汗，复建突骑施汗国。《新唐书·突厥传》："突骑施别种车鼻施啜苏禄者，哀拾余众，自为可汗。苏禄善抚循其下，部种稍合，众至二十万，于是复雄西域。"开元六年（718年）五月，唐玄宗进拜苏禄为顺国公；七年（719年）遣解忠册之为毗伽顺可汗。突骑施汗国在苏禄统治时期达到全盛，并为唐王朝抵御大食威胁立下了汗马功劳。

然而，由于苏禄"费日广而无素储，晚年秋婆不聊，故卤获稍留不分，下始贰也矣；又病风，一支挛，不事事。于是大首领莫贺达干、都摩支两部方盛，而种人自谓娑葛后为'黄姓'，苏禄部为'黑姓'，更相猜雠。俄而莫贺达干、都摩支夜攻苏禄，杀之。"（《新唐书·突厥传》）所以，苏禄是死于汗国内部的部族冲突。[2]突骑施汗国在苏禄（716～738年在位）之后，开始全面走向衰落。

---

[1] 薛宗正：《突骑施汗国的兴亡》，《历史研究》1984年第3期。

[2] 另据《旧唐书·玄宗本纪》："（开元二十七年秋七月）北庭都护盖嘉运以轻骑袭破突骑施于碎叶城，杀苏禄，威震西陲"，更确切地说，苏禄是在唐军进攻之下，因部落内部发生叛乱而遭到杀害的。

最后，随着葛逻禄的勃兴，突骑施汗国逐渐消失于历史长河之中了。

纵观突骑施汗国的形成、发展与衰亡的历史进程，我们认为，突骑施汗国虽然存在的时间只有短暂的几十年，但就是在这几十年中，创造了本民族的辉煌。这种辉煌不仅仅表现于强大的政治、军事方面，而且更体现于金帛市马的社会经济方面。正是通过这种金帛市马的贸易活动，促进了突骑施汗国钱币的铸行。

关于突骑施汗国钱币的研究，国外特别是20世纪苏联学者们做了大量的工作，并取得了斐然的成就。在中国，尽管仍处于起步阶段，但由于起点高，亦已获得了不少成果。

本文拟就突骑施汗国钱币的发现、分型、铸行年代以及粟特文钱文使用等问题提出自己的见解，以求教于大家。

一 突骑施汗国钱币的发现与分型

突骑施汗国的钱币在国外主要发现于七河地区的克拉斯诺列契、阿克贝西姆、古恒逻斯（江布尔城）等地。

在我国新疆的库车、木垒、吐鲁番，甘肃的天水、礼县、庆阳、安西、永昌、陇西、敦煌，陕西的岐山，内蒙古的托克托县、准格尔、达拉特、东胜县城、达茂旗、和林格尔县以及河南的洛阳等地，都曾发现或出土过突骑施汗国钱币。兹列表如下：

表1 突骑施汗国钱币发现、著录表

时间	发现或出土地点	发现数量	著录资料
1929年	新疆库车	1枚	黄文弼《塔里木盆地考古记》
1987年	新疆木垒	1枚	《新疆钱币通讯》1987年第9期
	新疆吐鲁番		《新疆钱币》1996年第1期
1984年	甘肃天水	1枚	《内蒙古金融·钱币增刊》1987年
1984年	甘肃礼县	1枚	《甘肃历史货币》
1986年	甘肃庆阳	1枚	《甘肃历史货币》
1987年	甘肃安西	1枚	《甘肃历史货币》
1990年	甘肃永昌	1枚	《甘肃金融·钱币研究》1992年第1期
1995年	甘肃陇西	1枚	《中国钱币》1998年第4期
	甘肃		《甘肃金融·钱币研究》1993年第10期
	甘肃敦煌		《新疆钱币》1996年第1期
	陕西岐山	1枚	《陕西金融·钱币研究》1990年第11期

续表

时间	发现或出土地点	发现数量	著录资料
1987年	内蒙古东胜县城		《内蒙古金融研究》1989年第2期
1987年	内蒙古达茂旗		《内蒙古金融研究》1989年第2期
	内蒙古和林格尔县		《内蒙古金融研究》1989年第2期
近年	内蒙古托克托县		《新疆钱币》1996年第1期
近年	内蒙古准格尔		《新疆钱币》1996年第1期
近年	内蒙古达拉特		《新疆钱币》1996年第1期
	河南洛阳		《新疆钱币》1996年第1期

　　除上述有明确出土发现地点之外，有些省市的博物馆和私人也收藏有突骑施汗国钱币。

　　突骑施汗国钱币背文使用的是粟特文，一共有五个词组成。从考释情况来看，这五个词中的三个词的转写和解释是一致的，即"突骑施可汗"，对于另外两个词的释读因各人的理解不同而相差甚远。目前对整个钱文的释读主要有这样七种：1. 突骑施可汗拜莫贺；2. 突骑施可汗 –kasi；3. 神圣突骑施可汗之币；4. 突骑施可汗，一文；5. 突骑施可汗五钱；6. 强大的突骑施可汗之钱币[1]；7. 天神的突骑施可汗钱币或天可汗突骑施钱币[2]。也有认为钱面铭文应译为"突骑施10文"的。[3]如果仅从唐与突骑施汗国的关系上考虑，钱文读如"天可汗突骑施钱币"似可理解，但钱文上同时出现两种称呼却没先例。从遗存的突厥文碑铭载，突骑施可汗之前往往加修饰形容词，如强大的、英勇的、勇敢的、英明的等，所以，苏联学者斯米尔诺娃将钱文译读为"神圣突骑施可汗之币"是比较可信的。币即钱，将钱文读作"神圣的突骑施可汗钱"，似乎显得更容易读些。

　　目前发现的突骑施汗国钱币面文是不尽相同的。苏联学者 A. 伯恩斯坦在《突厥钱币考》一文中将突骑施汗国钱币分为四类：第一类一面为弓形模印，一面转写为 Turgas Qakan bag baka；第二类一面为弓形模印突厥字母 r，第二字母或为一种官号，一面与第一类相同；第三类一面为弓形模印突厥字母 r（读为 Ar）及维吾尔字 kok 或 kur，两字相同，则可读出之字或为突厥名称 Ar–kok–

[1]　牛汝极：《突骑施钱币考》，《中国钱币》1988年第3期；周延龄、任拴英：《对突骑施粟特文钱的探讨》，《中国钱币》1995年第1期。

[2]　蒋其祥：《试探隋唐五代十国时期西域货币文化》，《中国历代货币大系·隋唐五代十国》，上海古籍出版社，1991年，第502页。

[3]　刘迎胜：《"草原丝绸之路"考察简介》，《中国史研究动态》1991年第11期。

Arkur，一面文字剥蚀，较难识读；第四类一面有弓形模印突厥字母 r 及明晰的维吾尔文字 Bg-Bag 或 bak，一面俱已剥蚀，钱文不识。[1]

苏联学者斯米尔诺娃将突骑施汗国钱币根据面文有一弓形纹和铭文有无或不同分成四类：第一类面文有弓形纹，铭文读作 prn 或 nkw；第二类面文有一弓形纹，铭文读作 mny 或 m'r；第三类面文有弓形纹，铭文为突厥鲁尼文，拉丁文转写为 at 或 pb；第四类面文仅有弓形纹。这四类突骑施汗国钱币背文均为"神圣的突骑施可汗钱"。[2]

英国学者克劳逊经研究后，将碎叶川上阿克·贝辛城 1953～1954 年发现的突骑施汗国钱币归为三型：I 型正面是弓形徽记，背面铭"神圣的突骑施可汗钱"；II 型正面的徽记是汉语"帝"字，背面铭文是："神圣的突骑施可汗钱"；III 型有粟特文徽记及"吐胡姆王"。[3] 其实，克劳逊所谓的第 II 型，即伯恩斯坦在另篇文章中提及的正面为 su＋（y）m On（o）q＋（a）m a 的突骑施汗国钱币，[4] 而第 III 型即周延龄、任拴英《对突骑施粟特文钱的探讨》一文中提及的正面为粟特文徽记及"Tokmak"铭的突骑施汗国钱币。[5]

近年来，有人根据钱背符标铭文的不同，以为突骑施钱币大致可分为五种类型：1. 符标、铭文"nkw"，"mnr"或，发现于江布尔（古坦罗斯）、阿克贝西姆等地的，为室点蜜可汗时期（558～576 年）铸。2. 铭文 Tokmak 王公一符标，发现于托克马克的乌质勒时期（690～706 年）铸。3. 铭文 Sutym On oq tam a，发现于克拉斯诺列契的为娑葛时期（706～714 年）铸。4. 汉粟双体突骑施钱正面"开元通宝"汉文，背面粟特文，似"弓月形"，为苏禄可汗时期（715～738 年）铸。5. 符标""发现于新疆库车的为一种，或系莫贺达干时期（738～744 年）铸。[6]

目前，对突骑施汗国钱币分类研究比较有系统的，要数周延龄、任拴英《对突骑施粟特文钱的探讨》一文。他们在综合了苏联学者斯米尔诺娃、伯恩斯坦和英国学者克劳逊的分类后，提出了突骑施汗国钱币应分为五型的新见解（表 2）：[7]

---

[1]　林干编：《突厥与回纥历史论文选集》下册，中华书局，1987 年，第 862 页。

[2]　转引自林梅村：《从突骑施钱看唐代汉文化的西传》，《文物》1993 年第 5 期。

[3]　转引自姜伯勤：《吐鲁番敦煌文书所见的突骑施》，《文物》1989 年第 1 期。

[4]　A. H. 伯恩斯坦著、薛宗正译：《突骑施钱币的新类型》，《新疆文物》1990 年第 2 期。

[5]　周延龄、任拴英：《对突骑施粟特文钱的探讨》，《中国钱币》1995 年第 1 期。

[6]　戴良佐：《突骑施钱币类型综述》，《内蒙古金融研究》1999 年增刊第 2 期。

[7]　周延龄、任拴英：《对突骑施粟特文钱的探讨》，《中国钱币》1995 年第 1 期。

表2　突骑施汗国钱币五型分类表

型号	铭文	符标
I	Kadir Turgisqaranpny	⚘
II	Kadir Turgisqaranpny	⚘nkw↑
II	Kadir Turgisqaranpny	⚘mnr↑
II	Kadir Turgisqaranpny	⚘元↑
III	Kadir Turgisqaranpny	⚘
IV	Kadir Turgisqaranpny	Sutym 而 On oq tam ⋎ a
IV	Kadir Turgisqaranpny	Tomak 王公，一符标
V	一条铭文，一个符标	

　　1987年，我国甘肃安西发现的一枚突骑施汗国钱币，正面似为两个突厥鲁尼文，因拓片模糊而不能辨识；背文是粟特文"神圣的突骑施可汗钱"。[1]此外，塔什干绿洲奥脱拉尔出土的一枚突骑施汗国钱币，正面为弓形纹，背面为狮像和突厥鲁尼文（拉丁文转写为q）。[2]而曾在新疆库车发现的一枚突骑施汗国钱币正面却作双弓形纹，背文是粟特文"神圣的突骑施可汗钱"。[3]我们认为，上表所列不尽完整，突骑施汗国钱币事实上不止这些类型。所以，结合考古资料，我们对发现的突骑施汗国的钱币也作了同样的分型，列表如下：

表3　突骑施汗国钱币九型分类表

型号	正面	背面
I	Tokmak 王＋族徽（粟特文）	神圣的突骑施可汗钱
II	Su＋ym 而 On（o）q＋（a）m ⋎ a	神圣的突骑施可汗钱
III	⚘	神圣的突骑施可汗钱
IV	⚘＋鲁尼文（拉丁文转写 at 或 pb）	素面
V	⚘＋prn 或 nkw	神圣的突骑施可汗钱
VI	⚘＋mny 或 m'r	神圣的突骑施可汗钱
VII	⚘	狮像＋鲁尼文
VIII	⚘	神圣的突骑施可汗钱
IX	鲁尼文（不识）	神圣的突骑施可汗钱

［1］　《甘肃历史货币》，兰州大学出版社，1989年，第147页。

［2］　周延龄、任拴英：《对突骑施粟特文钱的探讨》，《中国钱币》1995年第1期。

［3］　牛汝极：《突骑施钱币考》，《中国钱币》1988年第3期；周延龄、任拴英：《对突骑施粟特文钱的探讨》，《中国钱币》1995年第1期。

⚭，是符标，也是突骑施汗国的部落族徽。对此，以前的学者多将其称为"弓形纹""蛇形花纹""弓月纹"等，最多称其为弓形徽记。斯米尔诺娃认为，所谓的弓形花纹是鲁尼文at的变体，而且是不合标准的变体。用于钱币上代表突骑施族徽标记或印戳符号。[1]斯米尔诺娃的观点确实值得重视。突厥鲁尼文属于一种拼音符号文字。突骑施汗国钱币正面的弓形纹与方孔组成了突厥鲁尼文⚭，国际音标读作 [t']，唐代汉纽"透"。

与⚭接近的是在新疆库车发现的双弓形纹，转写为突厥鲁尼文是⚯。⚯应是⚭的合文，与中国古钱铸造常常发生的错范现象不一样，应当也是部落族徽的标识。

以"Su＋ym 帝 On（o）q＋（a）m४a"作为面文的突骑施汗国钱币，发现于1939年沙赫里斯坦的沙雷戈古城。伯恩斯坦考证认为，帝 是族徽，非常相似于中国的"帝"字，所以，这一段面文含义为"我之本源乃皇帝，十箭的族徽"。[2]周延龄、任拴英则认为这段钱文正确的译意应为"我来自十箭部族，帝 的族徽下"。[3] 帝，显然是族徽标识，并与十箭部族有关。

Tokmak，英国学者克劳逊读作"吐胡姆王"。姜伯勤认为，这表明此枚钱币是突骑施管辖下的粟特人聚落的城主所铸。[4]事实上，唐代著名粟特商人康艳典、石万年、康拂耽延、何伏帝延等都拥有城主称号。如果是这样，那么Tokmak之后的族徽标识并不代表突骑施汗国部族，应是粟特人的族徽标识。这反映出粟特人在突厥统治中无论是在政治上还是在经济上均拥有极高地位。同时，也表明粟特人已经过着一种定居的生活。对此，周延龄、任拴英释为"托克马克王公"，指出与娑葛以碎叶为大牙有密切关系。[5]如果是这样，托克马克王公当是突骑施汗国一个部族的首领，Tokmak之后的标识应是这个部族的族徽。限于资料，我们无法辨识这一族徽。但无论哪一种说法，都表明这是一种突骑施汗国的地方铸币。

prn或nkw，mny或m'r以及at或pb，林梅村认为prn当释"吉祥"或"吉利"，而nkw很可能是汉语"开元"的讹译。突骑施钱仿自唐开元钱，故以"开元"标之。mny或m'r，应转写为m'x，即粟特语"月亮"。at或pb与叶尼塞河流域古代黠戛斯人所铸的钱文pb完全一样，体现出两者之间的相互影响。[6]

---

［1］　蒋其祥：《试探隋唐五代十国时期西域货币文化》，《中国历代货币大系·隋唐五代十国》，上海古籍出版社，1991年，第502页。

［2］　A．H．伯恩斯坦著、薛宗正译：《突骑施钱币的新类型》，《新疆文物》1990年第2期。

［3］　周延龄、任拴英：《对突骑施粟特文钱的探讨》，《中国钱币》1995年第1期。

［4］　姜伯勤：《吐鲁番敦煌文书所见的突骑施》，《文物》1989年第5期。

［5］　周延龄、任拴英：《对突骑施粟特文钱的探讨》，《中国钱币》1995年第1期。

［6］　林梅村：《从突骑施钱看唐代汉文化的西传》，《文物》1993年第5期。

通过对突骑施汗国钱币钱文、族徽的辨识，我们分出了突骑施汗国钱币的九种型式。通过分型，使我们对突骑施汗国钱币的铸行年代有了进一步的认识。

二 突骑施汗国钱币铸行年代考

关于突骑施汗国钱币的铸行年代，黄文弼《塔里木盆地考古记》一书推断："突骑施自苏禄始称可汗，疑此钱为唐开元时车鼻施啜苏禄所铸。"黄先生的这一推断影响很大。蒋其祥《试探唐五代十国时期西域货币文化》一文认为突骑施"铸造钱币的年代应在汗国强盛的8世纪上半叶的可能性最大"，[1]而这时正是苏禄可汗在位之时。林梅村《从突骑施钱看唐代汉文化的西传》肯定了黄文弼的推断，认为突骑施汗国钱币铸造必在738年之前，"其钱铭使用粟特文，说明它铸造于突骑施控制粟特地区之后"，亦即始于公元719年。[2]周延龄、任拴英《对突骑施粟特文钱的探讨》一文指出："我们从考古发掘论证的年代跨度、钱币类型、铭文符标的变化以及出土钱币的地区分布诸因素来分析，突骑施粟特文钱币绝不可能为一位可汗所铸，它应该贯穿于突骑施由兴起至衰亡历史的始终。"[3]具体地说，铸造时间为690～744年。

之所以不厌其烦地摆出各家对突骑施汗国钱币铸行年代的不同论证方法和不同结论，目的在于能对目前学术界研究突骑施汗国钱币的动态有一比较清楚的框架性认识。上述观点归纳起来，一种观点认为突骑施汗国钱币铸于苏禄时代，一种观点则认为铸于690～744年。

从发现的突骑施汗国钱币来看，无论正面的族徽和铭文如何，其背面除我们所分的第Ⅶ型是狮像和鲁尼文之外，都是"神圣的突骑施可汗钱"，表明这些钱币的铸造年代在突骑施立国之后。这一点可以从碎叶川上阿克·贝辛城址中发现的第Ⅰ型出土于7～8世纪文化层中得到证实，反映出突骑施汗国钱币的始铸年代可以上溯到7世纪。而突骑施汗国的兴起是在乌质勒（690～706年在位）时代，由此可以断定其具体铸造钱币的上限不会超过690年；突骑施汗国在苏禄（716～738年在位）被杀之后开始衰落，到8世纪中叶，作为一个汗国，突骑施政权不复存在，由此又能够断定突骑施钱币铸造年代的下限。突骑施汗国钱币铸造的整个时间唯有几十年。

从突骑施汗国钱币的分型情况分析，不管正背面有无铭文，Ⅲ型到Ⅶ型

［1］ 蒋其祥：《试探隋唐五代十国时期西域货币文化》，《中国历代货币大系·隋唐五代十国》，上海古籍出版社，1991年，第503页。
［2］ 林梅村：《从突骑施钱看唐代汉文化的西传》，《文物》1993年第5期。
［3］ 周延龄、任拴英：《对突骑施粟特文钱的探讨》，《中国钱币》1995年第1期。

都有一个统一的族徽标识，这种具有族徽标识的钱币发现数量最多，分布最广，铸造质量也最规整，反映出这种突骑施汗国钱币铸造于一个强盛、统一的时期，而这个时期具体地说就是苏禄当政时期。因此，III型到VII型的铸造年代定在此时是没有什么值得怀疑的。许多学者对此观点也是一致的。[1]苏禄可汗来自突骑施汗国的车鼻施部落，这时钱币正面皆采用作为族徽标识，说明族徽标识不仅是突骑施汗国的标识，同时也是车鼻施部落的标识。

尽管III型到VII型的突骑施汗国钱币都具有同样的族徽标识，但在各自铸造地区上可能存在差异。III型是突骑施汗国的中央铸币，它是所有突骑施汗国中发现最普遍的一种。VII型钱币出土于塔什干绿洲的奥脱拉尔，系青铜压制币，在制作方法上也与III型到VI型的翻砂铸造不同。有人认为它不应该被列入突骑施汗国钱币范畴，这是有失偏颇的。斯米尔诺娃认为它是一种属于突骑施的土著居民压制的钱币，[2]说明VII型（图1）并不像III型（图2）那样是统一的中央政府铸币，而是属于一种地方铸币。由此联想到IV型，既然与叶尼塞河流域的古代黠戛斯人所造钱币相互影响，[3]那也应属于一种地方铸币。V型与VI型正面除有族徽标识外，都有铭文，分别被释读为"吉祥""月亮"，是否表明V型是一种吉语钱，VI型或许是与突骑施风俗信仰有关呢？

II型正面的钱文和族徽"Su＋ym On（O）q＋（a）ma"尽管有两种释读，但都表明与十箭部族有联系。所谓十箭部族，实际上就是指西突厥的十姓部族。钱币钱文"神圣的突骑施可汗钱"，反映出II型钱币应该被铸于突骑施控制十箭部族之后，甚至是在称可汗之后。我们从突骑施汗国的整个发展历史进程中知道，虽然乌质勒时期建立的政权已经发展成为真正的突骑施汗国规模了，但乌质勒并未称汗，突骑施汗国称汗始自乌质勒之子娑葛（706～714年在位）。换而言之，II型钱币的铸造时间不可能被上推到乌质勒时代，而只能推到娑葛自称可汗（708年）之后。作为西突

图1

图2

———————————

[1]　（法）蒂埃里著、胡锦洲译：《一枚突骑施苏禄汗（716～737）钱币》，《新疆文物》1990年第2期；
　　　周延龄、任拴英：《对突骑施粟特文钱的探讨》，《中国钱币》1995年第1期。
[2]　转引自周延龄、任拴英：《对突骑施粟特文钱的探讨》，《中国钱币》1995年第1期。
[3]　林梅村：《从突骑施钱看唐代汉文化的西传》，《文物》1993年第5期。

厥十姓部族之一的突骑施首领娑葛在乌质勒创建政权的基础上，统一西突厥十姓，并联合咽面、葛逻禄、车鼻施、弓月四姓，正式建立了突骑施汗国，自立为贺腊毗伽十四姓可汗，唐景龙三年（709年）受到唐王朝的册封——也就是从这个时候开始，突骑施汗国才受到唐王朝的正式承认，统领西突厥全境。苏禄时代突骑施汗国的钱币统一使用车鼻施部族徽记 ，与 族徽明显不同，而且，钱币铭文书法较为原始古老，字形印制极劣，字符粗陋且大小不等，字行或密聚、或松散，不成规矩，清晰表达出一种早期铸作的讯息。由此我们认为，这种II型钱币铸造于娑葛称汗（708～714年）之后的可能性较大。 ，应该是突骑施部族的族徽标识，确切地说与十姓部族有关。伯林斯坦认为此型钱币的铸造时代应为738～740年，是莫贺达干被唐正式承认为可汗之前所发行的。莫贺达干被唐正式承认之后铸的，是我们所分的III型钱币。[1]这种观点值得怀疑。 ，是突厥鲁尼文； ，却不见于突厥鲁尼文字母中。

　　至于I型，其铸造年代上限不会早于II型，这是由其背面钱文"神圣的突骑施可汗钱"所决定的。I型钱币使用粟特文徽记，钱文又标明"Tokmak王"，说明此型是受突骑施汗国统辖的一种地方铸币。当时粟特人为突骑施所统治。

　　VIII型（图3）的正面是 的合文，也是族徽标识。此型钱币从拓图上观察，钱文、制作质量都要逊于III型，其铸作时间显然要晚于III至VII型。

　　IX型（图4）正面突厥鲁尼文因拓片不清而不能辨识，所以，铸作年代有待考证。

　　在确立了I型、IV型、VII型属于一种地方铸币之后，那么，作为国家统一铸造的III型突骑施汗国钱币铸造于哪里呢？首先肯定的是，离突骑施汗庭不远。《新唐书·突厥传》中说突骑施汗国自乌质勒时便以碎叶川为大牙，弓月城、伊丽水为小牙，大牙、小牙都有可能是III型钱币的铸地。蒋其祥认为："比较而言，更可能在大牙碎叶铸造。"[2]我们则认为，这还应有待于钱币铸造遗址的发现来确定。

图3

图4

［1］　A. H. 伯恩斯坦著、薛宗正译：《突骑施钱币的新类型》，《新疆文物》1990年第2期。

［2］　蒋其祥：《试探隋唐五代十国时期西域货币文化》，《中国历代货币大系·隋唐五代十国》，上海古籍出版社，1991年，第503页。

通过对突骑施汗国钱币分型和铸作年代的分析和推断，我们对突骑施汗国的货币制度有了一个比较清晰的认识。尽管突骑施汗国在娑葛之后正式建立了统一的十四姓政权，但作为货币制度，其货币铸行权并不是由国家完全控制的。除汗庭铸行统一的流通货币外，地方上也拥有铸造钱币的权利，I型、IV型和VII型可以佐证。由此可以看出，突骑施汗国实行的是中央和地方两级管理、两级铸造的政策，并实行一等制钱币。通过对钱币钱文的释读和认识可知，虽然突厥文在突骑施汗国时期已经得到创制和运用，粟特文和粟特语依然是当时主要的官方通用语言文字。突骑施汗国钱币铸造是在708年之后。

三　突骑施汗国钱币使用粟特文之缘由

讨论这一问题，首先我们需要确认作为突厥本民族的文字产生于何时。牛汝极《突厥文起源新探》一文提出，"古代突厥文由象形、契刻符号发展而来，为古代北方突厥等许多游牧民族所创制"，"根据突厥文较成熟、系统等情况来看，它的产生和使用时间，保守的推测至少在7～8世纪以前两三个世纪，有可能时代更远"。[1] 林幹认为，"突厥文大约是在公元5世纪时期创制和开始使用的"，"突厥文字发展到8世纪时，结构已相当完整，词汇也相当丰富"。[2] 而薛宗正认为，突厥鲁尼文的出现与单于大暴动有关，"应是后东突厥汗国时代创制的"。[3] 单于大暴动发生于唐高宗调露元年（679年）。两种观点在突厥鲁尼文创制时间上的差异，上下相差几乎两个世纪。

1975年春，新疆博物馆考古队在吐鲁番火焰山公社哈喇和卓村东水库修建工地发掘了40座古墓，其中75TKM90号墓所出9枚木牌正面朱书"代人"，背面朱书少数民族文字。据释读，这些少数民族文字是用粟特文字母写的古突厥语，时代为5世纪后半期。[4]

从现存的《雀林碑》《暾欲谷碑》《阙特勤碑》《毗伽可汗碑》《翁金碑》《阙利啜碑》《磨延啜碑》《塔里亚特碑》《九姓回鹘可汗碑》《苏吉碑》《塞维列碑》等突厥文碑铭来看，这些碑刻最早也不会早于7世纪后半叶，而且它们也不是记载突厥史事最早的碑铭。有关突厥史事最早记载的碑铭，是1956年在蒙古人民共和国后杭爱省境内布古特西方发现的一块碑，这块碑的铭文使用的不是突

［1］　牛汝极：《突厥文起源新探》，《新疆大学学报》1992年第4期。
［2］　林幹：《突厥史》，内蒙古人民出版社，1988年，第159页；牛汝极在《突厥文起源新探》一文中认为："根据突厥文较成熟、系统等情况来看，它的产生和使用时间，保守的推测至少在7～8世纪以前两、三个世纪，有可能时代更远。"（《新疆大学学报》1992年第4期）
［3］　薛宗正：《突厥史》，中国社会科学出版社，1992年，第712页。
［4］　库尔班·外力：《吐鲁番出土公元五世纪的古突厥语木牌》，《文物》1981年第1期。

厥文，而是粟特文。据研究，此碑年代为陀钵可汗统治的末期，即6世纪80年代初。从这块碑的情况来看，6世纪末期，突厥尚以粟特文、粟特语作为官方文字和语言，古代突厥文尚未用来书写突厥语。[1] 上述十几块突厥文碑铭的突厥文已经相当完整和成熟，说明在此之前突厥文已经经历一个形成和发展的过程。但不管怎么样，从1897年发现的《暾欲谷碑》和1971年发现的《雀林碑》，可以确认突骑施汗国形成和建立之时，突厥文不但得到创制，而且已经开始得以运用。既然如此，那么，为什么作为突厥民族建立的突骑施汗国所铸造钱币上使用的却是粟特文呢？我们认为，这不仅说明至少在突骑施汗国时期，突厥文使用的范围还不甚广泛，事实上突厥文的使用除了用于记载和称颂突厥功业史事的碑铭外，其他方面的应用到目前为止还没有发现。同时也表明，粟特人、粟特文、粟特语对突厥乃至突骑施的影响是极其深远的。

丝绸之路贸易实际上是一种接力棒似的中转贸易，唐代的丝绸等通过西域，进入中亚，传至欧洲，而波斯的玻璃器、银器等通过西域，进入中国。在这种转口贸易活动中，应当说，粟特人扮演了极其重要的角色。

粟特人是丝绸之路贸易最活跃的商人，在东西方贸易中起着中介作用，故有"商胡"之称。《新唐书·西域传》载粟特人"善商贾，好利，丈夫年二十去旁国，利所在无不至"。新疆吐鲁番地区出土的文书中提及所谓"昭武九姓"，实际上就是指粟特人。姜伯勤通过对吐鲁番、敦煌著籍的和未入籍的两类粟特人的研究，指出敦煌地区的粟特商业居民可上溯到4世纪西晋永嘉之乱后，而吐鲁番地区5~6世纪已有粟特商队。[2] 吐鲁番出土的文书《唐译语人何德力代书突骑施首领多亥达干收领马价抄》，说明粟特人在丝绸之路贸易中确实起着重要的中介作用：

　　　　□钱贰拾贯肆伯文
　　　　右酬首领多亥达干马三匹直
　　　　十二月十一日突骑施首领多亥达
　　　　干领
　　　　译语人何德力

正因为在丝绸之路贸易中极其重要的中介作用，粟特人在丝绸之路上形成了许多聚落，[3] 并进而成为这种贸易的真正垄断者。所以，粟特语、粟特文便成了丝绸之路上的一种通用语言和文字。

---

［1］　耿世民：《古代突厥文碑铭述略》，《考古学参考资料》第3、4辑，文物出版社，1980年，第159页。

［2］　姜伯勤：《敦煌吐鲁番文书与丝绸之路》，文物出版社，1994年，第197页。

［3］　荣新江：《古代塔里木盆地周边的粟特移民》，《西域研究》1993年第2期。

粟特人不仅是丝绸之路贸易活动的中介商人，亦是东西方货币文化的传播者。西域地区在唐之前主要使用的是银质货币，这种银质货币又主要是波斯银币。粟特地区早已流行的货币也是波斯银币及其仿制品。作为丝绸之路贸易活动的中介者，它不但将波斯银币带到内地，而且也将内地的方孔圆钱带到了西域。在1932年春苏联塔吉克共和国哈依拉巴德·扎赫马塔巴德省卡尔阿衣穆克城堡遗址中发现的被称之为"穆格山文书"中，我们不仅可以看到有关银钱使用的记载，还有铜钱流通的相关表述。[1] 在西域地区，考古发现了波斯银币与方孔圆钱的存在，并且知道，这一地区的人们已经接受了中国的铜钱单位"文"。

作为货币文化的传播者，粟特人自己更是身体力行地接受了中原地区方孔圆形货币样式，铸造了方孔圆钱（图5）。根据对现存粟特钱的研究，有人认为7世纪初既是康国王又是粟特王的SySpyr就曾铸行过唐式方孔钱。[2] 在中亚撒马尔罕古城址中曾发现了大量7~8世纪的粟特方孔铜钱。在粟特钱中，我们发现有正面为"开元通宝"汉文、背作粟特文的方孔圆钱（图6）。这种钱，上海博物馆藏有一枚。这样的钱币背文是否如同苏联学者斯米尔诺娃所释的背粟特文为"天神""统治者"的开元通宝钱，[3] 尚不得而知。我们认为，作为丝绸之路贸易中间商的粟特人受汉唐文化影响，发行方孔圆钱具有重要的意义；而这进一步影响到了突骑施汗国方孔圆钱的铸行。

图5

图6

粟特地区在6世纪中叶被突厥汗国所攻取，突厥汗国分裂后，又处于西突厥的控制之下。粟特人以商贾入突厥，渐至参与政治，粟特人康稍利甚至得到特勤这样的高爵。[4] 到了突骑施汗国时，粟特人为其治下，关系更为密切。苏禄时期及其后一段时间，突骑施人在昭武九姓抵抗大食入侵的斗争中是以同盟者的身份出现的。吐鲁番出土文书表明，粟特人充当了突骑施与外族交往的代言人和商业代表。吐鲁番所出大谷5839号文

［1］　姜伯勤：《敦煌吐鲁番文书与丝绸之路》，文物出版社，1994年，第200页。

［2］　（日）冈本孝著、冯继钦译：《粟特钱币考》，《中国钱币》1987年第1期。

［3］　中国钱币学会丝路货币考察队：《丝绸之路（新疆段）历史货币考察报告》，《内蒙古金融研究》1993年增刊第4期。

［4］　马长寿：《突厥人和突厥汗国》，上海人民出版社，1957年，第42页。

书表明，粟特人曾担任负责突骑施与唐市马贸易的市马吏。所以，粟特人不仅在政治上与突骑施联姻，甚至在经济上掌握着突骑施的命脉。

有理由认为，粟特人在丝绸之路贸易活动中，将自己接受的汉唐货币文化影响加之于突厥货币文化之上，极其可能帮助突骑施人铸造了方孔圆钱，并且使粟特文依然保持着作为突厥文字创制之前的通用文字地位。

四　唐文化对西域文化影响之印证

唐代是中国封建社会的鼎盛时期，它对西域地区的影响是深刻而广泛的。突骑施汗国钱币的铸行，可以作为唐文化对西域地区影响的一种缩影、一个印证。

应当说，突骑施汗国与唐的交流更多的是通过与唐西州之间金帛马驼贸易进行的。确切地说，这种金帛马驼实际上是钱帛马驼。姜伯勤通过对吐鲁番出土文书的研究，指出突骑施与唐之间的市马贸易，分为贡马及互市两种形式。不管哪一种形式，唐对突骑施偿付马价的结果，都是使大量钱币和绢帛流入了突骑施地区，[1]并进而影响到突骑施汗国对唐代钱币的仿铸，这便是我们所见到的突骑施汗国钱币。通过吐鲁番敦煌有关突骑施文书的考察，我们可以说，突骑施汗国不但接受了唐代以开元通宝为钱文的方孔圆形货币样式，还接受了唐代铜钱以"贯""文"为计单位的货币量值方式。《唐便钱酬马价文书》：[2]

〖前缺〗
⼆前后便钱总玖拾 ⼆
三十六贯文便将还李⼆
廿一贯便将酬马价⼆
三十七贯六百五十文便将还⼆
〖后缺〗

除了钱文不同，突骑施汗国全盘接受了唐代的货币文化影响。而接受这一影响的牵线人，正是昭武九姓粟特人。

[1]　姜伯勤：《吐鲁番敦煌文书所见的突骑施》，《文物》1989年第5期。
[2]　中国文物研究所：《吐鲁番出土文书》第八册，文物出版社，1987年，第85页。

五 结论

通过对突骑施汗国钱币的分析与研究，我们不难得出这样一些结论：

1. 突骑施汗国钱币的铸行大致开始于娑葛时期。苏禄时期形成了以⑥族徽标识为标志的统一的货币制度。

2. 突骑施汗国钱币的铸行权分归两级所有，除中央外，地方上也铸造钱币。

3. 突骑施汗国钱币显然受粟特的影响颇深，同时也反映出唐代货币文化对西域的影响。

（原载《上海博物馆集刊》第 8 期，上海古籍出版社，2000 年）

察合台汗国钱币之研究

有关察合台汗国历史与钱币的研究，尽管在国内开始的时间不是很晚，但真正引起重视和深入研究却是在20世纪80年代以后。经过学术界和收藏界的不断努力，这方面的研究已经取得了相当的成果。这些研究成果，正是我们今天继续开展这一领域研究的基础。本文意在通过对察合台汗国历史和钱币发展的探讨，对察合台汗国的历史分期、钱币上的徽记及钱币制度等问题进行研究，抛砖引玉，以求得大方之家的指教。

一　察合台汗国的历史及分期

察合台汗国是由察合台的封地发展而来的。察合台是成吉思汗的次子。成吉思汗以后，在相当长的一段时间里，察合台汗国始终没有独立于蒙古中央政府，无论是察合台（1227～1242年）之后的合剌旭烈（1242～1247年）、也速蒙哥（1247～1252年）、木八剌沙（1252～1260年），还是阿鲁忽（1260～1266年）、八剌（1266～1271年），都是由蒙古大汗指定或册封的。

1259年，忽必烈与阿里不哥之间爆发争位战争。双方都有意借助察合台汗国的力量，忽必烈派出察合台后裔阿必失哈赴察合台汗国，但在半路中被阿里不哥的军队捕获后处死。阿里不哥在和林之战中败于忽必烈，以大汗的身份派阿鲁忽回察合台汗国夺汗位，并为自己征集军队、筹集军饷。阿鲁忽利用这一机会，不仅夺得汗位，而且迅速壮大自己的力量，将蒙古大汗对河中的管辖权收归己有。在与阿里不哥发生矛盾后，阿鲁忽归顺忽必烈。忽必烈为了拉拢阿鲁忽，将自己力所不能及的东自金山、西至阿姆河的广大地区交给了阿鲁忽防守，实际上承认了察合台汗国对这一地区的控制权。阿鲁忽之后，忽必烈又指定八剌为察合台兀鲁思汗。八剌是蒙古大汗为察合台汗国指定的最后一位兀鲁思汗。

阿里不哥之后，窝阔台海都乘阿鲁忽之死，侵占了察合台汗国的大片土地。而平定阿里不哥之乱后，忽必烈逐渐恢复葱岭以东的统治又威胁到了察合台汗国的利益。所以，八剌先与忽必烈的军队作战，取得胜利后又与海都作战。1269年塔剌思忽里勒台大会后，八剌为夺取新的土地，在海都支持下，越过阿姆河入侵伊利汗国，虽然初战告捷，但因与窝阔台发生矛盾，窝阔台汗国不再支持八剌，八剌最终失败。1270年，海都包围八剌，八剌在围困中死去，察合台汗国从此成为与以海都为盟主的联盟中的一方，实际沦为海都的附庸。海都先后立察合台后裔聂古伯（即尼克拜，1271～1272年）、秃花帖木儿（1272～？年）和都哇（1274～1306年）为察合台兀鲁思汗。

都哇为八剌的儿子。在窝阔台汗国与察合台汗国的联盟中，都哇的地位仅次于海都。1301年，海都在金山铁坚古山一带与元朝军队作战失败的归途中病逝，察合台汗国与窝阔台汗国之间力量对比发生了变化，都哇成为盟主，开始主导两汗国的联盟。起先通过立察八儿为窝阔台汗，使窝阔台汗国成为察合台汗国的附庸；后来则通过在阿立麻里附近忽牙思召开的大忽里台大会，废黜察八儿，窝阔台汗国名存实亡。察合台汗国不仅恢复了祖先的封地，而且疆域得到了迅速的扩大，把塔里木盆地周围的诸绿洲、中亚的河中地区以及准噶尔盆地和中亚草原都纳入了察合台汗国的版图，察合台汗国开始成为一个真正独立的国家。

都哇于1306年死后，其子宽彻继位。1308年，非都哇后裔的塔里忽夺取汗位。都哇之子怯伯在诸将的支持下，重新夺得汗位，让其兄也先不花（1309～1318年）即汗位。怯伯在平息内乱之后，又挫败了察八儿的复辟企图，于1310年最终灭掉了窝阔台汗国。1320年（延祐七年），怯伯即位。怯伯是察合台汗国极其有作为的可汗，他在位时不仅继续拓展疆域，而且开始实行中央集权的统治，并对经济制度实行了改革，促进了察合台政治和经济的统一，使察合台汗国走向强盛。泰定四年（1327年），怯伯死去，接次即察合台汗国汗位的是：燕只吉台（1327年）、笃来帖木儿（1327年）、答儿麻失里（1327～1334年）。在答儿麻失里统治时期，察合台汗国达到了其强盛的顶峰。继答儿麻失里之后，不赞（1334年）、敞失（又译为靖克失、贞克失，1334～1338年）、也孙帖木儿（1338～1339年）、阿里算端（1340年～？）、麻哈马的（1342年～？）、合赞（即喀山帖木儿，1343～1346年）先后成为察合台兀鲁思汗，但察合台汗国却没能继续保持其强盛的状态而开始衰落。在这些兀鲁思汗中，只有阿里算端是窝阔台的后裔，其他都是都哇系的。1346年合赞被弑，察合台汗国开始分裂为东、西两个汗国。

西察合台汗国巴鲁剌思部异密合扎罕杀死合赞后开始操纵朝政，先后立答失蛮（1347年）、拜延忽里（1347～1358年）为汗。合扎罕死后，其子立帖木儿沙为汗。统治东部的蒙古朵豁剌惕氏立秃忽鲁帖木儿为汗。秃忽鲁帖木儿父子曾欲统一察合台汗国，但最终失败。1370年，西察合台汗国被帖木儿所灭。

综观历史学家们的研究，并结合史料的记载，我们可以知道，从1227年到1370年，察合台汗国的历史大致经历了这么几个时期[1]：

---

[1] 李一新将察合台汗国的历史分为三和时期：形成时期、兴盛时期和衰亡时期（《贵州师大学报》1986年第3期）。

第一个时期大致从成吉思汗过世（1227年）到1271年。这时期是汗国形成和不断发展的时期，尽管到阿鲁忽时汗国已经拥有很大的实力、八剌时敢于和大汗分庭抗礼，但可汗都是由蒙古大汗指定或册封的。所以，应属察合台汗国的初期。

第二个时期从1271年到1301年。这一时期虽然察合台汗国名义上继续存在，但成为窝阔台汗海都的附庸。海都在1268年战胜八剌后，于1269年在塔拉斯举行忽里勒台，开始逐渐控制察合台汗国，并在事实上成为察合台汗国的实际统治者。这时期也被称为察合台汗国与窝阔台汗国联盟时期。

第三个时期从1301年到1334年。这时期随着1301年海都的死，察合台汗国才成为一个真正意义上的汗国。察合台汗国不仅在政治上确立了都哇系汗王继承地位，疆域得到了进一步的扩展，而且在经济上得到了空前的发展。这时期是察合台汗国独立与强盛的时期。

第四个时期从1334年到1370年。这一时期察合台汗国逐渐衰败，并在1346年发生分裂，最终在1370年被帖木儿所灭。所以，这时期是察合台汗国衰亡的时期。

通过了解察合台汗国的历史，并将其历史进程分成若干时期，有助于我们对察合台汗国钱币的认识和研究。

二　察合台汗国钱币研究的范围及分类

研究察合台汗国钱币，首先应该从察合台汗国的历史发展去看问题，不能武断地认为凡是在当时察合台汗国境内发现和出土的钱币都属于察合台汗国钱币。从前述察合台汗国历史中可以看到，察合台汗国经历了初期、窝察联盟、独立与强盛、衰亡四个历史发展时期。所谓的察合台汗国钱币，应该就是察合台汗国在这四个历史时期中打制的钱币。

然而，我们注意到，许多研究察合台汗国钱币的文章所讨论的并不局限于察合台汗国的钱币，往往还牵涉到窝阔台汗国的钱币。从历史上看，窝阔台汗国与察合台汗国的联系确实比较密切，从1271年到1310年，先是建立以窝阔台汗国为主的联盟，后又建立了以察合台汗国为主的联盟。无论哪一种联盟，都促进了窝阔台汗国与察合台汗国之间的经贸往来，使货币相互流通成为可能。在这两种联盟中，窝阔台汗国钱币依照来源可分为两部分：一部分是在其国内打制的，一部分是在察合台汗国地区打制的。这种在察合台汗国地区打制的窝阔台汗国钱币是在特定历史条件下的产物，同样是察合台汗国的法定货币，也是察合台汗国钱币的一个组成部分。在研究察合台汗国钱币时，就应该对窝阔台汗国钱币有所区分并纳入到察合台汗国钱币的研究范围。换句话说，窝阔台汗国钱币中只有在察合台汗国区域打制的那部分，才能成为察合台汗国钱币的研究对象。

截至目前，察合台汗国钱币在新疆的许多地方都有发现，有金、银、铜三种质地。从数量上看，以银币最多，金币和铜币则次之。这为我们研究察合台汗国钱币、钱币制度和钱币流通提供了重要的实物资料。如何对这些发现的察合台汗国钱币进行有效的分类，对我们展开察合台汗国钱币的研究具有重要意义。

1977年，新疆昌吉古城出土了蒙古汗国银币1370枚，除6枚被认定为伊利汗国和钦察汗国钱币外，其余都被认定为察合台汗国钱币。陈戈运用考古学的方法，依据器物类型学分类法，按银币形制、花纹、铭文内容及字体特征将这些银币分成了四十型式。[1]蒋其祥以造币厂地点的不同来划大类，大类以下再以能识读的铭文内容、字体，结合形制纹饰等方面分成若干型式的研究方法，为我们开启了察合台汗国钱币研究的另一扇大门。[2]

察合台汗国钱币是一种打制币，在打制的过程中，因为受力的缘故，往往容易造成钱币上的文字或纹饰缺失。不仅如此，就是随着使用次数的增加，钱币表面的文字和纹饰也会因磨损变得模糊不清，更何况有些文字今天还不能释读，单纯用文字或纹饰或者以造币厂地点进行分类，很难适应察合台汗国钱币的研究。在整理相关察合台汗国钱币资料时，我们发现在许多察合台汗国钱币上打压着相互关联的徽记符号（又称为印戳符号）。我们将这些徽记符号进行排比分类，很快发现察合台汗国钱币的发展，与察合台汗国历史的发展相当吻合。但与此同时我们也发现，并不是所有察合台汗国的钱币上都有徽记的。因此，我们将察合台汗国钱币分为无徽记的钱币与有徽记的钱币两大类，无徽记的钱币比较多集中在金币，有徽记的钱币更多集中在银币和铜币中。而这些徽记是察合台汗国兀鲁思汗的标识。

1. 金币

据报道，新疆的阜康古城、博乐达勒特古城墓葬中都曾出土过数量不等的察合台汗国金币。由于目前已发现的察合台汗国金币上虽然都有打制的如"阿力麻里""乌特拉"和"撒马尔罕"等地名，但没有打制年代标识，所以其具体打制时间我们还不能判定。

---

[1] 陈戈：《昌吉古尝出土的蒙古汗国银币研究》，《新疆社会科学》1980年第1期。

[2] 蒋其祥：《蒙古元明时期西域货币研究》，《西域古钱币研究》，新疆大学出版社，2006年，第155页。

图1　　　　　　　　　　　　图2

从铭文中所能知道的打制地点有三处：阿力麻里（图
1）、乌特拉（图2）和撒马尔罕（图3）。其中，我们发现阿
力麻里、乌特拉各自打制的金币上都具有一些明显的符号
或纹饰特征：阿力麻里打制金币正面的第一行铭文中有ठ符
号，而乌特拉打制的金币正面上则具有 纹饰。乌特拉打制
的金币所具有的这一纹饰，与一般见到的最大斡尔朵银币中
的一种纹饰 接近，它的下部缺少一个小圆圈。假如我们
能将这些符号和纹饰进行归类，那么对于一些尚不能确定为
察合台汗国的金币来说，不啻是一种福音，对研究察合台汗
国金币具有重要的意义。

在目前可确认为察合台汗国的金币中，只有一种大小，
重量也相差无几。据说在新疆博尔塔拉蒙古自治州文物普查

图3

时曾发现过直径31、厚1毫米，重10.5克，正面中央第一行为地名"阿力麻里"
的大金币。[1]可惜没有见到实物或拓片资料，也无从查证。

2. 银币

察合台汗国银币在今天新疆的伊犁阿力麻里遗址、昌吉古城址、龟兹古城
址、吐鲁番、和田、喀什、库车、木垒、奇台古城、博乐达勒特古城、霍城县、
疏附县以及甘肃天水等地都有发现和出土。其中，以昌吉古城址和博乐达勒特
古城一次出土的数量为最多。

目前所见察合台汗国银币，最早的是打制于合剌旭烈、也速蒙哥之时的银
币，最晚的是打制于合赞的银币，涵盖着察合台汗国历史发展的各个时期。这
些银币上大多有徽记，这些带有徽记的银币可分为四类：一类是只有察合台汗
国一种徽记；一类是既有窝阔台汗国徽记，也有察合台汗国徽记；一类是只有
窝阔台汗国一种徽记；另一类带有一些有待考证的徽记。这些徽记或在钱币的
正面，或在钱币的背面。

[1]　新疆文物普查办公室、博州文物普查队：《博尔塔拉蒙古自治州文物普查资料》，《新疆文物》1990
年第1期。

依已知材料，第一类的徽记一般都在钱币的正面，有 ⊻、 ⊼ 等（图4），具有这些徽记的钱币都有银、铜两种质地。⊻ 在有的钱币正面出现两次。

图4

第二类徽记分两种，一种钱币的正面有窝阔台汗国徽记、背面有察合台汗国徽记（图5）；另一种窝阔台汗国徽记和察合台汗国徽记同时出现于钱币正面，有的背面还有窝阔台汗国徽记（图6）。

图5

图6

第三类徽记有可分三种，一种钱币的正面有窝阔台汗国双徽记（图7）；一种钱币的正面有窝阔台汗国单徽记（图8）；另一种钱币的正面和背面都有窝阔台汗国的徽记（图9）。

图7　　　　　　　　图8　　　　　　　　图9

第四类徽记有四种，并都在钱币的正面，这些徽记的打制地点都在察合台汗国的境内（图10）。

图10

第一类徽记出现于察合台汗国历史发展不同时期打制的银币上，第二、三、四类徽记发生于窝阔台汗国与察合台汗国联盟时期打制的银币之上。

在察合台汗国银币中有些徽记是后打的，属于第二次打制。目前只发现有两种，一种打有窝阔台汗国的徽记（图11），另一种打有察合台汗国徽记（图12）。

图11　　　　　　　　　　　　　　图12

　　除了察合台汗国可汗的徽记外，我们在察合台汗国银币上还可以常见到其他一些符号和纹饰：⊗、⊕、⊛、◈、▷、❦、❧、❋ 等。这些符号和纹饰可能不是打制钱币城市的徽记，[1]而是察合台汗国某宗王、某家族或某部落的记号，也可能纯粹是一种装饰。通过对这些记号或纹饰的归类，我们可以知晓其大致有多少种、在银币上出现的时间等，对我们认识察合台汗国银币还是极有帮助的。

　　钱币正面阿拉伯铭文为"安拉"（也有人释读为地名"阿力麻里"[2]）、背面阿拉伯铭文释读为"最大斡尔朵"的银币有两类，一类没有打制地名，另一类有打制地名"库车"。

　　没有打制地名的最大斡尔朵银币上往往带有纹饰，这些纹饰不尽相同，起码有五种（图13）。如果以正面阿拉伯铭文"安拉"之下的钱文来分，也有三种之多，有回鹘文"斡尔朵"（图13-1）、阿拉伯文"神、真主"（图13-2）和阿拉伯文"唯一的"（有的释读为"斡尔朵"）（图13-3）。

1　　　　　2　　　　　3　　　　　4　　　　　5

图13

---

[1]　林染认为这些符号和纹饰是打制钱币城市的徽记（《察合台汗国钱币考证》，《新疆钱币》2000年第4期）。

[2]　林染：《察合台汗国钱币考证》，《新疆钱币》2000年第4期。

　　打制地名"库车"的最大斡尔朵银币正面钱文"安拉"之上都有⊙徽记，以
"安拉"之下的纹饰来分有两种，一种成"□"形（图13–4），另一种则为三点（图
13–5）。有学者认为，这种有地名"库车"的最大斡尔朵银币，打制时间是在回历
662年（公元1263/1264年），根据是对钱币背面环绕四周铭文的释读，因为阿鲁忽
的在位时间是1260～1266年。所以，有人就认为它是阿鲁忽在位期间打制的钱
币，⊙徽记是阿鲁忽的。[1]现在看来，这种观点还可以商榷。据专家考证，库车约
在大德四年至七年（1300～1303年）时为都哇所并。也就是说，约在大德四年至七
年（1300～1303年）时，库车才沦为察合台汗国的属地。[2]有的专家对蒙古察合
台汗国驿站交通进行了考证，提出13世纪后期畏兀儿地区主要由元朝统治，在当地
设立了大量的驿站。14世纪初，天山南北两路都处在察合台汗国的控制之下，元
朝的驿站当被后来的察合台汗国所继承[3]。这一观点也间接印证了前一看法。因此，
如果对铭文释读无误的话，这种钱币就应不属于察合台汗国的钱币了。

　　斡尔朵是契丹和蒙古汗国对可汗牙帐（居住地）的一种称呼。钱币上的斡尔
朵应该既是指钱币的打制地点，也是指察合台汗国可汗的牙帐。察合台汗国
时期，各可汗的牙帐并不是同在一个地方而不变的。所以，因为不知道这些最
大斡尔朵银币的确切打制时间，要确定斡尔朵的具体位置还是有相当困难的。

　　　　图14　　　　　　　图15　　　　　　图16　　　　　　图17

　　在被认为是察合台汗国的银币中，我们发现有这样三种比较特别的钱币：
一种钱币正面中心"安拉"之下有八思巴文"通宝"（图14）；一种钱币中心为
藏文字母（图15）；还有一种钱币中心有汉字"宝"和海都的徽记（图16）。对

［1］　汪海林：《察合台汗国钱币简史》，《新疆钱币》2005年第3期；曹光胜、黄志刚：《关于南疆发现
　　　的察合台钱币及初步研究》，《新疆钱币》2006年第1期。
［2］　刘迎胜：《察合台汗国疆域与历史沿革研究》，《中国边疆史地研究》1993年第3期。
［3］　党宝海：《蒙古察合台汗国的驿站交通》，《西域研究》2004年第4期。

第一种钱币，从八思巴文推行的时间（1269年）就可推知其打制的最早年代。第二种被认为是回历694年（1294/1295年）在和田打制的，依据是对钱币正面和背面四周铭文的释读。[1]背面中心的两行阿拉伯文与正面中心为"安拉"的最大斡尔朵银币背文是一样的，也释读为"最大斡尔朵"。第三种钱币因为有海都的徽记，所以，大致的打制时间可以确定。有人认为第三种与第二种的打制时间和地点一样，并且是由元政府完成的。[2]果真是这样的话，这两种钱币就有可能不属于察合台汗国钱币。此外，我们还发现一种正面有一汉字"宝"的钱币（图17）。这种钱币除了汉字"宝"之外，其他铭文都相当模糊，不能确定其打制时间和地点，当然也不能确定其是否属于察合台汗国钱币。

　　察合台汗国银币的形制比较简单，都是圆形、无孔，但假如按照钱币上的图框来划分，则相当复杂，单单是新疆昌吉古城出土的察合台汗国银币，图框就可以分出30余种之多，这还仅仅是到回历678年（1279/1280年）为止，倘若加上后来打制的银币，图框变化可想知之。

3. 铜币

　　察合台汗国的铜币在今天新疆的博乐达勒特古城、霍城县、吐鲁番曾有出土，发现的数量不及银币那么多，有大、小两种，可分为有徽记和无徽记两大类。目前发现铜币上的徽记有五种：⚑、⚒、⚓、⚔、⚕。其中，⚕是⚑的变体，⚔、⚕两种徽记表现在同一枚钱币的正、反两面（图18），⚔徽记据说在金币上也有出现。从打制地点上来看，据认为铜币绝大部分都是在普剌打制的[3]。

图18

　　察合台汗国铜币中还有一种镀银的，目前所见有三种：⚑ƒ、⚒ƒ、⚔（图19）。从徽记上看，这种铜镀银的钱币至少在窝阔台汗国与察合台汗国联盟时就已经出现。

［1］　曹光胜、黄志刚：《关于南疆发现的察合台钱币及初步研究》，《新疆钱币》2006年第1期。
［2］　曹光胜、黄志刚：《关于南疆发现的察合台钱币及初步研究》，《新疆钱币》2006年第1期。
［3］　蒋其祥：《察合台汗国钱币》，《西域古钱币研究》，新疆大学出版社，2006年，第377页。

图19

四　察合台汗国钱币上的徽记

前面已经说过，不是所有的察合台汗国的钱币上都有徽记的，但有徽记的肯定占了绝大多数。我们在察合台汗国钱币上所见到的徽记有：ƒ、ᛂ、ᛘ、ᛜ、ᚻ、ᚼ、山、巾、ᛎ。这些徽记中，有的已经被大家认定为窝阔台汗国海都和察合台汗国都哇的徽记，有的却需要进一步加以推敲。

现在，大家比较一致的看法是：窝阔台汗国海都的徽记为ƒ，察合台汗国都哇的徽记为ᛂ，它们的徽记往往装饰有圆圈纹。其中，都哇的徽记因为使用时间较长而有许多变体ᛂ、ᛝ、ᛂ、ᛂ等。有海都徽记的钱币，不仅有银币，而且有铜币（图20），并只有小型一种。

在一些还需要考证的徽记中，有相当一部分与窝阔台汗国海都的徽记联系在一起，显然，它们的出现与窝阔台汗国和察合台汗国联盟时期有关。在新疆昌吉古城出土的钱币中，曾出土过正面为海都徽记、背面为察合台汗国徽记的钱币（图21），打制年份为回历672年，即公元1273/1274年。从察合台汗国来说，这时正为秃花帖木儿当政之时。因此，这种钱币的背面徽记ᛜ可以确定是秃花帖木儿的。

图20

图21

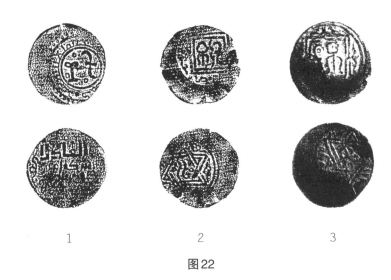

1　　　　　　　　2　　　　　　　　3

图22

　　窝阔台汗国和察合台汗国联盟时期铸造的钱币上出现的并列徽记组合
有：朵ƒ、朵ƒ、凹ƒ（图22）。这些能与海都徽记并列的察合台汗国徽记拥有
者的地位至少和海都是相当的。现在，这三个并列徽记组合中一个与秃花帖
木儿有关，一个与都哇有关，而另一个则是需要考证的。从察合台汗国的历
史发展进程来看，窝阔台汗国和察合台汗国联盟时期，察合台汗国有三个可
汗与海都有关，一个是聂古伯，一个是秃花帖木儿，另一个就是都哇。现在
海都与秃花帖木儿、都哇的并列徽记（图22-1、2）组合确定了，那么，另
外一个并列的徽记组合（图22-3）就属于海都与聂古伯的了。有意思的是，
这三个并列徽记组合中既有在塔拉斯、由斯打制的，也有在安地干、托克马
克打制的。根据学者的考证，塔拉斯原属察合台汗国，但在至元初年，海都
从察合台汗国夺取了塔拉斯。14世纪初海都死后，其子沙驻牧于此，不久并
入察合台汗国。这说明塔拉斯至少从1271年到1301年之间曾经归属过窝阔
台汗国。在塔拉斯打制的钱币上也有单独出现海都徽记的（图23）。

图23

在发现的察合台汗国钱币中，我们曾发现在阿力麻里打制的正面有海都徽记、背面中心文字第二行中有♀或♀符号的银币（图24），有人认为它是八剌的徽记。[1]1269年，窝阔台汗海都、察合台汗八剌和钦察汗忙哥帖木儿的代表别儿哥彻儿在塔剌思召开的忽里勒台会议，只是三国从各自独立发展的角度，重新划分河中地区势力范围和重新分配利益的会议，也可以说是一次联合的会议，至少从表面上看三国之间并没有谁领导谁的问题。察合台汗国在此次会议之后，并没有受到海都的控制而沦为从属。换句话说，海都与八剌是平等的一种关系，虽然海都的势力已经变得非常的强大。这是其一。其二，就是在察合台汗国成为海都附庸时，察合台汗的徽记也没有如这种所谓的八剌徽记被安排在钱币反面铭文第二行中间的情况发生。其三，据昌吉古城出土的资料，这种银币的打制时间都不在八剌统治的时候，而是在都哇之时。这种符号在大型的察合台汗国铜币中也有所见（图25），这种铜币的打制地点同样在阿力麻里。如果将具有♀符号的铜币一面作为正面，在铜币的反面则见有都哇徽记的变体♀，表明这种铜币的打制时间也不会很早。所以，将♀认定为八剌的徽记，缺乏依据，恐有不妥。这一枚铜币上，♀的符号处于突出的地位，而都哇徽记♀却被安排在背面的字里行间的不显眼之处，可反映出都哇家族在当时察合台汗国势力的式微。

图24

图25　　　　　　　　　　图26

在大型的银币和铜币中，我们发现有秃花帖木儿的徽记♣（图26），有人据对钱币铭文的释读，提出具有这种徽记银币的打制时间是在喀山帖木儿（合赞

[1]　汪海林：《在新疆出土的蒙古帝国钱币》，《新疆钱币》2004年第3期。

算端）之时。[1]这是正确的。合赞是察合台后王牙撒吾儿之子，而牙撒吾儿则是秃花帖木儿之孙，他们与都哇一样，都是抹土干的后裔，所以同属一个家族。尽管如此，他们又分属于不里和也孙都哇的支脉，秃花帖木儿是不里之孙，都哇是也孙都哇之孙。因此，合赞即位后在打制的银币时，将秃花帖木儿的徽记打在了银币之上。

在昌吉古城出土的察合台汗国银币中，发现带有"山""巾""米"徽记的钱币（图27），它们分别打制于阿力麻里、普剌，打制的时间也在都哇之时。前面我们已经提到，都哇是有自己徽记的，"山""巾""米"三种徽记肯定不是都哇的。

图27

阿力麻里是成吉思汗西征后分封给察合台的领地（或称份地），是察合台汗国的行政中心。据考证，中统年间（1260～1264年）为阿里不哥所据，不久为阿鲁忽夺回。阿鲁忽死后，阿力麻里为海都占据。至元初年，元世祖忽必烈遣其子那木罕出镇此地，并派丞相安童辅佐之。至元十三年（1276年），阿力麻里重归察合台汗国；而普剌是在至元十三年失里吉叛乱后，才成为察合台汗国的属地。[2]但尽管这样，对察合台汗国来说，从1271年开始沦为窝阔台汗国附庸之后，真正统治这个国家的是海都，并一直到1301年。有人提出"山"徽记的银币是木八剌在位时打制的，[3]但不知何据。其他的两种徽记是否可以作这两种推测：其一，它们是在阿力麻里和普剌的察合台汗国官员所打制的；其二，它们是海都所派在当地的官员打制的。由这三种徽记，我们想到了在阿力麻里打

［1］　汪海林：《察合台汗国晚期钱币研究》，《新疆钱币》2002年第4期。
［2］　刘迎胜：《察合台汗国疆域与历史沿革研究》，《中国边疆史地研究》1993年第3期。
［3］　汪海林：《察合台汗国钱币简史》，《新疆钱币》2005年第3期。

制的和被考证为同样在普剌打制的钱币中还有一种正面带有徽记的钱币（图28），这种钱币上的徽记与在窝阔台汗国都城叶密里打制的钱币（图29）上的徽记是一样的。所以，第二种推测的可能性更大些。有人认为，这种徽记就是汉文的"朱"字，反映了其受汉文化影响，[1]恐怕有点牵强附会。带有"巾"徽记的钱币不仅有银币，而且发现有铜币（图30）。

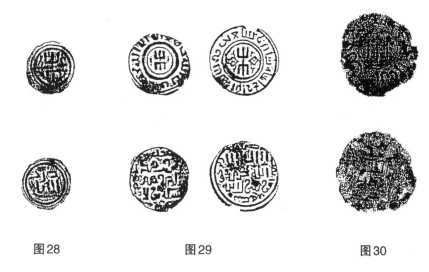

图28　　　　　　　　　图29　　　　　　　　　图30

　　在察合台汗国的铜币中，带有徽记的都是在阿力麻里打制的，有大、小两种（图31）。这种徽记和银币上的徽记明显不同。因为无法从铭文中知道带有这种徽记的钱币具体打制的时间，我们到目前为止还无从考证。不过，不妨作以下推测：除了窝阔台汗国在察合台汗国当地打制的钱币外，我们现在可以看到代表察合台汗国兀鲁思汗标识的徽记有这样三种：、、。在这三种徽记中，最早的是聂克伯的，属于都哇的徽记使用时间是最长的。根据目前掌握的材料，都哇的徽记一直使用到合赞算端之前，合赞算端之时使用的是秃花帖木儿的徽记。换句话说，在察合台汗国发生分裂以前，我们怀疑在察合台汗国钱币上出现徽记的可能性。这是其一；其二，从货币制度而言，目前能够知道打制时间、地点和带有察合台汗国兀鲁思汗徽记的银币中，钱币有大、小之分出现于具有都哇徽记的钱币中。而带有都哇徽记的大小银币显然与怯伯的货币制度改革有关。也就是说，钱币分大小两种，开始出现于怯伯之时，并一直延续到以后。这对铜币打制来说，情况也应该是一样的。所以，从这两点的分析出发，我们认为带有徽记的钱币所出现的时间是比较晚的。

---

[1]　蒋其祥：《蒙古元明时期西域货币研究》，《西域古钱币研究》，新疆大学出版社，2006年，第168页。

图31

五　察合台汗国钱币的制作

就现在所能见到的察合台汗国钱币，都是采用打制的方法制作的。并且，钱币正面和背面的纹饰和铭文往往会发生缺失的情况，这说明当时对钱币制作的质量要求并不是很高。

察合台汗国钱币打制的地点，一般都是通过对钱币铭文的释读获得的，昌吉古城出土钱币的时候，从钱币铭文中了解到的打制钱币的地点只有阿力麻里、喀什噶尔、布哈拉（即不花剌）、塔拉斯、普剌、忽毡、肯者特、撒马尔罕等8个，[1] 现在我们还知道有托克马克、忒尔迷、乌特拉（兀提拉尔）、安的干、由斯、霍建、海押立、日贾里、斯兰德沙特（哈儿失）、铁尔梅兹、马尔吉兰、阿拉都巴扎等地。这样，钱币打制地点前后加起来一共有17个之多。这些地名的地望有的能找到在今天的相应位置，有的却已不能考了。在这个17个打制地点中，目前发现的喀什噶尔、塔拉斯、忽毡、肯者特及托克马克、安的干、由斯、霍建打制的银币上都带有海都的徽记，阿力麻里、布哈拉、撒马尔罕打制钱币的历史最长，忒尔迷、乌特拉、海押立、日贾里、斯兰德沙特、铁尔梅兹、马尔吉兰等打制的银币上都带有都哇的徽记，并开始于怯伯之时。

在可考的地名中，安的干、塔拉斯、忽毡、布哈拉、撒马尔罕、忒尔迷等属于察合台汗国西部的河中地区，阿力麻里、普剌、海押立、喀什噶尔、托克马克则属察合台汗国东部的草原地区。其中，阿力麻里是察合台汗国的统治中心，撒马尔罕则是察合台汗国西部的经济中心。这两座城市打制的钱币都有金、银、铜三种质地。1308年，怯伯将汗位让于其兄也先不花。1314年，怯伯提出迁都的主张，将察合台汗国的统治中心由草原地区的阿力麻里转移到以农耕经济为主的河中地区撒马尔罕，并在那黑沙不附近筑一城，名合儿昔（qarši，意为宫殿），为可汗居地。但这一主张得到了一部分蒙古贵族的支持，同时也遭到了一部分蒙古贵族的反对，于是，导致察合台汗国事实上形成了两个统治中心：

---

[1]　陈戈：《昌吉古尝出土的蒙古汗国银币研究》，《新疆社会科学》1980年第1期。

东部的阿力麻里，西部的撒马尔罕，史学界也有人从此将察合台汗国的东西部分别称为东察合台汗国和西察合台汗国的。[1]除了阿力麻里和撒马尔罕，其余打制钱币的地点，都是察合台汗国重要的工商业城市。

六　察合台汗国的钱币制度

根据发现和出土的资料，我们不仅知道察合台汗国钱币有金、银、铜三种质地，其中以银币发现为最多，察合台汗国流通的钱币以银币为主，而且同样可看到察合台汗国钱币有大小两种，但这种大小区别并不是从一开始就存在的。察合台汗国钱币早先打制的钱币只有一种大小，直到怯伯对钱币制度进行改革后才出现这种情况的。

1318年，怯伯即察合台汗国汗位，成为新的兀鲁思汗。他一方面接受伊斯兰文化的影响，另一方面就是对钱币制度进行改革，规定：钱币铭文中含有兀鲁思汗的名字；钱币分大小两种，小的称为第纳尔，大的称为第尔罕，六枚小的第纳尔与一枚大的第尔罕等值。[2]

据说在怯伯未改革钱币制度之前，各地的蔑力克（地方行政官员）差不多都用自己的名字铸造过钱币。[3]从怯伯钱币制度改革中，我们可以了解到当时只是规定钱币铭文中要含有兀鲁思汗的名字，必须以兀鲁思汗的名义打制钱币，而没有统一货币铸行权。事实上，在察合台汗国钱币上，我们除了能见到兀鲁思汗徽记外，还见到可能是其他宗王、部族等的记号。

虽然怯伯在钱币制度改革中将钱币分为大小两型，但由于属于打制币的缘故，实际发现的察合台汗国钱币的尺寸并不统一，有时甚至给人可以分为大、中、小三型的感觉，比如在大型铜币中，一般直径为30～34毫米，但实际发现有超大型者，直径分别达40毫米、50毫米和70毫米，[4]这些超大型的铜币在重量上并不比其他大型者重多少，说明尽管当时将钱币分为了大、小两型，但并没有具体规定钱币大小的标准尺寸。事实上，由于是打制，也很难规定钱币的尺寸。所以，各地在打制钱币时具有一定的随意性。同时，虽然当时将钱币分为第纳尔和第尔罕两等，但就发现的钱币重量而言，相差还是较多的，说明当时在进行具体交易时，钱币价值的确定还是根据重量的。

---

［1］　刘志宵：《察合台汗国初探》，《新疆社会科学》1986年第3期。
［2］　（苏）威廉·巴托尔德著、罗致平译：《中亚突厥史十二讲》，中国社会科学出版社，1984年，第208页。
［3］　刘志宵：《察合台汗国初探》，《新疆社会科学》1986年第3期。
［4］　陶知方：《一批亟待确定归属的古铜币》，《新疆钱币》1999年第4期。

怯伯的钱币制度改革，至少可以使我们知道钱币铭文中出现察合台汗国兀鲁思汗名和钱币分大小两型的时间上限，有利于对有些钱币打制时间的判断，而这一点对于打制的缺失和使用导致铭文不完整或模糊不清而不能释读的钱币来说，具有重要的作用。

总之，有关察合台汗国钱币的研究还有待进一步的深入，不仅从钱币本身，而且可以从钱币文化上加以探讨，当然，重点在于对最为基础的钱币铭文的释读。我们上面的论述，也仅仅涉及察合台汗国钱币一些方面而不是全部，希望对大家有所裨益。

（本文撰写过程中得到了上海市钱币学会王炜先生的大力支持和帮助，在此谨致谢忱）

（原载《中国历代货币大系·元明货币·专论》，上海人民出版社，2009年；后收录于上海博物馆编：《丝绸之路古国钱币暨丝路文化国际学术研讨会》，上海书画出版社，2011年）

博大精深　高屋建瓴

——访著名钱币学家汪庆正先生

汪庆正先生是一位著名钱币学家。现在（1993年——笔者注）是上海博物馆副馆长、研究员，中国钱币学会常务理事，上海市钱币学会副理事长。鸡年新春之际，我有幸拜访了这位前辈。

汪庆正先生，1952年毕业于东吴大学。由于受家庭的影响，在大学时代便开始潜心于钱币研究了。1959年在《考古》杂志上发表了第一篇有关货币史的论文。在这篇文章中，运用马克思主义货币学说，提出了货币史研究的指导思想和方法论的重大理论问题，精辟地阐述了我国货币发生、发展的历史进程。尽管这篇论文发表于30多年前，至今仍具有现实意义。

汪先生治学严谨，对于货币史、钱币学的研究不限于一隅，而是触及旁类：古文字学、历史学、经济学、历史地理学、历史文献学、民族学等众多学科，大量运用经过科学发掘的考古资料，来探讨货币史、钱币学。并且，相当重视他人的研究成果。《十五年来古代货币资料的发现和研究中的若干问题》就是这方面的杰作。这篇文章也是对中华人民共和国成立之初十五年货币史和钱币学研究的一次总结。在这篇文章中，汪庆正先生不仅详尽地论述了我国货币发生与发展的历史，而且提出了许多令人思索的问题，这些问题为以后的考古资料和他人的研究成果所解决，如半两钱的始铸年代、开元通宝的断代、大历元宝和建中通宝在塔里木盆地的发现等许多前人无法解决的货币史、学术史问题。《中国钱币研究的现状及其展望》则是《十五年来货币资料的发现和研究中的若干问题》的继续和发展，提出中国货币史、钱币学经过三十五年的研究，已经解决的和有待于解决的许多重要课题，是对中国货币史、钱币学研究三十五年的科学总结，因此，具有划时代的意义。

汪先生对先秦货币的研究相当独到，从《日本银行上海博物馆所藏博山刀考略》《三孔布为战国中山国货币考》到《中国历代货币大系·先秦卷·总论》，都有重大的理论突破，创造性地丰富了先秦货币的研究，开创了先秦货币研究的新纪元。拜读汪先生的大作，犹如阅读一篇篇清丽的散文，脍炙人口，令人深思。近年来，汪先生开始将自己的研究侧重点转到秦汉货币之上，并多有创见，发表了《"半两"考议》等学术论文，影响颇大。

鉴定钱币真伪，也是一门学问，是开展货币史、钱币学研究的基础。可以说，我们搞货币史、钱币学研究的圈子里的许多人对此讳莫如深，而汪先生却有很深的研究，可谓慧眼独具。也正因为如此，汪先生的大作以其正确性、科学性经得起时间的考验。

上海博物馆的"中国钱币馆"在马承源馆长的亲自支持下，于去年（1992年——笔者注）9月底正式对外开放。这座堪称中国乃至世界一流的钱币专业博物馆已经赢得了广泛的赞誉。作为上海博物馆副馆长，汪先生与其他领导一起为此倾注了大量的心血。

汪庆正先生学识渊博，除了货币史、钱币学方面取得了卓越成果之外，在碑帖和古陶瓷的研究方面，同样取得了令人瞩目的辉煌成就。

（原载《上海钱币通讯》1993年4月第36期）

补记：

本文是应上海市钱币学会的安排撰写的。1993年年初，学会正在发表有关各理事长、副理事长的介绍。汪庆正先生是上海博物馆副馆长、上海市钱币学会副理事长。我与他同在上海博物馆工作，学会就把撰写汪先生介绍的事安排给了我。接到任务后，我首先将学会的安排报告了当时青铜器研究部的领导陈佩芬老师。陈老师让我去问汪先生，说只要汪先生本人同意就可以写。于是，我就有关事项又向汪先生做了汇报。征得汪先生同意后，我采访了汪先生，并查找和拜读了汪先生当时撰写和发表的所有钱币论文，撰写成文，经汪先生同意，发表于《上海钱币通讯》之上。

其实，汪先生不仅是我单位的领导，也是我的授业师长。40年前，他曾经担任我大学《中国陶瓷史》课程的老师，他用那纯正甜糯的苏州话生动形象地讲述着中国陶瓷的整个发展历程，让人印象深刻，引起大家对陶瓷的兴趣。那时起，我对他的学养和风度就已深有倾慕。入职后，由于特殊的机缘，1985年3月也正是他安排我到了中国历代钱币整理、鉴定与研究的岗位。这样，我对汪先生也就有了更多的接触和了解。

汪先生对中国钱币事业的发展做出了很大的贡献，尤其是在推动学术研究方面。他于担任行政职务之外，忙里偷闲撰写论文，对中国钱币做进一步的深入研究。读他撰写的文章，我们可以发现，汪先生总是以异于常人的独特角度和犀利眼光看待问题、研究问题，是一位非常值得尊敬的学者和大家。

2005年8月，我被国家文物局聘为国家文物鉴定委员会委员。当时，汪先生已然病危，听到我的消息，仍将我唤到他的床前，伸出手与我紧握，微笑着连声说："祝贺，祝贺！"此时此景，让人永久难忘。回想起1994年汪先生临出差时，还特意写信给上海市钱币学会，推荐我担任学会的理事，不禁感慨倍之……

故人已去，音容犹在。

2021年6月30日

钱币收藏家施嘉幹先生与其珍藏钱币

——上海博物馆新获施嘉幹旧藏钱币

1998年7月，著名钱币收藏家施嘉幹先生的夫人董逸新女士及其子女向上海博物馆捐赠了施先生生前收藏的钱币4086枚/件。这批钱币以中外机制银币为主，具有重大学术研究和收藏价值。

施嘉幹先生（1896～1975年）是中国近现代钱币收藏大家。主业是从事建筑工程设计，收藏和研究中外钱币是他的业余爱好。1921年，施先生赴美国麻省理工大学（MIT）公费留学，攻读结构专科硕士。期间对钱币发生了浓厚的兴趣，并参加了美国钱币协会。

几十年来，施先生自己的生活相当俭朴，却把通过建筑工程设计和实业活动获得的相当财力都花在了钱币集藏与研究之上。据他的家人回忆，施先生甚至连出国时的一点费用也尽量节省下来，用于购买钱币。正是凭借着这样一种锲而不舍的精神，施先生收藏了中外钱币中的许多珍品、孤品，为世人所瞩目。1946年施先生在赴美国考察工业时，以自己个人的收藏品举办展览，还在旧金山和华盛顿两地钱币界集会上发表有关中国近代货币的演讲，赢得了广泛的盛誉。当他发现中国伪制币充斥于美国市场时，"最可惊异与最感遗憾"，便"蓄意写以西文之中国币考，思有以别真伪正视听"。1949年6月，抱着"多少为国家留一点历史上的逻辑"的信念，施嘉幹先生撰著《中国近代铸币汇考》一书，对中国近现代机制钱币作了全面而系统的论述。在将近半个世纪的岁月里，《中国近代铸币汇考》一书始终为收藏和研究中国近现代机制钱币必备的重要著作，影响极其深远。

《中国近代铸币汇考》全书分为五编，内容涉及中国近代各个时期的金、银、镍、铝货币以及邻国铸币。在考察和研究中国近代钱币上，施嘉幹先生从大处着眼，细处入手，从钱币铸行情况、版别区分、珍稀程度等各方面阐发自己的思想，用心独到，使这本书成为具有重要文献价值的钱币学著作。

对自己花了很多心血才收集到的钱币，施嘉幹先生早在上世纪60年代就曾向时任中国科学院院长的郭沫若先生提出过自己的安排设想。即使在备受凌辱的"文革"期间，施嘉幹先生也时刻想着祖国。1972年，在给时任人大常委会副委员长的郭沫若的信中明确提出，自己收藏的中外钱币不仅具有经济价值，而且具有历史价值，应归国家博物馆收藏，"上海博物馆也存有一部分近代币，将来如有可能合并整理则更好"。这充分表达了施嘉幹先生宽阔的胸襟和对祖国的赤诚之心。

　　董逸新女士及其子女捐赠的这批钱币大多著录于施嘉幹先生《中国近代铸币汇考》一书中，流传有序，素负盛名。他们的慷慨捐赠，极大地丰富了上海博物馆的收藏，填补了许多空白，并使今天更多的钱币研究者、爱好者有了目睹这批钱币珍品的机会。

　　施嘉幹先生旧藏钱币中有许多是钱币界公认的"名誉品"，在中国近现代机制货币中占有重要地位。如1867年上海一两银币、中外通宝一两银币、"吉"字圆孔银币、光绪十四年（1888年）贵州黔宝银饼、宣统三年短须龙大清银币、湖北"本省"七分二厘和七钱二分银币、福建光绪七钱二分银币、陕西光绪三钱六分银币、新疆光绪银圆三体文五钱银币、新疆足银一钱方孔银币、山东制造局足纹五钱银饼、黑龙江光绪三钱六分铜样币、四川宣统一钱四分四厘银币、民国十八年孙中山像地球版一元银币、民国十八年孙中山侧面像背开国纪念版银币、无纪年孙中山正面像镀银样币、民国十年广西一毫和二毫样币、华兴银行五分和廿分镍币、1865年香港一元铜样币等。兹择其精品数枚介绍如下：

　　上海一两银币（图1），系1867年上海工部局委托香港造币厂铸。正面主图是龙纹，四周环书"上海一两"汉字；背面主要为英国皇冠和国徽，四周环绕英文"上海一两"（币值）、"香港"（铸造地名）、银币成色与铸造年份。这种银币的正面分有芒纹和无芒纹（也有称芒纹为"射线"的）两种，并有光边和齿边的区别，存世仅以枚计。施嘉幹先生旧藏钱币中有一枚有芒纹的上海一两银币、齿边，铸作相当精致。

图1

图2

　　中外通宝一两银币（图2）。正面内圈横书右左读"关平"、直书"银一两"，外圈有直读"中外通宝"四字；背面内圈为太极八卦阴阳图，外圈是首尾相接的两条龙纹。有关中外通宝银币的铸造情况，钱币学界目前存在着三种说法：一种说法认为中外通宝银币系咸丰四年（1854年）上海江海关成立，当局委托外国先进造币厂铸造；一种说法认为中外通宝银币是英国造币厂代上海所铸之专作纳税用之银币，咸丰八年（1858年）就有发现；另一种说法认为中外通宝银币是朝鲜高丽高宗二十一年（1884年）典圆局所铸，但不知所据。与中外通宝一两银币同时铸造的还有五钱、二钱、一钱和五分银币，可知当时是成套铸造的。该币铸工精美，存世非常罕见。

新疆的方孔"足银一钱"银币（图3），在钱币界素闻其名。该币正面是汉文、直读"足银一钱"。背面则是回文，读法不尽相同，一种读法认为上面是"喀什噶尔"，下面是"乌什"；另一种将上面的文字读作"好银子"，下面的文字读作"实足一钱"；还有一种读法认为上面应是"一钱"，下面是"银子"。实际上，面文与背

图3

文的意思应该是一致的。有关方孔"足银一钱"银币的铸造，目前钱币界也有不同看法：一种观点认为此币系光绪三十三年（1907年）新疆迪化水磨沟机器局所铸，另一种观点则认为此币系光绪六年（1880年）左宗棠眼见新疆天罡银币流弊过多，命兰州机器局制造新式钢模打制而成。一般的看法是，这种银币是光绪六年左宗棠饬兰州机器局制造钢模后，交帮办新疆军务、广东提督张曜在库车铸造的。由于这种方孔银币当时产量就不多，流通不广，铸造时间也仅有近一年。所以，流传至今，愈显珍贵。

光绪元宝"吉"字圆孔银币（图4），仿清代制钱样式铸造，正面直读"光绪元宝"，背面圆孔上下分别为"厂平""五钱"四字，左右则是满汉文"吉"字，边饰云纹，与铸于光绪十年的吉林厂平银币形制明显不同，铸造年代似较之在前。

图4

陕西省自清代至民国，自己始终没有铸造过银币，但传世有出自英国伯明翰喜敦（或译"希顿"）造币厂的一套陕西省光绪五等币值的银币。一般认为，这是光绪二十四年（1898年）陕西省向清政府奏请设立银元局机制银币时委托喜敦造币厂所造的试样币。可以说，以前不曾有人完整地收藏有一套陕西银币，近年才见台湾鸿禧美术馆所编的《中国近代金银币选集》一书中有完整照片著

图5

录。上海博物馆以前曾受赠著名收藏家李伟先先生的藏币，其中有一枚陕西光绪七钱二分银币。这次在董逸新女士及其子女捐赠的施嘉幹先生旧藏钱币中，发现有一枚三钱六分的陕西光绪银币（图5），可说是补了上海博物馆收藏之缺。陕西光绪银币存世赝品众多，据说民国时期作伪名家平玉麟等先后仿铸三版，其中第三版达到了几近乱真的地步，唯一的缺陷在于正面中间的满文稍嫌生硬。

安徽省光绪二十三年（1897年）在安庆开设造币厂，光绪二十五年（1899年）时，为了改建新厂，原有厂房被拆除，一直到光绪二十八年（1902年）才奏准成立新的安徽省造币厂。在这期间，安庆造币厂实际上处于停铸的阶段。一般认为，在光绪二十三年至二十五年（1897～1899年）安庆造币厂铸造的是银币，在此之后成立的新造币厂只铸铜元。存世有安徽光绪二十三年七钱二分和一钱四分四厘两种银币，正面汉文纪年没有光绪年号，却有"A.T.S.C."四个英文字母。对于这四个英文字母，不仅读序有不同，意义的解释也有区别。在读序上，有读作"T.A.S.C."的，为"TATSING ANHUI SILVER COIN"（大清安徽银币）的缩写，如果照这种读法，将四个英文字母读为"A.T.S.C."（安徽大清银币）更符合排列顺序。还有一种意见认为，这四个英文字母"当系记名之西文缩写"，如果按这种意见，那么这种二十三年安徽光绪银币当与外国有关。不管怎么说，在中国的银币上出现正面有英文字母而没有纪年年号的现象，确实让人感到好奇。一说这种币是光绪二十三年初，安徽巡抚邓华熙获准向德国商人订购造币机器时，德国商人代铸之试样币；一

图6

说这种币是当时由德国商人随机器附制的试机钢模所铸造，除七钱二分、一钱四分四厘钢模外，安徽省自己加制有三钱六分钢模。二十三年安徽光绪七钱二分和一钱四分四厘银币都极其稀见，施嘉幹先生旧藏钱币中就有一枚这样的一钱四分四厘银币（图6）。

1928年，南京国民政府先后召开了全国经济会议和财政会议，通过了《废两用元案》等议案，决定铸造新的银币，统一全国货币。当时，不但中国的天津造币厂，而且意大利、英国、日本、美国和奥地利五国的造币厂，都铸造了一批银样币，供国民政府选用。由于以后美国顾问甘末尔受邀来华，提出的金本位币制为国民政府所接受，这些银样币都没有被采用正式铸造，所以，存世极其罕见。其中，

以民国十八年（1929年）孙中山像嘉禾二角和一元银币、民国十八年孙中山像地球版一元银币，尤其是民国十八年孙中山侧面像背开国纪念版一元银币，更为珍稀。此外，在施嘉幹先生旧藏钱币中，还有一枚无纪年的孙中山正面像背开国纪念版的镀银样币（图7），绝少。

图7

图8

众所周知，香港造币厂正式建成于1866年5月，并开始铸行当地流通银币。然而，在施嘉幹先生旧藏钱币中有一枚红铜质地的香港一元银币样币（图8），上面记载的铸造年份是1865年，仅见。这是一枚相当珍贵的研究香港货币铸行的实物资料，表明香港造币厂可能在1866年5月正式开铸银币之前曾试样铸造，也可能它是英国造币厂为香港代铸之样币。

除了中国机制银币外，施嘉幹先生旧藏钱币中还有许多罕见的近代外国银币，如1684年罗马教皇六边形银币、17世纪德国大银币和奥地利方形银币、1813年瑞士银币、荷兰马剑银币，日本明治时期的金币和明治八年至十年的贸易银银币、富士山一分、五分和一两铜币及"保"字铜锭等。

2000年2月19日，上海市文物管理委员会在北京举行了简朴而隆重的接受捐赠褒奖仪式。2000年7月15日至8月15日，上海博物馆从施嘉幹先生生前收藏的钱币中择其精要，举办特展，并出版了《施嘉幹先生旧藏中外钱币》一书，弘扬董逸新女士及其子女热爱祖国、精心保护文物、关心和支持文博事业发展的崇高精神。

（原载《中国钱币》2000年第3期）

大师手眼　前辈风范

——纪念著名钱币收藏家罗伯昭先生

　　我与罗伯昭先生从来未曾谋面，听说罗伯昭先生是在我1985年从事钱币研究之后，而逐渐认识罗伯昭先生，却是通过他撰写的文章和收藏的钱币。

　　罗伯昭先生（1899~1976年），曾名罗文炯，号沐园，四川重庆人。先生幼敏于学，早年就读于上海著名的教会学校圣约翰大学，毕业后主要经营桐油生意，事业有成。抗战爆发后，罗先生因不愿与日本人合作，不愿发国难财，遂毅然放弃经商，潜心于钱币收藏与研究，其志节之凛然，品格之高洁，至今想来，仍令人感佩不已。1940年，罗先生与丁福保、郑家相、王荫嘉、张絅伯等人一起创建中国早期钱币学术团体——中国泉币学社，创办《泉币》杂志，并将自己的家（上海安福路七号）作为中国泉币学社的活动场所，而且倾其财力，支助《泉币》杂志出版，又在每期撰稿，创见性地贡献自己对钱币收藏与研究的心得，独树一帜，对钱币事业的发展和学术建设作出了重大贡献。

　　作为中国现代古钱币著名收藏家，罗先生所收藏的钱币不仅遍及中国古今，其收藏的质量之高也是屈指可数的。丁福保先生曾评价云："伯昭在同好中年较幼，好泉较晚而癖嗜之，深搜罗之勤，余叹不如。其所藏虽不逮叔驯、仁涛，然箧中不乏新颖可喜之品，两宋铁范尤为可观。"杭州泉人张晏孙则曰："罗君伯昭深于泉学且富收藏，久为同好所推崇，比来搜集益勤，所得尤多珍美，在昔称雄巴蜀，个且争长中原，为南张北方之劲敌矣。"（《沐园四十泉拓》题辞）这些评价确非溢美之词。《沐园四十泉拓》一书，是罗先生于1941年为庆贺自己四十岁生日遴选自藏四十珍品集拓而成的。该书收录的钱币有西周圜钱、景和、六铢、乾元重宝背十、天成元宝、鎏金天策府宝、乾封泉宝背天大铜钱、保大元宝背天、永平元宝、祥符元宝折三型铁母、天圣元宝折二铁母、熙宁通宝折三铁母、元丰重宝、绍圣通宝背施铁母、绍圣通宝大字、元符重宝、政和重宝铁母、靖康通宝篆书大字折二、靖康通宝铁母、建炎通宝铁母、乾道元宝铁母、淳熙元宝背利折二铁母、贞祐通宝、大朝通宝银钱、至元通宝背玉篆书、咸丰重宝宝河当五十木雕母等。这些钱币均为一时之上选，而先生的眼力，亦由此可见一斑。在当时，罗先生与另两位钱币界泰斗方药雨、张叔驯一起共享"北方南张巴蜀罗"之盛誉，当非幸致。除此之外，我们还可以从《泉币》及50年代罗先生捐赠给中国历史博物馆的钱币留拓中，进一步领略到罗伯昭先生之收藏水平："卣刀"直刀、"垣釿"布、"文雁乡"三孔布、"市坪"圜钱、壮泉四十、大蜀通宝、天策府宝铜钱、应感通宝、应运元宝、祥符元宝折三型铁母、元丰重宝、天禧通宝折二铁母、绍兴通宝背四大钱、中统元宝、大元通宝小平、巴思八文大元通宝母钱、弘治通宝大钱、天启通宝篆书折二、洪熙通宝及清代雕母等等。这些钱币举世罕见，多属大珍品、大名誉品，对研究中国钱币铸造与流通所具有的重大历史价值，充分反映出罗伯昭先生超凡的鉴赏力与胆识。更难能可贵的是，罗伯昭先生将自己几十年的心血，义无反顾，化私为公，慷慨捐赠给国家，为后人留下了一份丰厚的文化遗产，表现出一位知识分子崇高的思想境界。

　　罗伯昭先生不仅是一位收藏大师，而且对这些钱币富有研究，所撰所述，无不为真知灼见，可谓是泉币界少有的研究型藏家之一。仅在1940～1945年出版的《泉币》杂志32期中，罗伯昭先生先后撰写或提供藏品的文章就有101篇，平均每期有三四篇之多，著述之丰，令人观止。先生治学严谨，文章讲究实在，一点一滴，有感而发，言简意赅，虽廖廖数百言，而立意深远，足启后人之思者每每可见。罗伯昭先生的文章大致可分为两类，一为考述，一是鉴赏。在考述文章中，罗先生广征博引，阐释发微，《临安府贰百文省释疑》《建武五铢范年月日考》《太平百钱非吴制说》《珎与宝》《再说珎与宝》《南汉钱史》《西川嘉定铁钱之分析》等都是掷地有声之作。在《临安府贰百文省释疑》《再说临安府贰百文省》《贰字余音》三文中，罗先生经过大量的考证，认为产生于南宋末年的临安府钱牌（图1），其钱文中的"贰"字应释读为"贰"而非"一"，所谓"考古文式可作一，式可作二，若从贝则遍觅字书无此贰字也。字既不见经传，而强释之为一，于义终未安也。且钱牌之用，期以流通市里，出入贩夫俗子之手。果如翁树培氏所云，贰从弍作一百，其字贤士大夫犹不识之，而盼贩夫俗子能知之可乎，其不起市井之纷争也几希。故余曰贰即贰，从俗书也。"这一观点被近半个世纪后所发现的实物证实，足见先生眼光之敏锐、立论之高明。而《建武五铢范年月日考》一文，罗先生则力排众议，从古文字"十"和"七"入手，假以汉代年历，提出了建武五铢钱范的铭文纪年应为"建武十七年"，而不是"建武二十年"的观点，为学术界所普遍接受，奉为圭臬。《南汉钱史》一文，是第一篇系统研究有关五代十国时期南汉铸钱发

图1

图2

图3

图4

展的文章。在文章中，罗先生开创性地将南汉铸钱分为三个时期：刘隐铅钱时期、铜钱时期和铅钱时期（乾亨年间——笔者注），这对后人了解和进一步研究南汉货币史具有指导意义。在鉴赏文章中，罗先生将考证与欣赏有机地结合起来，不仅考证钱币铸造和版别，而且对钱币真伪、来龙去脉，一一辨析，探赜索隐。如《泉币》第二期《绍圣通宝背施》云："此品白铜厚重，当系铁监母泉，旋读通宝已属创见，而背下施尤奇也。考施乃施州，今湖北恩施县是也，北宋时属剑南道。哲宗本纪，绍圣二年五月置施州广积监铸钱，于史有证，尤属可贵。按今施背铁钱未见。"（图2）又如《泉币》第六期《统和元宝》："辽钱统和变化最多，所见有大字、小字之分，或背上月，或上月下星，或背无文。此品盛大字，元字不挑，宝足带隶，背上月文，白铜绿锈，色泽可爱。曩成都龚熙台藏一品，小字，元宝全仿开元，背无文，绝少，寻归齐斋。"（图3）

《泉币》第七期《建国通宝钱考》一文，可视为罗先生的代表之作。在该文中，罗先生究其真伪，挈其要害，详加考证，大胆推测，淋漓酣畅。首先，辨别建国通宝钱之真伪。建国通宝钱（图4）以前没有见过，钱谱上也没有著录过，历史上也没有"建国"这一年号，这对于鉴别建国通宝钱的真伪来说具有相当大的难度。但如果一旦确定这枚钱币是真品，那将是一个大的发现，可补历史记载之阙，这又具有很大的挑战性。为了弄清该枚钱币的真伪，罗先生不辞辛劳，毅然北上，将钱取回上海，以其睿智，审视再三，断定果非赝作。"铜色金黄，膛底松花绿锈，面带黑斑，锖色坚美，权之得三公分六厘。版式狭穿大字，宝含圆贝，四字平整，一气呵成。遍查建炎各种图式，建通宝三字，决无此书体，焉能以炎改国。此钱轮郭风气，酷肖政和宣和，亦逼近美制大字圣宋，其为北宋官铸钱无疑。试比南宋之制，固大相径庭也。"其次，考建国通宝钱铸造之可能。北宋时没有"建国"这一年号，但有"建中靖国"年号，确定钱币上的"建国"两字是否是取"建中靖国"年号中首尾"建国"两字，意义重大。罗先生以北宋时所铸的太平通宝钱和祥符元宝、祥符通宝为例，指出："徽宗巧技成性，或以靖国二字，不足以概括建中靖国四字之义，爰取首尾二字，一度铸钱，理或然欤。"接着，推定建国

通宝钱铸造之时间。罗先生以元祐背陕钱和圣宋、宣和、政和钱相比较，指出建国通宝钱铸于陕西炉铜铁兼铸之时，"徽宗既铸圣宋，何遑铸建国乎"。并认为："建国一度之铸，当在建中靖国元年之初，而圣宋之制，当在建国鼓铸之后。意者，建国钱乃建中靖国改元试铸品，旋以其制不合，而改圣宋欤。"最后，设想建国通宝钱应成对钱。"余按北宋钱自天圣以降，率真篆成对，今篆书建国已发现，真书建国容或有之。"整篇文章条分缕析，层层推进，极有见地。事实证明，建国通宝真书也确有其品，遗憾的是，现仅见一纸拓片矣。

《沐园四十泉拓》是先生唯一一本发行的专集。在书中，罗先生对所收录的钱币，或缀以绝句，或加以考证，文字清丽简约，展现出罗先生深厚的文学功底和历史卓见。如对保大元宝背天钱（图5），罗先生在书中发表了自己独特的见解，至今备为一说："《十国春秋·楚世家》：乾祐三年十一月，希萼帅师陷长沙，杀希广，自称楚王。明年春，奉唐朔，称保大。九年二月甲辰，遣使入贡于唐。三月，唐以王为天策上将军、武安武平静江宁远等军节度使兼中书令，封楚王。十月辛卯，唐将边镐引兵入醴陵，希萼奔衡山，希崇降。十月，迁马氏诸族千余人于唐。余按保大钱乃希萼奉唐朔后所铸，文字制作与小样铢乾封不异，背天尤为明证。"

图5

作为钱币学界的晚辈，虽然无缘拜见罗伯昭先生这样的前辈大师，但通过拜读先生撰写的文章，欣赏先生收藏的钱币实物及拓片，使后学的我充分感受到了这位钱币界前辈的手眼风范。同时，也使我深深体会到，只有如先生那样，不停留于收藏之表面，而是融历史考证于一体，才能使收藏集大成，研究具新意。值此罗先生逝世二十五周年之际，很乐意地接受了罗伯昭先生女儿罗炯女士之约，撰写此文，以志纪念。

（原载《中国钱币》2002年第1期）

富于庋藏　精于钩沉

——记吴筹中先生的中国纸币研究

吴筹中先生是中国近代纸币收藏与研究的大家，他以其丰富的收藏、深厚的学识，在收藏界和学术界享有极高的声誉。

20世纪40年代初，吴筹中先生便开始了中国纸币的收藏。1942年7月5日，吴筹中先生在观看了由中国纸币集藏社管江民、钱万能等在八仙桥青年会举办的"中国历代钞票展览会"后，对中国纸币产生了浓厚的兴趣，并开始了纸币的收藏。在长达60年的集藏岁月里，他历经艰险，坚持不懈，持之以恒，卓成大家。1965年，就已经收藏了中国历代纸币15000余张，成为当时集藏中国历代纸币数量丰富、质量精湛的收藏家之一。1979年9月，吴筹中先生将自己收藏的5216张纸币无偿地捐赠给国家，并认为这是他收藏纸币的"最好归宿"，反映了吴筹中先生宽厚博大的爱国情怀。

吴筹中先生不但是一位著名的收藏家，更是一位在纸币研究方面具有精深造诣的学问家。早先工作闲暇之余，吴筹中先生已经对自己所收藏的中国历代纸币进行系统分类，整理编写了《万钞集》（又名《吴氏万钞集》）《宋金元明清政府统治时期发行的纸币》《辛亥革命时期的纸币》《帝国主义侵华及其扶植的傀儡组织发行的纸币》和《中国革命战争时期的革命货币》。这些资料集尽管没有正式出版，但对了解中国纸币的发生、发展的历史和实物，具有重要的意义。

1979年以后，吴筹中先生更是将自己的主要精力放在了对中国纸币的研究上，取得了令人瞩目的成就。20余年来，吴先生勤奋耕耘，先后发表文章多达289篇，独立编撰或主要参编的钱币学专著达7本，并多次为相关的中国纸币展览提供自己的藏品，四次获得中国钱币学会优秀学术成果最高奖——金泉奖。

一般来说，中国纸币大致可以分为古代纸币和近现代纸币两大类。其中，近现代纸币又可分为国家银行纸币、地方银行纸币、商业银行纸币、军用纸币、民间纸币、人民革命纸币、敌伪纸币、外资银行纸币及其他机构发行的纸币等项。吴筹中先生对这些方面的纸币都有相当研究，并具有独到的见解。

很长时间以来，人们对1949年以前发现的北宋"千斯仓"版和南宋"行在会子库"版的性质和真伪等问题存在着不同的认识，特别是在20世纪80年代，争论更是热烈。有的认为这两件东西分别是当时"交子"和"会子"的钞版，有的认为它们是民间私铸品，还有人认为它们是伪品等，众说纷纭。对此，吴先生先后发表《中国货币文化宝库中的两颗明珠——两宋钞版新探》《再论中国货币文化中的两个明珠》《再说两个明珠》《两颗明珠的来龙去脉和认定》等文章，从钞版名称、面值、图案和文字辨析入手，进行分析，提出传世的北宋"千斯仓"版和南宋"行在会子库"版不仅是真品，北宋"千斯仓"版还是当时发行的小钞的钞版。这个见解在学术界引起了很大的反响和重视，并为由中国钱币学会和内蒙古钱币学会合编的《中国古钞图辑》一书所采纳，《中国货币文化宝库中的两颗明珠——两宋钞版新探》一文因此而获得了中国钱币学会第一届优秀学术成果最高奖金泉奖。

　　1983年，在安徽的东至县发现了8件与印制南宋纸币关子有关的文物，这些文物包括钞面版、准敕版、颁行版、尾花版、国用钱关子印、关子监造印、关子库印、关子合同印等。对这些文物的真伪、作用等问题，目前在学术界有不同的看法，而吴筹中先生在《论安徽省东至县发现的"关子试样雕版"》《中国货币文化宝库中的一组重宝——二论"关子试样雕版"》两文中提出："无论古钱或古纸币，在正式制造前，都有试样雕版和浇铸母版等过程，有合金、陶土等各种质地。由此及彼，'关子版'等八块版子，质地皆为软性合金，又是成套发现，由此可知它是南宋政府所藏的'关子试样雕版'。"从全新的角度讨论了这批钞版文物的性质，对东至发现的相关文物的学术研究，起到了推进的作用。

　　传世的天地会"钟灵堂"伍两布币，是现存唯一的一张有关天地会的布币。对这张布币，吴筹中先生独运匠心，翔实考证，先后发表《天地会"钟灵堂"伍两布币初探》《天地会"钟灵堂"布币之我见》《略论天地会"钟灵堂"伍两布币》，从而确定了其在中国货币史中应有的地位。吴先生不仅通过引用《李文恭公奏议》卷二十一和《章安杂记》中的记载，印证"钟灵堂"布币为天地会所发行，并从天地会的组织活动、票币文句中探究出"钟灵堂"是天地会南京地区的一个山堂名称、"钟灵堂"布币系天地会组织（山堂）所发行的以票币为凭信的实物的结论，提出布币上所印的"钟灵灵光光万方，三江五湖四海王，一到风云聚会日，龙盘回水气昂昂"乃是一种洪门的秘密暗号，隐喻着天地会组织聚会举义的决心和信念。尤其重要的是，吴先生根据天地会活动情况、布币的质地和印刷颜色，考证出这张布币的发行时间是在清代同治、光绪年间："一、太平天国革命时期除上海'小刀会'乃单独的组织外，其他天地会的组织大都与太平军联合，保持着单独组织旗帜的并不多，而且不会另立'山堂'，更不必采用隐蔽方式进行活动。故'钟灵堂'伍两布币的发行，不会是在太平天国革命之时，可能是在太平天国革命失败之后，也即在同、光年间。二、'钟灵堂'伍两布币的布质是漂布，当时属'洋布'质地，这种布在太平天国革命后，民间才广泛使用。三、再从该布的印刷颜色来分析，此布的木版印色采用深紫色，据云光绪年间的官场中盛行这种紫色。"这些论述，为我们进一步研究和认识天地会货币创造了良好的条件。

辛亥革命时期的货币，可以说是吴筹中先生历来所关注并为此花费了很多心思的课题。1986年，吴先生在经过数十年积累资料的基础上，与顾延培先生合作出版了《辛亥革命货币》一书。这本书分孙中山在国外发行的筹饷票券，武昌起义各省响应在辛亥年和民国元年发行的有辛亥革命标志的货币，中华民国临时政府成立及其发行的货币，辛亥革命时期中国通商、交通以及中国银行发行的纸币和辛亥革命货币的标志等章节，通过7万余字的翔实考证、140余幅实物图片，第一次系统性地对辛亥革命时期货币进行了整理与研究，再现了辛亥革命时期货币印行的历史风貌，对研究这一时期货币印造与发行、流通乃至整个社会经济发展状况都具有重要的史料价值和学术价值，填补了中国货币史研究上的一项空白。《辛亥革命货币》一书的出版，不仅提升了相关问题的研究水平，同时也促进了人们对这一时期货币的重视，引领着后来人继续深入探讨。

无论是开展中国历代纸币的研究还是进行纸币的收藏，都面临着一个同样的问题，即如何对众多的传世纸币实物去伪存真。在这方面，吴先生做了大量有益的工作，先后发表了《南宋古代纸币"会子"拓本辨伪——〈中国通史〉第五册引用的"会子"拓本系赝品》《中国古纸币辨伪》《"大唐宝钞"辨伪——兼与卫月望同志商榷》《太平天国"金钞"与"圣钞"辨伪》《也谈柴山洲特别区第一农民银行布币的真伪问题》等文章，纠正了长期以来人们认为唐代曾发行过纸币的错误观点，而且对传世"天国通行宝钞""太平天国圣钞"纸币和《支那国古纸币》《泉布统志》等书著录的古钞真实性提出了疑义，并进行了考辨，可谓目光如炬，大笔如椽，没有长期丰富的收藏经验和认真精审的研究态度是难以完成的。

《中国纸币研究》是吴筹中先生1998年出版的一部专著，也是吴先生在1997年大病初愈后撰写的书稿。这本书从纵向上清晰全面地阐述了中国纸币发展的历史概貌，从横向上则将中国历代纸币尤其是近现代纸币的发行情况条分缕析、详细介绍，是一本提纲挈领式的纸币专著，也是迄今为止全面阐述中国纸币发展、发行情况的少数著作之一。

从1985年起，上海市钱币学会组织编撰《中国历代货币大系》，吴筹中先生不仅担任该书的编委会委员，而且亲自主持清代纸币、新民主主义革命时期人民货币、民国时期国家银行地方银行纸币、民国时期商业银行纸币等卷的工作，不计较个人之得失，从自己收藏的纸币中挑选出最佳品质充实图版外，还对各个时期各种纸币进行综合论述，阐明自己的观点，在编撰《中国历代货币大系》纸币各卷本中发挥了不可替代的作用，为《中国历代货币大系》的顺利出版，推动钱币事业的发展，做出了巨大的贡献。

　　吴筹中先生是中国纸币研究与收藏的大家，但从来不以此自居，他所考虑的是如何让更多的人认识、喜欢中国纸币，使他们掌握更多的纸币知识。所以，吴先生在普及纸币文化上身体力行，积极倡导，不因为自己年事已高而奔波于全国各地，在文化部文物局郑州钱币研究培训班、广西钱币学会举办的广西纸币研究会、山西省钱币学会举办的钱币培训班、上海钱币学会与上海老年大学黄浦分校开办的钱币讲习班、浙江省文物培训中心开办的干部培训班、江苏省钱币研究会举办的钱币研究培训班上，都留下了吴先生不辞辛劳的身影和生动的讲演。吴先生还毫无保留地将自己收藏的纸币作为展品，提供给各种相关的展览，以通俗易懂的方式将纸币知识撰写成文发表。不仅这样，还欣然接受安徽省钱币学会、亚洲钱币学会等学会和杂志的聘请，担任学术顾问，帮助他们开展有关学术研究和交流的工作。所有这些，体现出吴先生作为一位大收藏家、学问家的风范和胸怀。中国纸币的收藏与研究在今天越来越为人们所关注和重视，与吴先生的不断努力和影响是分不开的。

　　富于庋藏，精于钩沉。吴筹中先生对中国纸币的收藏与学术研究做出了重大贡献。他不愧是一代大师。他的精神、品质和学识，将永远激励后来人。

　　（此文系为《吴筹中先生旧藏纸币精粹》而作。今值吴筹中先生逝世周年，先借《钱币博览》发表，以志纪念。）

　　　　　　　　　（原载《钱币博览》2004年第4期；收录于上海博物馆编《吴
　　筹中先生旧藏纸币精粹》，上海书画出版社，2005年）

泉坛耆硕 嘉荫后学

——读王荫嘉先生泉学论述有感

王荫嘉先生是泉界久负盛名的元老。多年前我初治钱币学，即从中国泉币学社《泉币》杂志上拜读过他的大作。今年年初，荫嘉先生的哲嗣王健舆先生请上海钱币学会为其先父编纂钱币文集，沈鸣镝副秘书长嘱我任其事。后学不才，勉力以当之，在大量钱币学旧稿中爬梳整理，系统收集了王荫嘉先生的泉学旧稿，攒选成集。在这一过程中，我有幸系统认真地通读了王荫嘉先生的著作，对这位泉坛前辈的认识更加清晰和完整，不禁深深叹服于他对中国钱币学发展所做出的贡献。

王荫嘉先生（1892～1949年），号苍虬，笔名殷泉、荫嘉，因书斋名为双长生树屋，故又有笔名"双长生树屋主人"。江苏苏州人，祖籍浙江嘉兴。20世纪40年代，与丁福保、罗伯昭等先生共同成立中国泉币学社，并与罗伯昭等先生一起编辑出版《泉币》杂志。《泉币》杂志仅办了32期，但几乎每期都有王荫嘉先生的大作，足见王先生对钱币学的用功之勤、用心之诚。

王荫嘉先生的钱币文章主要发表在《泉币》和《新光》邮币杂志。从已经收集到的文章来看，可以分为品泉、考述、泉纬丛谈、序跋和交往等五个方面。品泉是一钱一议，就物言物；考述是对钱币进行综合性的论述；泉纬丛谈则主要对钱币作专题性论述；序跋是王荫嘉先生对他人所撰写的文章或著录的评价或意见；交往主要是王荫嘉先生与当时泉界的书信往来。

一钱一议之文，好写也难写：好写是因为只要写钱币的现状、特征、流传故事等，其中一点也可简单成文；难写在于寥寥数语之间讲究全面，内含考证和表述。王荫嘉先生每写一钱，不仅将其本身流传的来龙去脉交代清楚，而且结合其版别和历史，撷其精要，陈己之见，使人们在阅读文章时有多方面的收获。例如《日千半两》一文，首先从汉代器物铭文特征谈起："君子趋吉避凶，汉人风尚，尤善诵祷，故凡一切用具，罔不铭以吉语。观今所传镜铭砖文，辑之褱然成轶，乃其征也。"然后才论及汉代半两钱文："汉初西京制度敦朴，四铢半两笔法雄浑，固不能作精致之文字。以予所见，大率一泉四字，一语仅半，而二泉配合始四字成句，语意乃完。如齐斋藏有'长毋半两'，显有'相忘半两'为偶。而此品之曰'日千半两'，可决其句为'日入千金'，而非可以作'千日'读也。'日入千金'习俗成语，盛行于汉，而'千日'二字何意义耶？"

由此及彼，触类旁通，显示了其深厚的金石学功底和独到的分析角度，使人们对吉语的出现和发展，有了一个比较清楚的认识。不仅如是，王荫嘉先生还往往以点睛之笔，使文章生色溢彩。如《隶书元丰通宝》一文，王先生不但指出隶书元丰通宝钱版别有大字、昂元、方贝、阔缘小字等四种，而且指出只有其中的大字版有对钱，在珍稀程度上以方贝最为难得。《四星建炎铁母二品》一文则指出："泉为白铜铸，文字狭长，四隅有星，证以产地，实为利州炉之标记。"所论虽细，所涉却至广而深。又，先生的一钱一议之文清新流畅，意趣盎然。《泰和通宝》讲述自己收藏的泰和通宝小平钱的流传；而《光绪宝福白铜母钱》则讲自己获得光绪宝福白铜母钱的趣味。读王先生的短文，如见其人，可品味出其所见、所想及所思。

考述是王荫嘉先生对钱币进行考证与论述的一个重要部分。从王荫嘉先生的文章来看，其论述独辟蹊径，鞭辟入里，给人以深刻印象。如一般认为，在咸丰钱中书体为瘦金书的钱文是由戴熙所书。在《戴书咸丰钱质疑》一文中，王荫嘉先生却从戴熙仕途历程提出了三点疑问："公自道光末年致仕以后，从未离杭，以至殉难。宝泉局远在北京。所铸钱文，何以能出公手？一也。公在督学广东任中，擢兼礼部侍郎。还朝，转兵部侍郎。宝泉局属于户部，不在其位，不谋其政，况公已致仕乎。二也。宝浙局钱，自当十递至五十，（又有当百试铸）白铜以及黄铜，品目繁多。公既桑梓优游，何以反不一书。三也。"并提出："第读丛话中，公于钱文结体，论之最为详尽。宋徽妙迹，推崇不遗余力。是钱谓为公书，深得瘦金神髓，传诵士林，至悠且久，当非齐谐可比。但其究出何家记载，有何左证，俭腹如予，愧未能晓。"王先生这种不随波逐流，大胆提出与主流学界不同见解的质疑精神，实为治学之真精神，令人敬仰，深契吾心。过去，钱币界对钱币的研究多关心的是钱币本身，而少于其他，特别是外国的历史，而《大院君执政记略》一文反映出王先生不仅重视外国钱币，对周边国家的历史也相当关注，涉猎广泛。拜读此文，使我们能在对朝鲜大院君执政时期的历史有比较详尽了解的同时，也对王荫嘉先生取精用宏的学术功底也有了进一步的理解。除此之外，在考述中王荫嘉先生还辑录有关湖北银元局和张文襄公（张之洞）粤省购办机器试铸银铜钱的档案史料，并著跋简述了广东机制铸钱的过程，辛苦了自己，方便了大家，其精神实足感佩。

泉纬丛谈是王荫嘉研究钱币的专题论述。从中，我们可以认识到王先生深厚的学术背景和严谨的治学态度。《泉纬丛谈序》云："夫以一蛰处家巷之病夫，居然十年寝馈乎其中。"可见王先生对钱币的痴迷程度。"而所积日富，则观前人谱录，鲜有宏博详瞻，往往不惬于心，以为补历代史籍食货之罅漏，伊余之责"，则反映出王荫嘉先生对钱币研究的热爱，以及推进钱币学发展的历史责任感。这是极其难得的，也是我们后学应该学习的。正如王先生自己所解题的那样："目睹曰泉纬丛谈，纬者，横式之研究，若一泉一时代，各地炉冶相异之版式是也；丛者，无义例，无体裁、次序，随拓随说之谓也。"阅读王先生所撰写的泉纬丛谈文章，无论是《秦半两》《大吉五铢铜钱》《大吉五铢铁钱》《殷天德重宝隶书谈》《南汉乾亨钱》《绍兴二十七年御书通宝两等钱》，还是《周伯琦书至正权钞》《吴王张士诚天佑通宝钱》《明代蚝涌钱之载记》以及《天国钱类》，我们都能够深切感受到其中每一专题的精微博雅之处。在《大吉五铢铜钱》一文中，王先生提出大吉五铢"形制大小及五铢二字，与稚钱无二。稍厚其肉，实惟初铸。前人仅知稚钱为梁代行用古钱之一，今以是钱为证，乃克确定其期，盖初铸时，胥有大吉二字，而后省略，浸以窳薄"。虽然这个观点尚待进一步探讨，但其提出的问题本身已经意味着对六朝五铢研究的深入。又如《南汉乾亨钱》一文，在钱币学家罗伯昭先生研究的基础上，认为"通宝钱者，乾亨二年十一月以前国号大越时之所铸，洎改国号曰汉，国用不足，铸铅钱十当铜钱一，而铜铅之文，始俱改曰重宝。"《天国钱类》是王先生系统研究太平天国时期铸钱的力作，读完文章后，我们发现先生的研究相当缜密而富有条理，有许多自己的真知灼见，给人以启发和想象，为后来者的继续研究创造了很好的条件。

王先生留存的钱币文章中，有许多是为他人论文所撰写的序跋以及与泉友的通信。从这些序跋和信函中，我们既能领略他的妙论，更能深切地感受到王荫嘉先生对钱币的挚爱和探幽发微的兴趣。他在序跋中不仅附加一些钱币的流传经过，还往往指出治学的要义。如在为高善谦《牡国元宝钱正误》一文所作的跋文中，王先生针对钱文的释读，提出："古泉家尤须研精六义，融会贯通，始能不失古义，免入歧途。"而在为张子远《朝鲜金银镍铜币》作的跋文中，则指出大东一钱、大东二钱和大东三钱的铸造年代和开国钱币的不同铸造地点。王荫嘉先生每与钱界人士的通信中，除了有关编务事宜外，往往也谈及钱币心得，如与高六吉的信中云："尊藏品乃货泉变体，窃意其非'丹'字，因'丹泉'二字似太僻奥，而货泉异书，则六朝间所见不一，泉虽创见，理实应有。"

王荫嘉先生不仅著述丰富，是一位钱币学家，而且还是近代著名的钱币收藏大家。在王先生曾集聚的钱币藏品中有许多珍品，如战国齐国六字刀，王莽时期壮泉四十，六朝时期的大吉五铢铜铁钱、太夏真兴，五代十国时期的天德重宝背殷铜钱、大蜀通宝和天策府宝铜铁钱，两宋时期的应感通宝、福宁万寿宫钱及宋元通宝、至和重宝、元符通宝、端平元宝折五铁母、通行泉货背月铜钱，明代的永乐通宝背三钱、天启通宝背日月纹当十铜钱，清代的祺祥通宝宝苏小平、四川光绪当三十铜元及本胜通宝等。这些钱币文化遗存，后来大多入藏上海博物馆，为后世研究中国货币史提供了第一手的实物珍贵资料。

五代十国时期是中国历史上又一群雄纷争的动乱时期。在这一时期，先后建立的政权大多铸造有自己的钱币，十国闽当然也不例外，所铸造的钱币有开元通宝、永隆通宝和天德重宝、天德通宝，其中永隆通宝和天德重宝、天德通宝等，存世均以枚计，可见其珍稀程度。在王荫嘉先生收藏之前，只有张叔驯和董弢庵各收藏有一枚天德重宝。从王先生自己的记述中，我们可感知到王先生获得此钱时的欣喜："（民国十六年9月22日）予因出门偶访小坐，志不在有泉也，乃竟出意表。……今日者固是第三品矣，传世厚肉，背文不甚清，而面文极佳。予数年癖泉，不收何待？际此奇贫，勉允毛诗之数，与弢相去尚远，怅然而返。还，出张拓相校，则版样竟异，宝字隶书，尤属特色，盖从第三品而遽一跃成孤品矣。倘能得之，非独泉界独步，益可以傲张七（张叔驯——笔者注）也。贫虽赤骨，意乃决矣，先漫书此，俟明日议，左券可操，自贺不浅，惜泉而不惜钱，癖魔故志，诚不让江夏书魔独擅其美乎前也！"典衣质酒，名士古风，先生爱币而薄钱，其雅量高致，遥思如面，令人倾倒。在获得此泉后，王先生还专门撰文考证，题曰《泉纬丛谈——殷天德重宝隶书钱》，并索性自称笔名"殷泉"。

十国楚马殷受封为天策府上将军时，曾于乾化二年（911年）铸造有天策府宝铜、铁两种质地的钱币。铜钱中又有鎏金者。这三种钱存世都极其少见，但如果说铜钱及其鎏金者还能见到的话，而铁钱则殊属不易，《中国历代货币大系·隋唐五代十国货币》中收录有两枚，其中一枚大型者曾为王先生收藏过，现藏上海博物馆。

通行泉货钱，洪遵《泉志》中已有著录，但是否属于辽钱，以前钱币界无一明确说法。1981年内蒙古林西县三道营子辽代钱币窖藏中发现了一枚通行泉货钱，证实通行泉货钱的确是辽代铸造的钱币，从而解决了钱币学界长期没有得到解决的一个重大问题。王荫嘉收藏的这枚通行泉货钱与其他见到的通行泉货钱有着明显的差别，不仅属大样阔缘，而且背面穿上有一斜月纹，钱文端正而颇具古意，是收藏中的精品。王荫嘉先生曾撰《通行泉货》一文，叙述其喜获此钱的心情："是品闪氏所藏，以其爱钱被窃，愤而尽弃其余，此钱遂归于余。先是周仲芬丈见之而未谐价，逮自宁垣返，知为余所得，亟来指名相索。奈余摩挲未久，宝之几如头目，丈虽父执之尊，且以绝交想胁，而余终谢不敏，宁于金氏遗藏中任丈选择数品以去，且为设誓永不夺人所爱觊觎丈之宝藏。故丈身后遗物星散，余卒践宿诺，不尝一窥。"

在泉界，大家都知道永乐通宝背三钱纪重钱存世有两枚，一枚完整，一枚缺角。随着时间的迁移，完整的那枚早已不见了踪影，而唯有缺角的那枚留传至今。就是这样一枚钱币，使我们加深了对明代早期货币制度的认识，即当时曾准备按照洪武钱制铸造并推行纪重钱的史实。所以，这枚钱币是永乐年间准备发行却最终没有铸造的钱币，属于样钱，弥足珍贵。

清代祺祥年号仅存87天，所铸造的年号钱虽然有小平和当十两种，但铸造钱局却相当有限，除了中央宝源、宝泉两局外，地方上铸钱的仅有宝巩、宝云和宝苏等少数几个钱局，并且所铸造的钱币都只有小平一种，存世皆相当珍罕，其中以宝苏局为甚。根据目前掌握的资料，祺祥通宝宝苏小平钱仅存两枚，一枚流到国外，另一枚即为王荫嘉先生所收藏。所以，有人推断这种祺祥通宝宝苏小平钱当时没有大量铸造，或为样钱。

王荫嘉先生藏品中值得介绍的钱币还有许多，然窥一斑而见全豹，仅从上面介绍的几枚，我们就可以了解到，王荫嘉先生的钱币收藏和他对钱币学研究的精深，都是无愧于大家之称的。

泉坛耆硕，嘉荫后学。正是有了像王荫嘉先生这样的钱币大师，今天的钱币学发展才有了坚实的基础。所以，我们对这些前辈大师孜孜不倦的学术精神和高品位的追求，都应永远铭记，心存敬意。

感谢王荫嘉先生，并怀念着。

（原载王荫嘉著、王健舆编：《王荫嘉钱币论集》，上海古籍出版社，2008年）